# *DAS VERMÄCHTNIS DER ÄGYPTER*

## *BAND 1*

Die Suche nach dem Ursprung
einer Marszivilisation

von

Rainer Lorenz

Argo Internationale Publikationen
Ingrid Schlotterbeck

Aufbau, Scans und Belichtung:
LINE, Düsseldorf
Druck: Deller Druck, Langenfeld
gedruckt auf chlor- und säurefreiem Papier


Ingrid Schlotterbeck
Lupinenstraße 103
41466 Neuss
Tel. 0 21 31/46 40 44



1. Auflage 1997
Printed in Germany
ISBN 3-932339-03-7

*Inhaltsverzeichnis*

*Man muß erst einmal das Unmögliche abgrenzen.*
*In dem was dann noch da ist*
*– und wär's noch so unwahrscheinlich –*
*muß die Wahrheit stecken.*
*»Mr. Spock« (Leonard Nimoy) in: »Das unentdeckte Land«*

## *Danksagung*

„My thanks are due to...“,
liest man häufig in englischsprachigen Büchern an dieser Stelle. Diese Sitte hat bei „uns“ scheinbar nie rechte Beachtung gefunden, obwohl auch in Deutschland kein Buch ohne Hilfe entsteht, und darum möchte ich mich hier bei denen bedanken, die es überhaupt erst ermöglicht haben, daß meine Vorstellungen zu Papier gebracht werden konnten.
Da ist zunächst Robert, der mir den Einstieg in die ägyptische Götterwelt überhaupt erst möglich machte. Dabei war nicht nur seine Literatur hilfreich, sondern vor allem sein Wissen über Ägypten, das er durch Besuche während vieler Jahre im Land am Nil erwarb. Wenn wir in unseren Diskussionen auch selten einer Meinung waren, möchte ich doch keine Minute davon missen. Eine tiefgreifende Meinungsverschiedenheit hat auch schon an viel bedeutenderer Stelle wesentliche Probleme gelöst, und so wurde ich immer wieder animiert, bestimmte Sachverhalte noch klarer herauszuarbeiten oder völlig neu zu überdenken.
In Kairo, direkt vor den Pyramiden von Gizeh, fiel mir Ahmed auf. „Die Technik, die zum Bau dieser Pyramiden benutzt wurde, paßt nicht in die Zeit“, erklärte er gerade. Das war wieder einmal der Beginn einer neuen Freundschaft. Ahmed lebt in Kairo und studierte an der traditionsreichen Universität von Göttingen Ägyptologie. Für mich Grund genug vorsichtig vorzugehen, denn da war ich plötzlich wieder ein kleines „Lichtlein“. Trotzdem hörte er sich, nachdem ich endlich „ausgepackt“ hatte, meine Version interessiert an und gab mir so manchen ausgezeichneten Tip. Er gehört, und das merkte ich bald, zu der Gruppe Studierter, die an ein Leben nach der Lehrmeinung glauben und zu eigenständigem und dreidimensionalem Denken neigen. Immer wieder wies er mich darauf hin, wie gefährlich es sei, alles nur aus einem bestimmten Blickwinkel zu betrachten, um eine einzige seligmachende These zu stützen. Ich habe mich stets bemüht, diesen wichtigen Tip zu beherzigen, und es folgten weitere, die immer einen Fortschritt mit sich brachten. Dafür meinen herzlichen Dank.

Die Bekanntschaft mit Josef Kotalla, einem sehr erfahrenen Astronomen, erlöste mich aus dem Dunkel der Mythologie und brachte mich stattdessen mit den Problemen der modernen Astronomie zusammen. Im Anhang 4 dieser Untersuchung wird er meine Ergebnisse völlig neutral aus seinem Blickwinkel erläutern. Für diese außergewöhnlich schwierige und reichlich sonderbare Arbeit schulde ich ihm meinen Dank. Es ist ganz sicher nicht für jeden Astronomen selbstverständlich, sich meine Theorie anzuhören und dann auch noch fundiert zu kommentieren. Seine Einzelfragen zu bestimmten Ereignissen allein sind eine weitere Untersuchung wert.
Richard Hoagland ist nicht nur einer der renommiertesten Astronomen der Welt. Er hat durch seine grundlegende Arbeit über den Mars die Grundsteine für jede Erforschung an diesem Planeten und seinen Rätseln gelegt. Dafür danke ich ihm, und für die Zukunft werden das weitere Forscher so halten müssen. Ja, man könnte sagen, daß meine Arbeit auf seinen Erkenntnissen aufbaut.
Ägyptologen sind eine besondere Klasse der Wissenschaft – in jeder Hinsicht. Sie haben so Großartiges geleistet und sind doch zu so unterschiedlichen Meinungen gelangt. Ich kann hier nicht alle aufzählen, die in irgendeiner Weise an diesem Buch mitgearbeitet haben – dafür genügt das Literaturverzeichnis. Doch einige Namen haben sich besonders eingeprägt. Sie entstammen meist älterer Zeit, doch weisen ihre Werke auch heute noch den Weg. Kurt Sethe spielt dabei eine besondere Rolle, denn er kannte die meisten Lösungen unseres Problems noch bevor es ein Problem war. Hermann Kees war sein ständiger Widersacher, doch erst seine Anschauungen haben die Sethes voll ergänzt. Ich kann nicht anders und muß beiden danken, wenn sie auch längst ihre eigene Seelenreise unternahmen. Ob sie meine Lösung wenigstens teilweise befriedigt hätte, werde ich wohl nie erfahren.
Die Belegschaft „meiner“ Stadtbücherei hatte mit mir kein leichtes Spiel. Trotzdem verstand es Frau Waldmann fast immer, meine seltsamen Wünsche zu erfüllen. Wenn ein Buch über die Fernleihe zu bekommen war, dann bekam ich es. Danke für diesen wesentlichen und zeitaufwendigen Anteil an dieser Arbeit und für die Einsatzfreude des ganzen Teams.

Wenn ein „Anfänger“ der Ägyptologie – und so sehe ich mich noch für längere Zeit – nicht weiterweiß, behilft er sich mit dem Rat eines Gelehrten. Eine freundliche Antwort auf all meine lästigen Anfragen erhielt ich stets von Dr. Rolf Krauss vom Berliner Museum, der mir besonders an einer wichtigen Stelle meiner Untersuchungen durch einen wertvollen Literaturhinweis weiterhalf, und mir nie das Gefühl gab, daß Ägypten den Ägyptologen „gehört“, wie es mir an anderer Stelle ergangen ist.

Dank gebührt auch dem Verleger, der dieses Buch herausbringen wird – dem Gather-Verlag und besonders Frau Ingrid Schlotterbeck. Es ist nicht gerade selbstverständlich, ein so sonderbares Thema aufzugreifen. Mit den Verlagen, denen dieses Manuskript zur Veröffentlichung vorlag, ließe sich leicht ein fast vollständiges Branchenverzeichnis erstellen. Ihnen gebührt mein Dank nicht, denn sie haben mein Manuskript nie gelesen und glaubten, mit „politischen“ Erklärungen diesen Umstand vertuschen zu können.

Dank an meine Frau und ihren Bruder Christian für die Reisebegleitung in das Land am Nil und die damit verbundenen Strapazen – speziell unser Abenteuer in der Felsenkammer.

Bei aller Freude während der Arbeit an einem Buch – es gibt dabei auch immer Leidtragende. So sah mich meine Frau in den letzten Jahren entweder mit „viereckigem“ Kopf vor dem Computer oder hinter einer Bücherwand verschanzt. Ein Dank allein kann das nicht gutmachen. Das sag ich ihr aber selbst...

Kaufbeuren, den 19.Juni 1996

## *Vorwort*

Werden uns geschichtliche Tatsachen im „Status absolutus" überliefert? Existieren echte „Fakten", die uns unser heutiges Geschichts- und Weltbild auch wirklich glaubhaft erscheinen lassen?
Diese und ähnliche Fragen stellten sich, als die Arbeiten an diesem Buch begannen. „Echte" Gewißheiten, das wurde bald klar, fehlen oft. Obwohl diese elementare Einsicht weitgehend in allen wissenschaftlichen Disziplinen vorherrscht, verbirgt sie sich doch meist hinter einer Wand aus Theorien.[1] Was sind dann aber „echte Fakten"?
Ein Mathematiker kann das Ergebnis seiner Rechenaufgabe leicht beweisen. Ja, er ist schon deshalb im Vorteil, weil sich sein ganzes Problem in Zahlen kleiden läßt. Nicht alle Disziplinen sind so gesegnet. Daher knobelt zum Beispiel die Astrophysik an der Frage, ob unser Universum durch den berühmten Urknall entstanden sein könnte. Man kann dies annehmen, aber nicht letztlich „beweisen".
Selbst auf elementare Fragen fand sich bis heute keine Antwort. Was, um alles in der Welt, ist Gravitation? Sie hält unser ganzes Universum zusammen, und doch haben wir ihr Wesen noch immer nicht erkannt. So steht der Mensch auch dort, wo er schon viel erreicht hat, noch längst nicht im Licht der großen Erkenntnis.
Ganz trüb sind die zur Verfügung stehenden Methoden der geschichtlichen Disziplinen. Zahlen und Eckdaten gibt es nicht. Sie müssen erst festgelegt werden, um als tragfähige Grundlage zu dienen. Es entsteht eine Theorie – basierend auf gut begründeten Vermutungen, sorgfältigen Ausgrabungen und scharfsinnigen Untersuchungen. Trotzdem erreichen sie zu keiner Zeit einen „Status absolutus".
Je weiter der Blick in den dicken Nebel der Vergangenheit abtaucht, desto weniger „Fakten" bleiben dabei verwertbar. Somit ist selbst heute noch wenig mit Bestimmtheit über die Geschichte des Menschen in früher Zeit zu sagen. Wir kennen ihre Behausungen, aber nicht ihre Art zu leben. Wir wissen von ihren Göttern, aber nicht von ihrer Bedeutung.
All das stellte sich in Form von grundsätzlichen Fragen, denn sowohl der Ausgangspunkt dieser Untersuchung als auch die Ergebnisse weichen

ganz erheblich von dem ab, was man heute zu wissen glaubt. „Kann das eigentlich sein?“, war also die entscheidende Frage vor dem Beginn dieses Buch. Dieses handelt nämlich von einer Stadt auf dem Mars – einer Stadt, die es nach dem heute gültigen Weltbild und dem Wissensstand der modernen Forschung, der zu diesem führte, gar nicht geben dürfte.
Wer hat sie erbaut?
Wie alt ist sie?
Zunächst beschäftigte mich natürlich die Frage, ob ich nicht einem Irrtum aufgesessen bin. Gibt es diese Stadt überhaupt, oder spielte meine Phantasie ein undurchsichtiges Spiel? Eine Stadt auf dem Mars? War ich noch bei Trost? Obwohl mir diese Stadt seit rund zehn Jahren bekannt ist, zeigt man sich noch heute höchst erstaunt, sobald ich sie erwähne. Die vielleicht wichtigste Entdeckung unserer Zeit ist weitgehend unbekannt, und das ist selbst ein Rätsel.[2] Mit diesen grundsätzlichen Dingen befaßt sich das I. Kapitel.
Die Überraschung ist groß, wenn sich dann herausstellt, daß diese Stadt vorwiegend aus Pyramiden besteht. Gerade diese unbequemen Bauwerke sorgen ja schon auf der Erde für reichlich Verstimmung. Besteht hier ein Zusammenhang? Ich meine ja, und werde die „irdischen“ Pyramiden, und das, was um sie herum geschah, im II. Kapitel einer Überprüfung unterziehen. Diese Bauform ist die einzige Verbindung zwischen Mars und Erde, die einzige, die sich auch hier überprüfen läßt, weil mir verständlicherweise der Weg zum Mars nicht möglich ist. Die Spuren eines gemeinsamen Ursprungs sind hauchdünn. Es gibt keine direkte Erinnerung an eine „Marszeit“ – jedenfalls heute nicht. Aber die alten Ägypter, zu denen die Spur führt, wußten noch einiges. Sie sind die Erbauer der „echten“ Pyramiden und die Erben eines geheimnisvollen „Vermächtnisses“.
Für Ägypten, das Hauptgebiet dieser gründlichen Untersuchung, entwickelte ich eine tiefe Leidenschaft. Ja, es ist ein wesentlicher Bestandteil meines Lebens, vielleicht auch eine Verwirklichung eines Jugendtraumes geworden. Um so unangenehmer ist dort meine Aufgabe – die Suche nach Erinnerungen an eine „Marszeit“. In der überschwenglichen Begeisterung für dieses Land hätte ich beinahe die Gründe meiner Reise vergessen.

Schon vor diesem Jahrhundert begannen Forscher an den Interpretationen der Gelehrten zu zweifeln, brachten aber meist nur unsinnige Ideen zu Papier, die keiner genaueren Überprüfung standhielten und auch oft das Papier nicht wert waren auf das sie niedergeschrieben wurden. Bis heute hat sich daran nicht viel geändert. Wenn ich nun das Marsrätsel in Ägypten lösen möchte, was ja selbst schon fast eine verbotene Kombination darstellt, begebe ich mich in düstere Grauzonen. Nicht wegen der pharaonischen Rache, sondern vielmehr weil meine Arbeit immer unter dem Schatten dieser phantasievollen Interpretationen stehen wird[3], die ein wissenschaftliches Interesse verhindern.

Ich kann am Marsrätsel nichts ändern und auch die ägyptischen Pyramiden von einer solchen Untersuchung nicht ausnehmen, weil die Sensibilität das fordern könnte. Aber ich kann, um größeren Schaden zu vermeiden, eine gründliche Methode anwenden, die – soweit als möglich – auf „Fakten" beruht. Das wird mich nicht aus der Grauzone retten, aber vielleicht läßt mich meine These nicht so einfach widerlegen, wie es vielen meiner „verwandten" Vorgängern erging.

Meine These beruht beinahe vollständig auf der Basis, die von den Gelehrten erarbeitet wurde. Nur die Kulissen wurden neu festgelegt, ohne dem Wesen des ägyptischen Götterglaubens Schaden zuzufügen.[4] Die Rekonstruktion ihres Weltenbaus ist daher eine Hauptaufgabe, die selbst in Fachkreisen noch keine brauchbare Lösung gefunden hat.

Das Marsrätsel ist eine Menschheitsfrage und die ägyptische Kultur der erste Lichtblick in deren Geschichte, die einzig mögliche Verbindung in eine andere Zeit, die sich bisher unserem Verständnis entzieht. Mit den einzigartigen Pyramiden am Nil verbietet sich jeder Ausschluß zum Marsrätsel.

Eine sorgfältige Analyse, die soviel wissenschaftlichen Unterbau benötigt wie es die Sensibilität des Themas verlangt, erfordert viel Material, das vielleicht so manchen Leser erschlagen wird.[5] Im V. Kapitel (Band 2) muß ich gewissermaßen sogar ein Grundwissen an Kultur- und Religionsgeschichte voraussetzen, um dem Leser ein echtes Verständnis zu ermöglichen. Dieses Wissen läßt sich nicht so

„nebenbei" vermitteln.[6] Zudem hätten viele Einzelfragen eine genauere Untersuchung verdient, was angesichts der Materialfülle nicht mehr möglich war. Jeder Leser muß daher selbst entscheiden, ob er meine Darstellung überprüft – was mir freilich lieber wäre als blinder Glaube.

Das hier gezeichnete Bild entstand unter Auswägung aller baulichen und schriftlichen Hinterlassenschaften der alten Ägypter. Oft sind nur dünne Fäden zu erkennen, vorsichtige Anspielungen und sonderbare Verbindungen, die verraten, daß die Ägypter von der Stadt auf dem Mars wußten. Sie berichten auf ihre ganz spezielle Art von ihrer Erbauung und vom Schicksal der Erbauer. Es ist sogar fast ein Wunder, daß nicht längst nach einer Stadt auf dem Mars gesucht wurde. Die wesentlichen Punkte lagen auf dem Tisch, ohne aufgegriffen zu werden. Jetzt aber hat sich der Mars zuerst gemeldet. Mit seinen Rätseln transferiert er die große Menschheitsfrage auf eine ganz andere Ebene – in kosmische Bereiche. Ich hielt es für eine Verpflichtung dieser Frage nachzugehen und das „unentdeckte Land" zu erforschen. Wie „unentdeckt" viele Aspekte hier wirklich noch sind, hat mich selbst am meisten erstaunt. Es ergaben sich Dinge, die weit über meine phantastischsten Kindheitsträume hinausgingen.

Das Ergebnis dieser Arbeit ist haarsträubend. Zuviel von dem, was man heute zu wissen glaubt, wird hier in Frage gestellt – ja, beinahe alles. Wer mir am Schluß dieser Untersuchung blinde Zustimmung schenkt, besitzt entweder kein gültiges Weltbild, oder – und das würde mich sehr freuen – er hat meine Behauptungen schon überprüft. Ich weiß selbst: Sollte morgen ein selbsternannter Wissenschaftler meine These mit unschlagbarem Material vernichten, würde ich Zweifel anmelden, statt ihm blind zu folgen. Ich würde mich also genau so verhalten, wie es mein Leser tun wird. Weltbilder können nur wachsen und gedeihen. Der Mars hat auf unser Weltbild keine Rücksicht genommen. Es ist dabei ganz gleich, ob andere Forscher andere Lösungen produzieren werden, aber keine von ihnen wird viel leichter zu akzeptieren sein, wenn der Mars ein Teil der Lösung ist. Sie alle werden unser Weltbild fällen, wie es der Mars schon längst getan

hat, ohne daß wir das bisher gemerkt hätten.
Es ist sehr schade, daß sich kein Gelehrter dieser Untersuchung anschließen wird, obschon sich Fachleute aus dem einen oder anderen Bereich weit besser für diese schwierige Aufgabe eignen würden. Nur ihre wertvollen Bücher konnte ich zur Mitarbeit überreden, weil dies – den Göttern sei Dank – niemand verhindern kann. Noch vor zehn Jahren beschränkte sich mein Wissen über Ägypten nämlich auf das Vorhandensein von Pyramiden, was freilich nicht reichte, um ernsthaft etwas zu untersuchen. Trotzdem trieb mich eine geheimnisvolle Kraft in das Land am Nil und die weiten Sphären seines Götterglaubens – hinein in das „unentdeckte Land". Wenn das Ergebnis dieser Reise auch nur als Grundlage für weitere Forschungen dienen kann, war es alle Mühen wert.

## *Kapitel I*
## *Nacht über Cydonia*

*...denn nichts ist verhüllt, was nicht enthüllt,*
*und nichts ist geheim, was nicht bekannt werden wird.*
Matthäus 10, 26

*Der Mars verbarg etwas;*
*und wenn er etwas zu verbergen hatte,*
*so konnte es nur vor der Erde sein.*
Arthur C. Clarke, »Sands of Mars«

### *Verschollen im All?*

Der Mars ist schon recht groß. Drei Tage noch, dann schwenkt der Marsobserver, die erste Marssonde der USA seit siebzehn Jahren, in die Umlaufbahn unseres roten Nachbarplaneten Mars ein. Eigentlich nichts Besonderes, sollte man meinen. Schließlich hat man genügend Routine. Doch genau hier, am 21. August 1993, 21.00 Uhr EST, bricht der Funkkontakt zur Sonde ab. Sie ist verloren. Dabei stand der wohl wichtigste Tag der Menschheit – jedenfalls soweit wir deren Geschichte heute überblicken können – unmittelbar bevor. Drei Monate später hätten prächtige Bilder der Marsoberfläche zur Verfügung gestanden. Endlich hätten wir erfahren, ob jenes rätselhafte „Gesicht" auf dem Mars tatsächlich das Werk einer Intelligenz war, oder ob uns die Natur mit einer ihrer Launen narrte.
Der Leser, der sich noch nie zuvor mit derartigen Fragen belastet hat, wird an einen mittelmäßigen Science-Fiction-Roman denken – so aberwitzig scheint der Gedanke auf den ersten Blick. Ein „Gesicht" auf dem Mars? Das fängt ja gut an...
Noch obskurer muß dann die Tatsache wirken, daß dieses Gesicht ganz offensichtlich einen Menschen zeigt – ein Umstand, den es im Prinzip gar nicht geben kann und dürfte. Das ist ein penibles Thema, und wenn wir es behandeln, dann stehen wir einer sehr merkwürdigen Koalition gegenüber, denn weder die Wissenschaft, die Angst hat, einen Irrtum eingeste-

hen zu müssen, noch die großen Weltreligionen haben irgendein Interesse an diesem „Gesicht". Es wäre wohl das Beste, das „Gesicht" gäbe es gar nicht. Was es von uns nur wollen wird?
Ein Buch zu schreiben, dessen Ausgangspunkt für alle Überlegungen auf diesem Gesicht beruht, ist also zunächst ein sicherer Weg sich der Lächerlichkeit preiszugeben. Das wäre wohl auch die angemessene Reaktion auf eine derart unglaubliche Behauptung. Wie komme ich also dazu, diesen dornenreichen Weg zu gehen? Wäre es nicht weit vernünftiger, sich mit „normalen" Dingen – was immer das auch sein mag – zu beschäftigen?
Die vergangenen Jahre haben gezeigt, daß eine ganze Reihe angesehener Forscher, darunter Astronomen und Geologen, zu dem Ergebnis kam, daß wir es hier nicht mit einem Trugbild zu tun haben, sondern mit einem Tafelberg auf dem Mars, der aus uns noch unbekannten Gründen die Form eines menschlichen Gesichtes bekommen hat – von wem auch immer und wann auch immer.[7] Daher liegt der Schwerpunkt dieser Arbeit nicht auf der Frage, ob wir es hier mit einer Sinnestäuschung zu tun haben. Dieser Frage sind diese Wissenschaftler sachgemäß nachgegangen, und sie kamen, nach allem was die moderne Forschung an Möglichkeiten bietet, zu einem positiven Ergebnis – das Gesicht ist da! Vielmehr möchte ich den Umständen nachspüren, die dazu führten, daß auf dem Mars überhaupt das Gesicht eines Menschen zwischen leblosen Steinen in den Himmel blicken kann.[8] Wie kam es zu dieser seltsamen Bewandtnis? Dafür müssen doch immerhin ganz außergewöhnliche Gründe vorhanden sein, die bei der Aufstellung unseres Weltbildes nicht berücksichtigt wurden, weil... ja, weil? Genau das ist der Ansatz dieser Untersuchung.
Zunächst beschäftigt uns die Frage, wie es zu dieser Entdeckung kam, denn – obwohl sie die fundamentalen Grundsätze unseres Denkens in Frage stellt – das Marsgesicht ist unter den „Erdenbürgern" noch nicht einmal flächendeckend bekannt. Die Abwegigkeit der Existenz dieses Phänomens führt in den meisten Fällen zu einer eher erheiterten Reaktion oder gar zu der schon aufgeworfenen Frage, ob ich noch ganz bei Trost bin. Daher scheint es notwendig, die wichtigsten Daten der Entdeckung noch einmal Revue passieren zu lassen, bevor wir an die eigentliche Arbeit gehen.

Einige Ereignisse im Vorfeld, während der Entdeckung, sowie in den Jahren danach, erinnern nicht wenig an eine bösartige Scharade, die alles andere als die Beantwortung einer unangenehmen Frage zum Ziel hatte: „Gab es Leben auf dem Mars?“

Für viele Beobachter war daher der Verlust des Marsobservers, der so viele Fragen hätte klären können, keine allzu große Überraschung mehr. Gewissermaßen hat man irgend etwas in dieser Art erwartet. Was war also geschehen? Was führte dazu, daß den Verantwortlichen das Vertrauen bereits im Vorfeld dieser Mission entzogen wurde? Jedenfalls war es nicht nur das sensible Thema, das die Gemüter überhitzt. Es war vor allem das ganze Drumherum, das immer wieder zu Verdachtsmomenten führte. So sahen viele im Handeln der leitenden Stellen eine Art „Echtheitszertifikat“ für das Marsgesicht, nach der Formel: „Beschwichtigungen beweisen die Existenz eines Geheimnisses.“ Es kann aber als ebenso sicher angesehen werden, daß diese Verantwortlichen mit der Entdeckung auf dem Mars ganz einfach überfordert waren. Wer wäre das nicht?

Das scheinbar endlose Drama um den Mars begann bereits 1971, als die amerikanische Raumsonde Mariner 9 Aufnahmen der Marsoberfläche zur Erde sandte.[9] Eine Aufnahme der Elysium-Region zeigte dabei völlig überraschend vier dreiseitige Pyramiden. Die zwei größten waren dabei an die 1000 Meter hoch, womit sie jedes irdische Gebäude weit übertrafen. Doch was, um alles in der Welt, sollten Pyramiden auf dem Mars?

Der Unsinn, der beinahe zwangsläufig in der Antwort auf diese Frage steckte, sorgte bald dafür, daß die Aufnahmen wieder in Vergessenheit gerieten. Niemand hat Pyramiden auf dem Mars gesucht, also brauchte man auch keine zu finden. Schließlich hätte dieser Umstand zu sehr unangenehmen Folgen geführt. Fragen wären gestellt worden, auf die niemand eine Antwort gehabt hätte. Haarsträubende Theorien wären aufgetaucht, und niemand hätte sie bestätigen oder widerlegen können. Die Wissenschaft scheut Grauzonen. So war es dann besser, von natürlichen Kräften auszugehen, die für diese Formationen verantwortlich gewesen sein sollen.[10] Das war die einzig mögliche Reaktion. Alles andere hätte die Verantwortlichen vor unlösbare Probleme gestellt und hat es schließlich auch, aber das wurde dort noch nicht in vollem Umfang erkannt.

Zu weiterem Nachdenken gaben dann allerdings auch andere Aufnahmen Anlaß. Eine davon zeigte kilometerlange schnurgerade Linien, die teilweise parallel verlaufen oder sich überlagern. Was die Natur so alles formt...
Ebenfalls von Mariner 9 stammt ein Bild mit einer merkwürdigen Struktur, die von der NASA „Inka-Stadt" getauft wurde.[11] Dort, in der Nähe des Südpols, erkannte man so etwas wie Mauerstrukturen, die deutlich Rechtecke und Quadrate ergeben. Eine andere Aufnahme zeigt ein Gebilde, das durch seine strahlenartigen Auswüchse wie ein Flughafenterminal aussieht und daher auch den Namen „Flughafen" erhielt.[12] Wieder ein anderes Bild zeigt eine Formation, die an ein geöffnetes Briefkuvert erinnert. Die Ecken und Kanten dieser Felsformation sind völlig gleichmäßig angeordnet. Der Name „Pentagon" sagt natürlich nichts über die Art der Entstehung oder gar den Zweck aus.[13]

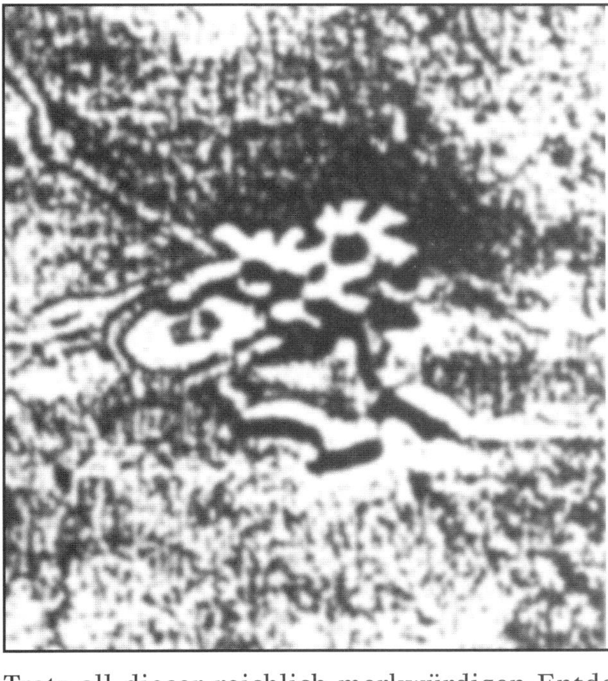

*Der „Flughafen" auf dem Mars. Rätselhafte Strukturen, die den Eindruck einer künstlichen Entstehung erwecken*

*Quelle: Sitchin: Am Anfang war der Fortschritt*

Trotz all dieser reichlich merkwürdigen Entdeckungen auf einem Planeten, den man bis dahin schlichtweg für „tot" hielt,[14] galt und gilt noch heute die Existenz solcher Monumente als unmöglich, und jeder Versuch in diese Richtung wird freundlich als Unsinn abgetan. Zu verrückt wären die Konsequenzen, die sich aus dem Umstand ergäben, daß es auf dem Mars Pyramiden gibt, die ja definitiv die Handschrift einer Intelligenz tragen. Die Natur mit ihren Eigenarten war da als Verursacher schon wesentlich angenehmer. Der Begriff „Zufall“ erlangte somit eine völlig neue Bedeutung, und die weitere Häufung solcher „Dissonanzen“ hat bis heute keine Alarmglocken erklingen lassen. Irgendwann wird man hier ein großes Versäumnis eingestehen müssen.

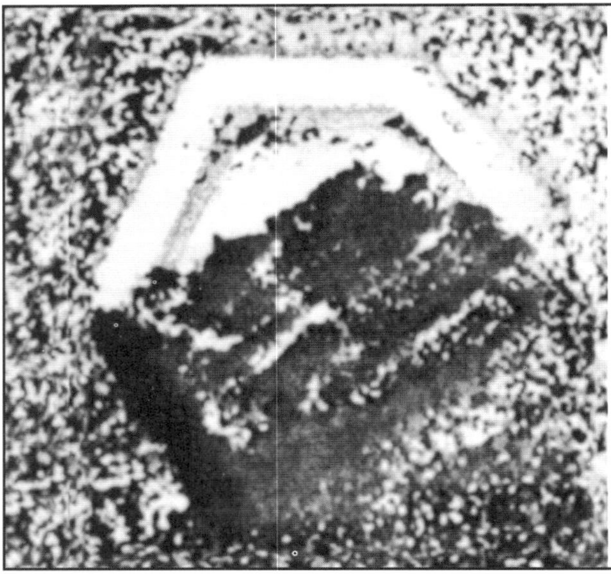

*Das sogenannte „Pentagon“ auf dem Mars. Kann dies Natur erschaffen haben?*

*Quelle: Sitchin: Am Anfang war der Fortschritt*

Diese negative Einstellung wurde auch nach 1976 weitgehend beibehalten, als die Viking-Mission – bestehend aus zwei Landeeinheiten und zwei Orbitern – weitere Entdeckungen enthüllte, die nur als Sensation bezeichnet werden können. Unter den Tausenden von Bildern, die zur Erde gefunkt wurden, befand sich auch eine Aufnahme der Cydonia-Region, die ein gigantisches menschliches Gesicht zeigte. Man stelle sich die Überraschung vor, als der NASA-Mitarbeiter beim Sichten des Materials plötzlich in ein vertrautes Gesicht blickte. Obwohl er „O mein Gott“ ausgerufen haben soll und angeblich „fast vom Stuhl gefallen“ wäre, legte er die Bilder mit peinlicher Sorgfalt wieder im Archiv ab.[15] Es konnte ja nicht – nein, es durfte einfach nicht sein. Schließlich war bei der Suche

nach einem geeigneten Landeplatz für den Viking-2-Lander ein steinernes Gesicht wohl so ziemlich das letzte, was er dort zu finden hoffte.
Den nachhakenden Journalisten erzählte man dann, es sei alles nur ein „Spiel aus Licht und Schatten",[16] das sich angeblich ein paar Stunden später schon nicht mehr wiederholte. Natürlich nicht, denn es gab kein Bild, das „in paar Stunden später" aufgenommen wurde, wie sich später herausstellte.[17] Da war es nämlich Nacht über Cydonia! Stattdessen gab es ein weiteres Bild, das 35 Tage danach entstand. Bei einem um 20° veränderten Sonnenstand, zeigt auch dieses Bild genau wieder dasselbe menschliche Antlitz.[18] Die Konsequenz ist ebenso einfach wie atemberaubend: Das Gesicht, ein etwa bis zu 500 Meter hoher, und 1,5 Kilometer langer Tafelberg, von Unbekannten herausgemeißelt, die wußten, wie wir aussehen, dieses Gesicht..."es ist da!"
Es dauerte weitere drei Jahre, bis das Marsgesicht das Interesse von Vincent DiPietro und Gregory Molenaar erregte.[19] Als Bildauswerter bei Lockheed am Goddard Space Flight Center in Maryland verfügten sie bereits über eine vierzehnjährige Erfahrung. Mit Hilfe modernster Computerverfahren holten sie alles aus dem zur Verfügung stehenden Bildmaterial heraus. Die Wahrscheinlichkeit, die für die künstliche Natur der Monumente sprach, steigerte sich langsam aber stetig zu einer Gewißheit, während die NASA weiterhin bemüht war, von unzulänglichen Naturschauspielen zu sprechen. Die absolute Verweigerung der NASA, den neuesten Erkenntnissen auch nur die geringste Beachtung zu schenken, führte letztlich zu dem enormen Vertauensverlust und zu der Annahme, daß man hier nicht alles, was man wußte, der breiten Öffentlichkeit auch mitteilte. Es ist weit mehr, aber ganz nüchtern ausgedrückt: Es ist nicht „wissenschaftlich"!
An diesem beispiellosen Desinteresse änderte auch der Umstand weiterer bemerkenswerter Entdeckungen nichts. Ebenfalls in der Cydonia-Region, nur rund 15 Kilometer vom steinernen Antlitz entfernt, gibt es weitere Hinweise darauf, daß irgend jemand irgendwann einmal auf dem Mars gewesen sein muß. Dort erhebt sich tatsächlich eine „Stadt" aus dem sonst so trostlosen Marsboden. Sie besteht in der Hauptsache aus sechs gewaltigen Pyramiden und einer gleichmäßigen Struktur, die den

Namen „Festung“ erhielt.[20] Noch bemerkenswerter aber ist die sogenannte „D&M-Pyramide“, die nach ihren Entdeckern DiPietro und Molenaar benannt wird. Es handelt sich um eine fünfseitige Pyramide, die an die 1000 Meter hoch ist, und sich nur ein wenig unterhalb der „Stadt“ befindet. An der Basis mißt sie 2,2 x 1,5 Kilometer! Mit mehr als vier Kubikkilometer Stein ist sie das größte dem Menschen bekannte Bauwerk überhaupt – falls es künstlich geschaffen wurde. Dafür sprechen aber nicht gerade wenig Gründe:

Die Symmetrie der Pyramide ist perfekt und weist ein Seitenverhältnis von 1:1,6 auf, was dem „Goldenen Schnitt“ von Leonardo da Vinci entspricht, den er in seiner berühmten Darstellung des Menschen anwandte. Nicht nur das Gesicht erinnert uns also an uns selbst, auch diese Pyramide trägt die Formel der Menschheit in sich. Diese Pyramide, und damit der Kopf dieser imaginären Figur zeigt schnurstracks ... auf das Marsgesicht! Mit anderen Worten: Hinter der Anordnung der Monumente verbirgt sich eine wohldurchdachte Geometrie.[21]

Zu dieser Schlußfolgerung, die schließlich klar für die künstliche Natur der Marsmonumente spricht, gelangte der amerikanische Wissenschaftsjournalist Richard Hoagland, der mit der Entdeckung dieser Pyramiden auf den Plan trat. In seinem Buch „Die Mars Connection“, dem entscheidenden Werk zu diesem Thema, veröffentlichte Hoagland eine wahre Flut an mathematischen und geometrischen Zusammenhängen zwischen den einzelnen Monumenten in der Cydonia-Region. Dazu kommen weitere Entdeckungen von Strukturen, die auf eine künstliche Natur hinweisen.[22] Hoagland sieht in den geometrischen Besonderheiten ein wichtiges Indiz für eine künstliche Entstehung dieser „Stadt“.

Es wurde langsam Tag über Cydonia.

Eine der wesentlichen Erkenntnisse seiner Arbeit, an der eine Reihe von Wissenschaftlern beteiligt ist, ist die Grundlage eines 360°-Systems für die Planung der „Stadt“ in dieser Region. Diese Entdeckung ist wichtig, wenn man sich in Erinnerung ruft, wo es sonst noch angewandt wurde. Es waren nämlich die Sumerer, ein geheimnisvolles Volk am Anfang der menschlichen Geschichte, die ganz plötzlich und unverhofft im Zweistromland auftraten. Sie verfügten über ein Sexagesimalsystem und zerlegten nach heutigem Kenntnisstand als erstes Volk der Erde den Kreis in 360 Teile.[23] Dafür verwendeten sie in der Astronomie das Wort *DUB,* was „Weltumfang" bedeutet. Daraus ergibt sich eine geheimnisvolle und völlig unerklärbare Verbindung zur Erde, die zwischen der Planung auf dem Mars und dem rätselhaften Auftauchen der Sumerer in einem undurchsichtigen Nichts verschwindet – und zwar für sehr lange Zeit, ohne daß ich hier eine bestimmte Anzahl von Jahren nennen könnte. Dieses gewaltige Loch zu „stopfen", wurde zu einem wesentlichen Inhalt meiner Forschungen.

Hoagland, den diese Verbindung gereizt hat, fand gleichgelagerte mathematische und geometrische Zusammenhänge in sehr alten und nicht weniger rätselhaften irdischen Bauwerken. Dazu zählen auch Stonehenge in England und die mesoamerikanische Stadt Teotihuacan, auf die wir noch zu sprechen kommen werden.

All das sind natürlich wesentliche Indizien – was Besseres werden wir in absehbarer Zeit nicht bekommen – für eine künstliche Entstehung der Marsmonumente. Hoagland ist damit gegenüber seinen Kritikern entschieden im Vorteil – er kann nun, wie es eine wissenschaftliche Beweisführung grundsätzlich fordert, sein Problem in Zahlen kleiden, und zwar in Form einer Wahrscheinlichkeitsrechnung.[24]

Demnach „ergibt sich eine Chance des zufälligen Auftretens der Anordnung Gesicht – D&M-Pyramide + geometrischer Beziehung von 1:100.000.000". Bezogen auf alle Monumente der Cydonia-Region schreibt er weiter:

„Schließlich führt das Wahrscheinlichkeitsprodukt der Ausrichtung, multipliziert mit der Wahrscheinlichkeit ihres gemeinsamen Auftretens zu einer *Gesamtwahrscheinlichkeit von 1:70 Billionen* für das Entstehen dieser Gruppierung durch zufällig wirksam werdende Kräfte."

Die NASA jedenfalls hat sich nicht überzeugen lassen. In einem Interview meinte Hoagland: „Ich meine, nur ein Idiot kann da noch sagen: ‚Na und, das ist doch reiner Zufall'".[25]

Trotzdem scheinen gewisse Stellen mit Absicht – anders kann es ja nicht sein – einen völlig vertrottelten Eindruck erwecken zu wollen. Das beweist jedenfalls die Fortsetzung der Geschichte – die Ereignisse um den Marsobserver.

Die eine Milliarde Dollar teure Sonde sollte ursprünglich ohne Kamera zum Mars fliegen.[26] Angesichts der dort bereits gemachten Entdeckungen ist das wahrlich ein starkes Stück. Doch die Liste der Peinlichkeiten geht weiter. Als man nämlich nach heftigen Protesten doch noch eine Kamera installierte – MOC, die beste Kamera der Welt, die fünfzigfach bessere Bilder geschossen hätte – sollte die Cydonia-Region nur einmal überflogen werden. Es gab also von vornherein gute Gründe, die dazu geführt hätten, daß die Öffentlichkeit keine besseren Bilder erhalten wird. Für eine Ausrede war also von vornherein gesorgt. Es mußte bei dieser einen Gelegenheit nur etwas dazwischen kommen. Dazu trägt auch der merkwürdige Umstand bei, daß die Bilder der Sonde nicht wie üblich live, sondern mit einer Verspätung von mehreren Monaten veröffentlicht werden sollten. Zeit genug also, um „heißes“ Material auszusortieren. Damit folgt die NASA einer Empfehlung des „Brookings Institute“, das 1961 in einer Studie die Geheimhaltung möglicher außerirdischer Relikte forderte.[27] Interessant genug, daß sich die Befürchtung dieser Einrichtung bestätigt hat. Welche Überlegungen dem wohl vorangingen? Man muß hier nicht gleich an die „X-files“ denken. Die Marsstadt stammt schließlich nicht aus einem Drehbuch. Auch Hoagland fing gerade an, sich an solche „Zufälle“ zu gewöhnen.[28]

Das Drama um die Entdeckungen auf dem Mars ist damit noch nicht zu Ende. Der Start des Marsobservers ist nur das nächste Kapitel.[29] Dieser mußte nämlich wegen des Hurricans „Andrew“ verschoben werden. Als die Techniker danach die Sonde überprüfen wollten, war sie zu einem Mülleimer mutiert. Obwohl nach außen hin völlig geschützt, fand man Papierschnipsel, Gips, Fiberglas, Staub und Metallsplitter. Für die Techniker war klar: „Andrew“ ist dafür nicht verantwortlich. Unfähigkeit oder Sabotage? Wir werden es nicht erfahren.

Das letzte Kapitel der „Pannen“ wurde bereits erwähnt. Am 25. September 1992 hob der Marsobserver doch noch ab, woran schon niemand mehr glauben wollte. Es schien alles in Ordnung, bis dann noch während des Fluges der Funkkontakt für 85 Minuten abbrach. Die Ursache dafür gilt als unbekannt.

Am 21. August 1993 kam es dann endlich, wie es kommen mußte: Der Funkkontakt brach wieder ab, nur diesmal für immer – die Sonde war verloren. Es gab dann noch zahlreiche Spekulationen darüber, wo denn die Sonde verblieben war. Ist sie am Mars vorbeigeflogen oder doch in die Umlaufbahn eingeschwenkt? Selbst eine Explosion wurde zunächst in Betracht gezogen. Doch ganz ehrlich: Hätten Sie daran geglaubt, vom Marsobserver bessere Bilder zu erhalten?
Bevor wir uns nun mit der Sache selbst auseinandersetzen, sei der Leser noch auf eine weitere Merkwürdigkeit hingewiesen. Die sowjetischen Marssonden Phobos 1 und 2 endeten noch vor dem Marsobserver, aber nach dem Bekanntwerden der dortigen Monumente, auf dieselbe Art. Da hier kaum an Zufall gedacht werden kann, ist die Überlegung mancher Forscher, die Sonde habe ihr Ziel erreicht, scheinbar nicht von der Hand zu weisen. Das sind zuviel der unglückseligen Zufälle. Demnach würden hohe Regierungseinrichtungen Bilder von der Sonde empfangen. Selbst die NASA könnte hierbei eine ganz unbedeutende Rolle spielen. Hoagland kommt selbst zu dieser Folgerung, denn hier geschahen wirklich seltsame Dinge.[30]
Aus all diesen Gründen, den Umständen der Entdeckung und den Erkenntnissen von Richard Hoagland, halte ich die Strukturen auf dem Mars für künstlich. Einen letzten Beweis dafür gibt es nicht, jedenfalls nicht für die Öffentlichkeit. Ich glaube jedoch, daß die bekannten Fakten genügen, um eine ernsthafte Suche nach dem Ursprung des Marsgesichts, der Pyramiden und anderer Monumente, zu rechtfertigen. Daß bis heute keine Arbeit existiert, die diesem Rätsel gerecht wird, ist der Anlaß für dieses Buch. Wir können über die merkwürdigen Hintergründe der Entdeckung weiter spekulieren, oder wir können auch die Existenz vorläufig anerkennen und die Suche nach dem Ursprung der verlorenen Marszivilisation von Grund auf neu beginnen.
Ich fand das zweite wesentlich reizvoller.

## *Weltbild in der Krise*

Für mich waren die Monumente auf dem Mars schon vor dem Erscheinen von Hoaglands „Mars Connection“ das Werk einer Intelligenz. Zu dieser Schlußfolgerung gelangte ich nicht, wie Hoagland, durch ausschweifende Forschungen – zu denen ich mangels Wissen und Equipment gar nicht in der Lage gewesen wäre – sondern durch schlichtes Betrachten der veröffentlichten Bilder. Da ich zu dieser Zeit durch nichts „vorbelastet“ war, erschien mir die Anerkennung dieser revolutionären Umstände keineswegs so unannehmbar, wie dem großen Kreis der Vertreter der einzelnen Wissenschaften. Dort gilt jede Abweichung von der Linie als unannehmbar, und die Anerkennung einer Stadt auf dem Mars wäre immerhin keine geringe Abweichung, die man so eben beiläufig erwähnt.

Es war 1986, als mir durch einen bloßen Zufall die erste Arbeit Erich von Dänikens in die Hände fiel: „Erinnerungen an die Zukunft“. Bis dahin würde ich mich als völlig „normal“ bezeichnen. Fasziniert von der unverschämten Fragestellung des Autors, daß es nämlich nicht wenig Hinweise gäbe, die auf einen völlig anderen Verlauf der menschlichen Geschichte hinwiesen, machte ich mich auf, um weitere Literatur zu diesem Thema zu erstehen. Zu dieser Zeit fand ich besonderes Interesse an der Überlieferung alter Hochkulturen, die uns auch durch ihre Bauwerke ein oft sehr rätselhaftes Wissen und Können überliefert haben, über das sie eigentlich nicht verfügen konnten. Das alles war für mich völlig neu, und als absoluter Anfänger tappte ich natürlich im völligen Dunkel. Daß diese Themen von der Wissenschaft längst völlig isoliert wurden, war mir zu dieser Zeit nicht bewußt. Damals glaubte ich tatsächlich – naiv wie ich war – an große anstehende Veränderungen, die sich aus den einen oder anderen Gründen ergeben „müßten“. Ich hatte viel zu lernen – mehr als ich jemals erwartet hätte.

Schon kurze Zeit später wurden all diese Rätsel bewußt in Richtung des Mars gelenkt. Die „Schuld“ daran trägt ohne Zweifel Johannes von Buttlar, dessen Werk „Sie kommen von fremden Sternen“ gerade in den Buchläden erschienen war, und dort trieb ich mich gerade herum – gefesselt von Vorstellungen über geheimnisvolle Hochkulturen, aber noch ohne ernsthafte wissenschaftliche Ambitionen. In von Buttlars Buch hörte ich zum ersten Mal vom Mars und seinen wunderbaren Rätseln. Auch wurden hier Bilder des Marsgesichtes und einiger Pyramiden gezeigt, die mein

Interesse sofort weckten. Seit diesen Tagen war ich nur noch von dem Gedanken beseelt, die Antwort auf dieses nicht leichte Rätsel zu finden. Entgegen dem natürlichen Verhalten des Menschen – man gibt ihm ein Rätsel, und er versucht es zu lösen – läuft der innere Drang des Menschen genau verkehrt herum, sobald es um den Mars geht. Daß die Gelehrten insgesamt, sowie der größte Teil der Menschheit die Existenz „irdischer" Rätsel ausschließt, ist nur das Vorspiel zur allgemeinen Meinung über das Marsgesicht: es durfte nicht existieren. Die Anerkennung einer intelligenten Spezies auf dem Mars hätte derart tiefgreifende Folgen nach sich gezogen, daß beinahe jedes Geschichtsbuch hätte umgeschrieben werden müssen, was so aber auch nicht von Dauer sein wird. Es hätte zudem das Eingeständnis vorausgesetzt, daß die bis dahin geltende Arbeit der Gelehrten schlichtweg ein Irrtum gewesen wäre. Die Folgen wären also zu umfangreich gewesen. Das Marsgesicht durfte es nicht geben, und so verhält man sich bis heute. Die natürliche Eigenschaft des Menschen, nämlich „das unentdeckte Land" zu erforschen, funktioniert hier nicht. Niemand möchte die Folgen auf sich nehmen, niemand seinen Ruf verlieren. Genau das passiert aber, wenn man auch nur im Ansatz die Existenz dieses Rätsels anerkennt. Im Lauf der Jahre sammelte sich aus den spärlichen Quellen das ein oder andere Statement an, das verschiedene Wissenschaftler aus den verschiedensten Gebieten über das „Gesicht" ablegten. Diese Statements waren durchweg vernichtend und oberflächlich. Der eigentliche Vorwurf ist aber die völlige Verweigerung überhaupt eine ernsthafte Untersuchung anzustellen.[31] Egal wie die Meinungen auch aussehen, eine Prüfung ist doch die Pflicht der Wissenschaft, es ist ihre eigentliche Aufgabe! In „wissenschaftlichen" Zeitschriften wurden Leserfragen nach der Bedeutung des Marsgesichts beantwortet – von Wissenschaftlern! –, die nicht nur keine Begründung für die grundsätzlich ablehnende Haltung anfügten, sondern – das läßt sich leicht erkennen – die das Phänomen noch nicht einmal selbst überprüft hatten. Das kann's doch nicht sein; ich erkannte, daß hier etwas völlig falsch ablief. Ich begann zudem allmählich erhebliche Zweifel an der modernen Wissenschaft zu hegen, und bis heute bin ich davon nicht geheilt.

Andererseits ist ein genereller Vorwurf an die Gelehrten gewisser Fachrichtungen nicht tragbar. Nicht nur weil ich mir diesen Vorwurf nicht leisten kann – oft genug dienen mir ihre Arbeiten hier als tragfähige Basis – sondern auch weil die Entdeckungen auf dem Mars einfach nicht vorhersehbar waren. Das Marsgesicht verlangt eben eine neue Darstellung der alten Überlieferungen. Daß diese durch den Gegenstand selbst immer die Aura eines spektakulären Science-fiction-Romans hat, läßt sich nicht ändern.

Der erste wesentliche Schritt das Problem einzukreisen, ist die leicht zu gewinnende Erkenntnis, daß das, was sich auf dem Mars auch immer zugetragen haben mag, es muß in der Vergangenheit gewesen sein, und zwar in einer so weit zurückliegenden, daß jede direkte Erinnerung daran erloschen ist. Bereits diese erste Überlegung führt uns heraus aus den geläufigen Vorstellungen der menschlichen Geschichte, aus den scheinbar so gesicherten Erkenntnissen. Hoagland selbst zeigt uns eine mögliche Variante auf:[32]

„Falls irgendwann in der Vergangenheit dieses außergewöhnlichen Planeten, in einer Welt, die für die Menschheit immer als die Bühne der Sehnsüchte und Hoffnungen weiteren Lebens in unserem Sonnensystem galt, wenn auf dem großen Platz der ‚Stadt' einer dieser hypothetischen Marsbewohner gestanden wäre, er hätte die Erde leuchtend in der Morgendämmerung aufgehen sehen – und ein wenig später wäre der magische Lebensspender, die Sonne selbst erschienen...

Aufgestiegen wäre die Sonne direkt hinter dem ‚Mund' der gottähnlichen Figur in der Marswüste, wenn dieses Gebiet damals überhaupt eine Wüste war, denn die letzte Periode, in der diese Ausrichtung ‚gepaßt' haben könnte, wäre vor mehr als einer halben Million Jahre gewesen."

Allein diese Feststellung enthält doch eine ganze Menge Sprengstoff. Denn, träfe diese Datierung zu, könnte keine Verbindung zur Erde bestehen. An Raumfahrt war wohl noch nicht zu denken, soviel steht jedenfalls fest. Hier sehen wir deutlich die Krise, die durch das Marsgesicht ausgelöst würde – würde man es anerkennen. So läßt sich sagen: Der Mars tickt wie eine Zeitbombe – ewig wird man sich ihm nicht entziehen können – am Fundament der irdischen Universitäten. Nur ein kleiner Kreis von Wissenschaftlern hat sich aufgemacht, darunter Hoagland mit seinen

Kollegen, die abseits der ausgetretenen Pfade nach neuen Wegen suchen. Immer wieder sah ich in den vergangenen Jahren herausragende Arbeiten auf allen möglichen Gebieten der Wissenschaft, von Wissenschaftlern, die sich sozusagen vom „Stammbaum“ gelöst hatten. Der Wiener Erich Körbler drückte das, aggressiver als ich, so aus:[33]

„Auch wenn es die Monokausalisten, die linearen Denker und die einfältigen Politiker noch nicht wahrhaben wollen: Das Ende der Naturwissenschaften, wie sie heute noch an den Unis gelehrt werden, ist gekommen. Hatte man bisher noch geglaubt, es werde einen Kompromiß oder einen sanften Übergang geben, so zeigt sich jetzt, daß dies nicht mehr möglich sein wird. Es ist zu spät. Während in den Unis nach wie vor unter den Talaren der Mief von tausend Jahren wabert..., wächst unaufhaltsam eine Gemeinschaft von nicht korrumpierten Wissenschaftlern, die völlig neue Weltbilder konzipiert haben, die mit den engen Horizonten heutiger Schulen und Unis nicht mehr zu fassen sind. Das Alte zerfällt, das Neue wächst. Allerdings mit fatalen Folgen für die Etablierten.“

Wenn dieses Statement auch nicht unser Thema zum Anlaß hatte, so kann man bestimmte Parallelen nicht leugnen. Genau so verhält sich die Lage zum Marsgesicht. In manchen Bereichen der Wissenschaft ist man heute tatsächlich nur noch um Schadensbegrenzung bemüht. Es zählt nicht mehr die Sache und ihre wissenschaftliche Überprüfbarkeit, sondern einzig und allein die Aufrechterhaltung einer offensichtlich überholten Lehrmeinung. Das zu erkennen, war ebenfalls eine notwendige Voraussetzung. Wenn aus diesem Gelehrtenkreis auch nur einer ausschert, droht ihm Fürchterliches – „Das Imperium schlägt zurück“. Die Namen, die diesen Attacken seit Beginn dieses Jahrhunderts ausgeliefert waren, sind hinreichend bekannt.[34]

Die Folge für das Marsrätsel ist, daß wir uns hier im luftleeren Raum bewegen. Kein Gelehrter wird sich an der Suche nach dem Ursprung beteiligen.[35] Es bleibt für die Außenstehenden nur eine einzige Möglichkeit, den Ursprüngen der Marsmonumente nachzuspüren: die Suche in der Überlieferung und Baukunst der alten Hochkulturen. Daß dort etwas nicht ganz richtig gesehen wurde, ist zwischenzeitlich ein „alter Hut“.

Zum Mars werden wir in absehbarer Zeit nicht zurückkehren. Ich tat also

das, was mir möglich war: ich suchte in alten Texten nach Spuren vom Mars. Damit ließ sich wenigstens die Neugier befriedigen, die so vielen anderen Forschern hier irgendwie abhanden gekommen war. Die Faszination, die eine Stadt auf dem Mars zwangsläufig mit sich bringen müßte, schien sich im Moment nur auf mich zu konzentrieren. Vielleicht war ich gerade der einzige Mensch auf dieser Erde, der einen Traum hatte:
Gern ginge ich selbst vom großen Platz der Marsstadt aus in eine der gigantischen Pyramiden, durch Gänge hindurch, die seit Ewigkeiten kein Mensch mehr gesehen hat. Dann würde ich vielleicht in verborgene Kammern gelangen, in große Hallen, die Antworten geben könnten auf Fragen, die noch nie zuvor ein Mensch gestellt hat. Wie mag es dort aussehen? Kahle Wände ohne Schmuck, wie in der größten irdischen Pyramide? Oder stumme Zeugen einer unbekannten High-Tech-Kultur. Und sollte ich auf die Spitze einer der himmelhohen Bauwerke steigen, könnte ich auf das riesige Gesicht eines Menschen herabblicken und wie T. S. Eliot in „Little Gidding“ zu dem Schluß gelangen:[36]

„Wir werden nicht aufhören zu forschen,
und das Ende all unseres Forschens
wird sein, dort anzukommen,
von wo wir einst aufbrachen,
und den Ort zum erstenmal zu erkennen.“

Zweifellos wird eine Menge Zeit verstreichen, bis ein Mensch diesen Weg gehen wird. Leider ist für die Zeit bis dahin nicht mit wesentlichem Interesse an den Monumenten zu rechen. Zu stark ist das ausgeprägt, was Timothy Leary „Realitätstunnel“ nannte.[37] Dieser Begriff bezeichnet die persönliche Realität, die Summe aller Erfahrungen eines Menschen. Da nun das Marsgesicht in den meisten Realitätstunneln keinen Platz findet – nicht „angeklickt“ werden kann – ist es nicht real.
Nach R. A. Wilson wäre diese Verhaltensweise aber nicht „wissenschaftlich“. Die natürliche wissenschaftliche Methode besteht schließlich aus einer Mischung von Sinneseindrücken und „reiner Vernunft“.[38] Wilson beweist eindrucksvoll: beides ist unvollkommen. Wie ist es mit dem Mars-

gesicht? Wollen manche eben mehr sehen, als es zu sehen gibt? Oder führt die „wissenschaftliche Verallgemeinerung“ zu einer ablehnenden Haltung gegenüber der Anerkennung des Gesichtes, weil es einfach nicht ins Weltbild paßt? Wilson schreibt:[39]

„Wissenschaftliche Verallgemeinerungen, die sich lange gehalten haben, besitzen eine *hohe Wahrscheinlichkeit,* vielleicht die höchste Wahrscheinlichkeit aller Verallgemeinerungen, aber nur ein Götzendiener wird behaupten, daß sie niemals revidiert oder widerlegt werden können. Allein in diesem Jahrhundert ist genau das schon unzählige Male passiert.“

Als ich dies bei Wilson las, mußte ich sofort an die NASA denken, die nicht einmal eine Überprüfung des Gesichtes und der Stadt für notwendig hält. Nach Hoagland findet man das dort auch noch amüsant:[40] „Selbst das Anschneiden des Themas ‚Gesicht' auf dem Mars erzeugte ausgesprochene Heiterkeit bei der NASA.“

So wenig Platz ist in unserer Welt für das größte Rätsel, für das größte Wunder aller Zeiten. Es kommt also wie es kommen muß: Außerhalb der engen Grenzen, die uns die Wissenschaft bietet, beginnen Forscher völlig frei von Dogmen ihre eigene Wissenschaft auszubauen. Wer weiß, vielleicht wird Körbler sogar mit seiner aggressiven Meinung recht behalten.

## *Mensch und Kosmos*

Unser roter Nachbar Mars fasziniert die Menschen seit eh und je. Er ist nach der Erde der vierte Planet im Sonnensystem und muß daher mit nur 43% der irdischen Sonnenenergie auskommen.[41] Als hellstes Objekt am Nachthimmel nach Mond und Venus stand er aber zu allen Zeiten im Zentrum der Aufmerksamkeit. Der Grund dafür ist erklärbar – nicht aber die mit dem Mars assoziierten Emotionen. Die menschlichen Gemüter erregt er nämlich auf seltsame Art – heute, wie in der Vergangenheit. In der Astrologie gilt sein Erscheinen als negativ, und er zeigte einen bevorstehenden Krieg an. Bei den Römern war Mars Hauptgott und vor allem Kriegsgott (im Oktober fand zu seinen Ehren die Waffenweihe statt) sowie Gott des Frühlings, was auf den ersten Blick nicht kompatibel zu

sein scheint.[42] Eine merkwürdige Kombination ist dies allemal.
Bis heute gibt es keine astrophysikalische Erklärung für den kriegerischen Charakter des Marsgottes. Die Mythologie wird nicht herangezogen – sie gilt als tabu für die wissenschaftliche Forschung. Dabei ist es nicht unbedeutend, was die Römer zu sagen haben. Mars wird dort als Vater von Romulus und Remus zum Stammvater aller Römer![43]
Wir sind hier an einem entscheidenden Punkt, den der Leser nur für sich selbst entscheiden kann. Es geht um die Mythologie, die Religion alter Völker. Es gibt grundsätzlich nur zwei Möglichkeiten mit ihr umzugehen:[44]

1. Was die frühen Hochkulturen der Erde zu berichten hatten, woran sie glaubten, wie ihr Weltbild aussah, deren inneres und äußeres Gefüge, das wie bei den Ägyptern einzig und allein auf diesen speziellen Vorstellungen beruhte, ist nur das Ergebnis eines weiterentwickelten Naturkultes und völlig ohne historischen Belang. Die Quellen für die Mythen sind ausschließlich im Mystischen zu suchen. Sie entstanden aus der Verehrung der Sonne, der Beobachtung der Mondphasen oder der Sterndurchgänge und nicht zuletzt aus der Urangst vor Blitz und Donner. Um den Wandel im Götterglauben und die Bewegungen am Himmel zu erklären, wurden die Mythen erst als erklärendes Beiwerk erfunden.

2. Die mythischen Vorstellungen beruhen auf Ereignissen, die tatsächlich stattgefunden haben, auch wenn es vor Äonen geschehen sein mag. Diese Ereignisse waren von so fundamentaler Bedeutung, daß die alten Völker statt Märchen zu erzählen, eine andere Art der Geschichtsschreibung betrieben. Sie lebten ihre Mythen. Schon Cicero war der Meinung, daß die Allgemeinheit der Sintflutüberlieferungen die Existenz der Katastrophe selbst beweist. Genau darauf hat die moderne Geologie gehört, und es ist eine wichtige Erkenntnis unserer Zeit, wenn wir heute mit Sicherheit bestimmen können, daß dieses Ereignis tatsächlich stattfand. Allein dadurch erklärt sich der Gehalt der Mythologie selbst. Es befindet sich also trotz der farbigen Ausgestaltung ein wahrer Kern im Innern jeder Religion. Dieser Kern, und das ist sicher so, wurde im Wandel der Zeit mit anderen Glaubensinhalten oder geschichtlichen Ereignissen ver-

mischt. Man spricht dann von „Synkretismus“. Für viele der alten Völker, und ganz besonders für die Ägypter, gilt eine besondere Auffassung der Religion. Das, was wir heute so nennen, war so wenig „Religion“, wie es heute die Medizin oder Astronomie ist.

Seit die Mythologie systematisch gesammelt und niedergeschrieben wurde – etwa seit 200 Jahren – ist man sich über ihre Bedeutung noch immer nicht im klaren. Das geht soweit, daß der Freudianer Otto Rank einen Auslöser in der gefüllten Harnblase sieht, die im Schlaf zu Träumen führt, auf denen die Kosmogonie beruhen soll. Der nächtliche Harndrang wird dann als Angstauslöser gesehen und bildet gleichzeitig den Ursprung der Idee vom Urgewässer.[45] Ob sich so etwas über die Bedeutung der Stadt auf dem Mars herausfinden läßt, ist mindestens zweifelhaft. Für den Leser, der die Annahme des Autors hierbei teilt, ist dieses Buch geschrieben.
Die erste Konsequenz ist dann, die römische Gründungssage nicht leichfertig abzutun, sondern in ihr den wahren Kern herauszuarbeiten, die Quelle dieser sonderbaren Vorstellung. Ebenso konsequent ist auch die Einschaltung der ägyptischen Vorstellungen. Kein anderes Volk der Erde hat seinen Glauben jemals so ausgelebt, und kein anderes Volk hat aus dem Glauben auch ein so starres Staatsgefüge gemacht. Wenn also die Antwort auf das Marsrätsel zu finden ist, dann dort am Nil. Das sind fundamentale Dinge, über die man sich klar sein muß, wenn der Weg weiter beschritten werden soll.
Bevor wir uns zu dieser Suche aufmachen, ist es notwendig noch einige Erkenntnisse über den Mars mitzunehmen. Von was für einem Planeten reden wir eigentlich? Bereits der amerikanische Diplomat Percival Lowell (1855-1916) vertrat in seinen beiden Büchern die Meinung, daß der Mars einmal sehr erdähnlich gewesen sein muß, und er verband dies mit der Vorstellung einer fortgeschrittenen Zivilisation, die dort eine Heimat hatte. Kurzum: er glaubte an das, was heute mit dem Wort „Marsmenschen“ gemeint wird. Heute fragt man sich, welcher Intuition Lowell gefolgt ist, denn in gewisser Weise hat er die Entdeckungen auf dem Mars vorhergesehen. Was trieb ihn dazu, seinen Beruf an den Nagel zu hängen, um die

Aufmerksamkeit nur noch dem Mars zu widmen? Warum projizierte er seine Phantasien nicht auf die viel näher liegende Venus?
In vielen Dingen hatte Lowell nicht so unrecht. In einigen Aspekten ist der Mars der Erde sehr ähnlich – in anderen nicht. Ein Marstag ist zum Beispiel nur 37 Minuten länger, als ein Erdentag. Durch die annähernd gleiche Achsenneigung gibt es Jahreszeiten wie auf der Erde. Der Wasservorrat des Mars muß, wie auf der Erde, beträchtlich sein. Weite Teile der Nordhalbkugel, die 500-3000 Meter tiefer als die viel älteren Hochländer der Südhalbkugel liegen, waren einst riesige Ozeane. Dafür konnte auf der Südhalbkugel das Vorhandensein eines ganzen Flußsystems nachgewiesen werden, dem durch Kraterzählung ein sehr hohes Alter zuerkannt wird.[46] Der ungeheure Wasservorrat ist heute zusammen mit Kohlendioxid an den Polkappen gefroren. Einige Wissenschaftler glauben, daß ein Abtauen der Pole eine „schlafende Atmosphäre" wecken könnte, deren Luftdruck jetzt bei nur 6 hPa liegt.[47] Wasser jedenfalls wäre auf dem Mars eine nicht weniger lebensnotwendige Substanz als auf der Erde. Und eine Atmosphäre ist wohl eine grundlegende Voraussetzung für das Erblühen einer Kultur, die weit größere Pyramiden errichtet hat als die Ägypter, und schon das haben wir nicht verstanden. Es bereitet den modernen Astronomen nicht gerade wenig Schwierigkeiten, wenn sie die Reste einer Marsatmosphäre erkennen, und keine Idee haben, wie diese dort entstand und dann wieder verschwand.
Gab es auf dem Mars einen Klimasturz? Wenn ja, wie kam es dazu? Ist es möglich, daß der Mars seine Bahn einst näher an der Sonne zog? Diese plumpe Idee saß mir immer irgendwie im Nacken. Tatsächlich ist seine Bahnschwankung mit 43,4 Millionen Kilometern ungewöhnlich groß. Zum Vergleich: Die Bahnexzentrizität der Erde liegt bei nur 5 Millionen Kilometern. Könnte es sein, daß sich der Mars allmählich von der Sonne wegbewegt, wodurch die Atmosphäre kontinuierlich ausgedünnt wurde? Ich hatte dafür nichts Greifbares, aber immer eine Intuition, die den Mars einst näher an der Sonne sah, denn das erschien mir irgendwie notwendig.
Für eine Zivilisation auf dem Mars ist eines unabdingbar: eine andere Atmosphäre. Die scheint es tatsächlich gegeben zu haben, wie wir bei Robert Haberle erfahren.[48] Zunächst, und das ist leicht nachzuvollziehen,

erfordert fließendes Wasser, das es auf dem Mars sicher gab, höhere Temperaturen. Da lesen wir:[49] „In der Frühzeit der 4,6 Milliarden Jahre langen Geschichte des Sonnensystems waren das Klima des Mars und das der Erde einander wahrscheinlich viel ähnlicher, als sie es jetzt sind. Vermutlich hatten die beiden Planeten sogar anfangs Atmosphären mit ungefähr gleicher Zusammensetzung."

Das waren ja schon wesentliche Erkenntnisse, die die Existenz einer Zivilisation zumindest aus dieser Sicht viel wahrscheinlicher machte. Eine weitere Bemerkung Haberles wird im weiteren Verlauf unserer Untersuchung eine schier unvorstellbare Bedeutung erfahren:[50]

„Der Mars und die Erde entstanden in relativ ähnlichem Abstand von der Sonne, so daß die Zusammensetzung ihres Gesteinsmaterials und daher auch ihrer ursprünglichen Atmosphären im wesentlichen ähnlich war... Die Atmosphären von Erde und Mars sind heute so verschieden, weil die anfänglich vorhandenen flüchtigen Substanzen auf beiden Planeten ein unterschiedliches Schicksal hatten."

Das war ja toll. Ein Fachmann bestätigte mein „Gefühl" durch wissenschaftliche Überlegungen. Zweifellos, das wurde mir gerade klar, beherbergt der Mars noch sehr viele Rätsel.

In der Antarktis wurde ein 1,9 Kilogramm schwerer Stein gefunden, der – man mag es nicht glauben – vom Mars stammt![51] Dieser Stein verrät uns die tollsten Dinge. Er bestätigt zum Beispiel das einstige Vorhandensein fließenden Wassers. Weit bedeutender aber sind die organischen Benzol-Ringe im Fels, „...denn noch wird gerätselt, ob Kometen oder Asteroiden sie zum Mars gebracht haben. Oder ob sie aus den chemischen Prozessen entstanden sind, die die Vorstufe zur Bildung der ersten lebenden Zellen sind", heißt es in dem Bericht der „Illustrierten Wissenschaft".[52] Das wären doch völlig neue Ausgangspunkte!

Es gibt aber bei allen Übereinstimmungen mit der Erde auch große und bedeutende Unterschiede. Allgemein wird angenommen, daß der Mars ebenso alt ist wie unsere Erde. Dazu schreibt Hans W. Gaebert:[53]

„Der Mars scheint in vielen Dingen ganz anders zu sein als sein Nachbar, die Erde. Sollte er vielleicht doch nicht ihr Bruder sein, wie man bisher annahm, und zugleich mit unserem Planeten das Licht der Welt erblickt

haben? ... Doch wenn Mars und Erde bei dem selben Kondensations-Prozeß entstanden sein sollten, dann müßten sie gleich alt sein und aus derselben Materie bestehen.“
Gaebert weist daraufhin, daß die Erde, scheinbar im Gegensatz zum Mars, einen flüssigen Kern aufweist.[54] Die Gestaltung der Marsoberfläche zeigt aber deutliche Spuren einer außergewöhnlich starken Vulkanaktivität auf. Mit dem Vulkan Olympus Mons verfügt er sogar über die höchste Erhebung im ganzen Sonnensystem. Über einer Fläche von der Größe Spaniens erhebt er sich 27 Kilometer hoch in den Himmel. Es läßt sich also sagen, daß der Mars einst ganz anders beschaffen war, als wir ihn heute kennen. Heute übersteigen die Temperaturen auch in den warmen Zonen nur selten den Gefrierpunkt. Aber wie war das früher, vor vielleicht 500.000 Jahren, wie Hoagland es annahm? Hat der Mars sein „Goldenes Zeitalter“ schon hinter sich gelassen? Viele dieser Ideen bewegten mich.
Tatsächlich könnte diese Zeit noch weiter zurückliegen. Hoagland hat aufgrund von Kraterberechnungen das Alter der Cydonia-Region auf 4 Milliarden Jahre bestimmt. Bei einer weiteren Untersuchung der Cydonia-Monumente fiel ihm auf, daß diese bereits Kraterformationen aufwiesen, die kaum nur in den letzten 500.000 Jahren entstanden sein konnten. Er zitiert den Geologen Mike Carr, der darauf hinwies, daß die Formationen „entkleidet“ erscheinen, so als hätte eine Schicht darüber gelegen, die „schließlich durch Erosion ‚abgetragen' wurde...“.[55] Damit gelangt Hoagland zu dem möglichen Schluß, „...daß der faszinierende Komplex in Cydonia nicht Millionen Jahre alt war, sondern tatsächlich Milliarden?[56]
„Und genau das führt uns zu der Überlegung, ob der Mars sein „Goldenes Zeitalter“ schon ausgelebt hat. Stammen die Pyramiden und das Gesicht aus einer Zeit, als die Erde gerade erst geboren war? Oder: ist der Mars wirklich ein älterer Planet? Hoaglands Beobachtung wird später jedenfalls noch fundamentale Bedeutung erlangen. Jedenfalls besteht, ob so oder so, eine riesengroße zeitliche Lücke zwischen unserer „Zivilisation“ und der Zeit einer solchen auf dem Mars. Unser Weltbild, auch wenn es kaum jemand weiß, befindet sich in weit mehr als nur einer Krise.
Um sich dem Rätsel zu nähern, stellte Hoagland drei mögliche Varianten

zur Disposition, die angesprochen werden sollen, um herauszufinden, nach was wir eigentlich suchen. Es sind die Dinge, die einem dazu einfallen mögen:[57]

1. Auf dem Mars entwickelte sich, unabhängig von der Erde, eine menschenähnliche Zivilisation, die dann wohl mit ihrem Planeten untergegangen ist, als sich die Atmosphäre schlafen legte.

2. In der grauesten Vorzeit existierte auf der Erde eine Zivilisation, die bis in das Zeitalter der Raumfahrt vordrang, und so den Mars erreichte. Diese Kultur hat aus unbekannten Gründen nicht überlebt und hat wahrscheinlich mit „uns“ nichts zu tun.

3. Die Monumente auf dem Mars wurden von einer außerirdischen Rasse erbaut, die des Weges kam und wohl auch die Erde besuchte. Die Motive für diese Annahme sind hinreichend bekannt.

Obwohl alle drei Varianten absolut nicht zu untermauern waren – wir werden sehen, daß auch keine zutrifft – sah Hoagland in der Theorie Nr. 3 die wahrscheinlichste Lösung. Nr. 1 fällt aus. Der Zufall wäre doch zu enorm, wenn sich in einem Sonnensystem zwei Planeten unabhängig voneinander so entwickeln würden, daß zweimal „Menschen“ entstehen. Dagegen ist ein Lottogewinn eine sichere Sache. Nr. 2 widerspricht allem, was uns an gesicherten Erkenntnissen über das Werden des Menschen zur Verfügung steht. Raumfahrt in der Steinzeit und noch weit vor dieser? Es ergeben sich aber Aspekte, die leicht ins Gegenteil zu verdrehen sind. Doch auch Nr. 3 wirft erhebliche Probleme auf, wenn wir von Raumfahrern ausgehen, die einst in unser Sonnensystem eindrangen, und statt auf der Erde ihre Pyramiden auf dem Mars errichtet hätten. Es waren ganz wesentliche Punkte, die mich von Hoaglands Lösung abhielten, der eine außerirdische Rasse favorisierte. Sie sorgten erst dafür, daß ich selbst Hand anlegte und am Ende dieses Buches zu einer ganz anderen Erkenntnis gelangen werde.
Überlegen wir noch einmal, was wir dort eigentlich gefunden haben. Wir

kennen nun eine beträchtliche Anzahl an Monumenten, die sich über alle möglichen Regionen des Mars verteilen. Mag sein, daß sich darunter natürliche Schöpfungen befinden. Doch das ändert nichts am Gesamteindruck. Die Elysium-Pyramiden liegen zum Beispiel fast auf der gegenüberliegenden Seite der Cydonia-Region. Auch anhand der Größe der Bauwerke – bis zu 1000 Meter Höhe – lassen sich insgesamt folgende Behauptungen aufstellen, die allesamt zwangsläufig nur auf reiner „Logik" basieren:

1. Hier wurde keine Forschungsstation gefunden, die man so eben mal errichtet, wenn man durch das Weltall reist, so wie wir uns das im Jahrhundert der Science-fiction vorstellen. Es wurden nicht nur ein paar notwendige „Hütten" aufgestellt, die zu einer vorübergehenden Unterkunft für Sternenwanderer wurden. Der Aufwand für derart große Werke, auch wenn die geringere Schwerkraft dort mehr zuläßt, steht in keinem Verhältnis zu einem solchen Zweck. Zudem stellt sich natürlich die Frage, was die vermeintlichen Sternenmenschen überhaupt auf dem Mars zu suchen hätten. Was gab es dort so Interessantes zu erforschen, das so einen Aufwand aufwiegt? Zumal die viel angenehmere Erde gleich nebenan wartete!

2. Die Verteilung der Monumente über weite Teile des Mars, sowie die logische Tatsache, daß wir noch lange nicht alles gefunden haben, was es dort zu finden gibt – man bedenke die Auflösung der Viking-Kamera, die nur Objekte mit einer Größe von 50 Metern erkennen konnte – führt zu der Schlußfolgerung, daß der Mars einst großflächig, vielleicht sogar vollständig besiedelt war. Hoagland erwähnt im Anhang zu seinem Buch, daß unter „ein paar hundert" Bildern etwa ein halbes Dutzend „Anomalien" gefunden wurden – von insgesamt 60.000 Bildern!

3. Die Existenz eines menschlichen Gesichtes verrät uns etwas über das Aussehen der Erbauer. Das ist jedenfalls naheliegend. Der Umstand, daß sie für ihre Bauwerke meist die Form einer Pyramide wählten, zeigt uns ihr Motiv. Dieses Motiv war nicht von Notwendigkeiten geprägt. Diese

Stadt in Cydonia wurde nicht gebaut, weil sie für zweckmäßig erachtet wurde. Pyramiden haben – und das zeigt uns eine weitere Verbindung zur Erde – durchweg symbolischen oder, wenn man so will, religiösen Charakter. Noch weniger Sinn macht das Gesicht. Es zeigt klar, daß es um etwas anderes ging, als um eine Forschungsstation einer außerirdischen Rasse. Es deutet auf uns, genau wie die D&M-Pyramide mit ihren „menschlichen" Proportionen, und nicht weniger der fünfzackige Stern, der sich darüber projizieren läßt – das traditionelle Zeichen der Menschen. Das ist unser Zeichen![58] Es geht um uns... es geht um „Menschen"!

Wenn also keine der drei von Hoagland angeführten Möglichkeiten zuzutreffen scheint, was geschah dann dort einst auf dem Mars? Zunächst zeigen sich hier die Folgen des modernen Weltbildes. Wir haben, geprägt durch dasselbe, noch nicht einmal einen groben Ansatzpunkt, der es uns erlaubt, irgendwo mit der Aufarbeitung des Rätsels zu beginnen. Entsprechend aufwendig ist daher die Vorgehensweise in dieser Arbeit. Wir müssen wirklich bei Null beginnen. Das einzige Verbindungsglied ist die Pyramidenform, und die wirft auch bei „uns" schon genügend Fragen auf, und ich verspüre leichten Schwindel, wenn ich mich an die vielen Theorien über sie erinnere.

Wenn dann auch noch Hoaglands Beobachtung, daß nämlich die Stadt vier Milliarden Jahre alt sein könnte, dazugerechnet wird, läßt sich ungefähr ausmalen, wie tiefgreifend die Konsequenzen daraus wirken. Schließlich zeigt das Gesicht in der Marswüste einen Menschen, einen Menschen wie wir ihn kennen. Aus dem wenigen, das wir bis jetzt wissen, läßt sich jedenfalls eine sichere Verbindung zur Erde herstellen. Diese Verbindung taucht über einen unermeßlich langen Zeitraum völlig ins Dunkel der Zeit.

Noch weit mehr wiegt die schlichte Tatsache, daß die tiefgreifendste Verbindung zwischen Erde und Mars aus dem Umstand heraus besteht, daß an beiden Orten mit einem unverhältnismäßigen Übereifer Pyramiden errichtet wurden. Diese rätselhafte Gemeinsamkeit, gepaart mit dem 360°-System und der reichlich merkwürdigen Behauptung der Römer, ist alles was wir haben, um die Suche auf der Erde zu beginnen.

All dies zeigt doch überdeutlich die Einwirkung des modernen Weltbildes auf unser Denken. Darin ist der Mensch nicht mehr Bestandteil des Kosmos, darin ist kein Platz für solche Wunder. Fernab unserer eigenen Heimat, leben wir auf unserem Planeten wie in einem Habitat, das wir selbst errichtet haben – fern den Sternen.

Doch wie unspektakulär sind diese Entdeckungen auf dem Mars und die daraus resultierenden Folgen, wenn man sich die „unendlichen Weiten" des Universums in Erinnerung ruft. Wie unwichtig ist dann das Marsgesicht. Diese Betrachtungsweise würde nicht wenig dazu beitragen, die unverhältnismäßig starken Emotionen zu dämpfen, um der Sache besser zu dienen. Die so furchtbar „irdische" Vorstellung, Leben ist auf diesen Planeten beschränkt und der blaue Himmel ist die Grenze, paßt besser ins Mittelalter. Noch unter den Wolken endet nicht selten der Horizont der Menschheit, und alles was sich darüber befindet ist nicht Teil einer gegenwärtigen Realität, sondern eine Kulisse, die ebensogut gerade auf dem Bildschirm flimmern könnte, was sie meist auch tut. Dieser Horizont muß nun durchbrochen werden, losgelöst von mittelalterlichen Vorstellungen, will man diesem Rätsel nachgehen.

„...der Himmel ist der Ursprung unseres Seins", heißt es in der Hermetica, einem griechisch-ägyptischen Werk aus den ersten nachchristlichen Jahrhunderten.[59] Zu dieser grenzenlosen Weisheit, die in den alten Hochkulturen vorherrschte, müssen wir zurückkehren. Und nur dort werden wir Antworten finden – vorausgesetzt wir kennen die richtigen Fragen dazu!

## *Kapitel II*
## *Im Schatten der Pyramiden*

*Die Zeit wird kommen,*
*wenn eifriges Forschen über lange Zeiträume hinweg*
*Dinge ans Licht bringt, die jetzt noch verborgen liegen.*
*Das Leben eines Menschen,*
*auch wenn er es ganz dem Himmel widmete,*
*reichte nicht aus, ein so weites Feld zu ergründen...*
Seneca, Naturales questiones VII.

*...und von dort kamen die Mexica...*
*Und da dieses Land so weit entfernt war,*
*wußte später niemand mehr, wo es lag.*
Cronica Mexicayotl

### *Die Pyramiden der Welt*

Die Entdeckung von Pyramiden auf dem Mars hat beinahe etwas Tragisches. Sie bestätigt unsere Unkenntnis über die eigentliche Bedeutung solcher Bauwerke auf dramatische Weise. Für die Gelehrten der unterschiedlichsten Fachgebiete stellt sich die Situation meist klar dar. Zu klar, wie eine Reihe von Forschern fand. So gibt es eine unüberschaubare Anzahl von Arbeiten, in denen ebenso viele Theorien aufgestellt wurden, wie es Pyramiden gibt, und jede erklärt diese Form auf ihre Art. Dafür gab es dann die wenig schmeichelhafte Auszeichnung „Pyramidioten". Eines hatten all diese Forscher jedoch gemeinsam: Keiner von ihnen gab sich mit den herkömmlichen Erklärungen über Sinn und Zweck der Bauwerke zufrieden. Intuition?
Es gibt nun hinsichtlich der Pyramiden auf dem Mars absolut keine Möglichkeit, sich der unbequemen Fragestellung nach der Bedeutung der irdischen Pyramiden zu entziehen. Es ist immerhin die einzige Verbindung, an die wir uns klammern können. So schlecht steht es um unser Weltbild. Irgend etwas ist hier falsch gelaufen. Die Pyramiden auf dem Mars zeigen

außerdem den Irrweg der Mehrzahl der aufgestellten Theorien. So kann doch zum Beispiel eine Gruppe vorgeschichtlicher Seefahrer als Erklärung für die Marspyramiden kaum greifen. Die Beleuchtung der irdischen Pyramiden erschien mir also der notwendige erste Schritt für jede Untersuchung zu sein.
Die Ursache für den Pyramidenbau müßte demnach in einem weit übergeordneten Bereich zu suchen sein – dort wo noch niemand nach einer Bedeutung für diese Bauten gesucht hat. Das beweist schon der Umstand, daß diese rätselhaften Bauwerke so ziemlich auf der ganzen Erde zu finden sind, und das ist selbst kein geringes Rätsel:[60]

**Europa:** Frankreich, England, Sardinien
**Afrika:** Ägypten, Sudan, Kanarische Inseln
**Amerika:** USA, Mexiko, Belize, Guatemala, Honduras, El Salvador, Ekuador, Peru, Bolivien
**Asien:** China, Kambodscha, Indonesien, Papua-Neuguinea, Malediven, Indien, Pakistan, Himalaya, Oman, Irak, Iran
**Australien:** Queensland, New South Wales, Victoria

Wie vollständig diese Aufzählung ist, wird niemand mit Sicherheit beantworten können, doch daß den Blicken der Archäologie noch nicht alles untergekommen ist, davon können wir getrost ausgehen. Wie schnell so eine Entdeckung auch in neuerer Zeit gemacht wird, zeigt sich am Beispiel der Kanarischen Inseln, wo erst 1991 die ersten Pyramiden entdeckt wurden.[61] Die Ureinwohner wußten aber schon längst von diesen für diese Gegend „unnormalen" Bauten.
Die interessante Frage dabei ist, aus welchem Grund die scheinbar uralte Idee des Pyramidenbaus schlichtweg auf der ganzen Erde vertreten ist. Eine vernünftige Erklärung scheidet von vornherein aus. Wir haben es hier also mit einem Rätsel zu tun, das die ganze Erde und den ganzen Mars einzuschließen scheint. Jeder Versuch, das Rätsel nur irdisch zu lösen, muß daher zum Scheitern verurteilt sein.
Was bleibt, ist eine Untersuchung der irdischen Pyramiden auf kosmische Zusammenhänge. Konkreter lassen sich die ersten Schritte nicht erläu-

tern. So sollen in diesem Kapitel außerägyptische Pyramiden beleuchtet werden. Das ägyptische Pendant ist so einzigartig wie die dazugehörige Kultur und bildet somit den Schwerpunkt für den Rest dieser Arbeit. Ich sah mich zudem außerstande, mehrere Kulturen gleichberechtigt zu behandeln. Das Fachwissen, das hierfür nötig gewesen wäre, läge außerhalb des Erreichbaren. Aus den oben genannten Gründen habe ich mich daher für die ägyptische Kultur als Hauptgebiet entschieden und Jahre damit verbracht, ein grundlegendes Wissen über die Nilbewohner zu erlangen.

Der Vorteil, der sich aber durch einen Vergleich mit anderen Kulturen bietet, liegt in der Möglichkeit Parallelen aufzeigen zu können. Diese Parallelen wiederum sind wichtig, um herauszufinden, ob trotz aller individueller Errungenschaften der Kulturen der Welt, eine gemeinsame Basis für die Idee des Pyramidenbaus existiert. Wenn wir eine solche Basis finden können, die den Kulturen praktisch in die Wiege gelegt worden sein muß, dann haben wir das Werkzeug, um dem Marsrätsel nachzugehen. Ohne ein erdumspannendes Netz von Gemeinsamkeiten ist jede Beziehung zum Mars ein sicherer Irrtum.

All dies ist natürlich hinfällig, wenn die Pyramidenbauer der ganzen Welt nur einer Intuition gefolgt sind. Aber warum wählten sie diese Form? Ist es naheliegend, eine Pyramide zu errichten?

Ziemlich sicher läßt sich jedenfalls sagen: Die Pyramiden, die auf der Erde errichtet wurden, waren durchweg Heiligtümer. Sie waren niemals Wohnhäuser oder dienten als Lager. Diese erste Gemeinsamkeit vermittelt bereits den Eindruck, als hätte die Initialzündung für den Pyramidenbau jeweils am Anfang der Geschichte einer Kultur gestanden. Doch wie ist das möglich?

Oscar Niemeyer bringt die Problematik auf den Punkt:[62]

„Warum denken wir, die wir über Techniken verfügen, die es uns erlauben, die Tempel zu heben und zu versetzen – wie es beim Bau des Assuan-Dammes geschehen ist – heute denn nicht daran, Pyramiden zu errichten?"

Die Antwort, die ich darauf geben kann, ist fatal: „Wir kennen den Sinn und Zweck dieser Bauten nicht. Ihre Bedeutung ist uns heute unbekannt.“ Natürlich wird man sogleich einwenden, es sei doch alles klar. Ein Ägyptologe wird sagen: „Die Pyramiden dienten den Königen als Grabmal.“ Ein Altamerikanist hat es da schon schwerer. „Seine“ Pyramiden dienten – wie etwa in der Mayastadt Palenque – als Grabmal, doch, und das weit häufiger, in der Regel als Tempel.

Die indischen Tempelpyramiden waren hingegen den verschiedensten Gottheiten geweiht, um die sich endlose Geschichten ranken. Die Stufenpyramiden wurden mit prächtigen Darstellungen der indischen Götterwelt versehen. Aber niemand scheint die Bedeutung der Bauform zu kennen. Wenn es also Gemeinsamkeiten zwischen diesen sehr verschiedenen Kulturen und Ausdrucksformen gibt, dann wurden sie bisher nicht erkannt.

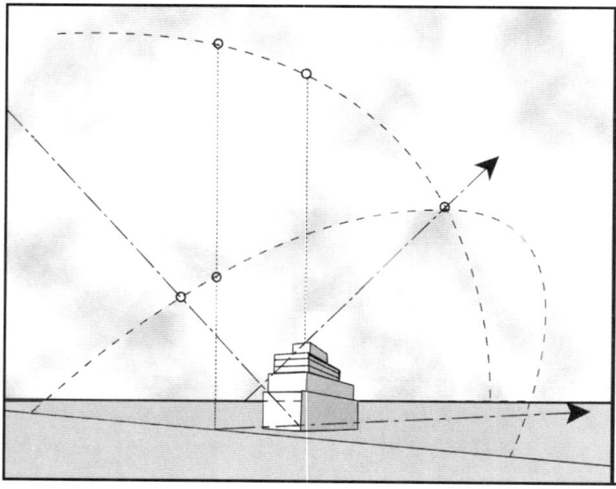

*Die sumerische Zikkurat und ihre astronomischen Beobachtungslinien*

*Quelle: Sitchin: Der zwölfte Planet*

In Mesopotamien errichteten die Sumerer Stufenpyramiden, die „Zikkurat“ genannt wurden, was im akkadisch-babylonischen soviel heißt, wie „Rohr des göttlichen Geistes“.[63] Meist erhoben sie sich über sieben Stufen und wurden so ausgerichtet, daß ihre vier Ecken genau in die Himmelsrichtungen zeigten. Wie bei den ägyptischen Pyramiden war die Grundfläche ein Quadrat. Über die Ecken und Seiten der einzelnen Stufen ergaben sich verschiedene astronomische Bezugspunkte, und an der Spitze befand sich das Heiligtum eines Gottes.

Professor C.P.S. Menon schrieb in „Early Astronomy and Cosmology“:[64]

„Wir dürfen annehmen, daß die Gestalt der Erde, die diesen Tempeln als Vorbild diente, als eine terrassenförmig aufgebaute Pyramide erschien, deren Ecken nach Süden, Westen, Norden und Osten wiesen.“

Eine andere, wohl weitergehende Deutung, stammt von dem deutschen Archäologen Walter Andrae.[65] Er beruft sich auf die Überlieferung des griechischen Geschichtsschreibers Herodot, der auf der Spitze der Zikkurat von Babylon keinen Tempel im herkömmlichen Sinn erwähnt, sondern eine richtige Wohnung, zu der nur eine ausgewählte Priesterin Zugang hatte. Dort befand sich für den Gott ein Ruhebett sowie ein goldener Tisch. Andrae hielt den Hochtempel für das Tor, durch das der Gott eintreten sollte, um dann über die Stufen der Zikkurat in seine „irdische Wohnung“ zu gelangen, wo sich auch das Kultbild dieses Gottes befand. Es ist daher fast naheliegend, wenn man in diesem Gott einen Himmelskörper sehen will. Jedenfalls waren die Babylonier in der Astronomie weit fortgeschrittener als ihre ägyptischen Kollegen. Dafür spricht auch das Folgende. Der Mars jedoch, und soviel ist sicher, verbirgt sich nicht hinter diesem Himmelskörper.

Trotzdem ist die Bedeutung der mesopotamischen Tempel klar kosmischer Natur. Vom babylonischen Schöpfergott Marduk heißt es im Schöpfungsepos „Enuma Elish“:[66] *misrata umassir*, „er bestimmte, setzte fest die Grenzen (der Gestirne)“. Nach diesen himmlischen Abgrenzungen wurden die Tempel errichtet, die als Nachbildung des Kosmos galten. Zur Entstehung der Stadt Ninive heißt es da:[67] „Das für ewige Zeit bestimmte *temennu* (begrenztes, umrissenes Fundament), dessen esrat-su (Grundlinien) in der Urzeit zugleich mit der Schrift des Himmels vorgezeichnet wurden.“

Diesem Nachbau der Welt in Tempel- und Pyramidenform werden wir noch oft begegnen. Das „Abbild der Welt“ zu erstellen, wird sich noch als grundlegende Aktivität der alten Kulturen entpuppen. Dies untermauert aber vor allem die kosmische Bedeutung dieser Bauwerke, die, wie mir scheint, bisher nicht ergründet wurde, obschon dieser Umstand allgemein bekannt ist.

Sehr wenig weiß man auch heute noch über die südamerikanischen Pyramiden. Dieser bedauernswerte Umstand ergibt sich größtenteils durch das völlige Fehlen schriftlicher Aufzeichnungen und Inschriften, die Licht in die Ereignisse um die Pyramiden bringen könnten. Zur Rekonstruktion der kulturellen Hinterlassenschaften dienen hier nur die mündlichen Überlieferungen sowie das, was die Archäologie dort selbst vorfand. Schwierig wird es zudem häufig, da die Bauwerke oft in einem schlechten Zustand vorgefunden wurden, der nicht zuletzt auf ein hohes Alter dieser Monumente schließen läßt. So entdeckte man in Cerro Paloma, südlich von Lima, einen Steinbau mit viereckigem Grundriß, der vielleicht einmal die Vorform einer Pyramide darstellte.[68] Das Alter dieser Anlage konnte auf 6300 Jahre bestimmt werden. Damit nimmt sie noch lange keinen Spitzenplatz ein.

Von den Pyramiden in Chavin des Huantar in Peru ist nicht viel zu sagen.[69] Von den Erbauern selbst steht fest: ihr Kult galt dem Jaguar.[70] Auf anderen südamerikanischen Pyramiden ließen sich Tempel nachweisen, wie das auch bei den mexikanischen Heiligtümern der Fall war. Ähnlich wie bei den Azteken wurden dort nicht nur Tiere, sondern in einigen Fällen auch Menschen geopfert. Von wenigen Pyramiden weiß man zudem, daß sie als „Sonnenheiligtum" angesehen wurden. Das ist alles in allem nicht gerade viel, und zeigt uns, daß wir wirklich nichts oder zumindest sehr wenig über Pyramiden wissen.

Eines dieser Sonnenheiligtümer war die größte bisher bekannte Pyramide Altperus, die Sonnenpyramide der Mochica bei Trujilo.[71] Der „Petersdom" der Mochica besteht aus 50 bis 130 Millionen luftgetrockneter Lehmziegel (die Angaben schwanken tatsächlich so stark). Über eine Fläche von 228 x 136 Metern erreicht sie eine Höhe von 41 Metern. Daneben gibt es die sogenannte Mondpyramide mit einer Höhe von immerhin noch 21 Metern und einer Grundfläche von 80 x 60 Metern. Mochica-Pyramiden gab es auch im Nepena-Tal. Miloslav Stingl schreibt dazu: „Den dortigen Komplex krönt wiederum eine sechsstufige Pyramide von 28 Meter Höhe, die sehr an sumerische Zikkurate erinnert, besonders an den Turmtempel in der sumerischen Stadt Ur."[72] Stingls Feststellung ist deshalb sehr interessant, weil sie einen gemeinsamen Zweck der Pyramiden über Kontinente hinweg impliziert. Ein Umstand, dem bis jetzt kaum Rechnung getragen wurde, der aber doch für unseren Zweck von immenser Bedeutung ist.

Die berühmteste Pyramide Südamerikas steht im heutigen Bolivien, in jener rätselhaften Stadt Tiahuanaco, die einige Forscher für die älteste Stadt der Welt halten.[73] Auf der Spitze der „Akapana"-Pyramide befindet sich ein nach Osten hin ausgerichtetes Wasserbecken – auf den ersten Blick eine sehr merkwürdige Begebenheit. Das Innere der Pyramide ist durch ein kompliziertes Kanalsystem geprägt, wie man es in einem solchen Bauwerk nicht gerade erwarten würde. Dazu sind die geglätteten Steine mit einer unnötigen Genauigkeit von 0,5 Millimetern aneinander gefügt.[74] Durch dieses System floß das Wasser vom oberen Becken nach unten in einen Graben, der um die Stätte angelegt wurde. Vom Wasserkult bis zu einer Metallverarbeitungsanlage[75] wurde spekuliert, doch bleibt uns die endgültige Lösung dieser Frage auch weiterhin verborgen. Immerhin erkennen wir, daß man sich mit dem Pyramidenbau unverhältnismäßig viel Arbeit machte – mehr als man von einem „gewöhnlichen" Heiligtum erwarten würde.

Eine Feststellung von Arthur Posnansky („The Cradle of American Man"), deutet vor allem in die Richtung eines Kultes, von dem wir ansonsten nicht das Geringste wissen. Posnansky geht dort den Aymarawörtern Hake und Apana nach, die immer noch zum aktuellen Wortschatz der dort angestammten Bevölkerung gehören:[76] „*Hake* heißt ‚Menschen' oder ‚Männer'; *Apana* heißt ‚sterben' (wahrscheinlich durch Wasser). So ist die 0der Ort, an dem Menschen zugrunde gehen…"

Die Verbindung Wasser – Menschen – Tod – Kosmos – Pyramiden ist von eminenter Bedeutung, wenn wir im weiteren Verlauf immer wieder auf diese Konstellation stoßen. Der grundlegende Zusammenhang findet sich immer wieder in allen Pyramiden der Welt und wiederum ist mir kein Werk bekannt, daß diesen Gemeinsamkeiten erfolgreich nachgegangen worden wäre.

Über die einstige Größe Tiahuanacos gibt es noch keine klaren Umrisse, doch war man sehr erstaunt darüber, als noch in mehreren Kilometern Entfernung Bauten zu finden waren, die eindeutig noch zu Tiahuanaco gehörten, wie zum Beispiel die „Huila-Pucara"-Pyramide, die vom Stadtteil „Puma-Punku" aus einen ganzen Kilometer entfernt liegt.[77] Auch in 15 Kilometern Abstand wurden Reste gefunden, die zu Tiahuanaco

gehören sollen.[78]
Arthur Posnansky, der sein ganzes Leben der Erforschung dieser Stadt gewidmet hat, gab ihr ein Alter von 17.000 Jahren (!), was sich aus der astronomischen Ausrichtung ergab, und von weiteren Wissenschaftlern bestätigt werden konnte.[79] Für Aufregung war also gesorgt. Denn: Auf keinen Fall – so die Lehrbücher – gab es vor 4000 v. Chr. eine bedeutende Zivilisation auf der Erde. Schon gar keine, die fähig gewesen wäre, so eine Stadt zu errichten. So wird auch Tiahuanaco – völlig unbeachtet der überragenden Leistungen Posnanskys – auf 500 n. Chr. datiert, und zwar ganz einfach so, als gäbe es dafür irgendwelche grundlegenden „Beweise", was bei genauer Betrachtung ganz einfach nicht der Fall ist.
Eigentlich wäre dieses Tiahuanaco, dieser rätselhafte Ort, der den Sternen näher zu sein scheint, als der Erde, der richtige Ort, um nach dem Ursprung des irdischen Pyramidenbaues zu fahnden. Doch führt uns unser Weg weiter zu anderen Pyramiden und Kulturen, die nicht weniger rätselhaft sind. Sie haben aber einen bedeutenden Vorteil: Wir wissen dort mehr über die Hintergründe, über das, was sich einst im Schatten der Pyramiden abspielte. Damit erfahren wir eher etwas über ihre Bedeutung.

### *Urwald-Tempel*

In Mesoamerika (von dem Anthropologen Paul Kirchhoff eingeführter Begriff für Zentral- und Südmexiko, Guatemala, Belize und die westlichen Teile von Honduras und El Salvador)[80] stehen im dichtesten Urwald beträchtlich mehr Pyramiden, als beispielsweise in Ägypten. Nun liegt dieses Ägypten nicht gerade in nächster Nachbarschaft, so daß die Frage über einen gemeinsamen Ursprung dieser Kulturen schon viele Buchseiten gefüllt hat.
Eine dieser bedeutenden Hochkulturen war die der Azteken. Ihre Hauptstadt hieß Tenochtitlan und erstreckte sich einst auf dem Areal, wo sich heute Mexiko-City, die größte Stadt der Welt, befindet. Auf einer Fläche von 15 Quadratkilometern lebten im 16. Jahrhundert rund 235.000 Menschen. Rechnet man die Trabantenstädte hinzu, belief sich die Bevölke-

rungszahl auf etwa 400.000![81] London und Rom zusammen brachten es zu dieser Zeit nicht einmal auf die Hälfte. Das Zentrum der Stadt war der große Tempel („Templor Mayor"), eine Stufenpyramide mit einer Grundfläche von 2500 Quadratmetern und einer Höhe von über 50 Metern.[82] Auf ihrer Spitze befanden sich zwei Tempel. Der eine war dem Regen-, Sturm- und Erdbebengott Tlaloc gewidmet. Tlaloc, „der es wachsen läßt", war einer der Empfänger der grauenhaften Menschenopfer, die den Spaniern das Blut in den Adern gefrieren ließ. Tlaloc wurde häufig von Wassertropfen umgeben dargestellt[83], so daß hier genauso wie auf der Akapana-Pyramide, Wasser auf deren Spitze symbolisiert wurde. Das ist wenigstens schon ein deutlicher Hinweis.

Der spanische Chronist Fray Bernardino de Sahagun bezeichnete Tlalocs Reich als „Aufgangsort der Sonne".[84] Als Wind nannten ihn die Azteken Tlalocayotl, der „aus dem Totenland" erschien.[85] Sahagun, der Tlaloc interessanterweise im Kapitel „Über die Gestirne" erwähnt, schrieb, „daß er öfter Menschen im Wasser umbringt".[86] Das sind hundertprozentige Parallelen zu dem, was wir gerade über die südamerikanischen Pyramiden erfahren haben. Außerdem drängt sich durch Sahaguns Einordnung der Eindruck auf, daß sich Tlalocs Standort im Himmel befindet. Das ist wiederum ein wichtiges Indiz für unsere erste Spurensuche. Seine Beschreibung ist allerding seltsam: „Wie etwas, das sich krümmt, was gekrümmt ist, gebogen ist, so kommt und stellt er sich hin."[87]

Die Gestalt des Tlaloc läßt sich bis zu den Olmeken zurückverfolgen, die ihn als Jaguar verehrten. Die Forscher sind sich weitgehend darüber einig, daß die Olmeken bereits sehr früh Kontakt zu der bereits erwähnten Chavin-Kultur in Peru hatten, und die ja ihrerseits dem Jaguar huldigten.[88, 89] Anhand dieser Übereinstimmungen läßt sich für die amerikanischen Pyramiden bereits ein gemeinsamer Ursprung annehmen, der weit über das geläufige Modell der Naturkulte hinausgeht.

Neben der symbolischen Darstellung von Wasser wirft dieser Tlaloc noch weitere Fragen auf. Warum wurde er zum Teil weiblich dargestellt, indem er einen Rock trägt?[90] Seinem großen Schädel fehlte oft der Unterkiefer und aus seinem Mund traten Blutvoluten hervor, was ihm einen Verderben bringenden Charakter einbrachte.[91] Die Symbolik seiner Darstellung

wurde bisher nicht geklärt. Sie wird aber sicher wichtig für alle Betrachtungen sein.
Das zweite Heiligtum auf dem Großen Tempel von Tenochtitlan war dem Gott Huitzilopochtli gewidmet, dem wie seinem benachbarten Tlaloc Menschenopfer dargebracht wurden.[92] Hier treffen wir nun auf eine Parallele zu dem, was vorher über den römischen Mars gesagt wurde. Als Haupt- und Kriegsgott war er der Stammvater aller Azteken.[93] Die Gelehrten vermuten auch seinen Ort im Himmel, wie aus einem Bericht über die „Ausgrabungen am Templor Mayor in Mexiko-Stadt“ hervorgeht:[94] „Einige Anthropologen deuten diesen Mythos als ein kosmisches Drama, in dem Huitzilopochtli die Sonne darstellt, die jeden Tag ihre Schwester (den Mond) erschlägt und seine Brüder (die Sterne) vertreibt, um seine Mutter (die Erde) zu erhalten.“ Es ist verwirrend, so viele kosmische Gemeinsamkeiten zu finden, während das Marsgesicht auf eine Erklärung wartet. Ob die Anthropologen zu einer ähnlichen Einschätzung gelangt wären, hätten sie das Problem auf dem Mars gekannt?
Huitzilopochtli soll die Azteken einst von ihrer Heimat „Aztlan“, einer „Insel im Meer“, auf die Insel im Texcoco-See geführt haben, wo sie ihre Stadt Tenochtitlan als Ebenbild ihrer früheren Heimat errichteten. Diese Stadt mußte wieder im Reiche Tlalocs, auf dem Wasser also, entstehen.[95] Die alten Völker Mesoamerikas stellten sich Erde und Himmel im Wasser schwimmend vor,[96] so daß hier nicht unbedingt auf den Atlantik geschlossen werden muß, wie es die Befürworter der Atlantis-Hypothese annehmen. Vielmehr könnte dieses Meer ein kosmisches Meer sein, und Aztlan damit ein Ort zwischen Himmel und Erde.
Auf einen astronomischen Sinngehalt deutet auch die Ausrichtung des Großen Tempels hin. Auf der dem Quetzalcoatl Ehecatl geweihten Pyramide, die sich gegenüber befindet, konnte man an den Tagen der Tagundnachtgleiche (21. März und 21. September) die Sonne exakt über dem Templor Mayor aufgehen sehen, und zwar direkt zwischen den Heiligtümern von Tlaloc und Huitzilopochtli.[97] Wenn dies auch erkannt wurde, so wissen wir insgesamt doch wenig über die Bedeutung des ganzen Spektakels. Nur soviel steht fest: Es sind wieder Wasser, Menschen, Tod und Kosmos, die mit dieser Pyramide identifiziert wurden. Vielleicht hatte ich

den ersten Faden gefunden, der uns näher an die Bedeutung dieser Bauwerke heranbringt. Daß Pyramiden etwas mit dem Tod zu tun haben, war mindestens für Ägypten eine sichere Sache.

*Die Pyramide des Quetzalcoatl vor dem Templor Mayor in Tenochtitlan*

*Quelle: Sitchin: Das erste Zeitalter*

Graham Hancock[98] berichtet von einer Pyramide in Mexiko-City, die der Frage „Kam die Idee des Pyramidenbaus aus der Alten Welt?“ eine deutliche Absage erteilt. Diese runde Stufenpyramide war nämlich von einer Lavaschicht bedeckt und wurde erst in den zwanziger Jahren zum Teil ausgegraben. Die Geologen datierten die Lava – und somit den Vulkanausbruch, der drei Seiten der Pyramide zugedeckt hat – auf 7000 Jahre! Von Byron S. Cummings, dem Archäologen, der die Freilegung im Auftrag der „National Geographical Society“ vorgenommen hat, erhalten wir gar ein Alter von 8500 Jahren! Obwohl sich diese Datierung aus den Stratifikationsschichten ablesen läßt, findet sie weder Beachtung noch Erwähnung unter den Gelehrten. Das ist doch aber von grundlegender Bedeutung!
Für die Pyramiden des amerikanischen Kontinents scheidet eine Verbindung zur Alten Welt, nach Sumer oder Ägypten, ganz offensichtlich aus. Sowohl in Süd-, wie auch in Mesoamerika sind die Pyramiden zu alt, um ihren Ursprung über den Atlantik hinweg annehmen zu können. Zwangsläufig muß es eine andere Erklärung geben, die zum Bau dieser Pyramiden führte. Diese Erklärung ist, wie es die Pyramiden auf dem Mars

schon vermuten lassen, nicht mit den herkömmlichen Anschauungen zu finden. Die Ursache liegt viel tiefer, viel weiter zurück in der Zeit. Betrachten wir also eine weitere mesoamerikanische Pyramidenstadt. Es wird wohl die interessanteste von allen sein.

Lange bevor die Azteken erschienen gab es ein Volk, von dem weder Name noch Sprache noch Herkunft bekannt sind. Etwa 45 Kilometer nördlich von Mexiko-City errichteten sie die gewaltigste Pyramidenstadt des Kontinents, die unter ihrem aztekischen Namen Teotihuacan bekannt ist. Dort befindet sich auch eine der größten Pyramiden Altamerikas – die Sonnenpyramide.

Teotihuacan bedeutet „Ort der Götter“ oder „Ort, wo man zum Gott wird“.[99] Der ursprüngliche Name ist nicht bekannt. Doch nannte ihn Sahagun auch „Ort, wo man die Zeichen setzte“.[100] Welche Zeichen damit gemeint sein könnten, verrät uns gleich ein Ingenieur, der sich mit dieser Stadt beschäftigt hat.

In dieser rätselhaften Stadt lebten einst bis zu 250.000 Menschen.[101] Ihre Blütezeit ist zu einem wesentlichen Merkmal der Entwicklung der späteren Völker geworden. Die Anfänge werden bis ins 15. Jahrhundert v. Chr. gelegt, in eine Zeit also, die nach gültigen Vorstellungen kurz zuvor noch kulturelles Notstandsgebiet war.[102] Wie sich diese Gewißheit mit dem verträgt, was wir gleich über Teotihuacan erfahren, ist nicht geklärt.

Der Kern der Stadt wird von der „Straße der Toten“ gebildet, zu deren Seiten sich imposante Pyramiden erheben. Schon die Azteken nannten diese Straße *miccaotli* (Totenweg), und noch heute wird sie von den Indios bei diesem Namen genannt. Mit diesem Begriff bezeichnen sie aber ebenfalls die Anhäufung von Gestirnen am Firmament, womit bereits wieder ein kosmischer Zusammenhang gegeben ist.[103] Nur können wir ihn diesmal konkretisieren.

Wie schon bei den Mochica bilden auch hier die Sonnen- und die Mondpyramide das beherrschende Paar. Obwohl die Mondpyramide mit 42 Meter Höhe kleiner als die 63 Meter hohe Sonnenpyramide ausfällt, erscheinen sie doch durch die erhöhte Lage der Mondpyramide gleich hoch. Demselben Phänomen begegnen wir später auch in Ägypten.

Die meisten Darstellungen in Teotihuacan zeigen wieder den Regengott

Tlaloc. Man fand eine Wandmalerei, die Tlalocs Reich Tlalocan zeigt, und die – welch merkwürdige Gleichschaltung – das aztekische Paradies darstellt.[104] Nach allem, was wir bis jetzt über Tlaloc erfahren haben, paßt dies nun überhaupt nicht dazu. In diesem Paradies gingen Menschen umher, „die durch Blitzschlag gestorben waren“, oder „die im Wasser ertranken“. Trotzdem fehlte es dem Verstorbenen an nichts, wenn er nach Tlalocan gelangte. Er hatte „keine Schmerzen, niemals fehlten Maiskolben…“, usw.[105] Warum diese Stadt für unsere Betrachtungen so wichtig ist, zeigt sich durch den Umstand, daß wir Tlalocs Reich mit ziemlicher Genauigkeit lokalisieren können – ein seltener Glücksfall.

Dazu verhilft uns der Ingenieur Hugh Harleston, der beim „41. Internationalen Kongreß der Amerikanisten“ am 3. Oktober 1974 eine Sensation präsentierte. Dabei entpuppte sich die „Straße der Toten“ als Darstellung unseres Sonnensystems, als „Miniatur“ der uns heute bekannten und auch unbekannten Planeten, und zwar inklusive Uranus, Neptun und Pluto, die erst in den letzten 200 Jahren (wieder-) entdeckt wurden![106]

Ausgehend vom Standort der Quetzalcoatlpyramide stehen Plattformen und Pyramidenstümpfe für die mittleren Bahndaten von Merkur, Venus, Erde und Mars. Für Jupiter, Saturn und Uranus sind die Bahndaten auf der „Straße der Toten“ markiert. Auch für Neptun und Pluto wurden Bauten entdeckt, die sich weit bis hinter die Allee erstrecken. Woher, um alles in der Welt, wußten die unbekannten Erbauer dieser Stadt von diesen äußeren Planeten, die ja für das bloße Auge absolut unsichtbar sind? Obschon dieses Phänomen seit längerer Zeit bekannt ist, wurde ihm wiederum nicht die notwenige Aufmerksamkeit zuteil. Dabei ist hier extra für uns „Erben“ fundamentales Wissen verewigt worden. Es tritt außerdem deutlich hervor, daß die alten Kulturen tatsächlich über ein außergewöhnliches Wissen verfügten. Bis heute ist man hier nicht bereit, die notwendigen Konsequenzen dieser Umstände anzuerkennen. Ich werde diesen Faden nicht loslassen!

Harleston fand dabei sogar noch einen weiteren Planeten, den die Erbauer in ihrem Sonnensystem darstellten. Harleston fand nämlich 7628 Meter vom symbolischen Standort der Sonne aus gesehen einen weiteren Tempel, den die Einheimischen „Tempel des Xochitl“ (Blume) nannten.

Harleston hielt diesen Planeten für einen weiteren uns heute unbekannten Planeten, dem er den Namen „Xiknalkan“ gab, was in Maya „Fliegende Schlange“ bedeutet.[107] Dieser Planet wäre, wenn es ihn gäbe, fast doppelt so weit von der Sonne entfernt wie Pluto. Alle Astronomen der Welt würden übereinstimmend sagen, daß sie nichts von seiner Existenz wüßten, doch würden sie ihn ebenfalls nicht ausschließen können. Wir werden später auf diesen Punkt zurückkommen, denn er ist für alle Betrachtungen von hoher Wichtigkeit.
Doch zunächst zur Lokalisierung des Tlaloc in dieser Miniatur. Um die Position des Asteroidengürtels, der sich zwischen Mars und Jupiter befindet, zu markieren, leiteten die Erbauer den San-Juan-Bach künstlich um, so daß er beim Kreuzen der Straße den astronomisch richtigen Abstand von der Sonne erhielt.[108] Nicht nur der Ursprung dieses Wissens wirft enorme Fragen auf, sondern jetzt vor allem der Umstand, daß sich Tlalocs Tempel, und damit sein Reich, das aztekische Paradies, hier beim San-Juan-Bach befindet.[109] Damit beweisen sie nicht nur ihre Kenntnis über den Asteroidengürtel, der nicht gerade wenig aus Wasser besteht, sondern sie haben damit den wässrigen Gott Tlaloc auf einzigartige Weise symbolisiert. Bedenkt man nun das bisher bekannte, so läßt sich mit hoher Wahrscheinlichkeit darauf schließen, daß alle amerikanischen Völker diese Überlegung dem Pyramidenbau zugrunde legten. Ein phänomenaler Umstand! Natürlich könnte man dies als „Zufall“ abtun. Nur werden wir auf diesem Weg rein gar nichts erfahren. Weiter forschen und Bestätigungen finden, lautete meine Devise.
Die Bedeutung „Straße, die den Himmel mit der Erde verbindet“, dürfte für den „Totenweg“ wohl treffender sein. Jennifer Westwood meint:[110] „Diese irreführend benannte – sie hat rein gar nichts mit den Toten zu tun – Lebensader im Herzen der Stadt wurde als Union zwischen Himmel und Erde angesehen“. Dieser imaginäre Weg der Toten hat seine Bedeutung in der Tatsache, daß wenn der Himmel – warum auch immer – das Totenreich darstellen könnte, die Verbindung zur Erde zweifellos über den Mars erfolgt. Genau zwischen Himmel und Erde befand sich auch nach aztekischer Vorstellung das Aztlan des Huitzilopochtli. Dieses Aztlan muß irgend etwas mit der Zahl Vier zu tun gehabt haben. Diese bei den

Azteken als magisch angesehene Zahl hat auch zur Vierteilung der Stadt Tenochtitlan geführt.[111] Ich wußte hier noch nichts über die eigentliche Bedeutung der Vier. Später wurde mir klar, daß diese Zahl die astronomische Position des Mars repräsentiert, denn er ist der vierte Planet von der Sonne aus. Mit der Ankunft aus Aztlan wiederum verbanden die Azteken den Begriff „sieben Höhlen".[112] Dieser Ort wird nicht weit von der Hauptstadt vermutet. Tatsächlich ist doch die Erde der siebte Planet, und zwar von außen gezählt. Viel später wurde mir die Bedeutung erst richtig bewußt. Hätte ich nur schon geahnt, daß sich der fünfzackige Stern der Menschheit auf die fünfte Position bezieht, hätte ich mir viel Zeit erspart, denn diese wird durch den Asteroidengürtel gebildet.

Sollte es möglich sein, diese Begriffe so zu verwenden, dann haben wir eine erste, wenn auch sehr ungenaue Vorstellung über den Weltenbau der alten Völker gewonnen. Gleichzeitig verfügen wir über eine dünne Spur, die uns bei richtiger Deutung zum Mars bringen könnte. Für mich stand jedenfalls fest, daß ich diese Dinge nicht ignorieren konnte. Es war immerhin eine Möglichkeit...

## *Fremder Einfluß?*

Noch vor den Teotihuacanos machte sich ein anderes mesoamerikanisches Volk daran, im feuchten und dichtesten Urwald Tempelpyramiden zu errichten – die Olmeken.[113] Es wurde bereits vermutet, daß sie mit den Erbauern Teotihuacans identisch sein könnten.[114] Statt Tlaloc verehrten sie den Jaguar, der, und das gilt zumindest als gesichert, mit dem aztekischen Regengott identisch ist.[115] Die Olmeken gehen noch einen Schritt weiter, und sehen sich damit als die „Söhne des Jaguars".[116] Die Folgen dieser Vorstellung würden damit implizieren, daß wenn die Olmeken das Wissen und den Weltenbau der Teotihuacanos hatten – es gibt keine Möglichkeit diese Überlegung auszuschließen – sie ihren Ursprung im Asteroidengürtel sehen würden. Das wäre also eine reichlich merkwürdige Vorstellung.

In ihrer Metropole San Lorenzo wurde der Jaguar als Höhle auf einem Nischenaltar dargestellt. Aus dieser Höhle tritt, wie es auch bei den

Azteken gesehen wurde, der Mensch.[117] Passen wir uns diesem Denken an, dann heißt dies: Der Mensch stammt aus dem Asteroidengürtel, und nach seinem Tod kehrt er, oder seine Seele, wenn man so will, in den Asteroidengürtel zurück – nach Tlalocan. Diese Vorstellung, die uns im Moment absolut irrsinnig erscheinen mag, wird von Kulturen erwogen, von denen wir derlei nicht erwartet hätten, und ein weiteres Mal werden wir Gelegenheit bekommen, diese Vorstellung mathematisch nachweisen zu können. Bis dahin nehmen wir das Gesagte einfach einmal hin, weil ich vom Leser an dieser Stelle nicht mehr erwarten kann.

Es war der Reisende JosÈ Maria Melgar y Serrano, der 1862 erstmals ein olmekisches Relikt beschrieb, das er in der Gegend von San AndrÈs Tuxtla im Staat Veracruz vorfand. Es handelte sich um einen behauenen Monolithen, der die Form eines menschlichen Kopfes aufwies. Er schrieb später:[118]

„Als Kunstwerk betrachtet, handelt es sich ohne Übertreibung um eine herrliche Skulptur...aber, was mich am meisten erstaunte, war der äthiopische Typus dieses Kopfes. Ich habe mir gedacht, daß es zweifellos Schwarze in diesem Land gegeben hat, und zwar in der frühesten Zeit der Welt."

Der negroide Kopf blieb keine Ausnahme, doch scheinen auch Europide nach Mesoamerika gekommen zu sein, denn man fand einige Darstellungen von bärtigen weißen Männern. Indianern aber wachsen (fast) keine Bärte!

Aus diesen Umständen entwickelte sich die Theorie von der Beeinflussung der amerikanischen Kulturen durch die Alte Welt. Hätte es diesen fremden Einfluß gegeben, dann fände auch der Pyramidenbau eine lapidare Erklärung, und wir wären auf der völlig falschen Fährte. Diese Theorie steht natürlich auf tönernen Füßen.[119] Wie hätte es einer Gruppe vorgeschichtlicher Seefahrer gelingen sollen, die Kultur eines ganzen Kontinents so nachhaltig zu prägen? Ihr Einfluß hätte ein Gebiet von den nordamerikanischen Mounts bis hinunter ins südamerikanische Tiahuanaco umfassen müssen – zuviel für diese Erklärung, wie ich meine. Es gibt eine ganze Flut von Theorien für dieses Problem, aber keine Lösung – schon gar nicht für den Mars.

Daneben existiert ein weiteres Rätsel, das ebenfalls gegen diese Annahme eines fremden Einflusses spricht. Die amerikanischen Kulturen treten ganz

plötzlich und ohne erkennbare Entwicklung auf – man spricht grundsätzlich von einer kulturellen Explosion. Sie begannen ohne Umschweife mit dem Bau von Pyramiden, der Einführung eines Kalenders, der Schrift und entwickelten eine Vorstellung über den Weltenbau, die bei anderen Völkern nicht weniger rätselhaft gewesen wäre. Wie geht das?
Nun fällt die Alte Welt – namentlich Sumer und Ägypten – schon deswegen aus, weil ihre Kultur auf ähnlich merkwürdige Weise ganz plötzlich entstand. Das betrifft vor allem den Zeitpunkt ihres Auftretens, der gar keinen Spielraum für die Kulturübertragung läßt. Wir werden darauf noch zurückkommen. Für die Olmeken läßt sich jedenfalls sagen, daß sie von den Gelehrten frühestens bis 2000 v. Chr. angenommen werden.[120] Sie selbst sahen die Sache allerdings anders.
Am 16. Januar 1939 endeckte Matthew Stirling in Tres Zapotes die Stele „C“, deren Inschrift er richtig als „Long Count“, als „Lange Zählung“ interpretierte.[121] Woher die Olmeken auch kamen bei ihrer Ankunft, oder was bei ihrem kulturellen Aufstieg auch immer vor sich gegangen sein mag, sie hatten einen fertigen und präzisen Kalender im Gepäck, der später von den Maya übernommen und ausgebaut wurde. Dieser Kalender, gepaart mit der Idee des Pyramidenbaues und dem daraus resultierenden Wissen über die Gestirne, was an sich schon seltsam genug ist, beweist einen ungeheuren Vorgang am Anfang der olmekischen und somit mesoamerikanischen geschichtlichen Zeit. In den wenigen gelehrten Arbeiten, die ich über diesen Kontinent verschlungen habe, stieß ich immer wieder auf den Hinweis, daß das Phänomen des plötzlichen Auftretens der amerikanischen Kulturen zwar bekannt, aber nicht gelöst ist. Ist es aber nicht seltsam, daß eine Kultur ohne Vorwarnung auftritt, und dann sofort damit beginnt das Sonnensystem nachzubauen und ihre paradiesischen Vorstellungen sogleich auch noch in den Asteroidengürtel zu verlegen?
Der Kalender zeigt ebenfalls, daß es keinerlei Verbindung zur Alten Welt gab. Er beginnt nämlich in einer Zeit, als auch auf der anderen Seite des Atlantiks der kulturelle Wandel erst gerade begann – am 11. August 3114 v. Chr.[122] In Indien begann das gegenwärtige Zeitalter am Freitag dem 18. Februar 3102 v. Chr.[123] Die ägyptische Kultur –

wir werden dieses Thema ausführlich behandeln – nahm um 3100 v. Chr. ihren Lauf. Die sumerische Kultur ist schwer zu datieren, so daß die Angaben hier stark schwanken. Allgemein geht man davon aus, daß sie kurz vor der ägyptischen ihren ebenfalls plötzlichen Anfang nahm.
Woher hätten die Kulturbringer also kommen sollen? Überall auf der Welt stehen wir vor demselben Rätsel, überall traten die Kulturen von heute auf morgen auf, ohne eine sichtbare Spur einer Entwicklung zu hinterlassen. Dieses Rätsel ist untrennbar mit dem Pyramidenbau verbunden, der ja sofort mit einsetzte. Kein Wunder also, wenn immer wieder Atlantis als Quelle dieses Wissens eingebracht wird. Ein verschwundener Kontinent – den es gegeben haben mag – erklärt nicht die Pyramiden auf dem Mars, er erklärt nicht die merkwürdige Vorstellung über den Asteroidengürtel, der als paradiesischer Ort gesehen wurde. Bin ich einer „Überinterpretation" zum Opfer gefallen? Das läßt sich jedenfalls nur klären, wenn ich nach weiteren Indizien für diese reichlich merkwürdige „Idee" fahnde.
Im Sakralbezirk von La Venta errichteten die Olmeken die erste bisher bekannte Pyramide Mesoamerikas mit einer Höhe von 30 Metern. Bereits diese älteste Pyramide wurde nicht einfach in die Landschaft „geworfen", sondern erhielt eine Nord-Süd-Ausrichtung. Damit beginnt der Pyramidenbau im Urwald eine höhere Stellung einzunehmen, als irgendwo sonst auf der Welt. Mit dem rätselhaften Untergang dieses Volkes übernehmen die Maya nahtlos diese scheinbar „göttliche" Aufgabe.

## *Opferwahn*

Mehr als 3000 Ausgrabungsstätten sind den Archäologen heute bekannt.[124] Wieviel Maya-Stätten der Urwald noch verbirgt, vermag niemand mit Sicherheit zu sagen. Alles was die Maya hinterließen verzierten sie mit ihren Hieroglyphen, die heute zu 80% entziffert werden konnten.[125] Diese Inschriften berichten von Kriegen und Herrscherdynastien sowie den

Göttern am Himmel, die über allen irdischen Dingen das Schicksal der Maya bestimmten.
Mehr als jedes andere Volk waren sie mit Himmelsbeobachtungen und Chronologie beschäftigt. In den Codices, von denen leider nur vier die Gründlichkeit der spanischen Eroberer überlebten, wurden die Läufe der Gestirne, die Sonnen- und Mondfinsternis und die Zyklen der Planeten errechnet. Die astronomischen Ereignisse bestimmten das Leben auf der Erde. Kriege wurden nicht begonnen, wenn einem Herrscher der Kragen platzte, sondern wenn die Himmelskörper durch ihre Position das Signal dazu gaben.[126] Das ist eine gesicherte Tatsache, auch wenn sie uns jetzt so sonderbar erscheint, wie das Rätsel der anderen altamerikanischen Kulturen. Die Maya und ihre Nachbarn „spielten“ mit einem Todesernst einen weit zurückliegenden „Krieg der Sterne“ nach, immer und immer wieder, bis eines Tages etwas dazwischen kam. Die Hintergründe für dieses Ritual liegen nicht weniger im Dunkeln, wie die verwegene Darstellung des Sonnensystems der Teotihuacanos.
Auch die Maya erbauten ihre Tempel nach den Himmelsrichtungen. Dabei erhielten sie nicht selten eine Dreiteilung, wie wir sie später auch in Ägypten noch vorfinden werden. Als Gegenstück zur teotihuacanischen „Straße der Toten“ kannten die Maya einen Weltenbaum, der manchmal aus einem Wasserband hervorkam – eine Analogie zu den bereits beschriebenen Vorstellungen über den Weltenbau.[127] Eine solche Darstellung begegnet uns auf der berühmten Grabplatte von Palenque. Auf diesem Weg stieg der verstorbene Herrscher zum Himmel auf.
Den Begriff des Himmelsgewölbes verbanden die Maya mit dem geborstenen Panzer einer Schildkröte.[128] Die Beschreibung paßt eigentlich ganz gut zum Asteroidengürtel und damit zu den Vorstellungen der anderen Völker. Die Itzas in Yukatan stellten das Himmelsgewölbe als Eidechse dar, deren Name Itzamna lautet. Christian Rätsch schlägt folgende Übersetzungen vor:[129] „Eidechsenhaus“, „Haus der Tropfen“ oder „Mutter des Leguans“. Damit verlegen auch sie ihren Ursprung in den Asteroidengürtel, denn die „Itzas“ sind die Eidechsen selbst. Dort oben residiert Itzamna auf einem Himmelsband. In Chichen Itza heißt der Opferbrunnen Xtolok, was wiederum „Eidechse“ heißt.[130] Itzamna wäre durch diese

Beschreibungen voll kompatibel zu Tlaloc. Es paßt die Feuchtigkeit, der Himmel und die verborgene Anspielung auf die Abstammung von diesem. Jedenfalls sehe ich das so. Ob die Fachwelt diese Verbindung gezogen hat, ist mir bisher nicht bekannt. Und auch Itzamna konnte männlich oder weiblich dargestellt werden. Wie bei Tlaloc wurden für ihn Pyramiden errichtet. Betrachten wir die Vorstellungen der Maya noch etwas genauer.

Die Astronomen konzentrierten ihre Aktivitäten offenbar stark auf den Planeten Venus. Ihr Erscheinen als Morgenstern – und nur dann – brachte Unheil.[131] Für diesen sonst nirgendwo auf der Welt belegten Charakterzug der Venus gibt es wiederum keine astrophysikalische Erklärung. Nikolai Grube, der führende deutsche Hieroglyphenforscher, schreibt:[132] „Die Zeitperioden, die die Maya für die einzelnen Venusphasen errechneten, stimmen nicht ganz mit den tatsächlichen astronomischen Phasen überein. Den Zeitintervallen liegen wohl noch andere, vielleicht mythologisch beeinflußte Konzepte zugrunde, die wir nicht kennen."

Es ist zudem seltsam, daß die Maya ihre Venus *Chac Ek* nannten, denn das heißt „großer, roter Stern", und das trifft den Sachverhalt in keinster Weise.[133] Im Codex Dresdensis wird er außerdem dargestellt, wie er einen Pfeil auf den Jaguar schleudert, den wir bereits mit dem Asteroidengürtel in Beziehung gebracht haben.[134] Ein weiteres Opfer des Morgensternes ist auch der Totengott Q,[135] dessen Reich wir ebenfalls schon lokalisiert haben – im Asteroidengürtel nämlich. Irgend etwas stimmt hier nicht. Sollte die Venus gar nicht die Venus sein? Jedenfalls „paßten" diese Beschreibungen rein gar nicht auf diesen Planeten und sie ist einzigartig unter den alten Kulturen der Welt.

Das berühmteste, aber lang nicht einzige Maya-Observatorium ist das Caracol („Schneckenhaus") in Chichen Itza, und soll etwa 800 n. Chr. auf älteren Resten erbaut worden sein.[136] Die gründlichen Untersuchungen der astronomischen Visierlinien ergaben die Hauptpunkte der Sonnenbahn, die Tagundnachtgleichen sowie die Sonnenwenden und einige wichtige Punkte der Mondbahn und verschiedener Sterne wie Canopus, Castor und Pollux.[137] Die Venus, und das ist höchst seltsam, kommt praktisch nicht vor. Wie ist das möglich, wo sie doch die Hauptrolle im Maya-Pantheon spielte?

*Das „Caracol". Ein Maya-observatorium in Chichen Itza*

*Quelle: Sitchin: Das erste Zeitalter*

E. Hadingham geht davon aus, daß die Maya selbst für die Planetenbeobachtungen gar nicht verantwortlich waren, sondern daß sie Kopien („Almanache") aus früherer Zeit verwendeten, die die Maya lediglich dazu veranlaßten am Himmel eine Entsprechung für ihren 260-Tage-Zyklus zu suchen. Hadingham begründet diese Annahme auf der „kuriosen Mischung von Langzeitgenauigkeit und Kurzzeit-Ungenauigkeit".[138]

Tatsächlich ist der (scheinbare) Venusumlauf um die Erde mit 584 Tagen nicht mit dem 260tägigen „Tzolkin" kompatibel. Der „Tzolkin" ist ein wesentlicher Teil des Mayakalenders. Vielmehr ist es der Mars, der mit 780 Tagen genau drei heilige Runden im Tzolkin benötigt.[139] Die unterschiedliche Länge des heiligen Tzolkin und des irdischen „Haab" mit seinen 360 Tagen – plus fünf „schlechte" Tage – ergab einen Zyklus von 52 Jahren. Trotzdem, und das ist sicher, war auch der Mars nicht Chac Ek, der große rote Stern. Jedenfalls hat dies noch niemand behauptet.

Noch verwunderlicher ist es, wenn wir nun feststellen, daß die Maya, die vielgerühmten Astronomen, einen viertel Tag pro Jahr in den Wind schrieben und den Kalender somit irgendwann unbrauchbar machten. Sie rechneten stur mit 360 + 5 Tagen für das Jahr.[140] Das scheint sie nicht weiter gestört zu haben. Mich störte hier allerdings einiges, und es stand fest: Chak Ek, Lahun Chan oder Quetzalcoatl – diese Namen waren für die Venus in Gebrauch – waren niemals die Venus, jedenfalls nicht ursprünglich.

Die Sehnsucht der Maya war geprägt von der Rückkehr „eines“ Morgensterns, den sie mit den eben genannten Namen vergöttlichten, und der irgend etwas mit der Zahl 52 zu tun hatte – ob nun direkt oder indirekt. Nachdem jener Morgenstern nicht erschien, verlangten die Priester immer mehr Menschenopfer. Der kosmische Zusammenhang ist nachgewiesen. Nachdem auch dies nichts nutzte, setzten sich die Priesterastronomen über die alten Codices und suchten eine Entsprechung für den verlorenen Morgenstern. Dabei fanden sie die Venus, deren Zyklen am ehesten mit den alten Schriften in Einklang zu bringen war. Unterstützt wird diese These dadurch, daß die Maya und mit ihnen die Azteken, nach wie vor auf die Rückkehr Quetzalcoatls warteten. Und er kam: In Gestalt von Hernan Cortez an der Spitze der spanischen Eroberer, gerade als wieder einmal ein 52-Jahre-Zyklus abgelaufen war. Das war natürlich der unglücklichste aller Zufälle.

Quetzalcoatl muß also als menschliche Gestalt, wie auch als Himmelskörper gesehen werden. Dasselbe Phänomen treffen wir in Ägypten an, wo es bisher ebenfalls nicht abschließend geklärt ist. Qetzalcoatl kann auch als Stern nicht die Venus sein, denn daß diese einmal nicht erschienen wäre, dafür gibt es jedenfalls keine Hinweise.

Als die Spanier in Mesoamerika landeten, hatte sich der Tropenwald im Mayaland schon längst wieder zurückgeholt, was er einst an die Menschen verlor. Das Mayareich existierte nicht mehr. Es gibt eine Menge Theorien über den Untergang dieser Kulturen. Doch „warum sie nicht wieder auf die Beine kam, das ist das entscheidende Rätsel“, meint der Mayaforscher Demitri Shimkin.[141] Haben sie zu lange auf den großen roten Stern warten müssen? Führte sein Nichterscheinen zu einer tiefgreifenden Glaubens- und Identitätskrise?

Selbst das Aztekenreich – eigentlich gerade in voller Blüte – erlebte eine solche Identitätskrise. Schon Montezuma I. ließ eine Expedition vergeblich nach dem Geburtsort von Huitzilopochtli suchen.[142] Als dann während der Herrschaft Montezumas II. plötzlich ein Komet im Osten gesehen wurde, häuften sich die Unglücksmeldungen. Dieses „Wunder, wie man es noch nie gesehen hat",[143] veranlaßte den König in der darauffolgenden Nacht selbst auf das Dach seines Hauses zu steigen, um den Vorgang höchstpersönlich in Augenschein zu nehmen. Da die königlichen Astrologen dieses Ereignis schlichtweg verschlafen hatten, ließ er sie alle kurzerhand ins Gefängnis werfen[144] und wandte sich stattdessen an Nezahualpilli, den König von Tetzcoco, der ihm sagte:[145]

„...denn dieses Zeichen, von dem du mir berichtest, ist schon so alt, daß ich glaubte, du hättest dich damit abgefunden und deine Sterndeuter hätten es dir erklärt."

Als dann noch durch eine Fahrlässigkeit der Priester der Tempel der Göttin Toci abbrannte, drehte Montezuma völlig durch, und er ließ seine Astrologen und Magier töten, ihre Häuser plündern und ihre Kinder versklaven.[146] Und das alles nur, weil die Ereignisse am Himmel nicht mit dem übereinstimmten, was in den alten Schriften stand, was doch irgendwie übertrieben scheint. Jener Komet aus dem Osten war weder die Venus noch der echte Chak Ek, der dieses Unheil hätte bringen können, denn es kam ganz einfach wieder nicht. Sie hatten auf Erdbeben und Flutkatastrophen gewartet und nichts geschah. Die aztekischen Astronomen hatten völlig den Überblick verloren. Statt sich über die Verschonung zu freuen, sahen sie im Ausbleiben der Katastrophe ein noch größeres Unglück, auch wenn sich das mit heutigen Denkstrukturen nicht ganz erfassen läßt.

### *Erste Spurenanalyse*

Alle diese Ereignisse spielten sich im Schatten der Pyramiden ab, und will man ihre Bedeutung erlernen, ist es notwendig sich damit zu befassen, um sie zu verstehen. So werde ich trotz aller Schwierigkeiten den dünnen Faden nicht loslassen. Wir fanden keine Spur vom Mars, was uns

nicht entmutigen sollte. Stattdessen aber reichlich interessante Details über den Weltenbau und die Jenseitsvorstellungen der alten Völker Amerikas – und vor allem Pyramiden und: Wir hörten etwas über einen seltsamen Planeten. Es spricht sehr viel dafür, daß die Erklärung für das Marsrätsel hinter einer großen „Hürde“ versteckt liegt, hinter Ereignissen, die über die Bedeutung des Mars hinausgehen. Für mich hieß das schon frühzeitig Abschied von der Hoffnung auf klare und direkte Antworten zu nehmen. Trotzdem bildeten sich erste Konturen heraus. Dieser Asteroidengürtel nämlich, befindet sich ja in nächster Nachbarschaft zum Mars. Sollte er den Schlüssel dieses Geheimnisses bergen? Wenn dort etwas „kosmisches“ geschah, dann ist eine Verbindung zum Mars fast naheliegend. Ich hatte also was gefunden, nur was?
Als sichere Erkenntnis unserer bisherigen Bemühungen lassen sich trotzdem folgende Stichworte untrennbar mit den Pyramiden verbinden:

Kosmos – Modell des Kosmos – Totenreich und Abstammung des Menschen – Grabmal – Wasser – Asteroidengürtel (?)

Es fällt zudem die Anzahl der Stufen an den Pyramiden auf. Sie betragen meist sechs, sieben oder neun. Auf dem Mars haben wir es mit drei-, vier- und fünfseitigen Pyramiden zu tun. Ergeben diese Zahlen irgendeinen Sinn, oder handelt es sich um priesterliche oder kosmische Willkür?
Bezogen auf unser Sonnensystem, das ja zweifellos eine Rolle zu spielen scheint, ergeben sie sehr wohl einen Sinn. Von der Sonne aus ist die Erde der dritte, der Mars der vierte Planet. Der Asteroidengürtel hat die fünfte Position inne.
Wie steht es mit der Stufenzahl der Pyramiden?
Neun Stufen legen die neun Planeten im Sonnensystem nahe, wie auch die Maya neun Götter der Unterwelt, die neun „Herren der Nacht“ kannten.[147] Woher sie diese Erkenntnis hatten bleibt ihr Geheimnis, genau so wie wir nicht erfahren, woher die Teotihuacanos das Wissen über die äußeren Planeten und ihre korrekten Abstände hatten. Diesem Rätsel wurde bisher viel zu wenig Beachtung geschenkt.
Dies führt uns noch einmal zu der Bezeichnung „Lahun Chan“ zurück,

den angeblich die Venus getragen haben soll. Dieser Name des großen roten Sterns bedeutet nämlich „Zehn Himmel“,[148] während *Lah* gleichzeitig auch „Ende“ bedeutet.[149] Könnte es sich hier um den 10. Planeten von Hugh Harleston handeln, der seine Bahn weit hinter Pluto zieht und auf den die Beschreibung so gut passen würde? Die Erbauer von Teotihuacan kannten ihn. Ein gewisses Maß an Vertrauen sollten wir ihnen entgegenbringen, denn daß sie über ein besonderes Wissen verfügten, haben sie uns anschaulich demonstriert.

Wenn dieser 10. Planet existiert, dann haben wir die Entsprechung bei den Maya gefunden. Die Priesterastronomen mußten für diesen Planeten, dessen Erscheinen offenbar ausblieb, einen Ersatz finden, sonst drohte die nächste Opferrunde ihre eigene zu werden. Dieser notdürftige Ersatz mußte die Eigenschaften eines Morgen- und Abendsterns mitbringen – die Venus. Daß dies zunächst seltsam klingt, weiß ich freilich selbst.

Da aber durch die Venus nicht das „Lah“, das „Ende“ des Sonnensystems begrenzt wurde, das erwartete Ende nicht kam, und da sie ebenfalls nicht mit der Ordnungszahl 10 kompatibel war, läßt sich mit großer Wahrscheinlichkeit annehmen, daß die Venus nicht das war, was sie eigentlich sein sollte: die höchste Gottheit der Maya und Azteken.

Doch zurück zur Stufenzahl. Auf den ersten Blick weisen die Pyramiden – wenn obige Annahme zutrifft – auf Saturn und Uranus, den sechsten und siebten Planeten im Sonnensystem. Diese Zählung erfolgt vom Zentrum des Sonnensystems aus – von der Sonne selbst. Doch was, wenn die alten Völker ihre Planeten von außen nach innen zählten, vom 10. Planeten aus? Wenn dort tatsächlich ihre wichtigste Gottheit zu suchen war, macht dies jedenfalls Sinn. Dann, und nur dann, sind Mars und Erde an sechster und siebter Position! Daß dies möglich ist, haben uns die Sumerer gezeigt, die den Mars mit einem sechszackigen Stern, die Erde mit einem siebenzackigen, und die Venus mit einem achtzackigen Stern dargestellt haben. Diese Sterne fand man auch in Mesoamerika[150]. Zählt man nun – rein spekulativ natürlich – den äußersten Planeten, den Asteroidengürtel, sowie die Sonne selbst mit, so erhalten wir zwölf Bereiche des Himmels. Sahagun schrieb über den höchsten Gott der verwandten Tolteken:[151]

„Und die Tolteken wußten,
daß der Himmel viele sind.
Sie sagten, es gäbe zwölf
übereinanderliegende Bereiche.
Dort wohnen der wahre Gott und seine Gattin.
Er ist der Himmelsgott,
der Herr der Zweiheit;
seine Gemahlin ist die Herrin der Zweiheit,
die Himmelsherrin.
Dies bedeutet:
Er ist König, ist Herr über die zwölf Himmel.“

Das Zeichen, das sie diesem Gott zuwiesen, besitzt starke Ähnlichkeit mit der geflügelten Scheibe des ägyptischen Gottes Re, sowie mit dem höchsten Gott der Sumerer.[152] Ist dies wieder nur alles „Zufall“? Jedenfalls scheint mir eine andere Tatsache kein solcher zu sein. Wir erinnern uns an das 360°-System der Erbauer der Marsanlagen und an die Sumerer, die dieses System zuerst zum Einsatz brachten? Es wird kaum auf Zufall beruhen, wenn die Maya ebenfalls mit so einem 360-Tage-Zyklus ihren Kalender bestimmten. Das Wort tun, das dafür zum Einsatz kommt, hat ebenfalls die Bedeutung „Himmel“![153]

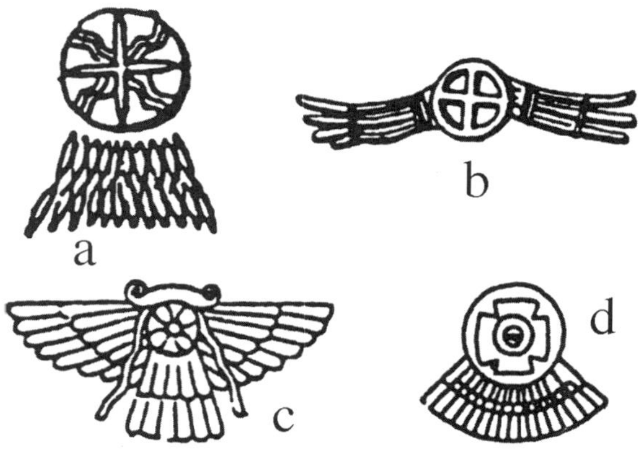


*Geflügelte Symbole aus aller Welt:*
*a – c: Darstellungen aus dem Alten Orient.*
*d: Quetzalcoatls Symbol*

*Quelle: Sitchin: Versunkene Reiche*

*e: Die Geflügelte Sonnenscheibe aus Edfu, Ägypten*

*Quelle: Adolf Erman: Die Religion der Ägypter, Berlin, 1934, S. 29, Abb. 14.*

Bevor wir erste Schlußfolgerungen ziehen, welche Zusammenhänge hier bestehen – zum Beispiel warum Lahun Chan einen Pfeil auf den Jaguar abschießt, was doch nach den bisherigen Deutungsversuchen reichlich sonderbar wäre – betrachten wir nun das Land der Pyramiden schlechthin genauer – Ägypten. Dort befinden sich auch die „echten" Pyramiden.
In Gizeh, nahe der Stadt Kairo, befinden sich die größten und erstaunlichsten Pyramiden, die wir auf der Erde kennen. Sie nehmen in jeder Hinsicht eine Sonderstellung ein. Hoagland schreibt, der arabische Name von Kairo ist El-Kahira und wird von El-Kahir abgeleitet.[154] El-Kahir ist die arabische Bezeichnung für Mars!
In jeder Beziehung ist Ägypten der ideale Ort, um dem Marsrätsel nachzuspüren. Was wir dort im weiteren Verlauf finden werden, grenzt an ein Wunder – oder es ist ein solches.

## *Kapitel III*
## *Durch Raum und Zeit nach Ägypten*

*Des Schicksalbuches bin ich Hüter,*
*In dem geschrieben,*
*Alles, was gewesen, alles was geschehen wird.*
Gregoire Kolpaktchy,
»Das ägyptische Totenbuch«, Kap.17

*Wir verfügen nicht mehr*
*über den Schlüssel zu diesen Mysterien.*
Albert Champdor,
»Das ägyptische Totenbuch«

### *Vom Sand befreit*

Meine kurzen Abstecher in die Welt der mesoamerikanischen Kulturen haben Assoziationen an „echte" Abenteuer geweckt. Pyramiden im dichten Dschungel, unbekannte Hieroglyphen und geheimnisvolle Götter mit rätselhaften kosmischen Bezügen – das war nach meinem Geschmack. Aber Ägypten sollte alles übertreffen. Noch sah ich mich nur im Geiste zwischen Sand und Pyramiden herumtappen, wie „einst" Kara Ben Nemsi, und wie er wollte ich ausgestattet mit einem Firman alle die geheimnisvollen Orte besuchen, die sonst niemand sah. Wer konnte damals schon ahnen, daß dieses Land weit mehr bietet als nur die Verwirklichung einiger Kindheitsträume – nein, es war ganz plötzlich faszinierende Realität. Ehe ich mich umsah, stand ich ganz unverhofft mitten im echten Land der Pharaonen, umgeben vom „lebenden atmenden Geist" des Alten Orients, mitten im Land der geheimnisvollsten Pyramiden, die dieser Planet zu bieten hatte.

Denkt man an Pyramiden, denkt man an Ägypten, das sagenhafte Land am Nil. Doch kaum jemand denkt an Napoleon, obwohl er es war, der die Ägyptologie überhaupt erst auf den Weg brachte.[155] Einer seiner Offiziere fand in Rosette bei Alexandria im Jahr 1799 den berühmten Stein, dem

FranÁois Champollion die Entzifferung der Hieroglyphen letztlich verdankt. Es war der Name von Ptolemäus V., der eingerahmt durch die Königskartusche das Geheimnis preisgab. Als Champollion seine Entdeckung am 27. September 1822 bekanntgab, war der Grundstein der Ägyptologie gelegt. Die Hieroglyphen – wörtlich aus dem Griechischen heißt das „heilige Eingrabungen" – waren ihres Geheimnisses beraubt. Nun konnte man die Texte lesen. Ob man sie aber auch verstand, darüber gibt es sehr unterschiedliche Meinungen. Denn die Offenbarungen der geheimnisvollen Schriften zeigten sogleich, daß sich unser modernes Denken nicht so einfach mit den alten Texten vereinbaren läßt. „Unsere" Denkstruktur ist nicht auf Anhieb kompatibel.

Napoleon – restlos fasziniert von Ägypten und seinen unglaublichen Bauwerken – errechnete, daß die Blöcke der drei Pyramiden von Gizeh ausreichen, um eine Schutzmauer von 3 Meter Höhe und 30 Zentimeter Breite um ganz Frankreich ziehen zu können.[156] Immerhin sind das zusammen rund 12 Millionen Tonnen,[157] und man fragt sich unwillkürlich, was die Ägypter zu solchen Taten bewog, wenn ein gewöhnliches Loch in der Erde denselben Zweck erfüllt hätte. Diese Unverhältnismäßigkeit, die besonders bei den ägyptischen Pyramiden auffällt, ist als einer der wesentlichen Gründe zu sehen, warum viele Forscher immer mehr als ein Grab in den Pyramiden sehen wollten. Dasselbe Mißverhältnis begegnet uns – nur noch etwas krasser – auch auf dem Mars. Konnte man hier Ansätze für das Marsrätsel finden?

Mit Napoleons Entdeckung kam der Edelmann Vivant Denon nach Ägypten.[158] Sein Buch „Mit Napoleon in Ägypten" erlebte 40 Auflagen und wurde dann noch ins Deutsche und Englische übersetzt. Als Denon nach Kairo zu Napoleon zurückkehrte, ernannte dieser sofort die „Orientarmee" zur Fortsetzung von Denons Arbeiten. Das Ergebnis ging als zwanzigbändiges Monumentalwerk „Description de l'Egypte" in die Geschichte ein. Es begann die Zeit der wissenschaftlichen Expeditionen und auch – warum wohl? – die Zeit der Grabräuberei, was zum Abtransport Ägyptens aus Ägypten führte. Dabei entwickelte sich das Land am Nil zu einer Modeerscheinung, und die gebildete (und „gepolsterte") Schicht sah hier eine Spielwiese ihrer romantischen Sehnsüchte.

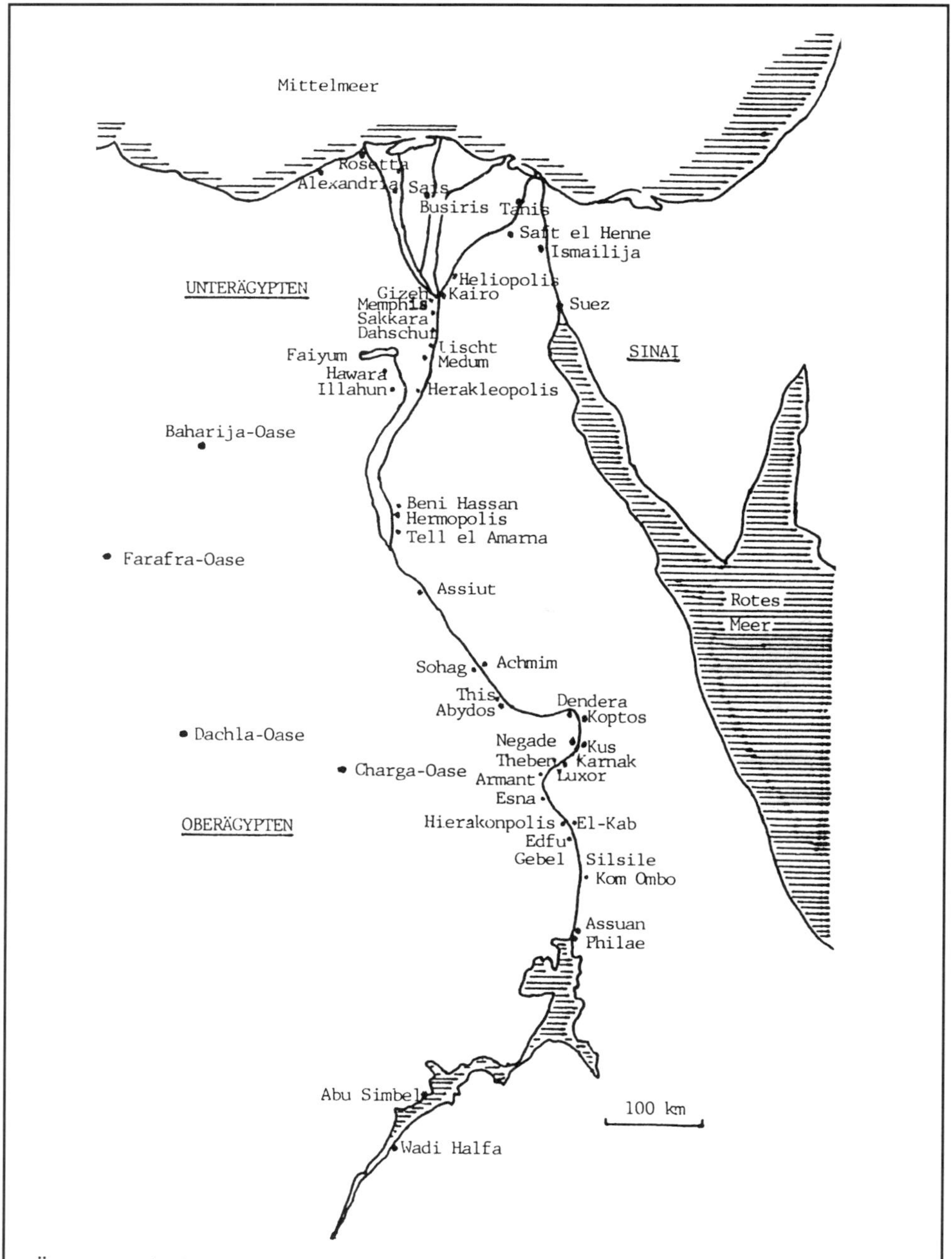

*Ägypten mit den klassischen Zentren*

*Quelle: Rainer Lorenz*

Fast vierzehnhundert Jahre lang blieb Ägypten bis dahin ein vergessenes Land. Als 391 n. Chr. Theodosius I. alle heidnischen Tempel schließen ließ, traf das natürlich auch die römische Provinz Ägypten. Bis zu diesem Zeitpunkt wurden die ägyptischen Götter wie in alter Zeit verehrt. Noch in der ptolemäischen Periode (310-30 v. Chr.) finden sich Inschriften, die hundertpronzentige Ableger aus dem Alten Reich (etwa 2720-2180 v. Chr.) waren, wortwörtlich übernommen.[159] Schon kurze Zeit nach dem römischen Erlaß konnte niemand mehr die Hieroglyphen lesen. Die letzte Inschrift in dieser ältesten Schrift stammte aus dem Jahr 394 und wurde im oberägyptischen Philae „eingemeißelt".[160] Die bemerkenswerteste Hochkultur lag für lange Zeit unter dem Sand vergraben, nachdem ihre Götter fast dreieinhalbtausend Jahre die Geschicke des Landes regierten – und somit länger als jede andere Kultur Bestand hatte. Seit sich die moderne Forschung der alten Rätsel angenommen hat, konnten zahllose Fragen über Religion, Staatsgefüge und Leben im Land am Nil gewonnen werden. Trotzdem bleibt uns noch so vieles verborgen. Der Mensch des 20. Jahrhunderts hat wohl das meiste erkannt, aber hat er es auch wirklich verstanden? Staat und Religion waren untrennbar miteinander verbunden, was die besondere Bedeutung der ägyptischen Götterwelt heraushebt.[161] Umso mehr sind wir hier an der richtigen Stelle, wenn das zutrifft, was vorher als Voraussetzung gegeben wurde: Der Mythos hat einen historischen Kern. Genau so wurde er im Land am Nil behandelt. Könnten wir heute einen ägyptischen Priester fragen, würde er uns wohl mit „geschichtlichen Tatsachen" und nicht mit „Glauben" konfrontieren.

Ägypten wird durch den größten Fluß der Welt geprägt – dem Nil, der tief unten, im Herzen Afrikas entspringt. Er wird durch den äthiopischen Tanasee und den Albert- und Victoriasee in Uganda mit ihren gewaltigen Wassermassen bereichert. Bei Khartoum, im trockenen Sudan, fließen der Blaue und der Weiße Nil zusammen. Durch die unbarmherzigen Ausläufer der östlichen Sahara und der Nubischen Wüste gelangt er nach Oberägypten, wo er das fruchtbare Niltal bildet. Vorbei an den stolzen Resten einer unglaublichen Hochkultur schlängelt er sich hinauf bis Unterägypten. Dort verteilen sich die Wassermassen im Nildelta, bevor sie sich endgültig ins Mittelmeer ergießen. So erreicht der Nil seine stolze Länge von rund

6500 Kilometern, und nur so ist die Bedeutung dieses Flusses zu verstehen, dem als einzige zuverlässige Wasserquelle höchste Verehrung entgegengebracht wurde. Durch ihn war der Wohlstand im alten Ägypten möglich geworden, und durch ihn lebte einer der mythologischen Hauptpunkte in der realen Welt. Sollte es überhaupt möglich sein, in diesem Land das Rätsel auf dem Mars zu lösen? Man fühlt sich so weit weg von all den astronomischen Problemen und dem seltsamen Gesicht auf dem Mars.

Es existierte aber eine reichlich merkwürdige Vorstellung über den Nil, die uns sofort an unseren Ausgangspunkt zurückbringt. Man glaubte allen Ernstes, er hätte ein himmlisches Ebenbild. Heute nehmen die Gelehrten gerne an, daß es sich dabei um die Milchstraße handelt.[162] Wir werden dieses Problem noch ausführlich erörtern. Jedenfalls gab es hier – zum Glück – wenigstens kosmische Bezüge.

Wenn der Nil Unterägypten erreicht, wird er durch eine Reihe von Pyramiden begleitet. Sie bilden das eigentliche Rätsel des Landes und den Eckpunkt dieser Untersuchung. Louis Charpentier schreibt:[163] „Die Bewohner des Nilufers finden nichts Besonderes an den paar hundert Pyramiden, die ihren Fluß säumen. Man hat ihnen gesagt, das seien Gräber, und dies genügt ihnen." War das wirklich alles?

Der Nil hat darüber hinausgehend noch eine tiefere Bedeutung. Mit der alljährlichen Überschwemmung, die das Land fruchtbar macht, begann das Jahr des ägyptischen Kalenders. Weil die Flut nicht immer zur selben Zeit kam, wählten sie als Neujahrstag den 19. Juli.[164] Das war der Frühaufgang des Sirius, des hellsten Sternes am Himmel, nachdem er für längere Zeit unsichtbar war.

Die Ägypter kannten nicht, wie wir, vier Jahreszeiten, sondern nur drei, die sie nach Überschwemmung, Winter und Sommer einteilten. Diese Unterteilung mit 360 + 5 „schlechten" Tagen war natürlich um einen viertel Tag zu kurz, so daß erst nach 1460 Jahren der Nilkalender wieder mit dem bürgerlichen übereinstimmte. Für diesen Intervall kannten sie die Bezeichnung „Sothisjahr" oder „Siriusjahr".[165] Wir wissen inzwischen: Der mesoamerikanische Kalender beruhte auf ganz ähnlichen Strukturen und der Merkwürdigkeit, daß auf einen viertel Tag pro Jahr verzichtet wurde .[166]

Die wissenschaftliche Forschung ergab, daß Ägyptens Geschichte um 3100 v. Chr. seine Anfänge nahm.[167] Damit reiht sie sich in die Gruppe der Hochkulturen ein, die alle beinahe zur selben Zeit auf der Bühne der Geschichte erschienen sind. Schon kurz darauf begann man auch hier mit dem Bau von Pyramiden. Es kann überhaupt keine Rede davon sein, daß eine Kultur eine andere beeinflußt haben könnte. Dies ist eines der großen Rätsel der Menschheit, das weit mehr Beachtung verdient hätte. Es müßte schon mit dem Teufel zugehen, wenn darin nicht ein wesentlicher Punkt unseres Problems läge.

Fast ohne Vorwarnung tritt in Oberägypten König Menes (ägypt. *Mnj*) auf, der die beiden Reiche Ober- und Unterägypten vereinte, und seine Residenz nach Memphis verlegte, das etwa am Übergang der beiden Länder lag. Damit begründet er die 1. Dynastie, die zusammen mit der 2. Dynastie als Frühdynastische- oder Thinitenzeit bezeichnet wird.[168]

*Mastabas, die alte Form des ägyptischen Grabes*

*Quelle: Adolf Erman: Die Religion der Ägypter, Berlin, 1934, S. 250, Abb. 94*

In dieser Zeit werden die „Mastabas“ errichtet, die Grabbauten, die als Vorläufer der Pyramiden gesehen werden. Da diese flachen Schlammziegelbauten wie eine Bank aussahen, nannte man sie nach den Sitzbänken, die noch heute vor den Häusern der Araber stehen – Mastaben.[169] Der König wurde in der Mitte einer Mastaba beigesetzt, in einer Sargkammer, die unter der Erde lag. Dabei wurde nicht nur eine Mastaba errichtet, sondern für jeden König zwei – eine bei Sakkara, eine bei Abydos.[170] Somit wurde das Prinzip der Dualität auf Unter- und Oberägypten umgesetzt, ein Prinzip, das bisher nur in seinen Folgen erkannt wurde.[171]

Erst mit Adjib, dem sechsten König der 1. Dynastie, beginnt sich eine Entwicklung zur Stufenmastaba abzuzeichnen. Doch dauert es noch bis zum zweiten Herrscher der 3. Dynastie, dem eigentlichen Beginn des Alten Reiches, ehe eine echte Stufenpyramide in Sakkara entsteht. Sakkara könnte, wie das gleichnamige bedeutende Dorf in der Nähe, auf den Namen des memphitischen Totengottes Sokar zurückgehen,[172] dem wir etwas nachgehen werden.

Der König, der damit besonders herausragte hieß Djoser. Seine Pyramide aber verdankt er dem besonders gelehrten Imhotep, der in späterer Zeit von den Griechen mit ihrem Gott Asklepios gleichgesetzt wurde, und der als Erfinder der Hausteinkunst galt.[173] Diese herausragende Figur des Imhotep war aber nicht nur Architekt, sondern vielmehr auch Magier, Arzt und natürlich Astronom! Als Hoherpriester von Heliopolis trug er den Titel „Erster der Schauenden“.[174] Seine Pyramide wurde – vielleicht deswegen? – in sechs Stufen errichtet. Eine Inschrift in Djosers Grabbezirk beschreibt Imhotep so:[175]

„Kanzler des Königs von Unterägypten, erster nach dem König von Oberägypten, Verwalter des Großen Palastes, mit erblichem Adel geehrt, Hoherpriester von Heliopolis, Imhotep, der Baumeister, Bildhauer und Hersteller von Steingefäßen...“

Dieser Mann war wahrlich ein Multitalent und sein Vermächtnis, die beeindruckende Stufenpyramide von Sakkara, ist eines der bedeutendsten Bauwerke Ägyptens. Diese Pyramide erinnert nicht wenig an ihre Ebenbilder in Sumer, und damit auch an Pyramiden, die scheinbar Lichtjahre entfernt im südamerikanischen Peru gefunden wurden. Robert Bauval, der sich mit der Bedeutung der Pyramidenform ebenfalls auseinandergesetzt hat, notiert dazu:[176]

„Die zikkuratähnliche Form scheint eine Leiter zu symbolisieren. Die sechs Stufen führen zu einer Plattform hinauf und sollten vermutlich die Planetenbahnen, die die Erde umgeben, darstellen – und damit auch die Stadien, die die Seele des Toten bei ihrem Aufstieg zum Himmel durchlaufen mußte."

Bauval zitiert dazu eine Inschrift Nebukadnezars, der die Zikkurat von Borsippa restaurieren ließ, die darin „Tempel der sieben Sphären der Welt" genannt wird.[177] Genau diese astronomische Sicht – besonders auch durch die Zahl sieben – , gepaart mit der Vorstellung eines Modells des Kosmos, ist das was wir bereits gefunden haben, und nicht zuletzt auch das was wir schließlich suchen.[178] Wenn obige Annahme, daß sich die sechs Stufen auf den Mars beziehen, richtig sein könnte, dann wären wir in der glücklichen Lage, eine erste Brücke zum Mars gefunden zu haben, denn Imhoteps Bauwerk zeigt dieses Phänomen. Bis wir dafür allerdings den notwendigen Beweis haben, vergehen noch mehrere Kapitel. Es wäre immerhin ein Anfang...

## *Das Millionen-Tonnen-Rätsel*

Die Nekropole von Sakkara liegt nur ein wenig südlich der Gizeh-Pyramiden, die noch leicht am Horizont wahrgenommen werden können. Eine melancholisch schöne Stimmung liegt über dem ganzen Bezirk und nur gelegentlich, wenn eine Windböe etwas Sand unter die Sonnenbrille bläst, wird man an die Realität dieser Umgebung erinnert. Weiter südlich erheben sich die Pyramiden von Abusir über den Horizont, die letzten Ruhestätten von Neferikare, Neuserre und Sahure – alle aus der 5. Dynastie. Zwischen dem Sakkara-Resthouse und den nahegelegenen Sehenswürdigkeiten verkehrt Ebrahim mit seinen Kamelen. Während er sonst den Touristen einen Kamelritt aufzwängen will – er lebt schließlich davon –, verwandelten sich seine Züge umgehend, als ich Grüße von Robert und einen Brief überbrachte. Kurz darauf war ich schon zum Tee geladen und fühlte mich wie unter alten Freunden. Über dieser ganzen Unwirklichkeit erhebt sich majestätisch die Stufenpyramide des Djoser. Wie einst der König selbst über sein Land, herrscht sie heute als Wächter über die Nekropole.

Im Gegensatz zu den Mastabas verwendete Imhotep zum ersten Mal feinbehauenen Kalkstein, der in Blöcken bis zu drei Tonnen wog. Der Bau vollzog sich etwa um 2800 v. Chr., was viele Gelehrte dazu bewog, vom ältesten Steinbau der Welt zu sprechen. Diese Superlativen sind immer gefährlich für weitere Forschungen, doch für Ägypten war dieser Wandel sicher bedeutend.

Mit einer Höhe von 60 Metern und einer Grundfläche von 121 x 109 Metern war Imhoteps Werk eine monumentale Leistung. Die Ausrichtung der Seiten war beinahe perfekt. 850.000 Tonnen Stein wurden für die Erbauung dieser Stufenpyramide verwendet.[179] Der ganze Bezirk war zudem von einer Umfassungsmauer umgeben, die eine Gesamtlänge von 1642 Metern vorzuweisen hatte. Noch heute gelangt man durch den alten Eingang der Umfassungsmauer in den Grabbezirk, um gleichzeitig fast 5000 Jahre in der Zeit zurückzureisen.

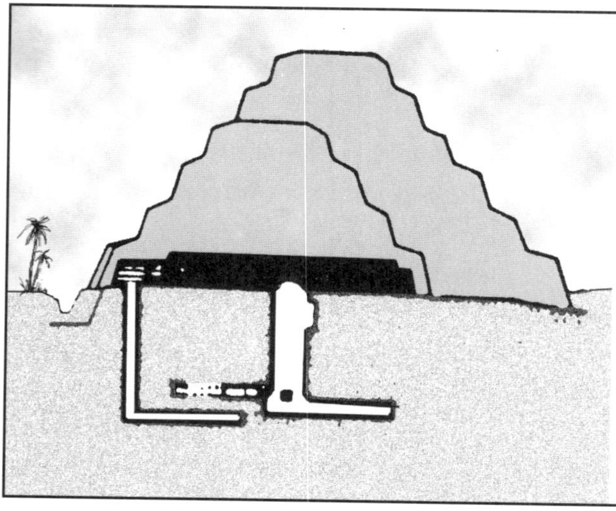

*„Die Stufenpyramide des Königs Djoser in Sakkara“*

*Quelle: Stufen zum Kosmos*

Hinweise, die auf eine frühe Verbindung zwischen Sumer und Ägypten schließen lassen, begegnen uns auf Schritt und Tritt. Auch architektonisch liegt so eine Verbindung nahe. Mit dem Beginn der geschichtlichen Zeit werden die Fassaden der ägyptischen Ziegelbauten mit regelmäßigen Vor- und Rücksprüngen versehen – man spricht dabei von einer „Nischengliederung“. Da dieser Stil ohne „Vorstufen“, also ohne sichtbare Entwicklung auftritt, nimmt man unter anderem einen Einfluß der mesopotamischen Ziegelarchtitektur an.[180] Dabei denkt man speziell an die Uruk-Kultur (etwa 3400-3200 v. Chr.) und die Djemdet-Nasr-Kultur (etwa 3200-2900 v. Chr.). Auf jeden Fall sind diese Datierungen mit Vorsicht zu genießen.

Rund 180 Meter südlich der Pyramide, aber immer noch innerhalb der Umfassungsmauer, befindet sich das sogenannte Südgrab – eine weitere Mastaba. Es gibt einige Hinweise darauf, daß Djoser dort und nicht in seiner Pyramide begraben wurde.[181] Welchen Zweck hätte dann die Pyramide gehabt? Wäre sie in diesem Fall eine Art kosmischer Tempel? Warum zwei Gräber in einem Grabkomplex?

Von Bedeutung könnte ebenfalls die Erkenntnis der Archäologen sein, daß die Pyramide ursprünglich auf einer quadratischen Mastaba errichtet wurde.[182] Mastabas waren niemals quadratisch und Pyramiden, abgesehen von dieser, waren niemals rechteckig. Dabei wurde über der quadratischen Mastaba zunächst eine kleinere Pyramide mit vier Stufen errichtet. Irgend etwas Einschneidendes muß während des Pyramidenbaues geschehen sein. Welche Initialzündung sorgte plötzlich für diesen Wandel? Heute wissen wir zuwenig über diese Zeit, um eine greifbare Erklärung zu finden. Doch jeder Aspekt des Bauwerkes – ob nun die Bedeutung, oder auch die Bauweise selbst – erscheint ohne erkennbares Vorbild, ohne erkennbare Entwicklung, aber ganz offensichtlich mit Parallelen in Südamerika und Sumer.

Eine Inschrift aus der 18. Dynastie im Eingangskorridor einer Kapelle zeigt den kosmischen Charakter dieser Pyramide:[183] „Der Schreiber Ahmose, Sohn des Iptah, kam, um den Tempel des Djoser zu sehen. Er fand ihn vor, als sei der Himmel darinnen und erhebe sich Re in ihm.“

Dabei fällt eine häufig vorkommende Zahl an der Pyramide auf, der wir später noch eine kosmische Bedeutung attestieren können – die 52, die auch den mesoamerikanischen Kalender dirigiert. Jede Stufe der Pyramide nimmt nach oben hin 52 Zentimeter ab.[184] Allerdings soll den alten Ägyptern unser Maßstab nicht bekannt gewesen sein. Natürlich nicht, denn in diesen 52 Zentimetern liegt recht genau eine Elle. Genügt diese Erklärung?

Djosers Nachfolger Sechemchet führte den Baustil fort und errichtete im Südwesten der Djoseranlage die erste quadratische Pyramide Ägyptens.[185] Da Sechemchet aber nur sechs Jahre regierte, blieb sein Bauwerk unvollendet. Zusätzlich diente es in späterer Zeit noch als Steinbruch, was die Rekonstruktion der Pyramidenform weiter erschwerte. Dennoch weiß man heute, daß sie eine Fläche von 125 x 125 Metern eingenommen hat. Ihre geplante Höhe wird mit 70 Meter angegeben.[186] Daß für diesen Bau wiederum Imhotep verantwortlich war – man fand seinen Namen auf der Umfassungsmauer[187] – zeigt sich schon an der Anzahl der Stufen, die sich diesmal auf sieben beläuft. Wenn sich dahinter die angesprochene Symbolik verbirgt, war Imhotep eine ganz wichtige Persönlichkeit – für uns und für Ägypten.

Auch in Sechemchets Pyramide konnte keine Mumie gefunden werden. Das ist besonders tragisch für die Theorie, die in den ägyptischen Pyramiden „nur" ein Grabmal sehen will. Nachdem die Pyramide im Jahr 1951 entdeckt wurde, begannen die Ausgrabungen bereits zwei Jahre später.[188] Dabei entdeckte man auf der Nordseite den Eingang, der – und das ist das Besondere – eine völlig intakte Versiegelung vorwies. Man hatte es also zweifellos mit einem ungeplünderten Grab zu tun. Im Zuge der allgemeinen Vorstellungen über Sinn und Zweck solcher Bauwerke, mußte die Mumie des Königs hier sicher zu finden sein – keine Frage!

Nach der Öffnung der Eingangstür standen die Ausgräber vor einem gewölbten Gang, der nach unten führte.[189] Der Eingang zur Grabkammer wurde zunächst durch gewaltige Kalksteinblöcke versperrt, die nach ihrer Beseitigung eine Menge Goldschmuck freigaben. Die Eingangstür zur Grabkammer war absolut unversehrt. Auf dem intakten und versiegelten Sarkophag befanden sich noch Pflanzenreste, die womöglich von einem letzten Gruß zeugten.

Man kann sich die Überraschung vorstellen, als der Sarkophag geöffnet wurde und sich als völlig leer erwies. Ja, es hat sich sogar herausgestellt,

daß er auch niemals benutzt wurde.[190] Welchen Zweck hatte dann aber die Pyramide? Dieser Vorfall hat die Gelehrten hart getroffen. Der ägyptische Archäologe Zakkaria Goneim, der den Grabraum als erster betreten hatte, wurde anschließend des Diebstahls bezichtigt.[191] Die Vorwürfe gingen so weit, daß der Archäologe daraufhin Selbstmord beging. Ein überaus trauriges Kapitel der Ägyptologie, wie ich meine.
Offensichtlich war dies Imhoteps letzte Arbeit, denn die nachfolgenden Pyramiden der 3. Dynastie sind nur noch Schutthaufen, die keinen Vergleich mit der beeindruckenden Djoseranlage standhalten. Lediglich eine dreistufige Pyramide in El-Kula sei hier noch erwähnt, weil sie – wie sumerische Zikkurat – mit den Ecken nach den Himmelsrichtungen ausgerichtet wurde.[192] Die Festlegung auf sechs oder sieben Stufen scheint sich trotzdem etabliert zu haben. Die sogenannte Schichtpyramide, die einem König Chaba zugeschrieben wird, sollte nach Jorwerth Eiddon Stephen Edwards ebenfalls sechs oder sieben Stufen erhalten.[193] Die Hartnäckigkeit, die hinter diesen Zahlen steckt, weist doch klar auf eine besondere Bedeutung hin. Wenn meine Annahme also richtig wäre – was im Moment freilich nur reine Spekulation ist –, dann hätten wir hier eine erste lose Verbindung zwischen dem Mars und der Erde.
Sir William Matthew Flinders Petrie, einer der bedeutendsten Ägyptologen überhaupt, untersuchte im Jahr 1892 eine vierstufige Pyramide bei Naqada, die vielleicht in die 3. Dynastie gehört. Er fand unter der Pyramide eine Grabkammer, die seltsamerweise keinen Zugang hatte. Petrie ging daher davon aus, daß die Bestattung stattfand bevor die Pyramide darüber errichtet wurde.[194] Die einzig mögliche Schlußfolgerung? Wie auch bei den anderen Pyramiden entpuppte sich die Kammer als leer. Es gibt keine Inschriften, keinen Totentempel und keine Umfassungsmauer. Welchen Zweck hatte diese Pyramide?
Mit König Snofru (etwa 2670 v. Chr.) beginnt nicht nur die 4. Dynastie, sondern auch die Zeit der „echten“ Pyramiden, der stufenlosen. Durch die erstaunliche Tatsache, daß dieser Herrscher drei (!) Pyramiden errichten ließ sowie eine Reihe von Tempeln, wird er zum bedeutendsten Baumeister Ägyptens. Gleichzeitig sorgt dieser Umstand für reichlich Verwirrung. Zu was benötigte ein König drei Pyramiden, wenn er doch nur in

einer bestattet werden konnte? Diesem beträchtlichen Rätsel mißt man einfach zu wenig Beachtung bei. Statt der Sache nachzugehen, versuchen einige Gelehrte seine erste Pyramide, die von Medum, Snofrus Schwiegervater Huni anzuhängen.[195] Eine Inschrift im dortigen Totentempel beweist aber das Gegenteil:[196]

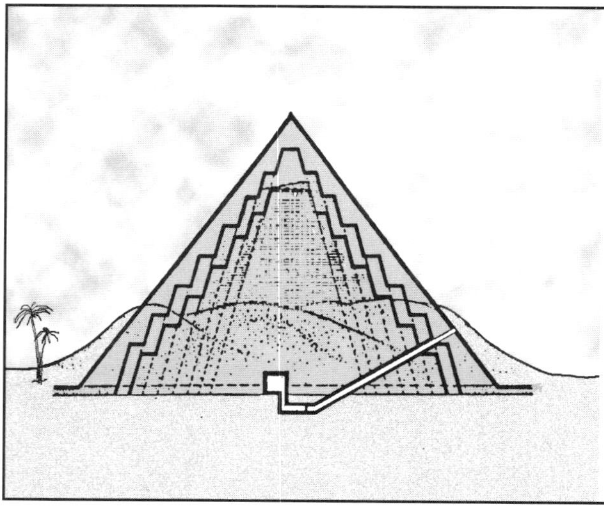

*„Die Stufenpyramide von Medum“*

*Quelle: Sitchin: Der zwölfte Planet*

„Im 41. Regierungsjahr Thutmosis' III., am 12. Tage des Sommermonats kam der Schreiber Aacheperraseneb, der Sohn des Amenmessu, um den schönen Tempel des Königs Snofru zu sehen. Er fand ihn, als ob der Himmel in ihm wäre und Re in ihm aufginge.“

Damit wird nicht nur Snofru zum Erbauer, sondern hier zeigt sich auch wieder die kosmische Bedeutung der Pyramide, die sich in gleicher Form wie oben wiederholt. Eine Anspielung, ja, aber von fundamentaler Bedeutung, wie sich später zeigte.

Tatsächlich war die Pyramide ursprünglich über sieben Stufen errichtet. Erst die Erweiterung zur „echten“ Pyramide machte eine achte Stufe notwendig.[197] Noch bevor diese Pyramide vollendet wurde, waren auch die Arbeiten an den beiden Pyramiden von Dahschur angelaufen, so daß Snofru zum Teil an drei Pyramiden gleichzeitig arbeiten ließ![198] Daß die Pyramide von Medum von Huni begonnen worden wäre, geht jedenfalls nirgendwo hervor.[199]

Diese Umstände werfen die Frage auf, ob Snofru ein rechter Menschenschinder war, der um den Ruhm seines Todes willen, das Volk zum Pyramidenbau zwang. Doch das Gegenteil ist der Fall. Snofru galt als der „gute König“, der schon im Mittleren Reich (etwa 2150-1790 v. Chr.) als Horus vergöttlicht wurde.[200] Es scheint also so zu sein, daß er mit dem Bau dieser Pyramiden etwas für das Volk getan hätte. Sein Horusname *Nebmaat*, „Herr der richtigen Weltordnung“[201] weist ihn als ersten Herrscher aus, der sich als Re sah, als Verkörperung des höchsten Gottes auf Erden. Eigentlich verlegt man diesen Wandel in die zweite Hälfte der 4. Dynastie, wo Djedefre den Re direkt im Namen führt.[202] Dieser Wandel fällt mit der Erfindung der echten Pyramide zusammen. Zufall? Nein, denn da sind noch mehr Neuerungen. Während Snofrus Pyramide in Medum ursprünglich noch eine Stufenpyramide war, beginnt er in Dahschur damit, den Innenraum mit drei Kammern zu gestalten.[203] Wenn es sich bei den Stufenpyramiden also um kosmische Tempel handelte – worauf ich ja am Schluß hinaus möchte -, dann müßte diese neue Dreiteilung den kosmischen Part ersetzen. Vielleicht ist diese Dreiteilung noch viel fundamentaler, als die Symbolik einer Stufenpyramide.
Edwards gibt das Gewicht der Pyramiden von Dahschur inklusive der Verkleidung von Medum mit neun Millionen Tonnen an.[204] Dabei sind die Tempel, die Aufwege und Umfassungsmauern nicht mitgerechnet. Snofru hätte demnach rund ein Drittel mehr Masse bewegt, als sein Sohn Cheops, der für die größte aller Pyramiden verantwortlich gemacht wird. Zur Veranschaulichung der gewaltigen Leistung nenne ich hier die wichtigsten Daten seiner Pyramiden:[205]

Medum – Basis: 146,7 m x 146,7 m; Höhe: 93 m
Dahschur (Knickpyramide) – Basis: 188,6 m x 188,6 m; Höhe: 101,15 m
Dahschur (Rote Pyramide) – Basis: 220 m x 220 m; Höhe: 99 m

Um diese unvorstellbare Leistung zu erklären, fehlt bis heute jede Grundlage. Für die alleinige Funktion eines Grabes spricht dabei wenig, denn – so wie in Ägypten üblich – fand man auch hier nirgendwo einen Hinweis darauf, wo Snofru beigesetzt worden sein könnte.[206] Die entscheidende Frage lautet aber: Wieso war ihm das Volk für diese Schinderei auch noch dankbar?

*„Die Pyramiden von Dahschur“*

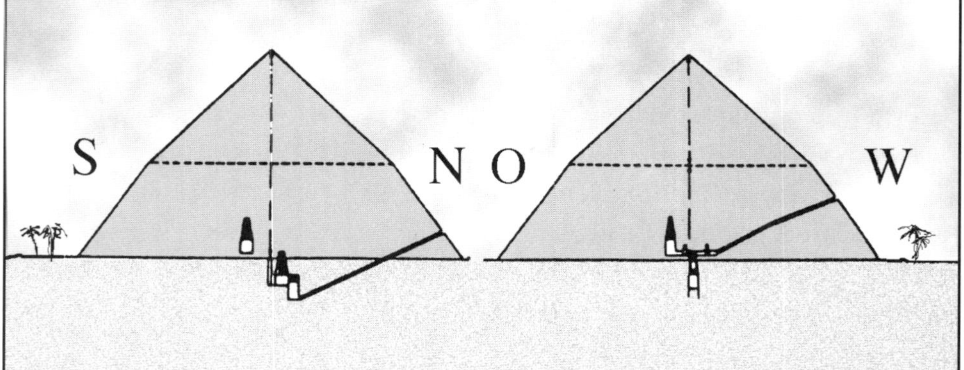


*Quelle: Sitchin: Stufen zum Kosmos*

*Quelle: Versunkene Reiche*

Das Problem der „Pyramidioten“ ist die absolut gesicherte Erkenntnis, daß Pyramiden, und zwar nicht nur in Ägypten, wie wir gesehen haben, grundsätzlich mit dem Tod in Verbindung gebracht werden. Dafür sind nicht zuletzt die Pyramidentexte, die seit dem Ende der 5. Dynastie dort angebracht wurden, ein Beweis. Daher mag auch für die ägyptischen Pyramiden das gelten, was wir vorher für die mesoamerikanischen gefunden haben: Tod – Himmel – Abbild der Welt, lautete ein Teil der Formel.

Irgend etwas fehlte hier, wurde bei der Behandlung der Pyramiden übersehen, als man sie erklärte. Ja, Tatsächlich – der „kosmische Tempel", oder besser das „Abbild der Welt" begegnete mir nie bei der Erklärung der Pyramiden. Schon unsere ersten Gehversuche wiesen aber diese Verbindung deutlich auf. So werden wir die mesoamerikanische Pyramidenformel auch auf die ägyptischen Pyramiden übertragen können. Der Zweck als Grabmal reicht nicht aus, um das Verhalten des Volkes gegenüber dem größenwahnsinnigen Pyramidenbau zu erklären.
Bauval hat die Frage aufgeworfen, ob die Pyramiden überhaupt als „Eigentum" der Könige gesehen werden können.[207] Waren sie eher eine Art kosmischer Tempel für das Volk?
Gerade bei Snofru, der vom Volk so geliebt wurde, stellt sich diese Frage überdeutlich. Auch heute noch ist die Allgemeinheit mit dem Bau von Kirchen oder Moscheen einverstanden. Sind sie auch noch so kostspielig – sie sind fürs Volk. Sollte sich aber irgendein Geistlicher dieser Welt, oder sonst ein hoher Würdenträger – oder gar ein Politiker – stattdessen ein gigantisches Mausoleum erbauen lassen, das nicht nur Unsummen an Volkskapital verschlingt, sondern das Volk auch noch zum Arbeitsdienst befiehlt, wie dies bei der chinesischen Mauer der Fall war, dann ist nicht mit einer Vergöttlichung des Bauherren, sondern vielmehr mit seiner baldigen Absetzung zu rechnen. All dies zeigt doch, daß hinter den Pyramiden mehr stecken muß, als nur ein Grabmal. Diese Lücke, die wir heute nicht schließen können, die aber deutlich vor uns liegt, zeigt ein völlig anderes Verständnis der alten Ägypter für die Pyramiden. Wenn der Schein nicht trügt, dann befindet sich in dieser tieferen Bedeutung auch das Prinzip einer Verwirklichung des Weltenbaues. Dieses Prinzip ersetzt nicht die Theorie vom Grab – es vervollständigt sie!

### *Die Wunder von Gizeh*

Was sich nach Snofru zutrug, als sein Sohn Cheops König über Ägypten wurde, ist der Dreh- und Angelpunkt der Auseinandersetzung zwischen Gelehrten und weniger gelehrten. Die letztgenannten lehnen es entschieden ab, diese Pyramide dem Cheops zuzuschreiben. Tatsächlich hat man hier eine Menge Material zusammengetragen, das sehr stark gegen Cheops spricht. Ich möchte es nur nicht zum hundertsten Mal herunterbeten. Es ist deshalb ratsam, vorübergehend von „unbekannten Baumeistern" zu sprechen. Zum Cheopsproblem kehren wir später ausführlich zurück.

Die Große Pyramide von Gizeh ist das letzte noch erhaltene Weltwunder der Antike. Begibt man sich aus dem lärmenden Kairo über die Scharia el-Haram, die Pyramidenstraße, aus Kairo heraus, wachsen die Pyramiden von Gizeh unaufhaltsam in die Höhe. Obwohl die Häuser dieser Straße schon bald bis zum Plateau selbst hinaufreichen, wird der Horizont noch immer von den gewaltigen Bauwerken bestimmt. Vorbei am bekanntesten Hotel Kairos, dem Mena House, steht man unverhofft direkt vor der Großen Pyramide, vor der größten, die unser Planet zu bieten hat. Aber selbst Ägypten hat nichts Vergleichbares mehr zu bieten. Weder vorher noch nachher wurde auf ähnliche Architekturstile zurückgegriffen. Hermann Junker, der selbst umfangreiche Grabungen in Gizeh vornahm, schrieb:[208] „Wären nicht ganz untrügliche und klare Beweise vorhanden, so könnte man eher geneigt sein, diese Bauten statt an den Anfang, an das Ende der ägyptischen Kunst zu setzen."

Im Gegensatz zu den Snofru-Pyramiden weist sie keinerlei architektonische „Pannen" auf. Rund sechs Millionen Tonnen blitzsauber beabeiteter Steine türmen sich noch heute bis zu einer Höhe von 138,75 Metern auf.[209] Die ursprüngliche Höhe betrug 146,59 Meter,[210] womit sie zur größten Pyramide der Welt wurde. Durch ihre enorme Größe sind es gerade die Pyramiden von Gizeh, die an die noch gewaltigeren auf dem Mars erinnern. Ein Grund für die unverhältnismäßige Größe der Pyramiden kann ja wohl nur darin gesucht werden, daß sie immun gegen die Zeit sein sollten; ob nun für den Tod oder weitere Bedeutungen ist irrelevant. Darüber herrscht weitgehend Einigkeit. Nur der eigentliche Grund dafür muß noch gefunden werden.

Der arabische Rechtsgelehrte Umara al-Jamani, der vermutlich im 14. Jahrhundert lebte, schrieb über die Pyramiden von Gizeh:[211] „Ihr meine beiden Freunde, es gibt kein Bauwerk unter dem Himmel, das an Vollendung den beiden Pyramiden Ägyptens gliche! Das sind Bauten, die sogar die Zeit fürchtet, und es fürchtet doch alles in der Welt die Zeit. Mein

Auge erquickte sich an den einzigartigen Bauten, aber meine Gedanken quälten sich mit der Frage, was sie bedeuten sollen!"

So wie ihm geht es auch heute noch dem verblüfften Besucher, wenn er sich den Pyramiden nähert. Überwältigt steht man vor diesen Werken, und das was einem durch den Kopf geht, sind im wesentlichen die Gedanken des arabischen Rechtsgelehrten. Es ist, so mag man glauben, kein Werk unserer Zeit. Dies fand man auch schon um 755, als von einem gewissen Kadi Fahr ad-Din'Abd al-Wahhab al-Misri folgendes Gedicht niedergeschrieben wurde:[212] „Wo lebte der, zu dessen Bauten die Pyramiden gehörten? ...Hat ein Mensch sie besonders angebetet, und gehörten die Pyramidenbauten zu seinen Göttern? Oder glaubte jemand, es werde seine Seele nach der Trennung zum Körper zurückkehren, und er erkor sich darum zum Grabe für seine Schätze und seinen Körper, damit er sicher

*„Das Gizehplateau aus der Vogelperspektive".*

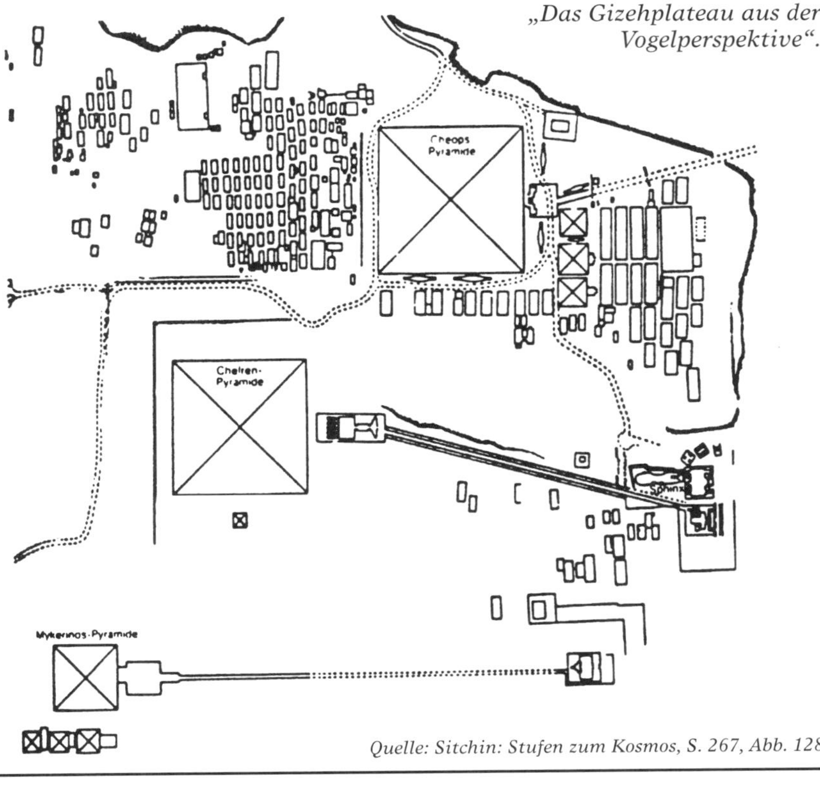


*Quelle: Sitchin: Stufen zum Kosmos, S. 267, Abb. 128*

sei vor Gefährdung durch die Sintflut? Oder waren sie Orte zur Beobachtung der Planeten, indem sich der, der sie beobachtete, den vorzüglichsten Platz dazu auserkor? ...Oder hat man auf ihren Wänden eine Wissenschaft eingemeißelt, bei deren Deutung sich die Gedanken verwirren? In dem Herzen dessen, der sie, um ihr eigentliches Wesen zu erkennen, beschaut, bewegen sich Gedanken, bei denen er in seine Fingerspitzen beißt!"

Beim Anblick dieser Pyramiden so zu reagieren, ist der einzig angemessene Weg. Selbst die sonst so nüchternen Gelehrten zeigen sich bei der Beschreibung der Pyramiden von Gizeh recht „menschlich". Ja, es sind sonderbare Bauwerke. Es gibt also jede Menge Gründe, nicht nur die abschweifende Meinung vieler Forscher, die dazu animieren, diese Pyramiden genauer zu betrachten.

Schon bei der Wahl des Plateaus, hier zunächst für die Große Pyramide, legten die Erbauer ein durchdringendes Wissen an den Tag, das auf perfekte Planung von Grund auf schließen läßt. Nicht jeder Boden trägt über sechs Millionen Tonnen Stein. Um einen Felskern herum wurde der Boden nivelliert und damit das Fundamentpflaster mit einer maximalen Abweichung von 0,021 Metern geschaffen![213] Hier muß auch die Ausrichtung erfolgt sein. Die Seiten weichen von den Himmelsrichtungen nicht einmal 0,06% ab[214] – mancher Kompaß hätte dabei einen guten Tag. Selbst die Seitenlängen – zwischen 230,25 und 230,44 Meter – differieren nur um 19 Zentimeter, was zu einer Ungenauigkeit von weniger als 0,08% führt.[215] Für die Skeptiker der Lehrmeinung sind es gerade diese Dinge, die den Eindruck erwecken, als müßte es sich bei dieser Pyramide um mehr als nur ein Grabmal für Cheops handeln. Für ein einfaches Grab ist all dies einfach nicht notwendig, und wirkt dabei wie eine sinnlose Verschwendung von Mensch und Material, die einfach noch nicht erklärt werden konnte.

Mit 2,3 Millionen Steinen wurde die Große Pyramide über einer Fläche von 53.075 Quadratmetern errichtet.[216] Einer dieser Steine wiegt durchschnittlich 2,5 Tonnen.[217] Dabei erreichen zum Beispiel die Verkleidungsblöcke ein Gewicht von 16 Tonnen, wobei sie mit höchstens 0,5 Millimetern Abstand aneinandergefügt wurden, der wiederum mit feinstem

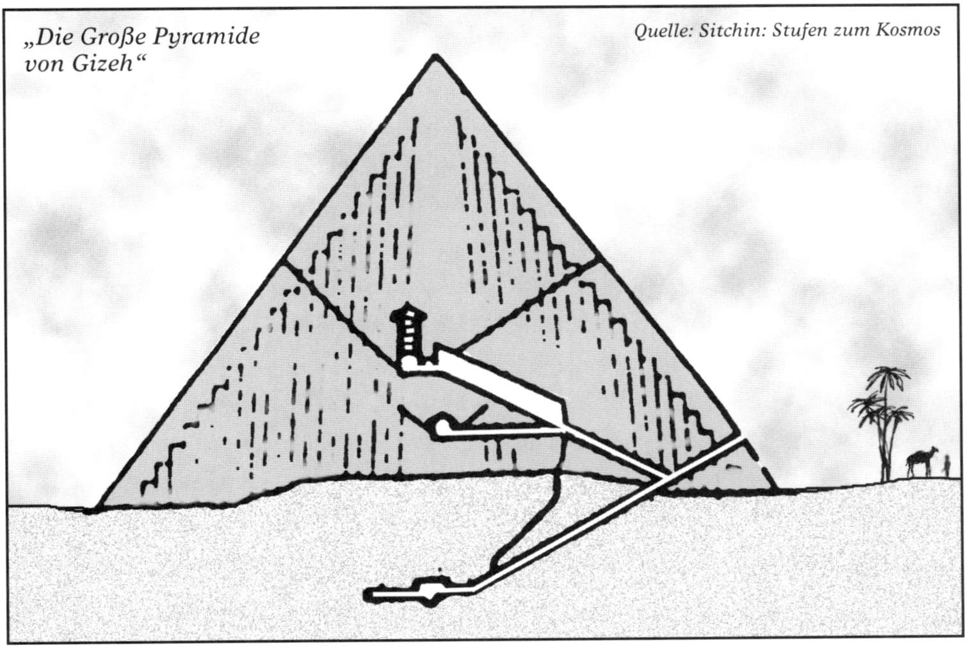


Zement aufgefüllt wurde.[218] Petrie, der glücklicherweise auch Vermessungsingenieur war, erkannte, daß die Blöcke mit höchster Genauigkeit verbaut wurden. Ob diese Präzision etwas zur Ruhe des Königs beitrug?
Weil ich derlei nicht glauben mochte, unterwarf ich dieser mehr als auffälligen Pyramide einer genaueren Untersuchung, denn irgend etwas, das war jedenfalls sicher, stimmte hier nicht. Keine Pyramide, ob sie nun vorher oder nachher errichtet wurde, kann irgendwie als Vergleich herangezogen werden. In jeder Hinsicht ist diese Pyramide einzigartig – auf der ganzen Erde. Wenn es eine Beziehung zwischen den irdischen Pyramiden und den Pyramiden auf dem Mars gibt, dann entweder hier oder nirgendwo sonst. Das war mir klar, als ich mich zum ersten Mal hinein begab...
Heute gelangt man durch einen nachträglich gebrochenen Stollen in der Nordwand ins Innere. Der ursprüngliche Eingang liegt etwas höher und war bis 820 n. Chr. für lange Zeit unbekannt.[219] Im Inneren angelangt, begibt man sich zunächst in den Absteigenden Gang mit einer Länge von 105,34 Meter Länge, der ganze 70 Meter durch den gewachsenen Felsen verläuft.[220] Petrie schrieb:[221] „Die durchschnittliche Abweichung einer

Geraden im gemauerten Teil des Ganges liegt bei nur 0,0508 Zentimeter, was über eine Länge von 45,72 Meter ein erstaunlich genaues Maß ist. Über den ganzen Gang liegt der Fehler unter 0,635 Zentimetern an den Seiten, und 0,762 Zentimeter in dem Felsen, und das bei einer Gesamtlänge von 106,68 Meter, der zum Teil gemauert, zum Teil in den Felsen geschnitten wurde.“ Bedenkt man dabei die Gangmaße mit 1,09 x 1,20 Meter, reicht der Begriff Wunder nicht mehr aus, um die peinliche Genauigkeit zu beschreiben, mit der hier gearbeitet wurde. Hier war nicht einmal genügend Platz, um mit dem Hammer auszuholen. Das entspricht der Genauigkeit eines modernen Laserbohrers!
Der Absteigende Gang mündet in einen 8,91 Meter langen waagrechten Gang.[222] Dahinter öffnet sich die gewaltige Felsenkammer – es würde hier besser von einer Halle gesprochen – die sich etwa 32 Meter unter der Pyramidenbasis und 50 Zentimeter unter dem Gangniveau befindet.[223] Diese Kammer mißt 14,02 x 8,25 Meter[224] bei einer Höhe von 2,5 Meter[225] bis 5,03 Meter.[226]
Die Besichtigung dieser Kammer ist den Touristen heute nicht gestattet. Die Gründe dafür werden schnell klar, wenn man doch einen Weg hinein gefunden hat – mit Bakschisch, versteht sich. Es ist eine echte Qual, den langen steilen Gang hinunterzusteigen, ohne sich dabei aufrichten zu können. Doch unten angelangt, findet sich weder ein Licht noch genügend Luft zum Atmen, die man gerade nach dem anstregenden Abstieg gut gebrauchen könnte.
Durch den „rohen“ Charakter wird oft von der „Unvollendeten Kammer“ gesprochen. Während der östliche Teil grob behauen wurde, scheint der westliche Teil nur an der Decke die endgültigen Abmessungen erhalten zu haben. Die glatte Decke steht dabei in krassem Gegensatz zu dem nach Westen hin ansteigenden Fußboden. Zur Westwand hin befindet sich in der Mitte eine Art abgestufter Gang, zu dessen Seiten – Nord- und Südwand also – der Felsen teilweise stehengelassen wurde. Hinter diesen „Türmen“ hat man seltsamerweise Arbeiten durchgeführt, so als wollte man absichtlich einen Teil des Felsens stehenlassen, und das auch deutlich zum Ausdruck bringen. Der ansteigende Gang zur Westwand hin wird also auf jeder Seite durch eine Reihe grober Felsen flankiert – blitzsau-

ber, wie die Bäume einer Allee. Wozu das gut sein soll, wurde noch nicht erforscht. Ja, es wurde noch nicht einmal erkannt!
An der Südwand der Felsenkammer führt ein Gang, offenbar als Fortsetzung des waagrechten Ganges gedacht, ganze 16,41 Meter ins Nichts![227] Wohin sollte dieser Gang führen? Wer sollte ihn gehen? War auch er „unvollendet"? Ich habe ganz ausgezeichnete Bücher über diese Pyramide gelesen, doch keiner der Autoren hat dieser Kammer den notwendigen Respekt entgegengebracht. Lediglich Rainer Stadelmann hält aus gewichtigen Gründen die Theorie – und mehr ist es nicht – der aufgegebenen Kammer für falsch.[228] So soll es nicht verwundern, wenn ich sein Buch für das vernünftigste zu diesem Thema halte.
Der überwiegende Teil der Gelehrten – aber eben nicht alle – geht davon aus, daß die Erbauer die Felsenkammer aufgegeben haben und sich für die sogenannte „Königinnenkammer" als neue Grabkammer entschieden haben. Davon geht auch Dieter Arnold im „Lexikon der ägyptischen Baukunst" aus. Er sieht „technische Probleme", die die Erbauer zur Aufgabe zwangen.[229] Er sagt dies „aus dem Bauch heraus", denn Hinweise gibt es dafür keine. Es scheint doch eher so zu sein, daß die technischen Probleme, die einem dazu einfallen mögen, durch das bereits Geleistete schon überwunden waren. Die Frage nach den merkwürdigen Felsformationen wurde dabei nie gestellt und die nicht nachvollziehbare Genauigkeit des Absteigenden Ganges ignoriert. Wer diesen angelegt hat, kennt keine „technischen Probleme".
Zur Königinnenkammer, dem fragwürdigen Ersatz der Felsenkammer, gelangt man, wenn der Absteigende Gang wieder erklommen wird. 28,21 Meter unterhalb des Eingangs zweigt dann der Aufsteigende Gang ab.[230] Er ist 37,76 Meter lang, 1,20 Meter hoch und 1,05 Meter breit[231] und mündet sowohl in die Große Galerie, als auch in den Horizontalen Gang, der nach 38,15 Metern in die Königinnenkammer führt.[232] Wie alle anderen Bezeichnungen in und an der Großen Pyramide, stammt auch dieser Name aus einer Zeit, die von romantischen Vorstellungen geprägt war und somit für den ursprünglichen Zweck der Kammer völlig ohne Belang ist. Sie könnte genausogut „Marskammer" heißen...
Bevor man durch den Horizontalen Gang die Königinnenkammer erreicht,

senkt sich der Gang plötzlich ab und hat damit nun eine Höhe von 1,73 Metern.233 Die anschließende Kammer selbst mißt 5,23 x 5,47 Meter[234] und befindet sich 21,71 Meter über dem Niveau des Plateaus.[235] Das Giebeldach erreicht an der höchsten Stelle 6,26 Meter.[236] An der Ostwand befindet sich eine Nische, die an eine fünfstufige Pyramide erinnert, eine Zahl also, die bisher nicht vorkam. Von der Süd- und Nordwand aus gehen sogenannte „Luftschächte" zunächst waagrecht, dann angewinkelt nach oben. Beide Schächte würden etwa in 68 Metern Höhe die Außenwand der Pyramide erreichen, doch wurden sie nicht so weit geführt. Warum?
Wenn man in der Konstruktion der Pyramide eine Gesamtplanung vermuten will, was ich hiermit tue, weil Größe und Genauigkeit der Pyramide das implizieren, dann betrifft dies auch die kleinsten architektonischen Details, wovon natürlich auch die Schächte nicht ausgenommen sind.
Seit März 1993 wissen wir dank dem deutschen Ingenieur Rudolf Gantenbrink, daß der südliche Schacht nach rund 65 Metern endet.[237] Eine Erforschung des Nordschachts war bisher nicht möglich. Sicher ist trotzdem, daß beide Schächte von Anfang an geplant waren und errichtet wurden. Ein Schacht mit rund 20 x 20 Zentimetern konnte nachträglich nicht installiert werden. Es muß also auch für die Schächte einen tieferen Sinn geben, der uns aber im Moment noch verborgen bleibt.
Wie schon bei der Felsenkammer gehen auch bei der Königinnenkammer die Gelehrten davon aus, daß sie zugunsten der darüberliegenden Königskammer aufgegeben wurde. Diese Annahme begründen sie mit dem rauhen Boden der Königinnenkammer, den sie als „unvollendet" betrachten. Tatsache ist aber, daß der Boden das Niveau des Horizontalen Ganges beibehält, und eine Verkleidung des Bodens zu einer sehr unangemessenen Stufe geführt hätte, die nur dadurch vermieden worden wäre, wenn die Verkleidung bis in den Gang hinein, zum dem Punkt an dem er abfällt, vorgenommen worden wäre. Wenn man, wie ich, an eine Symbolik dieser Pyramide glauben mag, dann war dieser „unfertige" Boden ein Teil davon, um nicht wieder die „Unvollendete" bemühen zu müssen.
Um nun in die Königskammer zu gelangen, muß der Horizontale Gang wieder zurückgelegt werden, bis er in die Große Galerie übergeht, die als die größte architektonische Leistung des Alten Reiches betrachtet wird.

Über eine Länge von 46,63 Meter und eine Höhe von 8,53 Meter steigt er hinauf zur Königskammer.[238] Die Große Galerie ist der größte bekannte Hohlraum in der ganzen Pyramide. Ihr Kraggewölbe springt in sieben (!) Stufen nach innen. Der Aufgang wird dabei durch seitliche Bankette begrenzt, die 52 (!) Zentimeter hoch sind.[239]

Am Ende der Großen Galerie folgt nach einer 85 Zentimeter hohen Stufe,[240] deren Sinn mir nicht recht einleuchten will, ein waagrechter Gang mit einer Höhe von nur 1,11 Meter.[241] Nach weiteren 1,23 Metern folgt eine Granitkammer mit drei Meter Länge, und nach weiteren 2,56 Metern endlich die Königskammer.[242] Sie erweckt den Eindruck, als sei sie aus einem Stück Rosengranit herausgemeißelt worden. Ihre Grundfläche beträgt 10,47 x 5,23 Meter,[243] ihre Höhe 5,82 Meter.[244] Die ganze Kammer wurde mit diesen hochglanzpolierten Rosengranitblöcken verkleidet. Rosengranit kommt in Ägypten nur in Assuan vor und mußte somit über 700 Kilometer Luftlinie, 1000 Flußkilometer, herangeschafft werden. Dieses herrliche Material gehört zum härtesten Stein überhaupt, läßt sich aber vorzüglich polieren. Das körnige Tiefengestein besteht aus Feldspat, Quarz, Glimmer, Hornblende und Pyroxen.[245] Insgesamt schaffte man allein für die Wände 100 Steine mit je 70 Tonnen hier herauf – eine unvorstellbare Leistung.[246] Das Niveau der Königskammer befindet sich schließlich in einer Höhe von 43,03 Metern.[247]

Der Sarkophag in der Königskammer muß schon von Anfang an geplant gewesen sein, da er durch den schmalen Gang nicht hindurchgepaßt hätte.[248] Wie schon in der Königinnenkammer führen aus der Nord- und Südwand Schächte heraus, die mit 31° und 45° so angelegt wurden, daß trotz der nicht zentralen Position der Kammer, die Schächte trotzdem in gleicher Höhe aus der Pyramide austreten.[249] Dies führt uns wiederum zur Frage nach Sinn und Zweck dieser Schächte. Die Verschalungsblöcke sagen klar aus, daß sie ebenfalls von vornherein geplant waren. Die Konstruktion bedeutete einen beträchtlichen zusätzlichen Aufwand, der – wenn dies tatsächlich „nur“ eine Grabkammer gewesen war – in keinem Verhältnis zum Zweck stand, denn sinnvoll kann ein Lüftungsschacht in einer Grabkammer kaum sein.

Die Überlegungen gehen noch weiter. Wenn die Königinnenkammer

tatsächlich aufgegeben wurde, warum wurden dann die unteren Schächte trotzdem noch weitergeführt, und zwar über das Niveau der Königskammer hinaus. Diesen beträchtlichen Aufwand hätte man sich leicht sparen können. Es sei denn, der Zweck dieser Schächte war ein ganz anderer.
Eine echte Sensation ist die Decke der Königskammer, die aus Granit besteht und mit fünf Blöcken über 400 Tonnen wiegt.[250] Dabei wiegen die einzelnen Blöcke bis zu 70 Tonnen! Seltsamerweise hat sich noch niemand gefragt, wie die dort hinaufgelangt sind. Die ganze Konstruktion befindet sich in einer Höhe von rund 50 bis 65 Metern. Man spricht hier von den „Entlastungskammern", wenn man die fünf Kammern der Deckenkonstruktion meint. Doch, wenn man genau hinsieht, gibt es hier nichts zu entlasten.[251] Entlastung bringt nur der Giebel, der die gewaltige Kraft der darüberliegenden Steinmassen auf die Wände überträgt – ob mit oder ohne Entlastungskammern. Sie erfüllen keinen erkennbaren Sinn. Zudem liegt die Königskammer nicht auf der Pyramidenachse wo das größte Gewicht lauert. Die Königinnenkammer auf der Ost-West-Achse hingegen hätte schon durch ihre tiefere Lage viel eher eine Entlastung notwendig gehabt. Waren sich die Erbauer über die Sinnlosigkeit der Entlastungskammern nicht klar? Die ganze Pyramide zeigt aber in allen Facetten ihrer Erscheinung, daß die Erbauer sehr genau wußten, was sie hier taten. Wir sind es doch, die hier immer noch vor einem Rätsel stehen. Das muß doch einmal in die richtige Reihenfolge gebracht werden.
Wie Rainer Stadelmann schreibt – und er kann dies umfassend begründen – gehört die Sphinx und ihr Tempel zur Großen Pyramide und nicht, wie meist angenommen wird, zur Pyramide des Chefren,[252] zur zweitgrößten Pyramide von Gizeh – und damit freilich der Welt. Vom Sphinxtempel sind fast nur die über 100 Tonnen schweren Kalksteinblöcke übriggeblieben, die einst das Kernmauerwerk bildeten. Anhand dieses Tempels, der 73 Meter langen und 20 Meter hohen Sphinx sowie der gewaltigen, nicht nachvollziehbaren Leistungen beim Bau der Großen Pyramide selbst, kommt ein Vergleich mit Snofrus Werken nicht in Betracht. Obwohl Snofru mehr Masse bewegt hat,[253] kommt er doch weder an die Größe der Steine noch an die Präzision der Großen Pyramide heran. Qualität statt Quantität ist der augenscheinlichste Unterschied. Nun läßt sich der Wan-

del nicht ganz nachvollziehen, denn zwischen Snofru und Cheops liegen nur wenige Jahre und man fragt sich, wo die Handwerker plötzlich ihre Fähigkeiten hernahmen, die von Heute auf Morgen zu dem erstaunlichsten Bauwerk dieses Planeten führten. Es wird heute immer wieder gern gesagt, das sei schon irgendwie gegangen, doch bezweifle ich allen Ernstes, daß wir heute – ausgestattet mit den zulässigen Mitteln der damaligen Zeit – die Pyramide nachbauen könnten. Das wäre, wenn dann schon, nur theoretisch und mit erheblichem Qualitätsverlust möglich. Man kann sich des Eindrucks nicht erwehren, als stamme diese Pyramide aus einer anderen Zeit. Das Gefühl hat man in Ägypten ständig, doch ist es hier in Gizeh besonders ausgeprägt. Das ist natürlich der Grund dafür, daß wir hier etwas genauer hinter die Kulissen geblickt haben. Sollte diese Pyramide die Antwort auf das Marsrätsel kennen?
Nach den ägyptischen Königslisten war Djedefre der nächste Herrscher nach Cheops. Und obschon die Pyramiden von Gizeh offensichtlich eine Einheit bilden, errichtete er seine Pyramide in Abu Roasch. Sie trägt den interessanten Namen „Sternenzelt des Djedefre",[254] was uns – endlich – wieder zu einer kosmischen Bedeutung dieser Bauwerke zurückführt. Weniger interessant ist allerdings die Pyramide selbst. Abgesehen davon, daß sie niemals fertig wurde, diente sie in späterer Zeit auch noch als Steinbruch. Selbst wenn man davon ausgeht, daß Djedefre nur acht Jahre regierte,[255] kann man den krassen Unterschied zwischen seiner und der Großen Pyramide nicht übersehen, der schon bei der Planung begann, und der bei den Resten endet, die man dort vorgefunden hat. Sie ist nicht einmal ein schlechter Nachfolger der Roten Pyramide des Snofru. Ein definitiver Rückschritt also, der erklärt, warum gerade Snofru als Pyramidenbauer und guter König verehrt wurde. Aber wo ist das herausragende Wissen und Können geblieben, das die Große Pyramide geprägt hat? Liest man gelehrte Bücher, entsteht nicht selten der Eindruck, als hätte Baukunst etwas mit der Bedeutung eines Herrschers zu tun. Doch so leicht wird sich der Wandel zur Großen Pyramide, und ebenso von ihr weg, nicht erklären lassen.
Nach Djedefre folgt sein jüngerer Bruder Chefren, dem die zweitgrößte Pyramide von Gizeh zugeschrieben wird. Merkwürdigerweise hatte er

trotzdem ein Mastabagrab im Ostfriedhof der Großen Pyramide, was mit dem überraschenden Tod Djedefres begründet wird.[256]

Chefrens Pyramide hatte eine Seitenlänge von 215,25 Meter und eine Höhe von 143,50 Meter.[257] Mit 5,3 Millionen Tonnen Stein war sie ihrem Vorbild nur knapp unterlegen. Sie war also ebenfalls ein gigantisches Bauwerk, das in der Höhe zwar um drei Meter niedrieger war als ihr Vorbild, doch die auf einem zehn Meter höheren Plateau errichtet wurde. Der Effekt war derselbe, wie im oben beschriebenen Teotihuacan.

Uvo Hölscher notierte in seinem Grabungsbericht „Das Grabdenkmal des Königs Chefren“:[258] „Das Felsplateau, auf dem die Chefren-Pyramide steht, senkt sich ganz allmählich von Nordwest nach Südost. Um die Pyramide bauen zu können, mußte man sich zuerst eine genau horizontale Ebene herstellen, auf der man die Maße des zukünftigen Bauwerks abstecken konnte. Zu diesem Zweck schnitten die alten Bauleute nach Norden und Westen zu aus dem hohen Felsboden Teile heraus und erhöhten nach Osten zu wieder die zu tiefen Geländeteile durch gewaltige Terrassenmauern auf.“

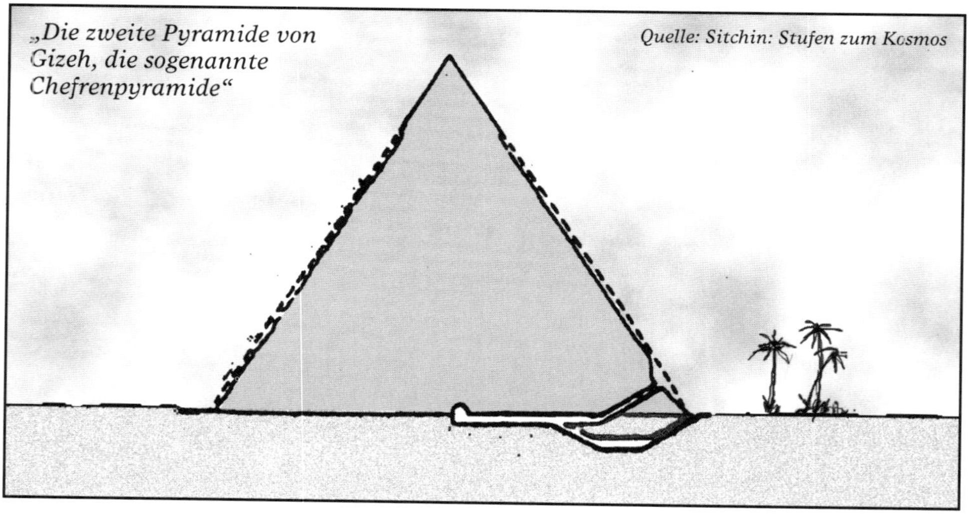

*„Die zweite Pyramide von Gizeh, die sogenannte Chefrenpyramide“*

*Quelle: Sitchin: Stufen zum Kosmos*

Hier wurde also, ganz wie bei der Großen Pyramide, mit unvorstellbarem Aufwand gearbeitet, ein Aufwand, der niemals davor oder danach vergleichbares findet.

Ein wichtiger Punkt, der fast nie erwähnt wird, ist der Winkel, der mit 53°10'[259] steiler veranschlagt wurde als der der Großen Pyramide mit 51°50'40".[260] Je steiler der Winkel, desto schwieriger der Bau, wie sich schon bei Snofrus Knickpyramide gezeigt hat, wo der Winkel bei halber Höhe abgeflacht wurde. Bei Chefrens Pyramide führt der Winkel zu einem Verhältnis zwischen Höhe zu Seitenlänge von 2:3.[261] Während hier ein architektonischer Vorsprung zu verzeichnen ist, fällt das Innenleben im Gegensatz zur Großen Pyramide eher kärglich aus.

Im Jahr 1818 entdeckte der Zirkusartist Giovanni Battista Belzoni die Grabkammer, in deren Sarkophag offensichtlich ein Stier beigesetzt wurde. Beachtlich ist allerdings, daß die ganze untere Kammer aus dem Felsen gebrochen wurde. Sie mißt immerhin 10,42 x 3,13 Meter.[262] Dort soll der Sarkophag ursprünglich gestanden haben. Heute steht er in der darüberliegenden Grabkammer, die mit 14,17 x 4,97 Metern ebenfalls recht geräumig ausfällt.[263] Trotzdem kann man sich kaum vorstellen, daß der ganze gewaltige Pyramidenkörper keine Kammer mehr enthalten soll.

So wie bei der Großen Pyramide, sind auch hier keinerlei astronomische Gesichtspunkte zu erkennen. Waren es wirklich nur noch Gräber, fernab jeder kosmischen Bedeutung? Das wollte ich natürlich nicht glauben.

Mit dem zu dieser Pyramide gehörigen Totentempel beginnt dafür eine völlig neue Ära im Steintransport. Im Laufe der Zeit wurde hier alles weggetragen, was weggetragen werden konnte. Bis auf ein paar Steine, deren Abtransport selbst mit modernsten Mitteln ein erhebliches Problem darstellen würde. Dazu gehört unter anderem ein Block mit den Maßen 6,20 x 6,80 x 4 Meter, dessen Gewicht sich auf „mindestens“ 425 Tonnen beläuft![264] Dabei fügt Hölscher an, daß die genaue Höhe nicht zu ermitteln war, „...da der Stein in den Boden eingelassen ist“.[265] Er schrieb:[266] „In dem Kernmauerwerk dieser Gegend finden sich die längsten Bausteine, die mir in Ägypten bekannt sind; einer davon mißt 13,40 m, ein anderer 12,10 m.“ Die Stärke des Kernmauerwerks gibt er einmal mit 7 bis 8 Meter an.

Eine nicht weniger erstaunliche Leistung ist der sogenannte Taltempel, der alles was bis dahin errichtet wurde, wie Spielzeug aussehen läßt. Unmengen Rosengranit aus Assuan mußten für die Monolithpfeiler herangeschafft werden. Umgeben wurde das Ganze wiederum von Kalksteinblöcken, die es bis knapp an die 500 Tonnen bringen.[267]

*„Rekonstruktion des Taltempels nach U. Hölscher"*

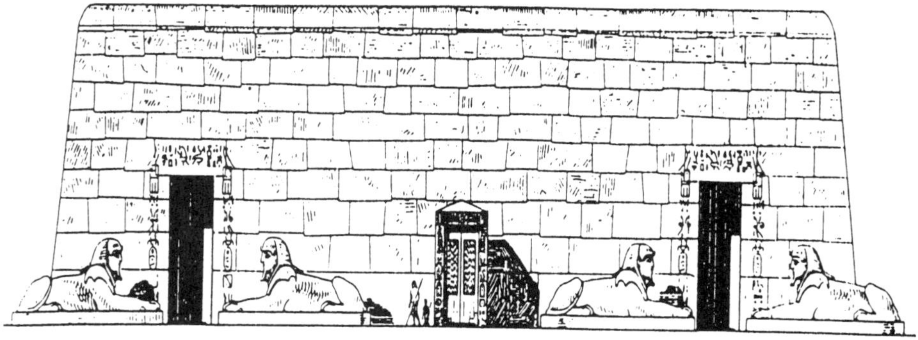

*Quelle: Uvo Hölscher: Das Grabmal des Königs Chefren, Leipzig, 1912, S. 15, Abb. 5*

„Monolithe Granitpfeiler trugen die Dachbalken, die mit zwanzig Kilogramm schweren Kupferdübeln verankert waren, ein bautechnischer Aufwand, der nur durch die Pyramide selbst übertroffen wurde", schreibt Arnold in „Die Tempel Ägyptens".[268] Kein Wunder also, wenn er als der besterhaltene Tempel des Alten Reiches gilt. Was hätte ihn zerstören können?

Der Taltempel, der Totentempel und der Sphinxtempel nicht weniger, unterscheiden sich von allem, was sonst in geschichtlicher Zeit errichtet wurde, so daß die Gelehrten des 19. Jahrhunderts einstimmig der Meinung waren, es handle sich um ein vorgeschichtliches Bauwerk. Bis zur Entdeckung des Djoserkomplexes durch Cecil M. Firth zwischen 1924 und 1927 glaubten die Fachgelehrten ohnehin, daß die ägyptische Architektur eine Weiterentwicklung der Megalithbauweise war, die auch im steinzeitlichen Europa voranging.[269] Noch Hölscher zieht während seiner Beschreibung des Taltempels einen interessanten Vergleich:[270] „An dieser Stelle sei auf die Ähnlichkeit der Formen unserer Pfeilerarchitektur mit denen der prähistorischen englischen Steinkreise hingewiesen. Auch Einzelheiten der Konstruktion und Technik (Steindübel in den Architraven, Steinhämmer usw.) haben ihre Parallelen. Diese Verwandtschaft bestätigt uns, wie nahe unser Chefrenbau der primitiven prähistorischen Kunst steht."

Erst als im Taltempel eine beschriftete Statue des Chefren auftauchte,[271] schloß man auf ihn als Erbauer. Nach Hölscher[272] sind aber die Fundumstände nicht klar. Auguste Mariette hat keine näheren Angaben zur Lage oder den Fundumständen gemacht. Zudem ist der sogenannte Brunnen, in dem die Statue des Chefren gefunden worden sein soll, ganz sicher ein späteres Werk, das mit dem ursprünglichen Bauwerk nichts zu tun hatte. Es gibt hier also sehr wenig Klarheit. Bei genauer Betrachtung bestand für die Zuschreibung an Chefren noch weit weniger Notwendigkeit. Die Geschichte Ägyptens ist nämlich auch eine Geschichte der Usurpation. Oft genug wurden Namen aus Bauwerken getilgt, damit ein übereifriger König seinen eigenen dafür einsetzen konnte. Mit diesem Fund ist lediglich bewiesen, daß Chefren dort seine Statue aufstellen ließ – warum auch immer. Jedenfalls hat er zu keiner Zeit daran gedacht, diesen außergewöhnlichen Tempel mit seinem Namen zu verzieren. Doch welchen Grund sollte es geben – und dasselbe trifft natürlich auch auf die Pyramiden zu – die unbeschreiblich geniale Leistung vor der Nachwelt geheimzuhalten, was sonst keineswegs der üblichen Art des auftrumpfenden Ägypters entsprach?

Der ganze Tempel ist absolut inschriftenfrei und lebt nur von seiner monumentalen Gewalt. Hätte Chefren ihn erbaut, so glaube ich, fänden wir eine Spur von ihm, die ein klares Zeichen setzt – beispielsweise so, wie die Inschriften aus späterer Zeit an Monumenten des Djoser oder des Snofru. Stattdessen – beredtes Schweigen in einem Tempel, der schon von Haus aus mehr Fragen aufwirft, als Antworten zur Verfügung stehen. Es scheint so zu sein, daß solche Bauwerke in Ägypten bekannt waren, denn Lucian notierte: „In den früheren Zeiten gab es in Ägypten Tempel ohne Reliefbilder."[273] Hölscher, der diese Szene zitiert, fügt an, daß Lucian den Taltempel nicht gemeint haben kann. Dieser war zu jener Zeit nämlich völlig unter Sand begraben. Stoßen wir hier auf eine vorägyptische Kultur?

Wie sollte es zudem möglich sein, daß Chefren, dessen Vorfahren noch vor kurzem als Jäger und Sammler durch die Gegend streiften, plötzlich Steine heben und transportieren konnten wie es uns noch heute, nach weit mehr als 4000 Jahren, die absolut größten Schwierigkeiten bereiten würde?

Einerseits möchte man Chefren umjubeln und ihn als einen der größten Könige Ägyptens bezeichnen – wie es eben auch mit Cheops meist

geschieht -, doch andererseits möchte man nichts davon glauben. Die ungeklärte Rolle des Tempels selbst trägt dazu genauso bei.[274]
Bei der genauen Betrachtung der gigantischen Blöcke fällt etwas Wichtiges auf, etwas das die Fachgelehrten ungern sehen möchten: die Spuren starker Erosion. Gleich vor dem Eingang zum Taltempel sieht man die Granitverkleidung vor den gewaltigen Kalksteinblöcken. Dabei zeigt sich, daß sich die Granitverkleidung, die einen verhältnismäßig „neuen" Eindruck macht, den starken Erosionen der Kalksteinblöcke „anpaßt". Die logische Konsequenz wäre doch, daß wir es hier mit zwei Bauphasen zu tun haben. Zwischen diesen Phasen erstreckt sich ein sehr langer Zeitraum, in dem die Kalksteinblöcke ihre ursprüngliche Form durch starke Verwitterung verloren haben.
Es scheint doch so zu sein, daß diese Granitverkleidungen tatsächlich von Chefren dort angebracht worden sein könnten, denn an den beiden Eingängen zum Taltempel fanden sich Inschriften, und zwar die einzigen in oder an dem ganzen Tempel,[275] was ja wohl sonderbar genug ist. Vom nördlichen Eingang blieb „...von der Bastet geliebt, ewig lebend", und am südlichen stand „...von der Hathor geliebt (ewig lebend)". Diese Monumentalinschriften – die Schriftzeichen sind etwa 50 Zentimeter groß – sind selbst für diese Periode einzigartig. Man kann beim Lesen von Hölschers Arbeit die Faszination, die sich ihm dort offenbarte, in jeder Zeile spüren. Sogleich muß man sich ihr anschließen, denn die Blöcke der Granitverkleidung sind ebenfalls eine Sensation.
Die starke Erosion der gigantischen Kalksteinblöcke fällt nicht nur am Taltempel auf. Auch das Kernmauerwerk des Totentempels und des Sphinxtempels zeigt dieselben erheblichen Schäden. Das ist insofern sehr merkwürdig, da die anderen Monumente auf dem Gizehplateau, die ja schließlich aus derselben Zeit stammen sollen, von diesen erosiven Kräften verschont blieben.
Nach Chefren ist Mykerinos der nächste und gleichzeitig letzte Pyramidenbauer von Gizeh. Mit einer Fläche von 108,5 x 108,5 Metern und einer Höhe von 66,50 Metern knüpft er eher an Snofrus Leistungen an.[276] In späterer Zeit galt er wie dieser, als gerechter und religiöser König.[277] Seine Pyramide paßt auf den ersten Blick wieder in die Zeit, die man für

ihre Entstehung veranschlagt. Gäbe es die beiden großen Pyramiden nicht, ließe sich beinahe eine nachvollziehbare Entwicklung erkennen, die aber schon gleich nach Mykerinos wieder einen neuen und unverhofften Tiefpunkt erreicht. In gelehrten Kreisen sucht man meist eine politische oder religiöse Veränderung, die als Erklärung für diesen Wandel herangezogen werden könnte.[278] Mit einem „Status absolutus“ wird hier allerdings nicht hantiert.

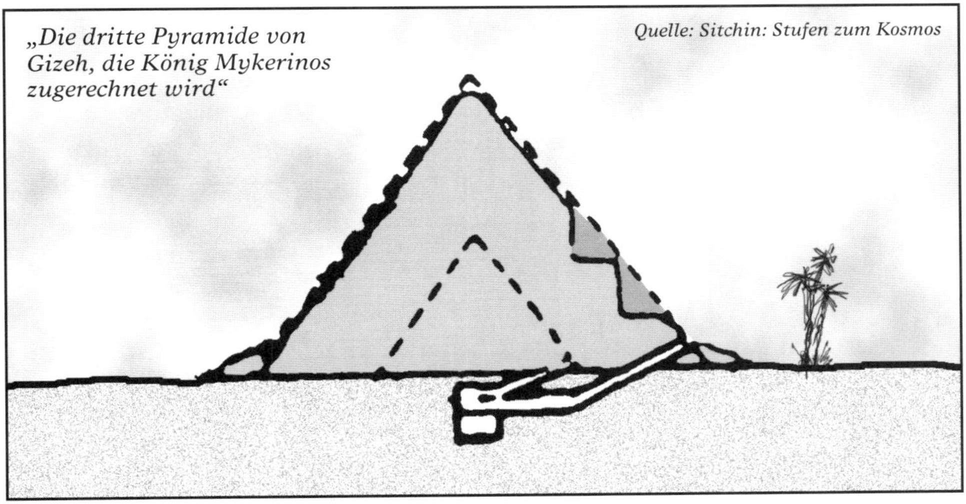

*„Die dritte Pyramide von Gizeh, die König Mykerinos zugerechnet wird“*

*Quelle: Sitchin: Stufen zum Kosmos*

Die Mykerinospyramide ist bei genauer Betrachtung nicht weniger rätselhaft. Anfang des Jahrhunderts kam George Andrew Reisner mit der Havard-Boston-Expedition nach Gizeh. In zweijähriger Arbeit legte er unter anderem den Totentempel frei und mußte feststellen, daß mehrere Kalksteinblöcke mit rund 220 Tonnen Gewicht verwendet wurden.[279] Andererseits wurde aber mit einfachen Nilschlammziegeln gearbeitet. Daher schlossen die Archäologen auf eine übereilte Fertigstellung durch den Königssohn Schepseskaf nach dem Tode des Mykerinos. Doch reicht der Terminus „übereilt“ nicht aus, um den gewaltigen Unterschied zu beschreiben.

Denselben Gegensatz finden wir auch an der Pyramide selbst. Was heute als 1. Baustufe bezeichnet wird,[280] war ursprünglich eine kleinere Pyramide im Innern. Diese erste Pyramide, die zufällig eine Seitenlänge von 52 Metern aufwies,[281] wurde selbst aus den größten Steinen errichtet. Erst dann wurde die gewöhnliche 2. Baustufe darüber errichtet, die im unteren Drittel mit blitzsauberem Aussuangranit verkleidet wurde. Diese Steine, die bis an die 30 Tonnen[282] wiegen, mußten wiederum über 1000 Flußkilometer herangeschafft werden. Dabei entsteht der Eindruck, als gehörten diese Steine ursprünglich zur 1. Bauphase, aber das ist nur eine unbegründete Überlegung.

Nun ist die 2. Pyramidenphase wesentlich besser ausgeführt, als die 2. Tempelphase, wo mit einfachsten Ziegeln gearbeitet wurde.[283] Damit zeichnen sich doch scheinbar drei Bauphasen ab: Zuerst die megalithische Phase der inneren Pyramide und des Taltempels, dann die erweiterte Pyramide und zum Schluß die Vollendung (oder Restaurierung?) des Tempels. Wenn Schepseskaf für die minderwertigen Tempelarbeiten verantwortlich war, dann augenscheinlich Mykerinos für die 2. Phase der Pyramide. Von wem stammt dann die ursprüngliche Pyramide und die gewaltigen Steine des Tempels?

Die drei Pyramiden von Gizeh spiegeln in keiner Hinsicht die Möglichkeiten der damaligen Zeit wider. Alles was davor oder danach errichtet wurde, wirkt wie eine schlechte Kopie. Wie ist es möglich, daß der hohe Stand der Transport- und Bau- und Verarbeitungskunst nur für eine so kurze Phase Bestand hatte? Einiges von dem, was ich hier niedergeschrieben habe, ist Spekulation. Doch gilt das nicht weniger für die Theorie, die als gesicherte Meinung in den Lehrbüchern vertreten wird. Letztendlich führt uns all das zu der entscheidenden Frage zurück, was denn nun der überdimensionierte Pyramidenbau eigentlich bedeuten sollte, welcher Zweck mit dieser Form verfolgt wurde. Hancock fragt sich zu Recht:[284]

„Was wurde hier gespielt? Wieso türmte man mehr als 25 Millionen Tonnen Stein aufeinander, um die Pyramiden von Gizeh, Dahschur, Meidum und Sakkara zu errichten, wenn der einzige Zweck der Übung darin bestand, leere Sarkophage in leere Kammern zu stellen?

Selbst wenn der eine oder andere Pharao möglicherweise größenwahnsinnig war, ist es äußerst unwahrscheinlich, daß gleich mehrere den Verstand verloren hatten und an grotesker Verschwendungssucht litten."

Wie ging es weiter mit dem Pyramidenbau?

Schepseskaf baute sich selbst keine Pyramide mehr, sondern eine Mastaba in Sakkara. Erst mit dem Beginn der 5. Dynastie werden wieder Pyramiden errichtet, deren Qualität nicht einmal dort fortgeführt wurde, wo Snofru aufgehört hat. In der Regel sind sie weit minderwertiger. Die Pyramidenzeit reicht noch bis ins Mittlere Reich, wobei keine Weiterentwicklung mehr beobachtet werden kann. Dies läßt sich leicht mit einer geringeren Bedeutung der Pyramide erklären. Für das Wunder von Gizeh gibt es trotzdem keine greifbaren Deutungen. Sie stehen noch immer wie große Fragezeichen am Horizont und erwarten ein bestimmtes Ereignis.

*„Die Mastaba von König Schepseskaf"*

*Quelle: Sitchin: Stufen zum Kosmos*

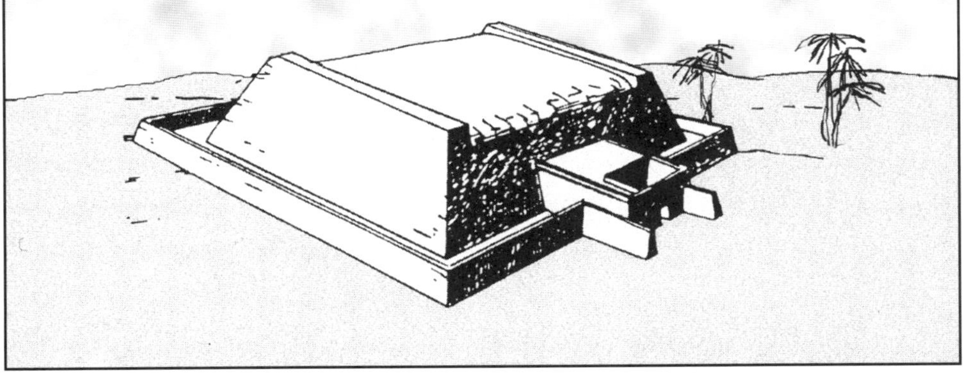

Für die späteren Pyramiden sei noch erwähnt, daß fünf Pyramiden mit einer Höhe von 52 Metern errichtet wurden.[285] Das ist überdurchschnittlich viel und zeigt, daß hierin etwas Besonderes verborgen liegt. Von einigen dieser Pyramiden ist zudem der Unterbau bekannt, der natürlich meist sechs oder sieben Stufen aufweist.[286] Mit Unas, dem letzten König der 5. Dynastie wurden dann zahlreiche Inschriften angebracht – die berühmten Pyramidentexte.

### *Standortbestimmungen*

Bevor wir uns mit den Inhalten dieser Texte beschäftigen, scheint es dringend angeraten, dem Rätsel der Pyramiden von Gizeh weiter nachzugehen. Es hat sich gezeigt, daß über die ägyptischen Pyramiden trotz aller

Unstimmgkeiten viel bekannt ist. Wir fanden eine vorsichtige Spur für die kosmische Bedeutung der Stufenpyramiden. Für die „echten" Pyramiden scheint diese Spur verlorengegangen zu sein. Später werden wir versuchen, diese Lücke wieder zu füllen.

Unser freilich nur kurzer Ausflug zu den Pyramiden hat gezeigt, daß jene von Gizeh sich von allen anderen deutlich abheben. Das hat ja auch Hermann Junker so gesehen, der die Gizeh-Pyramiden am liebsten als Endstadium der architektonischen Entwicklung gesehen hätte – wären da nicht andere „Beweise". Wir werden uns also mit diesen „Beweisen" auseinandersetzen müssen. Nicht um diese Pyramiden in spätere Zeit zu versetzen, sondern um sie früher anzusetzen – quasi als „Urpyramide". Dafür gibt es seit einiger Zeit nämlich andere „Beweise". Jedenfalls, und das wurde noch nie bestritten, ist auch die Architektur der dortigen Tempelanlagen einzigartig und „paßt" einfach nicht in die Zeit der 4. Dynastie.

Die Transport- und Hebeleistungen der alten Ägypter, die wir eben an den Gizeh-Tempeln bewundern konnten, haben schon manchen in Erstaunen versetzt. Dort am Nil galten, so weit sich das heute noch nachprüfen läßt, dieselben physikalischen Gesetze wie heute. Aber solche Gewaltleistungen treffen wir dort ständig an. Man denke nur an die Memnoskolosse vor dem ehemaligen „Jahrmillionenhaus" von Amenophis III., die ganze 1000 Tonnen wiegen,[287] oder die 18 Meter hohe und 1100 Tonnen schwere Granitstatue von Ramses II.,[288] deren beindruckende Überreste noch heute den Besucher des Ramsesmuseums erstaunen. Das ist kein Hinweis auf eine ältere vorägyptische Kultur, wie sie gerade in jüngster Zeit wieder angenommen wird.[289] Dazu gehört schon etwas mehr, als nur unerklärliche Transportleistungen. Uns wird also auch die Frage, ob die ägyptische Kultur das Erbe einer älteren Kultur angetreten hat, ebenfalls beschäftigen müssen. Die Suche nach einer älteren Kultur im Bereich des Alten Orients ist bisher jedenfalls völlig ergebnislos verlaufen. Marsrätsel und vorägyptische Hochkultur ist etwas viel aufeinmal. Ganz sicher stehen wir hier nur vor einem Problem.

Altägyptische Überlieferungen kennen tatsächlich eine alte Zeit, die unter der segensreichen Herrschaft der Götter gestanden haben soll. Doch ist eine brauchbare Datierung dieser Zeit völlig unmöglich – nicht weil die moderne Wissenschaft sie noch nicht durchführen könnte, sondern vielmehr, weil die ägyptischen Quellen selbst die Zeit der Götter in eine nicht konkretisierbare Vergangenheit verdrängt haben. Lediglich die Zeit der Sintflut lebte noch in einigermaßen direkter Erinnerung fort. Diese Zeit war etwa vor 12.000 Jahren! Wer diese Götter waren, welche kosmischen Aufgaben sie erfüllten, soll uns im Moment noch nicht berühren. Lediglich die Funktion der Großen Pyramide und ihr wirkliches Alter sollen nun im Blickfeld stehen.

Die Pyramiden von Gizeh sind eine Spur in eine uns unbekannte Vergangenheit. Die Frage ist nur: Wie weit zurück reicht diese? Wenn wir hier eine Pyramide finden, die durch die Gelehrten falsch datiert wurde und in Wahrheit viel älter ist – also als „Urpyramide“ gelten könnte -, dann finden wir vielleicht eine Antwort auf die Marspyramiden. Die Chancen dafür stehen dort oben auf dem Gizehplateau nicht schlecht. Aus dem Dunkel der Zeit hat man uns hier Monumente zurückgelassen, die ebenso rätselhaft sind, wie die Pyramiden auf dem Mars selbst. Damit sind wir – leider – mittendrin im dunklen Dschungel der tausend Theorien.

Daß in Ägypten eine alte Weisheit gehütet wird, von der wir nicht das geringste wissen, ist ein alter Verdacht. Seit einiger Zeit läßt sich dies aber mit den modernsten wissenschaftlichen Mitteln beweisen. Die Pyramiden von Gizeh sind viel älter als gemeinhin angenommen wird. Sie sind die Basis für das „Vermächtnis“, oder wahrscheinlich sogar dessen Hüter. Willkommen im „unentdeckten Land“!

## *Kapitel IV*
## *Am Anfang der Zeit*

*Wenn nur die eine Tatsache der Wassererosion*
*der Sphinx bestätigt werden könnte,*
*würde das alle akzeptierten Datierungen*
*der Geschichte der Zivilisation*
*in sich selbst zusammenstürzen lassen.*
John Anthony West, »Serpent in the Sky«

*Jede moderne Geschichtsschreibung ist Interpretation.*
*Daß sie von „Fakten" auszugehen hat,*
*versteht sich von selbst.*
*Doch was ist ein „Faktum"?*
Siegfried Morenz, »Traditionen um Cheops«

### *Zeugen der Vergangenheit*

„Die Überlieferung behauptet, daß die Sphinx seit Menschengedenken besteht, und vielleicht verhält es sich mit den Pyramiden, die ganz offensichtlich nicht in einer Wüste erbaut wurden, ebenso."[290]
Leider hat Robert Charroux, der Schreiber dieser Zeilen, vergessen zu erwähnen, wie er zu dieser Schlußfolgerung gelangte. Aber so wie er sind viele vor und nach ihm dieser Intuition gefolgt. Die Pyramiden von Gizeh und ihre Nachbarn passen einfach nicht in die Zeit der 4. Dynastie.
Werfen wir einen Blick auf die Geschichte der Ägyptologie selbst, so stellen wir fest, daß dort im Laufe der Zeit viel Bewegung in die Datierungen kam. Das betrifft nicht nur die frühere Annahme einer vorgeschichtlichen Megalithkultur, sondern auch die geschichtliche Zeit selbst. Während man bis vor kurzem noch glaubte, die Vereinigung durch Menes hätte um 3100 v. Chr. stattgefunden – neuerdings wird eine Zeit vor 3000 v. Chr. oder auch 2900 v. Chr. bevorzugt – so wurde die Datierung immer wieder neu festgelegt. Champollion legte den Beginn der 1. Dynastie auf 5867 v. Chr.,[291] und Karl Richard Lepsius, der Begründer der deutschen Ägyptolo-

gie, nannte 3892 v. Chr. als den Anfang der geschichtlichen Zeit.[292] James Henry Breasted, der als erster eine Gesamtschau der ägyptischen Geschichte vorlegte, bewegte sich noch vorsichtig bei etwa 3400 v. Chr.[293] In den vierziger Jahren kam dann die weitgehende Einigung auf 3100 v. Chr.[294] Die Probleme gründen sich nicht zuletzt auf die Widersprüchlichkeit der alten Quellen selbst.[295]

Die Frage der geschichtlichen Zeit soll hier aber an zweiter Stelle stehen. Gab es aber ein Ägypten vor dieser magischen Grenze? Dafür spricht zunächst nicht wenig. Nur mit absoluter Sicherheit läßt sich dabei nichts sagen. Robert Brier, dem wir das interessante Werk „Zauber und Magie im Alten Ägypten" zu verdanken haben, beantwortet diese Frage so:[296] „Wie alt die ägyptische Kultur wirklich ist, wissen wir bis heute nicht so ganz genau, aber wir sollten immerhin bedenken, daß die Pyramiden schon länger als tausend Jahre standen, als zum Beispiel die Steinblöcke von Stonehenge in England errichtet wurden."

Zwischenzeitlich wurde damit begonnen, sogenannte „Minus-Dynastien" einzuführen[297] und man erkennt nun auch eine Reihe protodynastischer Könige. Die Entdeckung dieser Dynastie löst nicht das größte Rätsel Ägyptens. Obwohl wir heute so weit in die Vergangenheit blicken können, zeichnet sich immer noch keine Phase einer Entwicklung ab. Die ägyptische Kultur tauchte so plötzlich auf, als sei sie fix und fertig vom Himmel gefallen. Schrift, Mathematik, Medizin, Astronomie, Kalender und Architektur scheint es immer gegeben zu haben, soweit sich der Faden zurückverfolgen läßt, der dann irgendwann einmal abreißt – und zwar relativ kurz vor der geschichtlichen Zeit. Dort gab es scheinbar zu einem bestimmten Zeitpunkt ein ganz bestimmtes Ereignis, von dem nichts weiter bekannt ist, als daß damit die ägyptische Zivilisation von einem Tag auf den anderen aus unbekannten Quellen hervorbrach. Wir konnten bereits feststellen, daß es sich dabei um ein weltweites Phänomen handelt.

Dieses Thema beschäftigt vor allem den amerikanischen Forscher John Anthony West, der in seinem wichtigen Buch „Serpent in the Sky" schreibt:[298] „Jeder Aspekt des ägyptischen Wissens zeigt sich von allem Anfang an voll ausgebildet. Die Wissenschaft, die Kunst und Architektur, sowie das Hieroglyphensystem weisen praktisch keinerlei Zeichen einer,

Periode der ‚Entwicklung' auf; tatsächlich wurden viele der Errungenschaften der frühesten Dynastien nie mehr übertroffen oder später auch nur erreicht. Diese erstaunliche Tatsache wird von den orthodoxen Ägyptologen zwar bereitwillig eingestanden, die Bedeutung, die in diesem Umstand liegt, wird aber geschickt heruntergespielt, während die Tragweite der daraus resultierenden Folgen dazu führt, daß man dies einfach nicht erwähnt.

Wie kann eine komplexe Gesellschaft auf einmal in voller Ausprägung vorhanden sein? Schauen Sie auf ein Automobil aus dem Jahre 1905 und vergleichen Sie es mit einem modernen. Der Prozeß einer ‚Entwicklung' ist nicht zu verkennen. Aber in Ägypten gibt es dafür keine Parallelen. Alles ist von Anfang an da.

Die Lösung dieses Rätsels liegt auf der Hand, doch da sie dem vorherrschenden modernen Denken zuwiderläuft, wird sie selten ernsthaft in Erwägung gezogen. *Die ägyptische Zivilisation war nicht die Folge einer Entwicklung, sie war die Einlösung eines Vermächtnisses.*"

Wests Ansicht wurde im Prinzip auch von Walter B. Emery, früher Professor für Ägyptologie an der Universität von London, geteilt. Er schreibt in „Archaic Egypt" über den unerklärlichen Wandel am Beginn der ägyptischen Geschichte:[299] „Etwa um 3400 v. Chr. fand in Ägypten ein tiefgreifender Wandel statt, und das Land wurde schnell vom Status einer fortgeschrittenen Neolithischen Kultur zu zwei gut organisierten Monarchien – die eine umfaßt das Delta und die andere das eigentliche Niltal. Zur selben Zeit erscheint die Kunst des Schreibens, die Monumentalarchitektur, und die Künste und das Handwerk entwickelten sich zu einer erstaunlichen Höhe, und all das sind Anhaltspunkte für die Existenz einer gut organisierten und sogar luxuriösen Zivilisation. Das alles wurde in verhältnismäßig kurzer Zeit erreicht, denn wir finden für diese fundamentalen Entwicklungen in Schrift und Architektur fast keine oder gar keine Grundlage."

Emery und West haben völlig recht. Dieses Problem wurde bisher allerdings nicht genügend beachtet. Vielleicht könnte man eine neue „Religion" oder die Erfindung der Schrift in so kurzer Zeit ermöglichen, aber alles zusammen, wie zum Beispiel auch die Medizin, die ja nur auf langen Beobachtungsperioden basieren kann, ist doch für diesen kurzen Zeitraum nicht realisierbar. Es gibt also handfeste Gründe, um so ein Vermächtnis wenigstens in Aussicht zu stellen. Dieses „Vermächtnis" ist für unsere Überlegungen natürlich besonders interessant. Das was ihm zugrunde liegt – es wird wohl auch den Pyramidenbau beinhalten – ist der einzige Punkt, in dem wir etwas über das Marsrätsel finden können. Ich muß nicht extra erwähnen, daß für die mesoamerikanischen Kulturen mit demselben Vermächtnis zu rechnen ist.

Es gilt nun diesem Vermächtnis nachzuspüren. Was war da früher in Ägypten? Gab es eine vorgeschichtliche Kultur am Nil, deren Erbe die Ägypter der geschichtlichen Zeit angetreten haben? Jedenfalls berührt dieses Vermächtnis alle Gebiete, die auch für das geschichtliche Ägypten von Bedeutung waren.

Ein Hauptbestandteil des Vermächtnisses ist das wichtigste Gut der Ägypter überhaupt – ihre Götterwelt. Schon mit dem plötzlichen Wechsel von der Vorgeschichte zur Frühzeit steht sie uns sehr differenziert gegenüber,[300] und die späteren Texte bedeuten keine Revidierung der Vorstellungen, sondern eine präzisere Ausgestaltung, die ihre Wurzeln ganz offensichtlich aus damals existierenden Urtexten immer mit sich führte. Die Grundlagen dieser Theologie müßten demnach uralt sein, denn wir finden auch hier nur spärliche Spuren einer Entwicklung. Aber, und das ist das Problem dabei, es gibt keine Spuren dieses Glaubens vor 4000 v. Chr.[301] Kann man eine Religion einfach so „entwickeln"?

Blicken wir in die Vorgeschichte, so sehen wir sicher ein oberägyptisches Reich mit der Hauptstadt Nechen (gr. Hierakonpolis), sowie ein Reich in Unterägypten mit der Haupstadt Pe (gr. Buto). Nechen stand unter dem Schutz der Geiergöttin Nechbet, während Buto der Schlangengöttin Uto unterstand. Leider gibt es bis heute keine Ausgrabungen, die geeignet wären die gewaltigen Wissenslücken zu füllen, die über dieser Zeit liegen (zur Zeit finden Ausgrabungen in Buto nur im späteren Teil statt).

Eine besondere Rolle spielt seit eh und je die Aufteilung des Landes in Ober- und Unterägypten. Als Menes die geschichtliche Zeit begründete, war dies – man kann das in jedem Buch nachlesen – ein Sieg Oberägyptens über Unterägypten, der Menes zum „König von Ober- und Unterägypten" machte. Die ruhmreiche Geschichte des Landes nahm seinen Lauf.

Einige Forscher, und nicht zuletzt die alten Ägypter selbst, glaubten aber auch an ein Königreich lange vor dieser Zeit, in der Osiris herrschte, der außergewöhnlichste aller Götter. Der Tod dieses Herrschers war nicht nur ein Ereignis, das sich im Totenglauben manifestierte, sondern ist die Ursache für den Königtummythos, der den ägyptischen König zu einem lebenden Bild des Horus werden läßt. Der lebende König galt als Horus, Sohn des Osiris. Nach seinem Ableben aber wurde er zu Osiris und stieg zu ihm in den Himmel hinauf. Dieser Punkt war vielleicht einer der wichtigsten Ereignisse überhaupt für den Ägypter. Obwohl sich Osiris erst ab der 5. Dynastie nachweisen läßt, ist er sofort zu einem der wichtigsten Götter geworden. Nach seinem Tod, so die Vorstellung, herrschte er weiter, nur diesmal über das Totenreich – als „Erster der Westlichen".

*„Vorder- und Rückseite der Narmerpalette"*

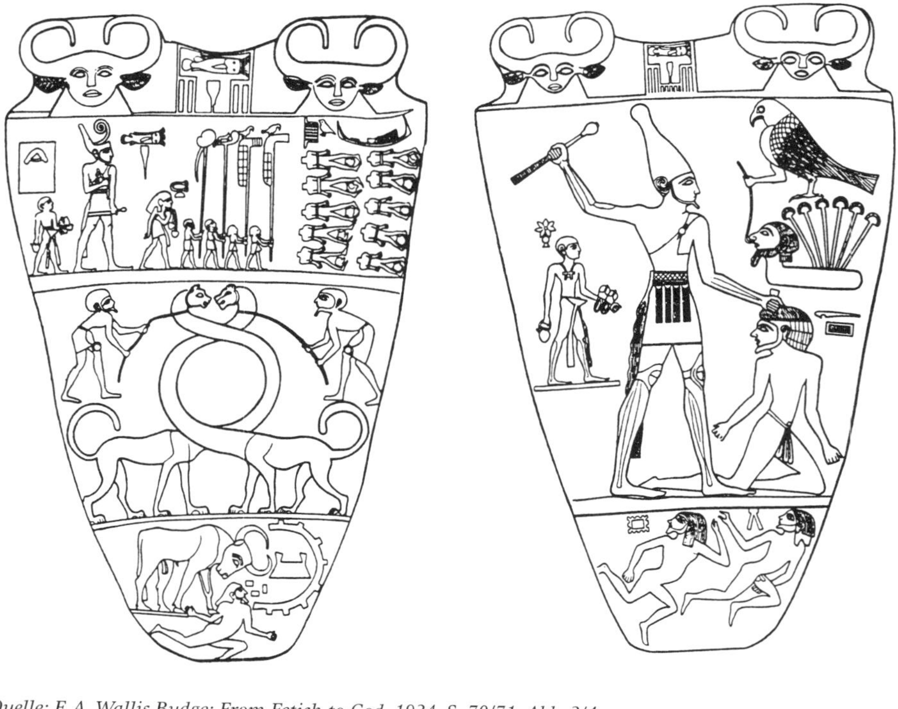

*Quelle: E.A. Wallis Budge: From Fetish to God, 1934, S. 70/71, Abb. 3/4*

Der Reichseiniger Menes war bereits einer der legendären Horuskönige. Sein Horusname war Narmer,[302] und seine Schminkpalette zeigt bereits den Horusfalken, wie er über seine Feinde triumphiert. Horus zeigt sich hier als Kriegsgott, und diese Eigenschaft tritt noch viel stärker hervor, wenn der traditionelle Konflikt zwischen ihm und Seth, dem Mörder des Osiris angesprochen wird. Dieser Kampf ist neben der herkömmlichen kosmischen Totenliteratur das entscheidende Merkmal des ägyptischen Glaubens und Staatsgefüges. Darauf basiert in Ägypten einfach alles – nicht nur die „Religion", wie das Ganze meist genannt wird.
Wann Horus über Seth gesiegt hat, wissen wir nicht. Doch daß dies nicht nur ein Mythos ist, daran glauben auch Fachgelehrte. Gardiner schrieb:[303] „Daß der Streit zwischen Horus und Seth sehr heftig gewesen sein muß, kann man dem mythischen Bericht entnehmen, wonach Seth den Horus eines Auges beraubte und Horus Seth dafür eine noch viel schwerere Verletzung zufügte." Gardiner kommt zu dem Schluß, daß der Mythos „einen historischen Kern in sich schließen muß".[304]
Die moderne Ägyptologie hat heute keinen Platz mehr für ein vorgeschichtliches Reich. Das war früher einmal anders. 1930 legte der herausragende deutsche Professor an der Universität Göttingen, Kurt Sethe, ein Werk vor, das genau in diese Lücke stieß – „Urgeschichte und älteste Religion der Ägypter". Es ist bezeichnend für die Bedeutung dieses Gelehrten, daß sein Werk heute immer noch fleißig benutzt wird, obschon sich jetzt sicher sagen läßt, daß es so nicht gewesen sein kann.
Sethe gesteht bereits in der Einleitung den „hypothetischen Charakter" seiner Arbeit ein.[305] Der Auslöser für seine Überlegungen ist jedoch ein Problem der Ägyptologie geblieben. Grundsätzlich ist zu Beginn der geschichtlichen Zeit Horus der Gott von Unterägypten, wie sein Gegenspieler Seth der Gott von Oberägypten war. Die Könige der geschichtlichen Zeit stellen Horus immer vor Seth, wie schon in der 1. Dynastie in Abydos nachgewiesen werden kann. Dazu kommt, daß Horus als Sieger über Seth hervorgeht, und sich der König der geschichtlichen Zeit ja direkt mit Horus identifiziert. Kurzum: Der unterägyptische Horus steht klar über dem oberägyptischen Seth.
„...das alles steht in dem denkbar schroffsten Widerspruch zu den Ver-

hältnissen der geschichtlichen Zeit“, schrieb Sethe.[306] Dieser Widerspruch ist offensichtlich, denn Menes gründete das neue Reich vom oberägytischen This aus. Wohl daher stand Oberägypten immer vor Unterägypten, auch in den Königstiteln. Der oberägyptische Königstitel *nsw.t* („der zur Binse Gehörige“) wurde zum Titel für den König schlechthin.[307] Sethe zeigt in seinem gelehrten Werk, daß vor der geschichtlichen Einigung bereits ein großer ägyptischer Staat existierte, der von Unterägypten aus errichtet wurde, und der wiederum in zwei Teile zerfiel, bevor Menes eine erneute Vereinigung von Oberägypten aus vornahm. Sethes Arbeit zieht alle Register eines Fachgelehrten. Doch hatte er auch einen Gegner, der nicht weniger gelehrt beweisen wollte, daß nicht die Verdrehung in vorgeschichtlicher Zeit der Auslöser für den Widerspruch war, sondern daß Horus von Haus aus auch ein oberägyptischer Gott war – Herrman Kees. Seine Belege sind ebenso bedeutsam für die Suche nach der Ursache. Es wäre zu früh, wenn ich den Leser schon jetzt mit den Problemen vertraut machen würde (siehe 2. Band, Kap. V.). Daß hier wieder einmal etwas nicht stimmt, soll vorerst genügen. Nur soviel: Auf der Narmerpalette ist ja tatsächlich der Horusfalke das Symbol des oberägyptischen Königs. Ist die Vereinigung des Landes selbst ein Teil des Vermächtnisses?

Osiris, dieser rätselhafte Gott, tritt wohl erst mit den Pyramidentexten auf, doch ist er durch seine Königsinsignien bereits als Herrscher von Ober- und Unterägypten ausgewiesen.[308] Durch seine vielfältigen Aufgaben, einerseits als irdischer König, andererseits als Herrscher über das Totenreich, wurde er von Sethe passend als „Berufsgott“ bezeichnet.[309] In den Pyramidentexten wird Osiris mehrmals einfach nur *ntr* (Gott) genannt,[310] eine Anrede, die sonst keinem anderen Gott in Ägypten widerfahren ist. In den Vorstellungen der alten Ägypter hat dieser Gott tatsächlich einmal über Ägypten geherrscht, für seinen Sohn Horus mag das nicht weniger gelten. Wann soll diese Zeit gewesen sein, wo es doch offensichtlich keine Vorgeschichte Ägyptens gibt?

Die „Zeit der Götter“[311] existierte mindestens im Glauben der alten Ägypter. Eine sehr detaillierte Version, die auf einem Naos von Saft el Henne gefunden wurde, werden wir später ausführlich besprechen. Dort geht es um die Zeit des Schu und die des Geb. Wir kennen daneben eine „Zeit des Re“, eine „Zeit des Osiris“ und eine „Zeit des Horus“. Auch die „Jahre des Seth“ werden in etwa diese Bedeutung haben. Hans Bonnet beschreibt in seinem ausgezeichneten Standardwerk „Reallexikon der ägyptischen Religionsgeschichte“ das Problem dieser Zeit sehr treffend:[312] „Die Anspielungen auf die Götterzeit sind, wenn wir von der Beschreibung als glückliche Zeiten der Gerechtigkeit absehen, namentlich in offiziellen Äußerungen im Ganzen sehr allgemein gehalten.“ Genau das ist jetzt unser Thema und wir werden sehen, daß sich aus den Überlieferungen zu dieser Zeit nichts Verwertbares herauslesen läßt. Es stellte sich dabei aber die Frage, ob diese Zeit, die ganz offensichtlich viel viel weiter zurückliegt als das geschichtliche Ägypten, ja überhaupt als das, was wir heute menschliche Geschichte nennen könnten, nicht unsere dringend gesuchte „Marszeit“ sein könnte.

Das war – im Moment jedenfalls – natürlich nur Spekulation... Blicken wir aber auf die spärlichen Überlieferungen über die „Zeit der Götter“, finden wir Probleme und Widersprüche, die eine vorägyptische Kultur am Nil fast vollständig ausschließt. Das ist Bedingung für die „Marszeit“.

Als relativ sichere Quelle zur Chronologie des alten Ägypten gilt den Fachleuten ein Priester namens Manetho („von Thot geliebter“). Etwa um 270 v. Chr. soll er auf Befehl von Ptolemäus II. Philadelphus die mehrbändige „Geschichte Ägyptens“ verfaßt haben. Manethos Werk ging zusammen mit der berühmten Bibliothek von Alexandria in Flammen auf, doch haben der jüdische Historiker Flavius Josephus (um 70 n. Chr.), die beiden christlichen Chronographen Sextus Julius Africanus (frühes 3. Jahrhundert und Eusebius Ceasara (frühes 4. Jahrhundert), sowie Georg der Mönch (um 800) – vielleicht besser als Georgius Syncellus bekannt – Teile seines Werkes kopiert.

Manetho war der „Erfinder“ der Dynastien und bescherte uns die griechischen Namen der ägyptischen Könige. Seine Überlieferungen versetzen uns in Erstaunen, wenn die Vorgeschichte behandelt wird. Danach herrschten zunächst die Götter selbst über Ägypten.[313] Es folgt eine Art zweite „große Dynastie“ mit 1255 Jahren, die von den „Halbgöttern“ gebildet wird. „Andere“ Könige regierten 1817 Jahre. Die nächste „Dynastie“ bestand dann aus 30 memphitischen Königen, die 1790 Jahre herrschten. Darauf folgte eine Zeit des Chaos, die 350 Jahre in Anspruch nahm, in der zehn thinitische Könige herrschten. Erst jetzt, nachdem noch 5813 Jahre „halbgöttliche Verstorbene“ genannt werden, kam Menes an die Reihe, der, wie es die moderne Forschung verlangt, die geschichtliche Zeit einleitete – mit dem Unterschied, daß dies 5800 v. Chr. gewesen sein müsse. Die Sache hat natürlich einen Haken, denn die 30 memphitischen Könige herrschten über eine Stadt, die ja erst Jahrtausende später von Menes gegründet wurde. Doch wußte ich zu diesem Zeitpunkt noch nicht, daß Memphis auch einen mythischen Ort bezeichnet, der vor viel längerer Zeit auf der Erde eine besondere Rolle spielte, oder – vielleicht kann man das sogar so sagen – Memphis kann auch die Erde selbst benannt werden.

Nach Manethos Angaben begann das Königtum in Ägypten viele Jahrtausende zu früh. Keine Frage also, daß die Gelehrten dies für einen Mythos halten, und zwar nicht zu Unrecht, wie wir noch sehen werden. Manetho hat zudem die 1. und 2. Dynastie mit 555 Jahren angegeben, was außerdem klar zuviel war.[314]

Herodot, der „Vater der Geschichtsschreibung“, besuchte um 440 v. Chr. Ägypten. Sein Bericht ist also rund 140 Jahre älter als der Manethos, aber dabei nicht weniger sonderbar. Im 2. Buch seiner „Historien“ notierte er:[315]

„Was ich bisher berichtete, haben mir Ägypter und Priester erzählt. Und sie zählten mir vor, vom ersten König bis hin zu diesem Priester des Hephaistos, der zuletzt regierte, 341 Generationen von Menschen, soviel kämen zusammen, und in denen seien es ebenso viele Oberpriester und Könige gewesen, beide genau gleich viele. Nun sind 300 Generationen von Menschen soviel wie 10.000 Jahre, denn drei Generationen machen 100 Jahre. Die 41 übrigen Generationen, die zu den 300 hinzukamen, machen 1340 Jahre. So sei in 10.000 und 1.000 und dazu 340 Jahren, sagten sie, kein Gott in Menschengestalt aufgetreten.“

Eine weitere Überlieferung verdanken wir Diodor von Sizilien, der um 59 v. Chr. in Ägypten weilte. Davon berichtet das 1. Buch seiner „Historischen Bibliothek“, die ganze 40 Bücher umfaßt. Nachdem er ebenfalls die Götter als Könige über Ägypten erwähnt, die „nicht viel weniger als

18.000 Jahre“ herrschten, seien die Menschenkönige „nicht viel weniger als 5000 Jahre“ die Herren über den Nil gewesen, und zwar „bis zur 180. Olympiade“, als Diodor selbst in Ägypten war.[316] Diodor ist sich nicht ganz klar über die scheinbar widersprüchlichen Daten, die ihm dort genannt werden. Er hat die Wahl zwischen 10.000 und 23.000 Jahren von Osiris bis Alexander. Einige Seiten später verlegt er dann die Entstehung des Menschengeschlechts auf die Zeit vor 10.000 Jahren. Letztlich bestätigt er damit seine beiden Vorgänger.

Nicht viel anders verhält sich die Sachlage im „Turiner Königspapyrus“. Er soll aus der Zeit von Ramses II. stammen und nennt ebenfalls Menes als Gründer der geschichtlichen Zeit. Vor seiner Herrschaft aber soll es drei „große Dynastien“ gegeben haben. Die Daten der ersten Periode sind zerstört. Der Text fährt dann fort:[317] „...die verehrungswürdigen *schms.w Hr* (Gefolgschaft des Horus), 13.420 Jahre. Regierungen bis zu den *schms.w Hr* 23.200 Jahre...“!

36.620 Jahre bringen allein die beiden erhaltenen Daten zusammen. Was Genaues läßt sich nicht sagen, denn wir erkennen klar, daß die „Zeit der Götter“ irgendwie nicht in direkter Erinnerung der alten Ägypter lag. Dennoch steht soviel fest, daß sie selbst an eine Zeit glaubten, die sehr weit zurückliegt. Nur sie wußten ganz offensichtlich zu keiner Zeit, wann dies gewesen sein könnte. Nur etwa 10.000 v. Chr. scheint ein weiterer wichtiger Bezugspunkt immer wieder aufzutreten.

Damit bestätigen sie die Auffassung von West, daß nämlich die ägyptische Kultur die Einlösung eines Vermächtnisses ist. Trotzdem haben wir mit diesen Daten erhebliche Probleme. Zum einen ist da der erhebliche Mangel an vorgeschichtlichen Monumenten, die, wenn sie aus so langwierigen Phasen eines früheren Königtums stammen sollten, einfach nicht zahlreich genug sind. Genau genommen fällt der Verdacht zur Zeit nur auf die Pyramiden und Tempel von Gizeh – das ist zuwenig! Ganz abgesehen davon, daß der menschliche Kulturfahrplan völlig vom Kurs abkäme, denn ein Reich, das derart lange existiert haben soll, hätte seine Spuren auch außerhalb Ägyptens hinterlassen müssen. Eine völlig andere Entwicklung der menschlichen Geschichte für diese Zeit wäre nur eine zwangsläufige Folge gewesen.

Ein weiterer Punkt, der nicht weniger wiegt, ist die strikte Abgrenzung der göttlichen Zeit von der geschichtlichen. Das betrifft nicht nur die genannten Quellen selbst, sondern ebenso andere Listen, die auf irgendeine Art und Weise von der Geschichte des Landes handeln. Eines dieser Zeugnisse ist die „Königsliste von Abydos" im Tempel von Sethos I., die „nur" bis Menes zurückreicht.[318] Die Nichterwähnung der göttlichen Zeit läßt sich nur dadurch erklären, daß sie ganz fundamental – vielleicht zeitlich und räumlich – von der herkömmlichen Geschichte abweicht – sie muß also sehr viel älter sein. Genauso verhält es sich mit den ältesten bekannten Texten, ob sie nun religiöser Natur, wie die Pyramidentexte, oder weltlichen Ursprungs sind. Ein vorgeschichtliches Reich, wie es durch die genannten Quellen anzunehmen wäre, hätte in diesen wichtigen Texten seinen Niederschlag finden müssen. Es hätte eine „geschichtliche Erinnerung" vorausgesetzt. Dies gehörte auch zu Kees' Hauptargumenten[319] gegen ein vorgeschichtliches Ägypten, wie es Sethe erwogen hat.
Wir verfolgen die Spur weiter, indem wir uns noch einmal den sonderbaren Umständen in Gizeh zuwenden. Es besteht nämlich eine starke Wahrscheinlichkeit dafür, daß diese Monumente trotzdem älter sind als das geschichtliche Ägypten. Leider verstrickt uns das noch tiefer in die ägyptischen Kulturzusammenhänge und spätestens zu diesem Zeitpunkt war mir klar, daß nur eine sorgfältige Untersuchung der einzelnen kulturgeschichtlichen Punkte eine Lösung bringen kann.
Um diese Monumente auf dem Gizehplateau „älter zu machen", bedarf es allerdings schon eines Beweises, den es jetzt – den Göttern sei Dank – wirklich gibt. Plötzlich stand ich vor drei (!) verschiedenen Phasen: Die ohnehin ominöse „Marszeit", ein reichlich sonderbares Ereignis vor etwa 12.000 Jahren, das ganz außerhalb kultureller Entwicklungen zum Bau der Gizehmonumente führte, und das plötzlichen Auftreten der ägyptischen Zivilisation vor rund 5000 Jahren, das selbst einen völlig mysteriösen Vorgang darstellt.
Wieder einmal stellte ich mir die Frage, ob ich nicht etwas zu weit ging. Wie das dann aber doch noch alles zusammenpaßt, und zwar ganz ausgezeichnet, sehen wir später.

## *Das Geheimnis der Sphinx*

In der Großen Pyramide tastete ich vorsichtig die Wände ab, stets von der Frage geleitet, wann dieses Wunderwerk der Planung und Ausführung errichtet wurde. Wie wurde das bewerkstelligt? Kalte Schauer bildeten sich bei dem Gedanken, daß ich in diesem Moment im ältesten Zeugnis der Menschheit weilte. Es stammt aus eine Zeit, an deren Denken wir bisher nicht anknüpfen konnten. Durch den besten Beweis dafür lenkte ich gerade meine gebeugten Schritte. Seltsame Empfindungen machten sich breit und es fühlte sich an als könnte ich auch den niedrigsten Gang aufrecht gehend erklimmen.
Ein altes ägyptisches Sprichwort sagt:

„Der Mensch fürchtet sich vor der Zeit -
die Zeit aber fürchtet sich vor den Pyramiden."

Dieser Spruch bewahrheitet sich nicht nur seit der Entdeckung auf dem Mars. Er zieht viel weitere Kreise. Dabei ist es nicht notwendig, daß wir uns noch länger mit Hypothesen ermüden. Betrachten wir stattdessen das Ergebnis einer äußerst spektakulären Untersuchung, die der Geologe Dr. Robert M. Schoch von der Boston University am 23. Oktober 1991 auf dem Kongreß der „Amerikanischen Geologischen Gesellschaft" veröffentlichte.[320] Vieles ist seither anders, ohne daß die notwendigen Konsequenzen daraus gezogen worden wären.
Schoch ist einer der wenigen Spezialisten für Verwitterungsprofile an weichem Stein, wie wir ihn in Gizeh in Form von Kalkstein finden. Der Auslöser der ganzen Geschichte war der Elsässer Ägyptologe RenÈ Adolphe Schwaller de Lubizc, der selbst viele Jahre seines Lebens in Ägypten verbrachte und das Werk „Le Temple de l'Homme" verfaßte.
Schwaller de Lubizc glaubte in Ägypten die Spuren einer uralten Weisheit gefunden zu haben, die er besonders in der Geometrie, aber auch vielen anderen Aspekten feststellen konnte. Er war zudem der erste Forscher, dem etwas Merkwürdiges an der Sphinx von Gizeh, der größten derartigen Skulptur der Welt, auffiel. Heute gilt – meist jedenfalls – die

Lehrmeinung, daß Chefren der Erbauer der Sphinx sei. Schwaller de Lubizc bemerkte jedoch, daß die Sphinx „schwere Anzeichen wasserbedingter Erosion" aufwies. Das konnte natürlich nicht sein, denn zu Chefrens Zeiten war Gizeh schon längst ein Teil der unerbittlichen Wüste, wo mit Wassererosionen beim besten Willen nicht zu rechnen ist. Diese Bemerkung rief den schon erwähnten John Anthony West auf den Plan. Er schreibt nüchtern:[321] „Grundsätzlich spricht nichts gegen die Theorie von der Erosion der Sphinx durch Wasser, da übereinstimmend angenommen wird, daß es in Ägypten in der Vergangenheit radikale Klimaveränderungen und periodische Überschwemmungen gab – durch das Meer und (in der nicht so fernen Vergangenheit) durch gewaltige Nilfluten. Vermutlich gingen diese Fluten mit dem Schmelzen des Eises nach der letzten Eiszeit einher und ereigneten sich nach heutigen Schätzungen ungefähr um 15.000 v. Chr. Große Nilfluten haben aber wahrscheinlich auch noch nach diesem Zeitpunkt immer wieder stattgefunden. Die letzte dieser Fluten wird auf ungefähr 10.000 v. Chr. datiert.

Falls die Erosion der Sphinx also auf das Einwirken von Wasser zurückgeht, muß sie vor der Flut oder den Fluten geschaffen worden sein, die diese Erosion bewirkten."

West selbst war es, der bereits 1979 auf die starken Erosionen des Tal-, Toten- und Sphinxtempels an dieser Stelle hinwies, wofür es bisher keine Erklärung gab, zumal die benachbarten Monumente davon verschont blieben, obgleich sie aus derselben Zeit stammen sollen. Dazu kommt noch das merkwürdige Phänomen, daß diese Tempel, die uns ja bereits durch ihre Konstruktion selbst auffielen, dieselbe Art der Erosion aufweisen wie die Sphinx.

Die Idee der Erosion war phänomenal. Die dann auch noch durch Wasser? Wer die drei Tempel von Gizeh schon gesehen hat, weiß sofort um was es hier geht. Ich habe dort Kalksteine gesehen, die restlos ausgewaschen waren oder deren Form trotz Größe kaum noch zu erraten sind! Wie ist das denn möglich – in der Wüste?

West hatte also eine Theorie und tat das, was jeder gute Wissenschaftler macht: Er versuchte sie zu belegen. Daher finanzierte er aus privaten Quellen ein Forschungsteam zur Untersuchung der Erosionen. Dabei nahmen außer Dr. Schoch noch zwei weitere Geologen, der Geophysiker Dr. Thomas L. Dobecki aus Houston, ein Architekt und ein Ozeanograph teil. Das waren alles solide Wissenschaftler, die mit modernstem Equipment die Sphinx analysierten und keine Hobbyarchäologen und Schatzsucher, die von vornherein Wests Theorie einer älteren Kultur am Nil verpflichtet waren.

Das Ergebnis ihrer Untersuchung offenbart sich als eine Katastrophe für die geschriebene Geschichte Ägyptens, obschon ich aus heutiger Sicht sagen kann, daß dies für meine These nicht unbedingt notwendig war. Es sagt nämlich aus, daß die Sphinx ursprünglich zwischen 7000 und 5000 v. Chr. aus dem Kalkstein herausgeschlagen wurde![322] Dabei handelt es sich um ein Mindestalter, so daß auch mit mehr gerechnet werden kann. Gab es also doch eine frühere Hochkultur am Nil? Ich habe sie lange favorisiert, auch weil der große Kurt Sethe dies annahm, dessen Autorität noch lange nach seinem Tod wirkte. Doch das Ergebnis spricht dagegen. Die Lösung ist weit komplizierter. Immer tiefer wurde ich in unhaltbare Zusammenhänge gezogen. Haben wir nicht gerade vernommen, daß eine vorgeschichtliche Kultur auf diesem Niveau nicht existierte?

Es hat sich herausgestellt, daß West mit seiner ursprünglichen Annahme, es handle sich hier um eine Erosion durch gewaltige Nilfluten, nicht recht behielt. Vielmehr sind es – so das Ergebnis der Untersuchung – die Resultate heftiger und andauernder Niederschläge, was aber nicht weniger dramatisch ist, denn die Zeit solcher Niederschläge in Ägypten liegt weit zurück. Tatsächlich fand ich den ausgewaschensten Kalkstein des Taltempels in der obersten Lage, an der Südseite des Vorraumes.

Vor etwa 10.000 Jahren, am Ende des Pleistozäns, als sich die Ausläufer der letzten Eiszeit zurückzogen, lag Ägypten in einer feucht-heißen Klimazone. Der Nil wälzte seine Wassermassen nicht durch eine Wüste, sondern durch einen dichten und düsteren Urwald.[323] Damals gab es die anhaltenden Regenfälle, die eine Erosion an der Sphinx überhaupt erst möglich machen würde. Erst mit dem Abschmelzen der letzten Gletscher wurde die Luft trockener und verwandelte das Land am Nil langsam zu dem was es heute ist – eine Wüste.

Zur Datierung der Sphinx gesellt sich noch ein weiterer wichtiger

Umstand. Es ist klar, daß die Sphinx nur erodiert werden konnte, wenn sie den Elementen ausgesetzt war. Wir wissen aber sehr sicher von langen Perioden, in denen die Sphinx unter Sand vergraben war. Nachdem sie Thutmosis IV. ausgegraben hatte, muß sie irgendwann wieder verschwunden sein, denn keiner der antiken Reisenden erwähnt sie. Erst Cajus Plinius Secundus (61-113 n. Chr.), der römische Historiker, notiert sie wieder in seiner „Naturgeschichte".

Als Napoleon in Ägypten ankam, lag die Sphinx ebenfalls bis zum Hals im Sand vergraben. Von ihrem Tempel war gar nichts zu sehen. Im Jahr 1819 grub sie Giovanni Battista Caviglia zwar aus, was aber 1853 von Auguste Mariette und Gaston Maspero wiederholt werden mußte. Etwa 1916 war sie dann schon wieder bedeckt. Auf diese Weise war sie wohl für Jahrtausende vor Verwitterung geschützt.

West errechnete aus dem zur Verfügung stehenden Material, daß die Sphinx allein seit Chefren vor rund 4700 Jahren rund 3300 Jahre unter dem Sand von Gizeh begraben lag, so daß sie für diese Zeit vor den Elementen geschützt war.[324] Sowohl aus diesem Grund als auch durch andere Überlegungen, kam West zu dem Schluß, daß die Sphinx noch ein ganzes Stück älter sein muß und wohl aus der letzten Eiszeit stammte.[325] Dabei ist ihm nur beizupflichten.

Seine Überlegungen schließen auch die drei gewaltigen Tempel mit ein, die ganz offensichtlich in der Zeit erschaffen worden sein müssen, in der auch die Sphinx aus dem Kalkstein geschlagen wurde. Dank Wests Initiative verfügen wir heute über ein Gutachten, das auf einer wissenschaftlichen Basis errichtet wurde, und das so einfach nicht aus der Welt zu schaffen sein wird. Er schreibt treffend:[326] „Die Wassererosion an der Sphinx ist für die Geschichte das, was die Umwandlung von Materie in Energie für die Physik ist."

Die drei Tempel schlagen auch in anderer Hinsicht völlig aus der Art. Für diesen „zyklopischen" Stil gibt es nämlich kein Äquivalent zu dieser Zeit. Weder das 10.000 Jahre alte Jericho, noch die bekannten neolithischen Kulturen haben mit diesem vorgeschichtlichen Stil irgend etwas gemeinsam,[327] und genau hierin liegt das entscheidende Problem. Gizeh ist kulturell völlig isoliert ohne Ebenbild!

West selbst glaubt an eine vorsintflutliche Kultur am Nil, deren Reste zwar noch nicht gefunden wurden, aber die man wohl dort suchen müßte, wo der größte Fluß der Welt einst das Ufer bildete.[328] Jedenfalls ist in Ägypten sonst nichts bekannt, was aus dieser Zeit datieren könnte (nur das Osireon in Abydos ist noch im Gespräch, das ebenfalls durch einen völlig abweichenden Stil auffällt). Selbst wenn wir die Monumente des Gizehplateaus in diese frühe Zeit verlegen, bleibt kein tragfähiges Material, um eine ausgereiftere Kultur um 10.000 v. Chr. anzunehmen. Dazu kommt natürlich auch das Problem einer fehlenden Kulturübertragung, die jedenfalls auf die näheren Gebiete Auswirkungen zeigen müßte. Davon gibt es keine Spur! Nicht die geringste.

Das völlige Fehlen einer Kultur für diesen Zeitraum scheint also ein krasser Widerspruch zu sein. Wenn Schochs Datierung richtig ist, und davon können wir sicher ausgehen, dann stehen wir vor einem weiteren Problem – diese Monumente stehen völlig isoliert von der menschlichen Geschichte da. Es muß ganz außergewöhnliche Gründe für ihre Existenz geben, Gründe, die bisher nicht erkannt oder beachtet wurden. Die Erwägung einer so alten Hochkultur, das weiß ich heute, ist ein zu einfacher Schritt mit untragbaren Folgen.

Der abenteuerlustige Leser muß hier nicht verzweifeln. Die Lösung dieses Problems ist weit phantastischer als eine etwas ältere Hochkultur.

Die alten Ägypter haben nie nach dem Ursprung der Sphinx gefahndet. Für sie war es einfach nur *Hr em* achet, der „Horus in Horizont". Battiscombe Gunn glaubte die Ableitung von „lebendes Bild" erkennen zu können, zu dem für gewöhnlich der Zusatz „Herr des Weltalls" gehört, und der Re-Atum meint.[329]

Wie auch immer, die Ägyptologen waren jedenfalls der Ansicht, daß man die ägyptische Geschichte nicht „aufgrund eines einzigen Phänomens wie eines Verwitterungsprofils" über den Haufen werfen kann.[330] Schließlich – und da haben sie absolut recht – waren die Menschen damals nur Jäger und Sammler, und sie wären dazu weder in der Lage gewesen, noch läßt sich die dafür notwendige Motivation erkennen. Das ändert aber nichts an dem Alter der Monumente. Das muß doch ganz nüchtern erkannt werden. Schon allein für den plötzlichen Wandel, der mit der geschichtlichen Zeit einsetzt, hat man gerne auf außenstehende Ursachen verwiesen. Dieser Wandel, der sich in vielen Facetten zeigt, läßt sich einfach nicht erklären. So griff die Ägyptologie schon früh auf Völkerverschiebungen zurück, mit der neue Götter und andere Darstellungen in das Land am Nil gebracht worden sein sollen. Kees weist aber zu Recht darauf hin, daß trotz des reichhaltigen Materials kein „Beweis" für diese Thesen existiert.[331] Erst mit der letzten vorgeschichtlichen Periode, der zweiten Negadezeit (Gerzean), findet ein kultureller Ausgleich zwischen den verschiedenen Gebieten und Rassen des Niltales statt, und trotzdem ist der Stand dieser Kultur nicht für dieses Problem geeignet. Von einer jahrtausendealten Kultur, die zudem über unerklärliche Mittel verfügte, finden wir nicht die geringste Spur. So können wir wiederum unmögliche Theorien anführen, ohne zu einem Ergebnis zu kommen.

Ein Objekt wie die Sphinx, die schon oft genug im Zentrum der Aufmerksamkeit der so verhaßten Hobbyforscher stand, konnte nicht einfach so geopfert werden. Zu enorm wäre der Verlust an Glaubwürdigkeit. Dabei dreht sich das Problem der Gelehrten hauptsächlich um die Frage, wer das Ding denn dann erbaut haben soll. Weit und breit gibt es keine Spur einer dafür geeigneten Kultur. Die Heranziehung der „göttlichen" Zeit, wie wir sie oben besprochen haben, wäre eine oberflächliche Notlösung, zu der man sich nur herablassen könnte, würde man die Darstellungen von Kees nicht kennen – oder auch aktuellerer – oder sie ignorieren.

Dies sind die Argumente gegen das Ergebnis der Geologen. Doch die wiederum erfreuen sich weltweit der Unterstützung ihrer Kollegen, während die Ägyptologen eine ausgesprochen feindliche Haltung an den Tag legen. In der erweiterten Neuauflage von Wests Buch finden sich einige dieser Kritiken. Die Gelehrten lassen sich nun dazu hinreißen, völlig unsachliche Statements abzugeben. Die „bösartigste" Kritik stammt von Dr. Zahi Hawass, dem Direktor der Altertümer von Gizeh und Sakkara, der sonst ein recht vernünftiger Mann ist:[332] „Amerikanische Halluzinationen! West ist ein Amateur. Es gibt absolut keine wissenschaftliche Basis dafür. Wir haben ältere Monumente im selben Gebiet. Diese wurden definitiv nicht von Menschen aus dem All oder von Atlantern gebaut. Das ist Unsinn und wir werden nicht erlauben, daß unsere Monumente für eine persönliche Bereicherung ausgenutzt werden. Die Sphinx ist die Seele Ägyptens."

Das ist die passende Antwort auf wilde Spekulationen, nicht aber auf ein wissenschaftlich fundiertes geologisches Gutachten. Diese wissenschaftliche Überprüfbarkeit, die sonst so gerne gegen andere Spekulationen gefordert wird, gerät hier bei den Gelehrten selbst ganz ins Abseits. Die Frage, ob West ein Amateur ist, steht doch ganz beiseite. Schoch, um dessen Kompetenz es hier schließlich geht, ist sicher keiner, ja ganz im Gegenteil! Aber wen kümmert das schon, wenn eine ganze Zunft in Verruf geraten könnte. Mit Schoch hat sich jedenfalls nach meinem Wissen niemand auseinandergesetzt, und die einhellige Meinung der Geologen für Schochs Datierung sollte doch einmal ganz ruhig zur Kenntnis genommen werden. Dem geologischen Bericht steht auf seiten der Ägyptologen nämlich nur die reine Vermutung gegenüber, nach der Chefren für die Sphinx verantwortlich ist. Damit werden sie selbst zu Götzendienern. Das Gutachten hat einen „Status absolutus"! Aber wie steht es mit der Weisheit des Gelehrten Siegfried Morenz, daß die Interpretation der Geschichtsschreibung von „Fakten" auszugehen hat? Wo sind diese „Fakten"?

Fakt ist doch ebenso, daß die alten Ägypter keine Meister der Bescheidenheit waren. Damit soll noch einmal auf das alte Problem der Usurpation angesprochen werden. Wenn die Namen des Cheops, Chefren und Mykerinos mit dem Gizehplateau in so geringer Weise in Verbindung gebracht werden wie das hier der Fall ist, kann das doch nur bedeuten, daß die drei dieses Gebiet usurpiert haben. Wie weit dieser nur für uns so sonderbare Drang führen kann, schildert uns Sir Alan Gardiner, der ganz sicher zu den besten Kennern des alten Ägypten zählen muß :[333]

„Eine solche Stilisierung der Wirklichkeit wurde manchmal auf die Spitze getrieben: Wer glaubt schon daran, daß der achtzehnjährige Tutanchamun je seinen Streitwagen geradewegs mitten in ein feindliches Heer gelenkt und mit den Pfeilen seines Bogens zwanzig Feinde getötet habe, oder daß er ohne jede Hilfe ein ganzes Rudel Löwen erlegte? Dies sind aber die Szenen auf der herrlich bemalten Truhe aus dem berühmten Grab. Die Verwirrung wird noch größer, weil sich mit dem erwähnten Charakterzug ein Mangel an Pietät gegenüber den Schöpfungen der Vorfahren verband.

Es haben nicht nur manche Könige ohne Bedenken Steine aus den Bauwerken ihrer Vorgänger gebrochen, was das Verschwinden vieler wertvoller Inschriften hinter den Wänden der Tempel zur Folge hatte, die sie als ihre eigenen ausgaben; sie fanden auch nichts dabei sich, in Wirklichkeit von anderen vollbrachte Heldentaten oder fromme Handlungen zuzuschreiben. In dem Totentempel des Königs Sahurê aus der 5. Dynastie ist eine Schar kriegsgefangener libyscher Häuptlinge abgebildet und auch die Zahl des erbeuteten Viehs genau angegeben – ganz die gleiche Szene findet sich in dem Pyramidentempel Pepis II. aus der 6. Dynastie, wo die libyschen Fürsten sogar dieselben Namen tragen. Diese Szene wiederholt sich in einem weit entfernten nubischen Tempel des äthiopischen Königs Taharka (um 690 v. Chr.) ein drittes Mal."

Gardiners Aufzählung geht noch weiter. Doch genug damit, denn es ist alles über das ägyptische Wesen gesagt. Die Nennung der drei Könige auf dem Gizehplateau macht diese ganz sicher noch längst nicht zu den Erbauern der dortigen Pyramiden, und ich sehe mich kopfschüttelnd, denn die sonst so cleveren Gelehrten haben diesen Aspekt hier total übersehen!

Wie wenig für Chefren spricht, zeigt nicht zuletzt die Widerlegung einer weiteren verstaubten Behauptung – wiederum durch Fachleute. Boris Sais, Projektdirektor und Produzent eines Filmes über die Untersuchung an der Sphinx, hatte die Idee einen Fachmann von der Polizei heranzuziehen.[334] Sie landeten bei Frank Domingo vom New York Police Department, dessen Beruf es ist, Gesichter zu rekonstruieren. Domingo reiste nach Ägypten, um das Zielobjekt, die Sphinx also, zu vermessen und zu fotografieren. Monate später legte er das Ergebnis seiner Arbeit vor. Danach gibt es nicht die geringste Übereinstimmung zwischen Chefren und dem Gesicht der Sphinx. Domingo glaubte sogar, die Züge einer anderen Rasse erkennen zu können. Hätte die Sphinx aber wirklich Chefren zeigen sollen, so hätte sie dies bestimmt auch getan, denn in diesen Sachen, darüber sind sich alle klar, waren die Ägypter die wahren Meister.

Für Chefren spricht überdies recht wenig. Ludwig Borchardt und Georg Steindorff erläuterten im Anschluß an Hölschers Untersuchungen einzelne Fundstücke, die während der Kampagne am Tal- und Totentempel zutage traten. Die berühmte Dioritstatue zeigt ganz zweifellos Chefren. Ein Stein, der vom Kauf eines Hauses berichtet, erwähnt die „Pyramidenstadt Horizont des Cheops“[335] und das Bruchstück einer Scheintür spricht vom „Stadtfürsten der Pyramidenstadt Chefren Empej“.[336] Das war's! Die Aufzählung der einzelnen Fragmente ist zwar nicht vollzählig, doch läßt sich leicht erkennen, daß unsere zwei Oberbaumeister keinesfalls die übliche Würdigung erhielten, wie es anderen Pyramidenbauern erging. Nicht eine einzige Scherbe macht klar, daß Chefren oder Cheops ihre Pyramiden errichtet hätten und Steindorff gestand:[337] „Auf keinem Stücke fand sich der Name des Königs.“ Stattdessen huldigten die meisten Texte der Sphinx. Das entspricht doch aber nicht den üblichen Gewohnheiten, wie wir sie, um zeitlich in der Nähe zu bleiben, bei Djoser oder Snofru fanden. Vielmehr erscheint der ganze Komplex von Gizeh eher wie ein allgemeiner Kultplatz – egal für welchen König. Borchardt schrieb:[338] „Der Tempel muß bis zur Geschmacklosigkeit voll von Statuen gewesen sein.“ Die bei Hölscher aufgezeigten Statuenfragmente zeigen aber durchweg verschiedene Personen – ob nun männlichen oder weiblichen Geschlechts. Wie seltsam mutet dann der Umstand an, daß dort eine Dioritschale gefunden wurde, die von einem „König von Ober- und Unterägypten *Snd*“ spricht.[339] Dieser König gehört der 2. Dynastie an, was ja schlechterdings nur bedeuten kann, daß die Tempel von Gizeh zu dieser Zeit schon da standen!

Nicht weniger sicher ist eine andere Erkenntnis: Die Wassererosion der Sphinx betreffen nicht den Kopf der kolossalen Figur.[340] Er wurde also, und das ist die einzig mögliche Schlußfolgerung, in späterer Zeit umgestaltet. Tatsächlich erscheint der Kopf im Verhältnis zum Körper viel zu klein. Um das zu erkennen, braucht man weder ein Diplom noch eine geologische Ausbildung. Womöglich hatte die Sphinx nicht nur einen Löwenkörper, sondern vielleicht sogar einen Löwenkopf. Das wiederum ergäbe wieder ganz andere Gesichtspunkte. Doch dazu später.

Eine der wichtigsten Fragen bleibt noch ohne wissenschaftliche Basis: Wie alt sind die Pyramiden – um die geht es uns ja letztendlich -, die nur in Gizeh so außergewöhnlich auffallen? Über sie haben wir kein geologisches Gutachten.

Der weiße Kalkstein der Pyramiden wurde aus dem Mokattamgebirge gewonnen, das sich auf der anderen Seite Kairos erhebt. Für den lokalen gelben Kalkstein kommt nur Gizeh selbst in Frage, und man geht ja für gewöhnlich davon aus, daß der Kalkstein der Tempel frei wurde, als man die Sphinx herausmeißelte. Das wird auch die Erklärung für die Wasserrinnen sein, die sich um die Sphinx herum in den Einschnitten gebildet haben. Es paßt also alles zusammen. Der weiße Kalkstein wurde aber auch zum Tempelbau verwendet und zwar so, daß dieser wohl zu unserer hypothetischen 1. Bauphase gehört, denn er bildet den Aufweg zwischen Tal- und Totentempel. Sind diese Tempel so alt, wie es die Geologen zulassen würden, dann wurde bereits damals mit weißem Kalkstein gearbeitet, so daß wir den Steinbruch im Mokattam ebenfalls in diese Zeit datieren können. Es spricht also neben der stark verwitterten Umfassungsmauer der Chefren-Pyramide, die übrigens ebenfalls aus gewaltigen Quadern besteht, auch das Alter der Steinmetzarbeiten des für die Pyramide verwendeten Kalksteines für ein höheres Alter derselben. Zudem wurde auch der gelbe Kalkstein von Gizeh verwendet – zum Beispiel im Kernmauerwerk der Chefren-Pyramide,[341] so daß beide Materialien ineinander übergreifen, und somit wohl zu einer Bauphase zu rechnen sind. Von dem guten Zustand der Verkleidung an der Spitze der Chefren-Pyramide sollte man sich nicht täuschen lassen. Sie besteht nicht aus weißem Mokattamkalkstein, wie er für den Rest dieser Pyramide und auch der Großen Pyramide verwendet wurde und könnte daher leicht eine nachträgliche Restaurierung sein.[342] Auch der Kern der Großen Pyramide wurde aus dem Kalkstein errichtet, der nach dem Herausmeißeln der Sphinx anfiel.[343] Die Konsequenz ist ganz einfach: die Große Pyramide von Gizeh ist genau so alt wie Sphinx und Tempel. Anderes ist nicht möglich!
Dazu kommt die augenscheinliche Zusammengehörigkeit zwischen Tempeln und Pyramiden, die sich nur wegdichten lassen würde. Wir haben dafür keinen letzten Beweis, doch scheint allein die Große Pyramide aufgrund ihrer genannten Besonderheiten schon aus einer ganz anderen Zeit zu stammen. Die Leistungen der Architektur der Pyramide und der Tempel sprechen dieselbe Sprache.
Wenigstens ein Hinweis soll nicht außer acht gelassen werden. Die

Umfassungsmauer der Chefrenpyramide besteht wiederum aus Kalkstein, der dieselben Verwitterungsspuren aufweist.[344] Wenn diese Umfassungsmauer im Sinne der Geologen ebenfalls so alt ist – das scheint doch zumindest naheliegend -, dann wird wohl kaum die Pyramide nachträglich in diese hineingebaut worden sein. Für dieses hohe Alter spricht ja auch der architektonische Stil. Hölscher sieht hier eine „vielleicht unvollendete Riesenmauer".[345] Genau! Nur, daß diese nicht „unvollendet" ist, sondern eher „verendet", verwittert durch die gefürchtete Zeit und besonders Wasser!

Ich möchte ein weiteres „logisches" Argument für das viel höhere Alter der stark verwitterten Steine anführen. Wir finden eine Inschrift aus der Zeit des Neuen Reiches – sehr wahrscheinlich aber älter – ausgerechnet auf einem der stark verwitterten Blöcke des Kernmauerwerks im Totentempel des Chefren.[346] Dieser Inschrift ist seit dieser Zeit nichts geschehen. Hölscher konnte sie noch entziffern. Andererseits soll in der wesentlich kürzeren Zeit zwischen Chefren und dieser Inschrift das Kernmauerwerk so erodiert worden sein, daß einige Quader gar nicht mehr als solche zu erkennen sind. Daß sich diese Inschrift auf dem Kernmauerwerk befindet ist schon deswegen interessant, weil die Granitverkleidung zu dieser Zeit schon nicht mehr existent war. Die Erosion hätte also in kürzester Zeit den Kalkstein zu verwittern vermocht, aber die Inschrift, die doch viel länger den Elementen ausgesetzt war, verschont. Zweifellos muß die Zeit zwischen der Freilegung der Kalksteinquader und dem Anbringen der Inschrift um ein Vielfaches verlängert werden.

Wenn sich dafür Belege finden ließen, dann hätten wir unsere „Ur-Pyramide(n)" gefunden und könnten damit endlich dem Marsrätsel nachgehen. Vorher ist es allerdings angezeigt, daß wir untersuchen müssen, was für Cheops und was gegen ihn spricht, so daß sich der Leser noch etwas gedulden muß. Das gehört aber zu einer gründlichen Analyse.

Wie die Gelehrten stehen wir jetzt vor dem Problem, daß die Pyramiden und Tempel von Gizeh beträchtlich älter sind als angenommen, und daß wir dafür keine vorgeschichtliche Kultur finden, die wir für deren Erbauung verantwortlich machen könnten. Diese merkwürdige Kombination paßt, wie sich viel später herausstellte, perfekt zusammen.

*Tausendundeine Nacht*

Zu allen Zeiten sahen die Forscher und Reisenden etwas Besonderes in der Großen Pyramide von Gizeh. Nicht selten war und ist dies aber einfach nur ein Gefühl. Der Historiker Paul Brunton berichtet von dramatischen Erlebnissen, die er während einer Nacht in der Königskammer hatte.[347] Dieses Erlebnis teilte er mit Napoleon, der sich bis zu seinem Tod in Schweigen hüllte. Für die Esoteriker ist diese Pyramide daher einer ihrer Lieblingsspielplätze. Und ganz ehrlich: Irgendwie beschleicht einen ein sonderbares Gefühl, speziell in der Königskammer. Der Sarkophag dort vermittelt düstere Eindrücke. War er je für einen Menschen geschaffen? Oder hatte er den Tod als Ganzes zu repräsentieren?

Daneben gab es aber auch immer ausgezeichnete gelehrte Wissenschaftler, die Beziehungen zu allem möglichen herstellten. In den Maßen der Pyramide entdeckten sie die Zahlen Pi und Phi, das pythagoreische Dreieck sowie die Umlaufbahn der Erde um die Sonne. Sie suchten hier nach dem Urmaß und erkannten astronomische Besonderheiten. Einige glaubten in der Pyramide seien die Ereignisse der Bibel geometrisch niedergelegt, was natürlich für erhebliches Gelächter sorgte.[348] Doch selbst so ausgezeichnete Persönlichkeiten wie Sir Isaac Newton, der unser Weltbild so nachhaltig geprägt hat, forschte in den Maßen der Großen Pyramide nach dem Umfang der Erde,[349] von der die alten Ägypter nicht einmal gewußt haben dürften, daß diese eine Kugel ist.

Louis Charpentier suchte in „Die Geheimnisse der Kathedrale von Chartres" Zusammenhänge zu den Maßen der Pyramide – und er fand welche.[350] Folgten sie alle einer Intuition? Jedenfalls konnten viele der angenommenen Behauptungen bestätigt werden. Zufall?

Einer der Gründe, die diese Pyramide so in den Vordergrund rückten, war die gnadenlose Perfektion ihrer Konstruktion. Petrie, der die Pyramide als erster „echter" Wissenschaftler gründlichst vermaß, schrieb über die Verarbeitung und Anbringung der Verkleidungssteine in seinem Werk „The Pyramids and Temples of Gizeh":[351]

„...deshalb ist die mittlere Stärke der Fugen 0,5 Millimeter, und daher liegt die mittlere Abweichung der Kante des Steines von einer geraden Linie...bei 0,254 Millimeter auf einer Länge von 1,905 Meter...das ist ein Maß an Präzision, das mit der Genauigkeit von modernen Optikern zu vergleichen ist, nur daß sie hier auf diese großen Flächen bezogen wird. Diese Fugen mit einer Fläche von jeweils rund 3,25 Quadratmetern waren nicht nur absolut perfekt gearbeitet, sondern sogar überall zementiert. Obgleich die Steine auf 0,05 Millimeter genau aneinandergefügt wurden...brachten es die Erbauer auch noch fertig, sie mit Zement zu füllen, und zwar ungeachtet der großen Flächen und des Gewichtes der Steine – 16 Tonnen – die zu bewegen waren. Allein das Plazieren der Steine, daß sie sich überall gleichmäßig berühren, verlangt sorfältigste Arbeit, aber das auch noch mit Zement auszuführen, scheint beinahe unmöglich."

Man fragt sich also nicht nur wie das geht, sondern warum ein schlichtes Grab derartige Besonderheiten aufweisen sollte. Peter Tompkins, der die phantastische Wiederentdeckung der Großen Pyramide in „Cheops – Die Geheimnisse der Großen Pyramide" erzählt, gelangt zu dem Schluß:[352]

„Solche und auch andere Entdeckungen unserer Zeit lassen die gesamte Geschichte der Großen Pyramide in einem neuen Licht erscheinen. Die Ergebnisse dieser vertieften Einsichten sind umwälzend. Die allgemein verbreitete, autoritativ vertretene Annahme, daß diese Pyramide nur ein Grabdenkmal zur bleibenden Verherrlichung irgendeines ruhmsüchtigen Pharaos sei, hat sich als falsch erwiesen."

Trotzdem – wir wissen das doch längst – ist auch der Tod ein wesentlicher Teil unserer kosmischen „Pyramidenformel". Es fehlt etwas...

Obwohl unzählige Besonderheiten der Pyramide mehr als bekannt sind, so daß ich auf eine erneute Aufzählung verzichten will, hat sich bei den Gelehrten der „Glaube" an ein Grabmal für König Cheops bis heute nicht erschüttern lassen. Grund genug also, um den Weg, der zu dieser Erkenntnis führte, im nachhinein zu beleuchten.

Die Verbindung Cheops – Große Pyramide ist nicht sehr alt. Sie reicht „nur" bis zu Herodot zurück. Herodot schrieb, daß Cheops gleich nach Regierungsantritt mit den Arbeiten anfangen ließ:[353]

„Bis auf den König Rhampsinitos nun, sagten sie, habe es in Ägypten allewege eine gute und gerechte Ordnung gegeben und Ägypten sei es sehr gut gegangen, nach ihm aber sei Cheops ihr König geworden, und der brachte Schlimmes in Fülle. Denn er habe gleich alle Tempel geschlossen und das Volk am Opfern gehindert, dann aber befohlen, alle Ägypter hätten für ihn zu arbeiten."

Hierin stecken bereits mehrere Widersprüche, die berechtigte Zweifel an der wissenschaftlichen Brauchbarkeit dieser Überlieferung aufkommen lassen. Rhampsinitos ist „Ramses, Sohn der Neith", und der lebte etwa 1300 Jahre nach Cheops. Zudem ist das Schließen der Tempel, das nicht bestätigt werden kann – eher umgekehrt – natürlich genau das Gegenteil von dem religiösen Akt des Pyramidenbaus. Das Verhältnis zwischen dem Volk und den Pyramiden, das wir oben so mühsam zu erkennen versuchten, wird hier völlig auf den Kopf gestellt. Schon dieser kurze Blick in die eigentliche Quelle, die Cheops zum Erbauer der Großen Pyramide macht, ist gekennzeichnet von echten „Fehlern", die dem gebildeten Ägypter nicht unterlaufen wären. Oder war Herodots Zeit schon eine Zeit des Vergessens?

Von 100.000 Menschen berichtet Herodot, die jeweils drei Monate zu arbeiten hatten.[354] Allein zehn Jahre sollen die Arbeiten an den Straßen gedauert haben, die für den Transport benötigt wurden. Weitere 20 Jahre veranschlagte er für den Bau der Pyramide selbst.[355] Dann schrieb er, wie der Bau erfolgt sein soll. Für jede Stufe gab es „Hebewerke", mit denen die Steine immer um eine Stufe (heute noch 201) nach oben gehievt wurden:[356] „Denn soviel Stufen es waren, soviel Hebewerke waren es auch; oder es war auch dasselbe Hebenwerk, ein einziges nur und leicht zu transportieren, und das schafften sie von Stufe zu Stufe, nachdem sie den Stein von ihm weggenommen hatten. Denn ich will beide Arten angeben, so wie man es mir auch erzählt hat."

Nun ist heute sicher zu sagen, daß es so nicht gewesen sein kann. Auch in gelehrten Kreisen findet diese Erklärung keinen Halt. Stattdessen ersann man dort die Theorie einer Rampe, die mit der Pyramide wuchs. Herodot wußte nichts von einer Rampe, und seine Hebewerke scheint es nie gegeben zu haben.

Weiter gilt es als erwiesen, und obiges Zitat von Petrie soll hier als Begründung genügen, daß diese Pyramide kein Werk von Sklaven war.

Hier waren vielmehr hochqualifizierte Handwerker beschäftigt, deren Können selbst schon genug Fragen aufwirft. Herodots Bericht ist also voller Unstimmigkeiten, und die Fortsetzung seines Berichts klingt mehr nach 1001 Nacht als nach Herodot, der sonst als absolut glaubwürdig betrachtet werden kann:[357]

„Und in ägyptischer Schrift ist auf der Pyramide angegeben die Gesamtsumme, die ausgegeben worden ist allein für Rettich und Zwiebeln und Knoblauch zur Betreuung der Arbeiter, und wie ich mich ganz gut erinnere, nach dem, was der Dolmetscher sagte, als er mir die Inschrift vorlas, sind 1600 Talente Silber dafür ausgegeben worden."

Diese einzigartige Pyramide mutiert nun auch noch zum Arbeiterdenkmal. Was der Dolmetscher da von sich gab entbehrt jeder Grundlage. Die Inschriften, die Herodot scheinbar selbst gesehen hatte, gab es vielleicht tatsächlich. Der Inhalt dürfte aber wohl ganz anders gelautet haben. Konnte sie der Dolmetscher wohl gar nicht lesen? Abd el Latif berichtet noch im 13. Jahrhundert von der Existenz solcher Inschriften.[358] Sie sollen uns aber nicht länger beschäftigen.

Herodot überdenkt die Ereignisse und fragt sich, wieviel Aufwand noch dazu käme für die „eigentliche Beköstigung", das Eisen und die Bekleidung der Arbeiter. Dann hebt sein Bericht völlig ab:[359]

„Und Cheops sei soweit in seiner Raffgier gegangen, daß er, da er immer Geld brauchte, seine eigene Tochter in ein öffentliches Haus brachte und ihr auferlegte, Geld einzunehmen, so und soviel; den Betrag nämlich konnten sie nicht nennen. Und sie brachte die Summe zusammen, die der Vater ihr auferlegt hatte."

Das ist 1001 Nacht pur – ein Volksmärchen ohne jeden historischen Hintergrund. Nichts von alledem konnte durch andere Berichte untermauert werden. Wir sollten einmal überdenken, wie alt die Pyramiden schon waren, als Herodot das Land am Nil besuchte.

Auch dem Ägyptologen Pierre Montet erscheinen Herodots Geschichten unglaubwürdig. Er schreibt:[360] „Nach seiner Gewohnheit berichtet uns der Vater der Geschichtsschreibung nette Anekdoten über sie [Cheops, Chefren, Mykerinos, A.d.A.], die jedoch jeglichen historischen Hintergrundes entbehren." Und der ebenfalls französische Ägyptologe Gaston Maspero

hält dies gar für den „Straßenklatsch von Memphis“.[361]
Sir E. A. Wallis Budge ging davon aus, daß es zu Herodots Zeit gar kein Wissen mehr gab:[362] „Als Herodot Ägypten besuchte, war das Wissen über die Religion des Alten und Mittleren Reiches praktisch ausgestorben.“ Das entspricht im Wesentlichen ja auch den Funden die bei Hölscher beschrieben wurden, und die mehr an der Bedeutung der Sphinx als an den späteren Usurpatoren interessiert waren.
Manetho konnte sich an Imhotep als Erfinder der Hausteinkunst erinnern.[363] Alle Ägypter wußten von Snofru als einen mildtätigen Herrscher und großen Baumeister, dessen Werke noch zu späterer Zeit ein beliebter Wallfahrtsort waren. Von Cheops wußte niemand etwas. Eine 5,5 Zentimeter hohe Figur im Kairoer Museum (Nr. 4244), die Petrie 1903 in Abydos fand, ist sein ganzes Vermächtnis.[364] Manetho kann die Große Pyramide Cheops nur zuschreiben, weil er über die Schriften Herodots verfügte. Ist es nicht außergewöhnlich seltsam, daß sogar von Herrschern der Frühzeit weit mehr bekannt ist, als von Cheops und seinen beiden Nachbarn?[365]
Es gibt keine Zeugnisse, aus denen die Tempelschließung hervorgeht. Von derartigen, für Ägypten tiefgreifenden Ereignissen hätte man auch zu Herodots Zeiten noch zu berichten gewußt. Das Errichten einer Pyramide ist doch gerade in Ägypten ein religiöser Akt, der den Glauben und die Kenntnis der Mysterien voraussetzt. Stattdessen schließt er die Tempel, um sich selbst den größten zu errichten. Das ist ein Widerspruch ohnegleichen, der zudem durch die moderne Forschung widerlegt werden konnte. In Bubastis wurden nämlich Granitblöcke gefunden, die ganz zweifellos zu einem Tempel gehörten. Diese Blöcke tragen unter anderem den Namen des Cheops![366]
Unweigerlich muß hier der Schluß gezogen werden, daß Herodot, oder besser sein Informant, keine Ahnung hatte, wer hier sechs Millionen Tonnen Stein aufgetürmt hat. Von Cheops’ Nachfolger Chefren berichtet er ähnliches:[367] „Geherrscht hat Chefren, sagen sie, 56 Jahre. Damit zählen sie 106 Jahre, so lange habe es bei den Ägyptern Übel über Übel gegeben, und während dieser ganzen Zeit seien die geschlossenen Tempel nicht einmal geöffnet worden.“
Seine Gizeh-Erzählung reicht noch bis Mykerinos, von dem Herodot

schreibt, daß dieser das Unrecht am Volk wieder rückgängig machte.[368] Er öffnete die Tempel und wurde so zum beliebtesten Herrscher überhaupt, was ja eben durch andere Quellen nicht bestätigt werden kann, wie Edwards extra hervorhebt.[369] Nachdem man auch über Mykerinos die tollsten Geschichten erzählt, merkt Herodot endlich:[370] „Das ist aber, meine ich, bloßes Geschwätz…"

Georg Möller schrieb bereits 1920 in der „Zeitschrift für ägyptische Sprache und Altertumskunde", daß Herodot Mykerinos und „einen späteren Herrscher saïtischer Herkunft" zusammengeworfen hat.[371] Möller hält den späteren Herrscher für Bokchoris von Sabakon, und er erklärt damit, warum bei Herodot die drei Pyramidenbauer nach Königen des Neuen Reiches – viel zu spät also – herrschten. Ich glaube jedoch, daß Herodots Dolmetscher nicht die geringste Ahnung hatte, durch wen und wann die Pyramiden errichtet wurden.

Nach Herodot kommt kein Reisender mehr mit dieser Geschichte zurück. Cajus Plinius Secundus, der die Werke seiner Vorgänger allesamt kannte, bestreitet, daß irgendeiner von ihnen den eigentlichen Erbauer der Großen Pyramide kannte.[372] Diodor nennt den Erbauer Chemmis und nennt dabei widersprüchliche Zahlen von Arbeitern.[373] Solange die Techniken, die zu solch eklatanter Genauigkeit führten, nicht näher bekannt sind, halte ich alle Spekulationen über die Zahl der beteiligten Arbeiter für den schlimmsten Fall von Zeitverschwendung, der überhaupt denkbar ist. Diese Rechnungen bestehen ausnahmslos aus „Unbekannten".

Obschon Herodot durch Ägypten etwas verwirrt wurde – bei der Frage, ob es in Ägypten Weinstöcke gibt, widerspricht er sich gleich selbst[374] – gilt er als zuverlässiger Berichterstatter, der immer das zu Papier brachte, was man ihm selbst erzählte. Seine ständigen Hinweise „wie man mir sagte" entbinden ihn von jeder Schuld. Ob sein Dolmetscher Volksmärchen wiedergab oder bewußt eine Irreführung inszenierte, können wir nicht sagen. Jedenfalls macht Herodot gleich zu Beginn des 2. Buches folgende Bemerkung, die nicht unerwähnt bleiben darf:[375]

„Ich habe aber auch noch anderes in Memphis gehört, als ich mit den Priestern des Hephaistos ins Gespräch kam; und so habe ich mich auch nach Theben sowie nach Heliopolis wegen dieser Dinge gewandt, in dem

Wunsch zu sehen, ob sie dort übereinstimmen mit den Erzählungen in Memphis; sollen doch die Heliopoliten unter den Ägyptern die Erfahrensten sein in den Geschichten. Was nun auf Göttliches geht von den Erzählungen, wie ich sie hörte, das bin ich nicht willens weiterzuerzählen, außer etwa die Namen allein; denn ich denke, alle Menschen haben davon die gleiche geringe Kenntnis. Und wenn ich etwas erwähne, werde ich's nur erwähnen, weil der Zusammenhang mich nötigt."

Ähnliches enthüllt auch Diodor von Sizilien:[376]

„...weil es den Priestern verboten wurde, das ihnen mitgeteilte genaue Wissen über diese Dinge weiter zu verbreiten, weshalb sie die Wahrheit nicht unter das Volk bringen wollten, da denen Gefahr drohte, welche die geheimzuhaltene Kunde über diese Götter unter die Masse brächten."

Es ist allgemein bekannt, daß die Ägypter kein Interesse daran hatten, irgend etwas von ihrem Wissen weiterzugeben – schon gar nicht an Außenstehende, wie die Hellenen. Wenn dann aber Griechen in den ägyptischen Tempeln lebten, so behielten sie ihr Wissen, das sie dort erhalten haben mögen, genauso für sich. In diesen Kreis gehörte zum Beispiel Pythagoras, der 22 Jahre in diesen Tempeln verbrachte, genauso wie Moses ein ägyptischer Priester gewesen sein soll. Nach Diogenes hatte Pythagoras sogar „Zutritt zum Adyton, dem Allerheiligsten der Tempel, und ist von den Priestern eingeweiht worden. Er hat unaussprechliche Dinge über die Götter und über die Unsterblichkeit der Seele erkannt, und unter dem Siegel der Verschwiegenheit hat er die Schöpfung der Welt erfahren."[377]

Zu diesen Auserwählten zählten Demokrit, Platon, Orpheus, Thales, Solon, Plutarch und Iamblichos.

Welche Gründe letztendlich für Herodots Geschichte zutreffen, wir haben es hier auf keinen Fall mit einem Bericht über historische Tatsachen zu tun. Man könnte Cheops, Chefren und Mykerinos bestenfalls in Betracht ziehen, und ich wundere mich über den Mangel an Genauigkeit und Sorgfalt bei der Auswahl dieser Quelle, die von der Fachwelt sonst stets sensibel gehandhabt wird. Stattdessen geht man hier von einem „Status abolutus" aus. Warum?

Die Gründe dafür sind vielleicht in einer Inschrift zu suchen, die sich in der Großen Pyramide befindet. Die dazugehörige abenteuerliche Geschichte wurde bereits erzählt, und zwar von dem Orientalisten Zecharia Sitchin. Sie handelt von einer skrupellosen Fälschung, die ausschließlich dem Zweck der persönlichen Befriedigung des Fälschers diente, was wiederum durchaus seinem Charakter entsprach. In seinem bedeutenden Werk „Stufen zum Kosmos" ist Sitchin den Umständen der Auffindung der Inschrift nachgegangen.[378]

Bis 1837, als die Ägyptologie noch in den Kinderschuhen steckte, war Herodot die einzige Quelle, die den sonst völlig belanglosen Cheops mit der Großen Pyramide zusammenbrachte. Doch dann entdeckte plötzlich ein gewisser Oberst Richard Howard Vyse die Königskartusche des Chufu (gr. Cheops) in den oberen Kammern der 1500 Tonnen schweren Entlastungskonstruktion. Damit schien der Fall Cheops endgültig abgeschlossen. Voreilig, wie Sitchin zeigte.

Schon frühzeitig wunderten sich Gelehrte über Eigentümlichkeiten bei den verwendeten Hieroglyphen, doch wurde zu keiner Zeit daran gedacht, diese sonderbaren Umstände mit der Person von Howard Vyse zusammenzubringen, obwohl dieser bei seinen „Forschungen" überwiegend beträchtlichen Schaden hinterließ. Noch heute gilt er als wichtiger Entdecker und Ägyptologe. Er war keines von beiden.

Aus den Aufzeichnungen seines Tagebuches, den äußerst merkwürdigen Umständen der Entdeckung sowie der völlig mißlungenen Fälschung des Namens „Chufu" hat Sitchin den Fall gelöst und damit das letzte Argument, das für Cheops als Erbauer der Großen Pyramide sprach, aus der Welt geschafft. Dem exzentrischen Oberst sind zu viele Fehler unterlaufen. Die Inschrift, die eigentlich von einer Arbeiterkolonne dort angebracht worden sein soll, hätte unter anderem folgenden Wortlaut gehabt:[379]

„Die Arbeitsgruppe, wie mächtig
ist die Weiße Krone des Chnum-Chufu.
Chufu.
Chnum-Chufu.
Jahr siebzehn."

Statt „Chufu“ schrieb der Oberst „Re-ufu“,[380] statt hieroglyphisch zu fälschen, verwendete er semi-hieratisch, eine Schriftform, die es in der 4. Dynastie noch gar nicht gab.[381] Zudem sind die Hieroglyphen schlecht dargestellt und zum Teil unleserlich. Doch wissen wir heute sicher, daß die Entwicklung der Schrift in der 3. Dynastie vollendet war. Vyse hatte die ganze Wissenschaft genarrt.

Zu diesen offensichtlichen Fehlern gesellte sich der merkwürdige Umstand, daß diese Zeichen ausschließlich in den Kammern vorkommen, die Vyse selbst entdeckt hat. Nirgendwo sonst, ob in oder an der Pyramide, gibt es irgendwelche Schriftzeichen. Auch die Entdeckungen in der Mykerinos-Pyramide stammen von Vyse, die er damit blitzsauber der herodotschen Überlieferung angepaßt hatte.[382]

Daß gerade hier eine Arbeitergruppe erwähnt worden sein soll ist merkwürdig. Man kennt nämlich die Namen der Architekten zu dieser Zeit. Doch niemals wurden mit ihnen zusammen Pyramiden erwähnt. Das ist nur wieder eine weitere Unstimmigkeit, die es eigentlich gar nicht geben kann. Diese Architekten dürften nämlich zweifellos zu den größten aller Zeiten gehören. Die unterbliebene Erwähnung „ihrer“ Pyramiden ist doch selbst fast ein „Beweis“! Warum wurden sie nicht, wie Imhotep oder Amenophis, Sohn des Hapu, bis in späteste Zeit gefeiert?

Die Gelehrten, denen damals die Inschriften vorgelegt wurden, wunderten sich über die Hieroglyphen,[383] so wie ich mich über die Gelehrten wundere. In all den Abhandlungen und Aufsätzen über Ägypten, die ich in den vergangenen Jahren las, legte die weitaus große Mehrzahl der Gelehrten großes Wissen und Scharfsinn an den Tag. Derselbe Scharfsinn hat sie völlig im Stich gelassen, als sie die herodotsche Überlieferung zur gesicherten Lehrmeinung erklärten. Für Cheops als Erbauer der Pyramide gibt es überhaupt keine Basis! Sie machten einen sehr wahrscheinlich unbedeutenden Usurpator, falls dieses Wort für drei Könige paßt, die sich des ältesten Heiligtumes in Ägypten annahmen, prompt zum Erbauer.

Wenn wir nun all diese Erkenntnisse zusammenfassen, so kann das Fazit nur lauten, daß es nicht die geringste Spur gibt, die einen Hinweis auf den Erbauer dieser Pyramide, und vielleicht auch der beiden anderen, aufzeigen kann. Das ist der richtige Moment, um der Pyramide ganz neu gegenüberzustehen, es ist der richtige Moment, um sich an die Pyramiden auf dem Mars zu erinnern.

## *Kapitel V*
## *Tor zu den Sternen*

*O Ägypten, Ägypten!*
*Von deiner Religion werden nur leere Erzählungen,*
*die die Nachwelt nicht mehr glauben wird,*
*und in Stein geschlagene Worte bleiben,*
*die von deiner Frömmigkeit erzählen.*
Hermes Trismegistos, Hermetica

*Meiner Meinung nach können die Pyramiden*
*nur vor der Sintflut erbaut worden sein,*
*denn wären sie nachher erbaut worden,*
*so würden die Menschen über sie Bescheid wissen.*
Abd al-Hakam, arabischer Chronist

### *Der Sternkundige*

Den Gelehrten offenbar nicht zuverlässig genug, gibt es noch andere Überlieferungen, die die Errichtung und Bedeutung der Großen Pyramide von Gizeh zum Inhalt haben. Es sind keine Reiseberichte und keine Inschriften aus geschichtlicher Zeit, es sind abenteuerlich klingende Legenden. Legenden können sich bewahrheiten, hat uns die moderne Geologie über die Sintflut verraten. Trotzdem ist natürlich sehr vorsichtig damit zu verfahren. Auf eine ganz bestimmte Version trifft man aber unentwegt, wenn man sich durch das Dickicht wühlt. Diese wollen wir nun betrachten.

Nach Peter Tompkins sind es die ältesten Legenden der Juden und Araber, die die Große Pyramide mit dieser Sintflut zusammenbringen.[384] Dies ist insofern interessant, weil ja Schochs Datierung genau auf diese Zeit hinweist. Zufall?

Die Wissenschaft hat diese Legenden ausgeklammert. Nur durch Zufall fiel mir ein einziger gelehrter Aufsatz zu diesem Thema in die Hände. 1970 schrieb S·ndor Fodor in der „Zeitschrift für ägyptische Sprache und

Altertumskunde“ einen Artikel über „The Origins of the Arabic Surid Legend“.[385] Er handelte das Thema zwar ab, doch hat er nicht einen Moment daran gedacht, einen wahren Kern in der Sage zu suchen oder sie gar praktisch auf die Große Pyramide anzuwenden. Er sah darin einfach keinen Grund. Allgemein wird in gelehrten Kreisen nämlich die Auffassung vertreten, daß im Mittelalter die Bedeutung der Pyramide vergessen wurde. Das Problem dabei ist, daß diese Legenden sich im Kern mindestens bis zu Manetho zurückverfolgen lassen. Das ist nur so weit, wie ich mit meinen relativ geringen Kenntnissen die Spur zurückverfolgen kann.[386]

Die Ursache für den Pyramidenbau ist in diesen Legenden stets die Sintflut. Die arabischen Quellen sprechen von einem König, der in dieser Zeit lebte. Dieser habe sie erbaut, um das Wissen der damaligen Zeit für die Nachwelt zu erhalten. Das sind doch wohl völlig neue und außerordentlich interessante Perspektiven, die uns diesen Beschreibungen nach schnurstracks zur Grundlage des Vermächtnisses führt.

Einer der Schriftsteller, die von dieser Legende berichten, war der arabische Forschungsreisende Ibn-Battuta, der im 14. Jahrhundert lebte.[387] Er nennt als Erbauer Hermes Trismegistos, den ägyptischen Thot. Er soll die Pyramiden vor der Sintflut errichtet haben, um die Bücher der Wissenschaft vor der Vernichtung zu retten. Die arabischen Versionen berichten in diesem Zusammenhang vom Geheimnis der Himmelsbahnen und von einer Chronik der vergangenen Zeiten. Das war haargenau das, was ich suchte. Leider glaubt man heute sicher zu wissen, daß diese mittelalterlichen Lösungen auf purer Unkenntnis beruhen. Daß das so falsch ist, wird sich bald zeigen.

Der jüdische Historiker Flavius Josephus, der als Zeitgenosse Jesu Einblick in ältere Schriften hatte, berichtet, daß die Erbauer der Pyramide über ein besonderes Wissen von den Himmelskörpern und ihrer Position am Himmelszelt hatten. Um dieses Wissen zukünftigen Menschen zu sichern, errichteten sie ein Bauwerk aus Stein und eines aus Ziegeln. Josephus weist extra darauf hin, daß jenes aus Stein zu seiner Zeit noch existierte – und zwar in Ägypten! Das kann doch nur die Große Pyramide sein,[388] die damit eine Aufgabe erhält, die präkerer nicht sein kann.

Langsam kristallisierte sich etwas Brauchbares aus dem unentwirrbaren Knäuel von Vermutungen und Spekulation über den eigentlichen Sinn dieser Pyramide heraus. Dabei ist es ein Segen, wenn Hermes als Erbauer auftritt, der ja niemand anderer als der ägyptische Gott Thot war, der selbst die Funktion eines göttlichen Baumeisters innehatte. Es schien also alles zu passen. Warum aber maß man dem bisher so geringe Bedeutung zu?

Der arabische Historiker und Geograph Al-Makrizi (1364-1442) trug im 14. Jahrhundert alte arabische und koptische Manuskripte zusammen, die damals noch in den Kairoer Bibliotheken herumlagen. Sie dienten als Grundlage für eine arabische Chronik namens „Hitat", in der er ein Kapitel den Pyramiden widmete.[389] Wie alt die schriftlichen Zeugnisse waren und woher sie stammten wissen wir meist nicht.

Gleich zu Beginn wird klargestellt, daß eben keine Klarheit über den eigentlichen Hergang besteht:[390] „Die Leute sind sich über den Zeitpunkt ihrer Erbauung nicht einig und haben die verschiedensten Meinungen geäußert, die aber meist verkehrt sind."

Die herausragendste Legende berichtet von einem König Saurid, der vor der Sintflut lebte:[391]

„Er war der Erbauer der beiden großen Pyramiden bei Misr... Die Ursache der Erbauung der beiden Pyramiden war, daß 300 Jahre vor der Sintflut Saurid folgenden Traum hatte: Die Erde kehrte sich mit ihren Bewohnern um, die Menschen flüchteten in blinder Hast, und die Sterne fielen herab, und einer stieß gegen den andern unter grauenhaftem Krachen."

Auch der „Obere der Wahrsager", Philemon, träumte davon, daß das Himmelsgewölbe auf die Erde stürzt. Darauf befahl der König seinen Astronomen:[392] „Sehet nach, ob dieses Unheil unser Land treffen wird!" Auch die Astronomen konnten dies bestätigen, und warnten vor einer „Verwüstung" die mehrere Jahre dauern würde. Doch danach solle alles wieder so werden „wie es vorher war". Die Konsequenz war die, daß Saurid den Bau der Pyramiden befahl. Es ist interessant zu beobachten, wie die Mythologie durch die moderne Geologie bestätigt wurde, wenn es um die Sintflut geht. Daß in dieser Überlieferung die Sintflut bekannt war, die Erbauung der Pyramide aber frei erfunden worden sein soll, klingt nicht gerade logisch! Doch weiter:[393]

„Als er die Erbauung begann, ließ er mächtige Säulen aushauen, gewaltige Steinplatten hinbreiten, Blei aus dem Westlande holen und Felsblöcke aus der Gegend von Assuan herbeischaffen. Damit erbaute er das Fundament der drei Pyramiden: der östlichen, der westlichen und der farbigen". (Letztere meint die Mykerinos-Pyramide.)
Besonders interessant sind die hier beschriebenen Transportmittel. Statt mit gigantischen Schlitten die Steine zur Baustelle zu schleppen, hatten sie „beschriebene Blätter", die nur auf den betreffenden Stein gelegt werden mußten, und dann durch Anstoßen zur Baustelle gelangten. Ein Stoß brachte die Steine um 100 Sahm (etwa 314 Meter) voran. Von allen Erklärungen scheint diese unmöglichste auch die wahrscheinlichste zu sein. Es ist, wie bereits ausgeführt, außergewöhnlich sinnlos über die Möglichkeiten des Steintransportes zu spekulieren, wenn so wenig Grundlagen bekannt sind.
Im Hitat ist auch von seltsamen unterirdischen Toren die Rede, die sich 40 Ellen unter der Erde befunden haben sollen.[394] Diese sollen sich 100 Ellen von der Ostwand der Großen Pyramide, 100 Ellen westlich der zweitgrößten Pyramide und 100 Ellen südlich der farbigen Pyramide befinden. „Wenn man hinter dieser Strecke gräbt", heißt es da, „so gelangt man zu der Pforte des gewölbten Ganges, der als Eingang zum Pyramidentor gebaut ist."
Der Text fährt dann fort:[395]
„Darauf ließ er in der westlichen Pyramide [Chefren, A.d.A.] dreißig Schatzkammern aus farbigem Granit anlegen; sie wurden angefüllt mit reichen Schätzen, mit Geräten und Bildsäulen aus kostbaren Edelsteinen, mit Geräten aus vortrefflichem Eisen, wie Waffen die nicht rosten, mit Glas, das sich zusammenfalten läßt, ohne zu zerbrechen, mit seltsamen Talismanen, mit den verschiedenen Arten der einfachen und der zusammengesetzten Heilmittel und mit tödlichen Giften.
In der östlichen Pyramide [Cheops, A.d.A.] ließ er die verschiedenen Himmelsgewölbe und die Planeten darstellen, sowie an Bildern anfertigen, was seine Vorfahren hatten schaffen lassen; dazu kam Weihrauch, den man den Sternen opferte, und Bücher über diese. Auch findet man dort die Fixsterne und das, was sich in ihren Perioden von Zeit zu Zeit

begibt, und die im Hinblick auf sie eingeführten Epochen dargestellt, sowie die Ereignisse der Vergangenheit, die Zeiten, zu denen man die zukünftigen Geschehnisse erwartet, und alle Herrscher Ägyptens bis ans Ende der Zeiten. Außerdem ließ er dort Gefäße aufstellen, in denen sich Arzneitränke und ähnliches derart befand.
In die farbige Pyramide [Mykerinos, A.d.A.] endlich ließ er die Leichname der Wahrsager in Särgen aus schwarzem Granit bringen; neben jedem Wahrsager lag ein Buch, in dem seine wunderbaren Künste, sein Lebenslauf und seine Werke, was der zu seiner Zeit verrichtet hatte, beschrieben war. An den Wänden ließ er auf jeder Seite Götzen darstellen, die mit ihren Händen alle Fertigkeiten verrichteten, nach ihrem Rang und ihrer Macht geordnet; dazu kam eine Beschreibung jeder Fertigkeit sowie der Art ihrer Ausführung und dessen, was sich dafür brachen läßt. Auch gab es keine Wissenschaft, die er nicht niederschreiben und aufzeichnen ließ. Außerdem ließ er dorthin die Schätz der Gestirne, die diesen als Geschenk dargebracht worden waren, sowie die Schätze der Weissager schaffen, und diese bildeten eine gewaltige und unzählbare Menge."
Nach der Vollendung der Arbeiten ließ der König durch „körperlose Geister" für alle den Zutritt verwehren, die die Zeremonien nicht kannten.[396]
Mit anderen Worten, und nur so kann das verstanden werden: Nur der, der die Art des Geheimnisses kennt, wird Zutritt zu ihm erlangen – es erkennen und verstehen. An der Spitze der Pyramide ließ er Inschriften anbringen, so wie es uns auch von anderen Quellen überliefert wurde:[397]
„Ich, Saurid, der König, habe diese Pyramiden erbaut, und ich habe ihre Erbauung in sechs Jahren vollendet. Wer nach mir kommt und meint, er sei ein König wie ich, der möge sie in 600 Jahren zerstören. Es ist bekannt, daß Zerstören leichter ist als Bauen. Auch habe ich sie, als sie fertig waren, mit Brokat überzogen, möge er sie mit Matten bekleiden..."
Eine andere Überlieferung, die ebenfalls im Hitat erwähnt wird, kommt gar mit 1000 Tagen oder nur sechs Monaten Bauzeit aus:[398]
Saurid sollte in der östlichen, und Hugib in der westlichen Pyramide begraben werden, Karuras aber, soll in der Pyramide liegen, die unten mit Assuansteinen verkleidet ist.[399]
Saurid ließ diese ganzen Schätze, die vielleicht nicht so in dieser Art

wörtlich zu nehmen sind, in der Sprache „der Arithmetik und der Geometrie“ unterbringen, „...deutbar für den, der ihre Schrift und Sprache kennt.“[400] Das sind nicht Schätze, wie wir sie meinen. Das sind deutlich Schätze des „Wissens“.

Ähnliche Geschichten gibt es zuhauf. Wie weit sie sich direkt zurückverfolgen lassen ist nicht klar. Die Hartnäckigkeit aber, mit der diese Legende immer wieder in abgewandelter Form auftritt, ist ein deutlicher Hinweis, daß sie beträchtlich alt sein muß. Inwieweit sie einen wahren Kern beherbergt, wird sich nur dann sagen lassen können, wenn irgend etwas aus der typisch orientalischen Geschichte bewiesen werden könnte, wenn die Pyramide tatsächlich diese Bedeutungen hat.

Nun wird im Hitat klargemacht, daß der sonst absolut unbekannte Saurid niemand anderer ist als Hermes, den die Ägypter unter dem Namen Thot kannten, und der in der Bibel den Namen Henoch trägt.[401] Wer ist Thot? Sein ägyptischer Name *Djhw.tj* könnte „der von Djehut“ bedeuten.[402] Weiterhin könnte der ibisköpfige Thot aus dem Delta stammen, wo es einen mit seinem Bild geschriebenen Ibisgau gab.[403]

*„Thot, Gott des Wissens“*

*Quelle: Adolf Erman: Die Religion der Ägypter, Berlin, 1934, S. 39, Abb. 27*

Eine äußerst interessante Möglichkeit bietet „Der kleine Pauly“, ein sehr umfangreiches „Lexikon der Antike“. Dort heißt es unter dem Stichwort „Thot“:[404] „Der Name Thot ist schwer zu erklären; es könnte eine Verbindung mit *djh3* Pyr. 490a bestehen, was ‚fertig Ausgebildeter' bedeutet. Mit der *.tj*-Nisbe sind aber frühe Berufsbezeichnungen gebildet, so daß *Djhwtj* der ‚Wissensvermittler' bedeuten könnte, was zu Thots Wesen paßt." In der Tat wird ihm ja diese Aufgabe hier auferlegt, und wir sollten diese Spur weiterverfolgen, denn das kann wohl kaum auf Zufall beruhen. Hier wird uns das Wissen angeboten, das wir so dringend suchen.

Thot war der „Berechner der Zeit" für Menschen und Götter. Er berechnete „Jahre, Monate, Tage, Stunden und Augenblicke".[405] Er war ebenfalls der Gott der Präzision, der Genauigkeit, was ihm den Namen „tech" einbrachte, der „das Lot (der Waage)" bedeutet.[406] Von Re, dem „König der Götter" ist er als Wesir eingesetzt, womit ihm die Auzeichnungspflicht auferlegt wird – er wird zum Gott der Geschichtsschreibung.[407] Er ist daneben der Gott der Schreiber, der die Hieroglyphen erfand und für die Totentexte verantwortlich sein soll.[408] Weiter ist er zuständig für die Weisheit und das Recht.[409] Im Totenbuchspruch 94 wird der Aktenbehälter des Thot erwähnt, worin sich die Geheimnisse der Götter befinden.[410] Für alles erdenkliche Wissen ist immer nur dieser Gott verantwortlich.

Daß Thot irgendwelche Aufzeichnungen zurückgelassen hat, war zu allen Zeiten in Ägypten bekannt. Seine Schriften begründeten die Religion und das Staatsgefüge im alten Ägypten. Noch in griechisch-römischer Zeit, als Neuerungen auf allen Gebieten völlig normal waren, durften die Tempel nur nach altem Stil errichtet werden, nach Thots Anweisungen:[411] „...das Ganze wohl berechnet, vierseitig nach der Weisheit des Thot und so, wie es in den heiligen Schriften steht." Es gab also alte Texte, die zweifellos Thot zugeschrieben wurden. Die Frage ist: Was für eine Art Wissen war es, das „uns" hier von Thot überliefert werden sollte?

Ein Teil dieser Schriften befand sich, wenn auch nur als Abschrift, im *pr ʿnch*, im „Lebenshaus" eines jeden Tempels.[412] Diese Einrichtung ist primär als Instanz zu sehen, der natürlich die schriftgelehrten Priester angehörten. In Abydos ist so ein „Lebenshaus" durch einen Papyrus auch baulich bezeugt. Dort befanden sich dann auch die heiligen Schriften, die das religiöse Leben bestimmten, die „geheimen Schriften" und die „Annalen aller Götter und Göttinen". Neben religiösen Kenntnissen wurden hier auch weltliche Probleme gelöst – eine scharfe Trennung gibt es dafür in Ägypten ohnehin nicht. Es wird wohl kein Zweifel daran bestehen, daß dieser Hort das Wissen des Thot bewahrte, und zwar bis in die letzten Tage der ägyptischen Kultur. Gerade im Neuen Reich, speziell auch in der griechisch-römischen Zeit, nimmt die Zahl der „Lebenshäuser" immer mehr zu. Wir werden später sehen, daß diese Institution gerade auch so spät noch ältestes Wissen verwaltete.

Der Verstorbene wünschte sich an Thots Seite den Zugang zum Jenseits, denn nur er kennt die Geheimnisse, die zum Eintritt notwendig sind.[413] Mit dem Wissen aus den geheimen Büchern dieses Gottes kann der Verstorbene die „sieben Stufen des Lichts" erklimmen, bevor er vor „Rosetau" tritt, der tiefsten Unterwelt im Reich des Osiris.[414] Er soll 42 Bücher hinterlassen haben, wovon – nach Clemens von Alexandria – sechs die medizinische Heilkunst behandeln, was ähnlich ja auch im Hitat behauptet wurde.[415]

In seiner Funktion als Gott der Astronomie und Vermessung – „der den Himmel berechnet", „der die Erde vermißt" – gilt Thot als oberster Konstrukteur der Tempel. Er ist es, „der den Göttern eine Stätte bereitet", heißt es auf einer New Yorker Statue.[416] Professor Helmut Brunner beschreibt ihn so:[417] „An ihn hat man sich zu wenden, wenn es gilt, den Bauplan für einen neuen Tempel zu gewinnen, der sich an alte Zeichnungen auf den Papyrusrollen anlehnt – Thot ist zugleich Erfinder und Bewahrer der Tradition".

Der Ägypter betrachtete die Tempel des Thot als „Abbild der Welt",[418] dessen Bauplan von Re bei der Schöpfung entworfen wurde. Wir fanden diese Vorstellung auch in Mesopotamien und bei den Sumerern (II. Kapitel), und in Teotihuacan sehen wir ein praktisches Beispiel dafür. Daher hatte Thot, als „Stellvertreter des Re", die Aufgabe auch die Tempel zu entwerfen, und diese mußten aus Stein sein – niemals aus Ziegeln – denn als Zeugnis für die göttliche Ordnung des Re hatten sie für alle Zeiten zu bestehen.[419] So steht es schon im Spruch 601 §1660 der Pyramidentexte:[420]

„...mache die Pyramide des Königs und
ihre Konstruktion für immer während..."

Genau diesen Anspruch erfüllt auf einzigartige Weise die Große Pyramide. Daß sie damit schon so oft auffiel, kann nur als Indiz dafür gewertet werden.

Als Vertreter des Thot stellte sich der ägyptische Tempelpriester als Thot selbst vor.[421] Er hatte die Geheimnisse zu bewahren, „die unter dem himmlischen Gewölbe versteckt sind".[422] Wir werden später sehen, daß dies womöglich wörtlich zu nehmen ist.

Durch seine Zuständigkeit auf den Gebieten der Mathematik, der Geometrie und der Kalenderrechnung war er schon im alten Ägypten der Hüter der Geheimnisse der Pyramiden. Thots Tempel in Hermopolis soll in geheimnisvollen Gängen die handgeschriebene Bibliothek beherbergt haben.[423] Über allem was Thot den alten Ägyptern hinterließ schwebt der Schleier des Geheimnisvollen. So trägt er den Beinamen „zauberreich" und ist ganz besonders mit der dazugehörigen Göttin Hike verbunden.[424] Er ist der, der „die Kenntnis der Dinge gibt und zur Genauigkeit leitet".[425] Weiter ist es Sia, die Personifikation der Erkenntnis und des Verstandes, die mit Thot in enge Beziehungen tritt. In griechisch-römischer Zeit wurde Sia sogar eine Bezeichnung für Thot.[426]

In der demotischen Erzählung des Setni wird von der Suche nach Thots geheimen Büchern berichtet. Mit seiner Hilfe kannte man die Geheimnisse der Erde, der Unterwelt, des Himmels und des Wassers.[427]

Ich hoffe, daß dem Leser hiermit wenigstens ein grobes Verständnis dafür bereitet wurde, mit wem wir es hier eigentlich zu tun haben. Es kann nämlich überhaupt gar keinen Zweifel geben: niemand wäre besser geeignet für den Bau dieser Pyramide. Betrachten wir daher ein Dokument von höchster Wichtigkeit. Im Ägyptischen Museum in Berlin befindet sich der sogenannte Papyrus Westcar.[428] Dieser Papyrus stammt zwar aus der 12. Dynastie, er soll jedoch eine Abschrift aus der 5. Dynastie sein. Die hier beschriebenen Ereignisse spielen zur Zeit des Cheops und der Entstehung der 5. Dynastie durch das Einwirken Res.

Handlungsort ist der königliche Hof, wo der sich langweilende Cheops seinem Sohn Djedfre aufträgt, den Zauberer Dedi herbeizuschaffen. Dieser kannte nämlich, laut Djedefre, die Anzahl der Kammern im Heiligtum

des Thot. Nach dieser Anzahl fahndete Cheops seit langer Zeit, denn er wollte für seinen „Horizont" etwas „Ähnliches" schaffen.
Nachdem Dedi in Cheops' Hof angelangt war, führte er diesem zunächst einige Zauberkunststücke vor. Dann wurde er von Cheops nach der Anzahl der Kammern gefragt. Dieser antwortete ihm aber: „Mit Vergunst, ich kenn nicht die Anzahl, mein Herr, ich weiß nur den Ort, wo sie sich [die Anzahl, A.d.A.] befindet." Cheops fragte nach dem Ort und Dedi antwortete ihm: „Es gibt in Heliopolis eine Steinkiste in einer Kammer die ‚Archiv' heißt. In dieser Kiste ist sie [die Anzahl, A.d.A.]." Dedi macht Cheops klar, daß er ihm die Kiste nicht bringen kann, sondern seine drei Söhne müßten dies tun.
Leider bricht der Schreiber ab bevor die Geschichte zu Ende geht. Ob Cheops die Anzahl der Kammern erfährt, geht nicht mehr hervor. Doch spricht einiges dagegen – nicht zuletzt der Umstand, daß diese Geschichte überhaupt erzählt wurde.
Die Gelehrten sehen im Heiligtum des Thot ein mythisches oder nicht mehr existierendes Gebäude.[429] Den „Horizont" dagegen sehen sie als die Pyramide des Cheops. Es kann allerdings nicht nachgewiesen werden, daß es sich dabei tatsächlich um die Große Pyramide oder überhaupt eine Pyramide handelt. Rainer Stadelmann versteht unter „Horizont des Chufu" zum Beispiel den ganzen Bezirk mit Pyramidenanlage, Stadt und Residenz.[430] Tatsächlich weichen ja die Tempel der Großen Pyramide erheblich von den monumentalen Tempeln ab, die oben beschrieben wurden. Er könnte sie durchaus errichtet haben, und niemand kann beweisen, daß die betreffende Pyramide zwangsläufig dazugehört.
Etwas komplizierter wird es mit den Kammern selbst. Cheops hat nicht nach den Kammern geforscht, von denen er offenbar genau wußte wo sie sich befinden, sondern klar nach ihrer Anzahl. Diese Anzahl konnte man in Heliopolis erfahren. Sir Alan Gardiner[431] ging davon aus, daß sich die Kammern in einem Gebäude befinden mußten. Das Wort ipwt bedeutet „Kammern". Dieses Wort ist mit *htm* determiniert, was „versiegelt" oder „verschlossen" bedeutet. Professor Adolf Erman hielt das Heiligtum des Thot daher für ein verschlossenes Gebäude. Gardiner hingegen zeigt, daß diese Determinierung „geheime" Kammer bedeutet.

Da beide Formen im Papyrus vorkommen, scheint die Bedeutung „verschlossen" im Sinne von „geheim" gemeint zu sein. Es gibt dann auch ein Gebäude, das dieser Beschreibung gerecht wird: die Große Pyramide selbst ist es! Die Annahme der Gelehrten, dieses Gebäude müsse in Hermopolis stehen, bezieht sich ausschließlich auf die Ähnlichkeit zwischen *wnt* für Gebäude und *wnw* für Hermopolis Magna.[432] Aus anderen Texten geht nicht hervor, wo sonst sich diese Kammern befinden könnten.

Tatsächlich aber war die Große Pyramide bis 820 n. Chr. für lange Zeit verschlossen,[433] und nur der Absteigende Gang und die Felsenkammer waren bis dahin bekannt. Abdullah al-Ma'mun, der Sohn des Bagdader Kalifen Harun al Raschid (der aus 1001 Nacht), war schon früh vom Wissensdurst befallen. Als er hörte, es gäbe in der Großen Pyramide eine geheime Kammer des Wissens, machte er sich im Jahr 820 mit einer Arbeiterkolonne auf nach Gizeh. Diese Kammer sollte Karten und Tabellen des Himmels und der Erde enthalten,[434] also im Prinzip das, was wir schon vernommen haben. Diese Karten seien zwar sehr alt, doch von großer Genauigkeit – nichts anderes impliziert die Große Pyramide, und zwar mit Nachdruck!

Dort angekommen suchten sie tagelang die damals noch glatt polierten Außenflächen ab, doch ohne Erfolg. In mühevoller Arbeit ließ al-Mamun dann einen Gang in die Nordseite der Pyramide brechen. Gerade als er aufgeben wollte, hörte einer seiner Arbeiter im Innern einen Stein fallen. Als sie die Arbeiten dann doch fortsetzten, fanden sie in dieser Richtung den Absteigenden Gang. Die Pyramide aber war leer! Wo waren die Himmelskarten, die ganzen Wunder und Schätze, von denen er gehört hatte? Seit al-Mamun hat sie dort niemand gesehen, obwohl sie so offen daliegen – damals wie heute!

Der Grieche Strabo berichtet im Anhang zu seiner „Geographika" vom Absteigenden Gang, den man von außen durch eine schwenkbare Steinplatte erreichen konnte.[435] Den Aufsteigenden Gang kannte er sowenig wie seine Vorgänger. Der Zugang zu den oberen Kammern über den Aufsteigenden Gang legte erst al-Mamun frei. Demnach findet sich alles was der Papyrus Westcar vom Heiligtum des Thot fordert in der Großen Pyramide selbst. Es gibt keinen Grund anzunehmen, daß dies zu Cheops' Zeiten nicht genauso war. Von damals könnte jedenfalls der Brunnenschacht stammen – als man die Kammern suchte? -, der sich überhaupt nicht in das Gesamtbild einpassen läßt. Und daß die Pyramide zu Cheops' Zeiten bereits stand, werden wir später noch sehen. Dazu kommt, daß sich die Anzahl der Kammern aus der Funktion der Pyramide selbst ergibt – wenn man sie kennt.

Wenn Cheops die Funktion dieser Pyramide nicht kannte, und so sieht es aus, konnte er sie außerdem nicht erbaut haben. Doch darüber dann mehr im nächsten Kapitel.

Aus dem Papyrus selbst ergibt sich ein weiteres Problem für die These über Cheops. Der Anfang fehlt ebenso wie das Ende.[436] Von vier Söhnen ist dort die Rede, die ganz offensichtlich erwachsen sind. Sollte Cheops aber neun Söhne gehabt haben – wie man zu wissen glaubt –, dann könnten diese wie die anderen vier Brüder ihre Geschichten am Hof ebenso erzählt haben – eben im fehlenden Anfang. Einer dieser vier genannten erwachsenen Söhne ist natürlich Chefren, mit dem die Überlieferung beginnt. Das würde, wenn diese Annahmen zutreffen, bedeuten, daß Cheops, als er bereits neun erwachsene Söhne hatte, mit der Planung seiner Pyramide noch gar nicht angefangen hätte. Ganz besonders trifft diese Feststellung auf Chefren zu, der bereits ein gewisses Alter zu haben scheint, als sein Vater noch nicht einmal an den Bau seines „Horizontes" dachte! Gerade Herodots Geschichte wird damit widerlegt, wonach Cheops sofort mit seinem Regierungsantritt die ersten Maßnahmen einleitete. Was stimmt nun?

Wenn dies alles so richtig sein könnte, dann wäre hier der Erbauer der Pyramide beim Namen genannt – Thot. Sämtliche Indizien weisen darauf hin. Thot steht dabei auch in anderer Hinsicht immer in Beziehung zur Großen Pyramide. Nach Manetho zum Beispiel soll Thot 36.525 Bücher verfaßt haben.[437] Darin steckt nicht nur die Dauer eines Jahres, sondern diese Zahl steht ebenso für den Umfang der Pyramidenbasis in Pyramidenzoll. Georg der Mönch bringt aus seiner Überlieferung von Manetho auch einen Zusammenhang zwischen der Sintflut und Thot herbei. Der hier zitierte Ausschnitt ist dabei auch die Erklärung dafür, daß niemand – auch nicht der vielleicht hieroglyphengewandte Dolmetscher Herodots –

die Zeichen auf der Pyramide lesen konnte:[438]
„Es wird sodann vorgeschlagen, einige Auszüge aus den Büchern Manethos über die ägyptischen Dynastien anzufertigen. (Dieser Manetho) ist ein Hohepriester der heidnischen Tempel Ägyptens und gründete seine Antworten an (König Ptolemaios) auf die Monumente, die im seriadischen Land liegen. (Diese Monumente,) so teilt er uns mit, wurden in der heiligen Sprache und in den Zeichen der heiligen Schrift des Thot, dem ersten Hermes, beschrieben; nach der Flut wurden diese Schriften aus der heiligen Sprache in die allgemeine Sprache jener Zeit übersetzt, doch (immer noch) in Hieroglyphen-Buchstaben in Bücher (geschrieben) und von dem Sohn des Guten Dämons und dem zweiten Hermes, Vater des Tat – in den inneren Kammern der Tempel Ägyptens aufbewahrt."
Bereits jetzt läßt sich ein Faden erkennen, der Thot, Saurid, die Flut, ein besonderes Wissen über die Himmelskörper und die Pyramiden untrennbar zusammenbindet. Wenn uns auch die eigentliche Quelle für diese Überlieferungen nicht bekannt ist, so läßt sich über ihr Alter zumindest sagen, daß die Wurzeln der arabischen und jüdischen Überlieferungen mindestens bis Manetho zurückzuverfolgen sind, und damit in eine Zeit gehören, in der gerade die Griechen die ältesten Traditionen Ägyptens wieder ans Tageslicht brachten.[439] Welche Teile davon auch immer eine Wahrheit beinhalten mögen, in jedem Fall paßt diese Überlieferung ganz ausgezeichnet zu den Datierungen von Dr. Schoch. Wenn nun aber diese Überlieferungen bis Manetho zurückzuverfolgen sind, dann stehen sie doch auch in einem völlig neuen Licht da. Sie können vor allem, ohne daß sich das im Moment nachweisen ließe, noch weit älter sein. Es sind wohl in ihren Quellen doch keine mittelalterlich-orientalischen Märchen, wie man gern annimmt. Es könnte stattdessen durchaus die Wahrheit sein. Genau so kommt es!

## *Henochs Geheimnis*

Im Hitat wird Saurid auch dem biblischen Henoch gleichgesetzt, der dort aber kaum vorkommt. Die Kirchenhüter haben ihn aus dem Alten Testa-

ment verbannt – warum auch immer. Damit gehört sein Werk zu den „apokryphen“ (verborgenen) Büchern, die reichlich interessantes aber auch widersprüchliches Material bieten.
Von Henoch, was „der Eingeweihte“ bedeutet, kann man fast mit Sicherheit sagen, daß er die Pyramiden nicht erbaut hat, denn das wird meines Wissens nirgendwo behauptet. Sein Bericht, den er uns in Ichform hinterließ, weist trotzdem einen klaren Zusammenhang zu dem auf, was für Thot charakteristisch war. Widmen wir uns daher dem Text der „Bücher der Geheimnisse Henochs“,[440] denn wie Thot wird dieser gleich zu Beginn „der große Schreiber“ genannt.[441]
Schon der Anfang erinnert stark an Saurids Traum, denn während er schlief geschah höchst Seltsames:[442] „Und es erschienen mir zwei überaus sehr große Männer, wie ich solche niemals auf der Erde gesehen hatte. Ihre Augen waren wie brennende Fackeln und ihre Arme weißer als Schnee.“ Henoch erwachte und bleich wurde sein „Angesicht vor Furcht“. Doch die zwei Fremden beruhigten ihn sogleich, sie wollten ihn ja „nur“ mit in den Himmel hinaufnehmen.
Nachdem Henoch sich von seiner Familie verabschiedet hatte, wurde er auf ihren Flügeln in den Himmel emporgehoben.[443] Dort berichtet er von „umherirrenden Planeten“ und großer Finsternis.[444] Er trifft auch auf „Gefesselte“, die das „unermeßliche Gericht“ erwartet. Wer sich mit den ägyptischen Jenseitsvorstellungen etwas auskennt, kann hier schnell Gemeinsamkeiten erkennen, denn seine zwei Begleiter teilen ihm mit, daß es sich hierbei um die Abgewichenen handelt, „die befestigt sind am fünften Himmel“.[445] Als Henoch zum dritten Himmel vordringt, ist er in der „Mitte des Paradieses“. Im vierten Himmel endlich erfährt er „alle Läufe und Übergänge und alle Strahlen des Lichts der Sonne und des Mondes. Und ich maß ihre Läufe und verglich ihr Licht…“,[446] ist eine hundertprozentige Parallele zu den charakteristischen Tätigkeiten Thots.
Der siebte Himmel ist der letzte. Von dort aus zeigen ihm seine sonderbaren Begleiter den Herrn, wie er von der Ferne gesehen auf seinem Thron sitzt.[447] Das ist interessant, denn wenn die Zählung der „Himmel“ die Planeten von der Erde aus meint, dann befindet sich Henoch hier bei Pluto, hinter dem wiederum sieht er den Herrn, und ich müßte lügen, wenn ich

dabei nicht sofort an den 10. Planeten aus Teotihuacan denken würde. Die Zählung scheint schon deswegen zu stimmen, weil er das Paradies im dritten Himmel – Erde, Mars, Asteroidengürtel – sieht. Der Asteroidengürtel als Paradies – das war jedenfalls nichts Neues. Jedenfalls bildet auch dieser Ort das „Ende“ – wohl des Sonnensystems –, denn er heißt gleichzeitig „höchster Himmel“.[448] Henoch wird dann direkt vor das Angesicht des Herrn gebracht. Dort gibt man ihm neue Kleider und ein „Rohr zur Schnellschreibung“, mit dem er von nun an dreißig Tage und Nächte alles aufschreibt, was man ihm sagte:[449]

„Und er war redend zu mir alle Werke des Himmels und der Erde und des Meeres und aller Elemente, ihre Übergänge und Läufe und ihre Veränderungen und Zeiten und Jahre und Tage und Stunden und die Aufgänge der Wolken und die Ausgänge der Winde, die Zahlen der Engel und die Gesänge der gewaffneten Herren, und jegliche Sache der Menschen und jede Sprache der Lieder und die Leben der Menschen, und die Gebote und Belehrungen und süßstimmige Gesänge und alles, soviel sich gehört zu lernen.“

Mit anderen Worten: Henoch zeichnete die ganze Geschichte der Welt und der Menschen auf. Das ist wiederum genau das, was auch Thots Aufgabe war. Doch Henoch muß weitere dreißig Tage und Nächte schreiben. Er notiert nun alle Seelen, die schon vor der Bildung der Erde „bereitet“ waren. Dann berichtet ihm der Herr, daß er vor der Schöpfung allein umherwandelte, während dagegen die Sonne Ruhe fand:[450] „Ich aber fand keine Ruhe, weil ich war alles schaffend.“ Dann aber schuf er eine „Feste“ und er „trennte“ bei der Schöpfung das Licht von der Dunkelheit – eine typisch biblische Charakteristik und noch weit mehr, wie wir dann sehen werden.

Die Beschreibung des Herrn entzieht sich den herkömmlichen Vorstellungen jedoch völlig. Es gibt keine Spur von einem bärtigen alten Mann. Sein Mund sei stattdessen „ein feuriger Ofen“ und die Augen „wie strahlende Sonnen“.[451] Die Worte des Herrn beschreibt er als „feurige Flammen“ und sein Angesicht „wie Eisen vom Feuer“.[452] Seine Größe und sein Umfang sind „unermeßlich“.[453]

Der Herr schickt Henoch dann mit 366 Büchern (wiederum eine astronomische Zahl) auf die Erde zurück, wo er ihm 30 Tage (und wieder) Zeit gibt das Wissen seinen Söhnen kundzutun.[454] Danach aber wurde er wieder abgeholt. Er teilt seinen Söhnen mit, daß der Herr eine große Flut kommen läßt. Damit das Wissen seiner Bücher nicht verlorengeht, sollten sie allen Menschen offenstehen.[455] Speziell Methusalem tritt hier als sein Sohn auf. Am Tag des „Abflugs“ eilten 2000 Menschen herbei. Eine Dunkelheit kam hernieder und er wurde emporgetragen. „Und es sah das Volk und erkannte nicht, wie Henoch hinweggenommen ward.“[456] Von nun an stand er vor dem Angesicht des Herrn – für alle Ewigkeit. An dem Ort aber, wo Henoch aufstieg, errichtete Methusalem einen Altar.[457] Alles Volk kam dann herbei und es feierte drei Tage lang.

Aus Methusalem wurde ein Priester des Herrn, dann erschien ihm der Herr im Traum und teilte ihm die kommende Sintflut mit.[458] Für Methusalem wurde dort ein Grab gebaut, wo Henoch in den Himmel aufstieg.[459] Der Ort hieß Achuzan, doch scheint es so, als kennen wir ihn heute unter dem Namen Gizeh, dort nämlich befinden sich die größten und ältesten „Gräber“ der Welt. Auch Melchisedek erhielt dort sein Grab.[460] Denn der Grund ihrer Erbauung war derselbe – die Sintflut. Die geschah in der Art, daß „die Gewässer des Himmels“[461] auf die Erde herabkamen. Wir werden dieses Motiv später genau untersuchen, denn es ist wieder einmal wörtlich zu nehmen.

Von dem Zusammenhang zwischen Henoch, Thot und Hermes wußte schließlich schon die arabische Chronik; und wenn wir dann sehen, was hinter der Pyramide wirklich steckt, werden die Zusammenhänge so klar wie nie zuvor. Selbst Feinheiten zeigen die Übereinstimmungen auf. Henoch zeichnete die Taten der Menschen auf, wobei auch „Maß und Waage“ eine Rolle spielten.[462] Dasselbe unternahm Thot, der im Jenseitsgericht die Taten des Verstorbenen notiert, wenn dessen Herz mit der Feder der Maat (Gerechtigkeit) aufgewogen wird.[463] Daneben begründet Thot bekanntlich die altägyptische Priesterschaft, die – wie wir noch erläutern werden – stets vom Vater auf den Sohn überging. Nicht anders sind die Verhältnisse im Henochbuch. Methusalem begründet die Priesterschaft, die nach seinem Ableben an seinen zweiten Sohn Lamech weitergebeben wurde.[464] Desgleichen erhält Methusalem eine Krone, wird damit also König.465 Wiederum ist das genau der Titel Saurids. Die

Gleichsetzung zwischen Thot, Saurid, Methusalem usw. ist also keine leere Phrase. Diese alten Texte belegen das in aller denkbaren Deutlichkeit!

Der historische Kern dieser „Legenden“ ergibt sich heute nicht nur aus der wissenschaftlich abgesicherten Datierung der Sphinx, sondern vor allem aus der modernen wissenschaftlichen Erkenntnis, daß es diese Sintflut tatsächlich gab. Wenn der Mythos die Erinnerung an dieses Ereignis vor rund 12.000 Jahren bewahrt hat, warum sollte es sich bei der Großen Pyramide dann nicht genauso verhalten? Der Mythos der Sintflut läßt sich in diesem Fall vom Mythos der Pyramide gar nicht trennen – sie greifen ineinander über.

Alexander und Edith Tollmann, zwei renommierte Geologen, haben in ihrem Buch „Und die Sintflut gab es doch“ die schrecklichen Ereignisse niedergeschrieben. Selbst die Einschlagsgebiete der einzelnen Fragmente, in die der Himmelskörper auseinanderfiel, konnten detailliert nachgewiesen werden. Die Wucht dieses Ereignisses – man kann leicht vom Weltuntergang sprechen – läßt uns leicht nachvollziehen, daß es Gründe genug gab, das Wissen der Menschheit auch für die späteren Generationen zu bewahren. Kein Ort der Welt wäre dazu besser geeignet als die Große Pyramide von Gizeh. Wer jemals in ihr war, weiß was ich meine. Es ist ein Werk, das der Zeit trotzen sollte. Und das gelang.

Es kam zu Erdbeben und Vulkanausbrüchen. Ein gewaltiger Hitzeorkan raste mit 1000 Stundenkilometern über die ganze Welt.466 Von den Einschlagszentren dehnten sich berghohe Flutwellen mit 10 Kilometern pro Minute aus.[467] Es folgte eine monatelange Impaktnacht mit Staub und Rauch in der Atmosphäre, sowie der daraus resultierende Impaktwinter. Umweltvergiftungen und ein Treibhauseffekt, nicht so wie wir ihn heute kennen, waren weitere Folgen.[468]

Eine Zivilisation im Zeitalter der Raumfahrt, die dazu fähig gewesen wäre zum Mars zu fliegen, um Gesicht und Pyramiden zu errichten, wurde hier nicht zerstört – das ist sicher. Ebenso sicher ist aber, daß ein ganz besonderes Wissen über die Schöpfung, die Menschen und die Astronomie bewahrt werden sollte. Dies geht aus allen Fragmenten, die zu diesem Mythos beitragen, hervor. Wir wissen bereits, daß die Zivilisation auf dem Mars ebensogut 4 Milliarden Jahre alt sein könnte. Das Wissen um

ihre Existenz aber, das damals so wenig bekannt war wie heute, könnte leicht zum Bau der Großen Pyramide geführt haben. Die Pyramide in die Zeit um 10.000 v. Chr. zu versetzen, hilft uns bei der Suche nach der Marszivilisation vorerst nicht weiter. Aber: Auch auf die Gefahr hin, mich zu wiederholen: Die Sintflut war ein reales Ereignis! Die Überlieferung an diese kann nur auf „echten“ Quellen beruhen! Diese Quellen sagen uns, daß die Große Pyramide von Gizeh errichtet wurde, um das Wissen über die Entstehung der Planeten und die Geschichte der Menschheit zu bewahren. Diese Geschichte fand nicht kurz vor der Sintflut statt, sondern war vielmehr zu diesem Zeitpunkt selbst schon vergessen und uralt! Könnte das unsere verschollene Marskultur sein?
Überraschend sind die Berechnungen, die im Hitat zur Sintflut vorgenommen wurden. Dabei wird nicht nur der genaue Zeitpunkt vorhergesehen, wie auch bei Henoch, sondern sogar die Ursache dafür. Hier werden genaue astronomische Positionen genannt, die vielleicht einen Sinn ergeben könnten. Jedenfalls sollte dies für die Zukunft eine Überprüfung wert sein. Dieses Ereignis ließ sich sogar vorausberechnen:[469]
„Wenn das Herz des Löwen zwei Drittel des sechsten Teiles seiner Umläufe durchlaufen haben wird, wird alles, was sich auf Erden an Lebendigem bewegt, der Vernichtung anheimfallen; und wenn es seine Umläufe vollendet haben wird, werden sich die Verbände des Himmelsgewölbes auflösen, und es wird auf die Erde herabstürzen!“ Daraufhin fragte der König seine Astronomen: „Und welcher Tag wird es sein?“ Und sie antworteten: „Der zweite Tag nachdem sich das Himmelsgewölbe zuerst bewegt haben wird“. Wir werden noch sehen, und zwar ganz klar, daß mit Himmelsgewölbe hier den Asteroidengürtel gemeint ist. Auf diesem Phänomen beruht die älteste Angst unserer Vorfahren in allen Teilen der Welt, daß nämlich der Himmel herabstürzen könnte. Der Auslöser dieser Katastrophe ist nicht bekannt, doch werden wir später überraschend erkennen, daß die Lösung dieses Rätsels bereits gefunden wurde (siehe Band 2, Kap. III).
Wenn wir nun die Pyramiden in Zusammenhang mit diesem Ereignis sehen fällt sofort auf, daß der Löwe, dessen Zeitalter ja tatsächlich um 10.000 v. Chr. war, nicht nur im Hitat erwähnt wird, sondern selbst als

größte Skulptur der Welt direkt bei den Pyramiden steht – die Sphinx! Ihr Alter weist sie klar als Zeugen dieser Ereignisse aus.
Die Sphinx blickt schnurgerade nach Osten auf den Punkt, an dem die Sonne an den Äquinoktien aufgeht. Dahinter steht immer ein Sternbild, und man spricht von einem Zeitalter eines Sternbildes, wenn vor diesem die Sonne am Frühlingsanfang aufgeht. Ein Zeitalter dauert 2160 Jahre. Zur Zeit befinden wir uns im „Haus der Fische", doch bald begeben wir uns in das Zeitalter des Wassermanns, worauf die Esoteriker schon brennend warten. Um 2500 v. Chr. ging die Sonne vor dem Sternbild des Stiers auf. Die Sphinx hat aber zweifellos einen Löwenkörper und könnte ja ebenso einen Löwenkopf besessen haben. Es ist für die neue Datierung der Sphinx doch mehr als bezeichnend, wenn wir wissen, daß die Sonne zuletzt im 11. Jahrtausend v. Chr. vor dem Sternbild des Löwen aufging! Zufall? Ich glaubte natürlich nicht daran. Es paßte alles zu gut zusammen.
Was geschah in jenen Tagen auf dem Gizehplateau? Wer waren die geheimnisvollen Gestalten, die Henoch in den Himmel mitnahmen? Wohin brachten sie ihn? Und vor allem: Welches Geheimnis birgt sie nun, die größte aller Pyramiden? Die anscheinend vergessene Geschichte der Menschheit soll dort untergebracht worden sein, heißt es ja stets. Es konnte nicht anders sein – der Mars war in diese Geschichte involviert!

## *Die alte Priesterschaft*

Henoch ist nicht identisch mit Thot. In 30 Tagen hätte er keine Pyramide gebaut, was ja auch nirgendwo behauptet wurde. Vielmehr scheint Thot mit Saurid und Methusalem identisch zu sein. Beide errichteten ein Grab und mindestens von Saurid und sehr wahrscheinlich von Thot und Methusalem läßt sich sagen, daß es sich dabei um die Große Pyramide handelt. Im Hitat wird Saurid dann noch mit Hermes, dem griechischen Götterboten, gleichgesetzt.[470] Genau wie im Henochbuch wird dieser dann von „Gott" instruiert:[471] „Gott hatte ihn nämlich in der Kenntnis der Sterne unterwiesen, und diese taten ihm kund, es werde eine Katastrophe über die Erde kommen, ein Rest der Welt aber erhalten bleiben, in der man eine Wissenschaft nötig haben würde." Daraufhin erbaute Hermes die Pyramiden und Tempel, worauf (oder besser worin?) er seine Wissenschaft schrieb. Wer war nun dieser Hermes?

Der Name ist in der griechischen Sprache verankert und kommt von „hermax", was interessanterweise „Steinhaufen" bedeutet.[472] Die Griechen errichteten vor ihren Häusern solche Steinpfeiler, die man „Hermen" nannte, und die nicht wenig an Obelisken erinnern. Eine sichere Parallele zu Thot ist seine Funktion als Begleiter der Toten auf ihrem Weg zur Unterwelt. Eine weitere wichtige Funktion hatte er als „Gott des glücklichen Fundes" inne. Damit war er zwar auch für die Diebe zuständig, doch das wird damit ursprünglich nicht gemeint gewesen sein. Man sollte hier etwas ganz anderes finden. Diesen Zusammenhang finden wir wieder in Ägypten. Thot wurde dort ibisköpfig dargestellt. Das Bild eines findenden Ibis diente auch zur Schreibung des Wortes *gmj*, und das heißt „finden".[473] Die Identifizierung des Hermes mit Thot war also kein willkürlicher Akt. In beiden Kulturen liegt die Hintergrundbedeutung „finden" in den Wurzeln der Schrift und Sprache. So steht es auch wieder in „Der kleine Pauly":[474] „Die Ibisgestalt legt das charakteristische ‚suchende' und ‚findende' Stochern im Schlamm nahe." Für uns kann doch hier nur gelten: In der Großen Pyramide gibt es etwas zu „suchen" – und zu „finden"!

Walter Scott, der Übersetzer der mir vorliegenden Ausgabe der Hermetica, hält Hermes für eine reale Gestalt, die irgendwann einmal in Ägypten gelebt haben könnte.[475] Sein Tod war, wie bei Osiris, der Anlaß zur Vergöttlichung. Weite Teile der Hermetica sind direkte Ebenbilder des Henochbuches. Besonders die „sieben Sphären des Himmels" treten hier immer wieder auf.

Die Hermetica soll zum Teil etwa um 100 v. bis 100 n. Chr. durch in Ägypten lebende Griechen entstanden sein.[476] Die unbekannten Verfasser selbst, behaupten ihr Wissen aus alten ägyptischen Quellen bezogen zu haben. Jedenfalls wird Hermes in erster Linie zum Lehrer für das, was sich einst am Himmel ereignete – dieser Faden zieht sich durch das ganze Werk.

In den hermetischen Lehren wird Asklepios, den wir als Djosers Baumeister Imhotep kennen, von Hermes in die Geheimnisse des Himmels eingeweiht:[477] „Weißt du nicht, Asklepios, daß Ägypten das Abbild des Himmels ist...?“ Wie wichtig gerade dieser Satz werden sollte, war mir lange nicht klar. Ja, er erklärt unser ganzes Problem in allen seinen Facetten.

Als Lehrer spricht Hermes aber auch zu seinem Sohn Tat. Wenn es sich dabei um eine Parallele zu Henoch und seinem Sohn Methusalem handelt, dann haben wir es hier mit dem Ursprung der ägyptischen Priesterschaft zu tun. Thot heißen die ägyptischen Priester immer wieder, und daß das Priestertum vererbt wurde erfuhren wir schon aus der Inschrift in Djosers Grabbezirk über Imhotep. Daher gibt es auch Berichte über einen Hermes, der nach der Sintflut wirkte. Nicht zuletzt ist es die Zählung selbst – „erster Hermes“, „zweiter Hermes“ – die den Gedanken bestätigt.

Ebenso sieht es Robert Temple in seinem bemerkenswerten Buch „Das Sirius-Rätsel“:[478] „Nachdem Hermes die Erde verlassen hatte, um zu den Sternen zurückzukehren, gab es in Ägypten eine als Tat (Thot) bezeichnete Persönlichkeit oder auch mehrere ihresgleichen, die in die himmlischen Mysterien eingeweiht waren. Ich sehe darin ein Anspielung auf die ägyptische Priesterschaft.“

Aus diesen Gründen handelt es sich bei der Hermetica wohl um eine Art Schulbuch, das sein Wissen bei jeder Übergabe des altägyptischen Priestertums dem Nachfolger zur Verfügung stellte. Nachdem Hermes hier die Lehren von Poimandres – von dem ich leider nicht genau weiß wer das sein soll – empfängt, gibt er sie an seinen Schüler Tat weiter. Die Verfasser der Hermetica müssen dabei auf einen ägyptischen Urtext gestoßen sein, der Thot als Hauptperson der Lehre führte. Jedenfalls ist die Weitergabe von „Wissen“ im Rahmen dieser Priesterschaft das bestimmende Hauptelement, wie es auch der ägyptischen Priesterschaft zugrundeliegt.

Herodot bestätigt diese Annahme:[479] „Es hat aber jeder Gott nicht bloß einen Priester, sondern viele, und einer von denen ist der Oberpriester. Stirbt einer, so tritt sein Sohn an seine Stelle.“ An anderer Stelle zeigen ihm die Priester des Zeus (Amun) eine Reihe von Statuen, um damit ihre Ahnen aufzuzählen:[480] „Jeder Oberpriester nämlich stellt dort zu seinem Lebzeiten ein Bild von sich auf. Es zählten also und zeigten diese Priester und erläuterten mir, wie immer der und der auf den und den Vater gefolgt sei, und gingen sie vom Bild des jüngst Gestorbenen an durch, bis sie alle

Bilder gezeigt hatten." So stand die Belehrung des Hermes/Thot immer als Vorbild für die altägyptische Priesterschaft.
Höchstes Interesse verdient auch ein anderer Umstand, daß nämlich der ägyptische Gott Anubis, der ohnehin sehr viele Fragen aufwirft, eine ähnliche Rolle wie Thot spielte.[481] Der Anubiskult in Ägypten ist nachweislich uralt.[482] Anubis geleitet den Toten auf seinem Weg, genau wie es Hermes tat. Dieser Anubis wurde schon immer in einer typischen Thotrolle gesehen, wenn er zum Beispiel als „Wächter der geheimen und heiligen Schriften" auftrat.[483] Im Pyramidentext 437 §796c heißt es dazu:[484]

*„Der Totengott Anubis"*

*Quelle: Adolf Erman: Die Religion der Ägypter, Berlin, 1934, S. 43, Abb. 31*

„Du gehst heraus auf die Stimme des Anubis,
wenn er dich verklärt als Thot."

Hans Bonnet schreibt in seinem vorzüglichen „Reallexikon der ägyptischen Religionsgeschichte", ein 900-Seiten-Werk, das selbst für „normale" Menschen noch erschwinglich ist (im Gegensatz zum „Lexikon der Ägyptologie"), daß Anubis und Hermes sogar zu einem „Hermanubis" verschmolzen wurden.[485] Vielleicht ist das der Grund für die niemals vollkommene Verschmelzung zwischen Hermes und Thot – sie sind stattdessen Vater und Sohn!

Vielleicht sollte ich den Versuch unternehmen – er bietet sicher keine entgültige Lösung – dieses Durcheinander in eine geordnete Bahn zu lenken. Danach könnte sich folgendes Bild ergeben:

Henoch = Anubis = der erste Hermes
Methusalem = Thot = der zweite Hermes = Tat?

Es folgen unzählige Priester, die sich als Hermes oder Thot sahen – immer der Priestertradition verhaftet, von der so oft die Rede ist. In der 3. Dynastie erscheint besonders Imhotep mit dieser Aufgabe betraut, wodurch er zu Asklepios wurde. Von da an steht die ägyptische Priesterschaft auch in geschichtlicher Zeit in der Tradition des Thot.
Albert Champdor beschreibt Anubis so:[486]
„Er ist verantwortlich für die Bewegungen, die Räume, die Formen, die Zahlen, die Planeten. Er ist auch der Hüter der magischen Texte, der Beschirmer des Mondes, den Ungeheuer einmal im Monat zu verschlingen drohen, aber wieder ausspeien, sobald Thot zwischen den Gestirnen erscheint. Er ist der von den anderen Göttern geliebte Schreiber, denn er schreibt auf den Bäumen des heiligen Baumes von Heliopolis die Namen der Pharaonen nieder, die noch nicht geboren sind und einst im hunderttorigen Theben herrschen werden." Die Quelle Champdors für diese letzte Aussage ist mir nicht bekannt. Jedenfalls ist das eine typische Aufgabe des Thot und zeigt damit die innere Beziehung zwischen beiden Göttern auf, die sich auf viele Gebiete erstreckt.
Ob nun Hermes, Anubis, Thot, Henoch, Saurid oder Methusalem – sie alle waren vorwiegend für ihre astronomischen Kenntnisse und ihre Funktion im Totenreich bekannt. Bei Josephus zum Beispiel war Abraham nicht wegen seiner biblischen Gerechtigkeit bekannt, sondern vor allem „für seine Fähigkeit hinsichtlich der Himmelskunde".[487] Es ist eben diese Himmelskunde, die uns ein Tor zu den Sternen öffnet. Nicht zuletzt basiert das ägyptische Priestertum auf einer sehr besonderen Art der Astronomie – sie liegt nicht offen da! Doch dazu später.
Die Legende sagt, daß das Vermächtnis dieser vorsintflutlichen Patriarchen die Große Pyramide von Gizeh war. Kein anderes Denkmal der Erde

ist so dazu angetan die Aufmerksamkeit auf sich zu ziehen, und kein anderes hat, so wie es seine Aufgabe war, die Zeit so unversehrt überwunden. Ausgehend von diesen Erkenntnissen ist das Marsrätsel vielleicht tatsächlich zu lösen. Bis heute gibt es als Bestätigung für diese Legenden nur die neue Datierung der Sphinx und ein gesundes Maß an Intuition. Es ist Zeit für einen weiteren „Beweis".

Betrachten wir nun das Meisterwerk der ägyptischen Baukunst zwecks erneuter Analyse näher, über das ein arabischer Dichter schrieb:[488]

„Schau auf die beiden Pyramiden und vernimm von ihnen, was sie aus vergangener Zeit berichten. Schau auf das Geheimnis ihrer Nächte, aber mit dem Auge des Herzens, nicht mit dem äußeren Auge! Wenn sie redeten, so würden sie uns verkünden, was die Zeit in ihrem gesamten Lauf vollbracht hat."

## *Kapitel VI*
## *Kosmische Pyramiden*

*...Daher ist die Existenz der Götter so offenkundig,*
*daß ich jemandem, der sie verleugnet,*
*kaum für gesunden Verstandes halten kann.*
*Cicero, römischer Philosoph*

*Trismegistos! Dreimal Großer!*
*Wie senkt sich dein erhabener Name*
*Zu diesem letzten Kind der Zeit herab.*
*Longfellow, Hermes Trismegistos*

### *Eine notwendige Neuorientierung*

Immer wieder bringt man die Große Pyramide mit astronomischen Beobachtungsmöglichkeiten in Verbindung. Sie alle haben seit 1991 ein erhebliches Problem, und zwar mit der neuen Datierung der Sphinx, die eine Neudatierung der Pyramide selbst fast zwangsläufig nach sich zieht. Im großen und ganzen beziehen sich die Sterndurchgänge auf den Zeitraum von 4000 bis 2000 v. Chr. Wenn nun aber die geologische Untersuchung und die arabisch-jüdischen Berichte recht haben – wobei das erste nur sehr schwer aus der Welt zu schaffen sein wird – dann sind die astronomischen Bedingungen zu Zeiten des Cheops völlig unerheblich, den da stand die Pyramide schon etliche Jahrtausende. Zudem hatten die Ägypter niemals eine Sternenreligion, was gerade in jüngster Zeit häufig übersehen wird.[489]

Ähnlich problematisch ist die reine Grabtheorie. Sie gilt als gesicherte Angelegenheit, obwohl die gewaltige Dissonanz zwischen Aufwand und Ergebnis damit nicht erklärt wurde. Um einfach einen Sarkophag für einen verstorbenen König aufzustellen, bedarf es in keiner Weise so vieler Dinge, die an dieser Pyramide herausragen.

Das größte Problem dieser Theorie liegt in der Existenz von drei Kam-

*Imhotep, der geheimnisvolle Baumeister von König Djoser, errichtete die majestätische Stufenpyramide von Sakkara. Die Griechen erhoben ihn zum Gott Asklepius.*

*Das Gizehplateau von Westen. Von links nach rechts: Die Große Pyramide, die Chefren-Pyramide und die Mykerinos-Pyramide. Im Vordergrund meine zwei Begleiter in der unbarmherzigen Mittagshitze.*

*Die Felsenkammer unter der Großen Pyramide. Beachten Sie die zwei Reihen von Felsen (links und rechts vom Autor). Decke und Wände der Kammer sind eigentlich fertig, so daß sich hinter dieser Anordnung nur eine Symbolik verbergen kann.*

*Das Gizehplateau von Osten. Vergleichen Sie die Menschen vor dem Eingang zum Taltempel (links) und vergleichen Sie diese mit den gewaltigen Steinen der Tempelfassade. Vor der Sphinx liegen die Reste des Sphinxtempels.*

*Der Kopf der Sphinx vor der Großen Pyramide sieht Chefren eigentlich nicht ähnlich, obschon das nicht viel aussagen würde, denn der Kopf blieb von den starken Erosionen verschont und behielt bis vor kurzem sogar einige Reste der farbigen Bemalung.*

*Der Kopf der Sphinx vor der Großen Pyramide.*

*Der Kopf der berühmten Dioritstatue des Königs Chefren im Ägyptischen Museum in Kairo weist ganz andere Gesichtszüge auf, als die der Sphinx.*

*Der Totentempel vor der Chefren-Pyramide fällt nicht nur durch die enorme Größe seiner Steine auf. Von oben nach unten sind diese oft bis zur Hälfte wegerodiert.*

mern. Nun besagt eine etwas ältere aber scheinbar unsterbliche Theorie, daß zunächst die „unvollendete“ Felsenkammer aufgegeben wurde, dann die ebenfalls nicht ganz fertige Königinnenkammer als Aufstellungsort des Sarkophages dienen sollte, und zu guter Letzt wurde dann die Königskammer ausgewählt.[490] Da keine anderen Gründe erkennbar waren, erfand man die Grabräubertheorie, wonach der Standortwechsel die Gangster in die Irre führen sollte. Dabei wurde aber der IQ der mutmaßlichen Grabräuber stark unterschätzt. Sie hätten die Kammern ebenso schnell gefunden wie al-Mamun Jahrtausende später. Drei Gänge bilden noch lange keinen Irrgarten!

Zwischenzeitlich sind die Erkenntnisse weiter gereift, und man weiß nun, daß alle drei Kammern ursprünglich so geplant und ausgeführt wurden.[491] Das betrifft zunächst den Aufsteigenden Gang. Die zwei italienischen Gelehrten Vito Maragioglio und Celeste Ambrogio Rinaldi haben erst in jüngerer Zeit ausgedehnte Untersuchungen an der Pyramide vorgenommen. Leider ist ihr Standardwerk „L'Architettura delle Piramidi Menfite“ nicht zu bekommen, doch kamen sie zu dem Schluß, daß dieser Gang bereits von Anfang an geplant war.

Sie begründen ihre Meinung mit der Einbringung von mehreren Gürtelsteinen im unteren Teil des Aufsteigenden Ganges, die fest mit dem Mauerwerk verzahnt wurden, um den Druck auf die Nahtstelle so gering wie möglich zu halten.[492] Diese Gürtelsteine konnten nachträglich nicht eingebaut werden. Da aber der Aufsteigende Gang tiefer liegt als der Eingang zum Absteigenden Gang, mußte die Pyramide in dieser Phase bereits die Höhe des Eingangs erreicht haben, und die Gürtelsteine waren zu diesem Zeitpunkt bereits an ihrem Platz. Somit muß mindestens die Königinnenkammer geplant gewesen sein, als der Absteigende Gang errichtet wurde. Ganz genau so verhält es sich mit der Abzweigung der Großen Galerie, des Horizontalen Ganges und des Aufsteigenden Ganges. Diese ganze Konstruktion an sich ist schon bemerkenswert. Unter gar keinen Umständen hätte sie nachträglich installiert werden können. Diese Meinung vertritt zum Glück auch Rainer Stadelmann:[493] „Jedenfalls ist an der Nahtstelle...keine Baufuge feststellbar und auch nicht vorstellbar: Galerie und Gang gehören ohne Zweifel ein und derselben Planung an.“

*„Die Wegkreuzung der Großen Galerie und des horizontalen Ganges beweist: Die Große Pyramide ist »aus einem Guß«"*

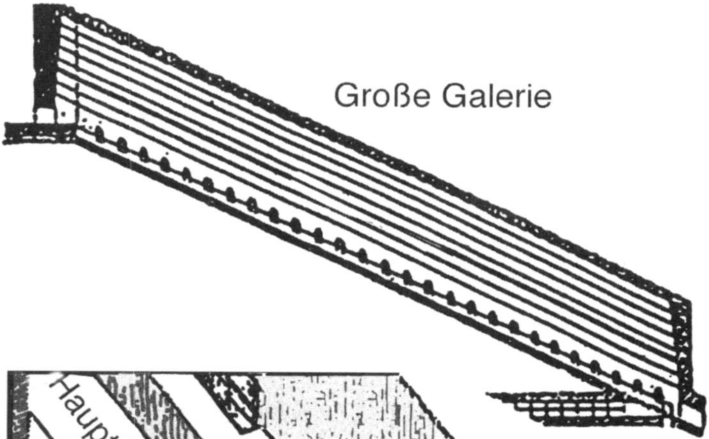


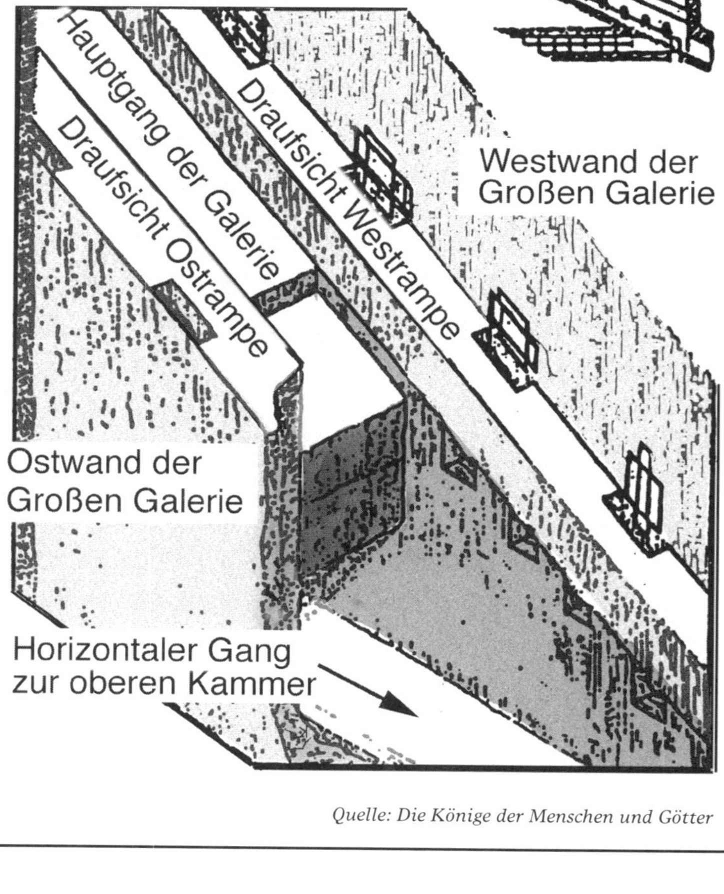


*Quelle: Die Könige der Menschen und Götter*

Daß dies auch auf die sogenannten Lüftungsschächte zutrifft, wurde bereits erläutert. Es läßt sich also sagen, daß die ganze Pyramide so errichtet wurde, wie sie ursprünglich auch geplant war – mit drei Kammern und den Schächten. Im Denken und Handeln der Erbauer gab es keinen Platz für solche Fehler wie das Aufgeben einer Kammer oder die sinnlose Anlage der sogenannten Lüftungsschächte. Die ganze Pyramide ist der Beweis dafür.

Viel mehr wiegt das Ergebnis von Stadelmanns Untersuchung über die Bedeutung der drei Kammern,[494] die von Anfang an eine bedeutende Rolle in der ägyptischen Geschichte spielten – wie die Dreiteilung überhaupt. Wir erinnern uns: Auch in den beiden Pyramiden von Dahschur fanden sich drei Kammern! Konnte das Zufall sein? Stadelmann meint nicht:[495] „Dieses System von drei Grabkammern bzw. Raumeinheiten unterschiedlicher Funktionen ist somit seit der 1. Dynastie eine Art Architekturschema für die Anlage eines Königsgrabes bis zum Ende des Alten Reiches, das, mit Überlegung angewandt, die Entwicklung und Baugeschichte der Pyramiden besser verstehen und erklären läßt als die Berufung auf Planänderungen und Bauphasen, auch wenn unser Verständnis der Funktion der einzelnen Kammern oder Raumeinheiten noch sehr unvollständig ist." Das sind äußerst vernünftige Ansichten, wenn man sie mit den alten Thesen vergleicht.

Nun steht diese Erkenntnis der reinen Grabtheorie nicht gerade freundlich gegenüber. Im Geiste sehen hier viele einen Leichenzug mit Cheops in die Königskammer wandeln. Nicht nur die völlige Bedeutungslosigkeit der anderen Kammern sticht dabei ins Auge, sondern die Gänge in der Pyramide selbst, die ganz bestimmt nicht für diesen Zweck errichtet wurden. Wer schon dort drin war weiß wiederum was damit gemeint ist.

Zunächst hätte sich der Zug durch den Eingang in den Absteigenden Gang zwängen müssen, der mit 1,20 Meter Höhe nicht gerade bequem ausfällt. Der Leichenzug war ein wahrlich trauriges Ereignis. Warum diese beengten Maße? Über eine Konstruktion, die es heute nicht mehr gibt – und die es wohl auch nie gab – bog die Trauergesellschaft samt Leichenbahre in den Aufsteigenden Gang ab. Die Felsenkammer wurde achtlos vergessen. Auf dem Weg nach oben ließ man auch noch die Königinnen-

kammer links liegen, und begab sich direkt in die Große Galerie. Auch mußten sich die Trauernden erst gegenseitig einen steilen Absatz emporhelfen, denn die ersten fünf Meter des Horizontalen Ganges haben keine Decke, und damit hatte der Aufweg keinen Boden. Endlich in der Großen Galerie angelangt, bewegte sich der Zug unter gefährlichsten Bedingungen – es gibt dort keine Treppen – in Richtung Königskammer. Ein weiterer Absatz mußte erklommen werden, bevor sich die Gesellschaft wieder bücken mußte, denn die zwei Gangstücke vor und nach der Vorkammer sind nur 1,11 Meter hoch. Nach dieser unästhetischen Prozession wurde der Leichnam dann in seinen Sarg gelegt. Das war kein Trauerzug, das war eine mörderische Tortur!
Es gibt nicht den geringsten Hinweis darauf, daß es sich so abgespielt hätte. Kein Zeugnis wurde gefunden, das auf ein Begräbnis an diesem Ort schließen lassen würde. Weder Inschriften, noch „Schätze", noch Spuren einer Mumie oder etwas Ähnliches. Dabei haben wir mehr als die Hälfte der Pyramide unberücksichtigt gelassen. Das war von den Erbauern sicher nicht vorgesehen! Sie hatten ja die Pyramide von Haus aus mit drei Kammern geplant...
Nun beklagen die Lehrbücher nicht selten die mangelnde wissenschaftliche Überprüfbarkeit der waghalsigen Theorien mancher Pyramidologen – meist zu Recht. Indem sie aber selbst derart von romantischen Spekulationen geprägte Hypothesen aufstellen, die ebenso wenig, ja vielleicht noch viel weniger überprüfbar sind, öffnen sie jeder Spekulation Tür und Tor, ist sie auch noch so an den Haaren herbeigezogen.
Am wenigsten läßt sich die angebliche „Nichtvollendung" der Felsenkammer nachvollziehen. Wie bereits angeklungen, scheint sie alles andere als unfertig. Man bedenke den riesigen Aufwand für den ganzen Aushub durch den engen Gang, der ja vorwiegend, wie die Kammer selbst, aus dem blanken Felsen gebrochen wurde. Zudem gibt es nicht den geringsten Hinweis, daß diese Kammer jemals als Grabkammer vorgesehen war. Vielmehr hat sie eine Menge Fragen aufgeworfen, die bisher schlichtweg ignoriert wurden. Wir sehen also, daß die Lehrmeinung hierbei auf keinen Fall von „Fakten" ausgeht, sondern sich von ihrer eigenen Theorie leiten läßt.

Am seltsamsten ist die Vorgehensweise in der Kammer selbst. Nicht nur weil hier ein weiterführender Gang angelegt wurde, sondern vielmehr weil der Felsen teilweise bewußt stehengelassen wurde, und zwar so offensichtlich, daß man dahinter sogar ein System vermuten muß – das geschah mit Absicht! Schlußfolgernd sollte man dies also auch erkennen. Hinter diesen „Türmen" wurde die Arbeit dann allerdings fortgesetzt. All das führt uns zu der Frage, wie man eine Kammer aus dem Felsen bricht. Ich weiß auch nicht wie, doch so nicht! Diese Formationen sind pure Absicht. Derartige „Fehler" haben in dieser Pyramide keinen Platz.

Darüberhinaus ist die Dreigliederung ein wesentlicher Bestandteil des ägyptischen Kosmos'. Diese Eigenart läßt sich bis zur „Erfindung" der Hieroglyphenschrift zurückverfolgen. Leider hat mir Rainer Stadelmann bis heute keine Antwort auf einen Brief mit diesem Inhalt zukommen lassen. Die prinzipielle Dreigliederung des ägyptischen Weltenbaues wurde jedenfalls meines Wissens nach bisher nicht ins Spiel gebracht, obschon sie mehr als naheliegend ist. Im Wesentlichen tritt die Dreigliederung (zum Beispiel Pylone mit Vorhof, Säulensaal, Sanktuar) in den meisten ägyptischen Tempeln auf. Wenn man nun die Pyramiden selbst als eine andere Form der Tempel sehen will, könnte diese Pyramide dafür das Vorbild gewesen sein. Schließlich finden wir in den Tempeln im Kern dieselben Inhalte in den Inschriften, wie in den Pyramiden der 5. und 6. Dynastie.

Einer dieser späten Tempel ist der Horustempel von Edfu (*Djeba*), der nach genauesten Angaben über mehreren weit älteren Tempeln errichtet wurde, die bis ins Alte Reich zurückreichen.[496] Er liegt heute mitten in dem kleinen Ort. Der Bazar und die Touristenkutschen vor dem Tempel sind ein sicherer Garant für Kopfschmerzen – nach spätestens dreißig Minuten. Derart turbulent geht es dort zu.

In den Tempel hinein gelangt man durch die zwei Pylonen, zwischen denen der höchste Gott in seinem „Erscheinungsfenster" auftaucht.[497] Symbolisch stehen die Pylonen als „Westberg". Dieser Ort ist der Himmel. Durch den Vorhof gelangt man anschließend in die Säulenhalle, die symbolisch den Himmel „hebt" oder „trägt". Die Decke ist dabei auch als Himmel gekennzeichnet, und zwar durch die Anbringung unzähliger fünfzackiger (!) Sterne. Durch die prunkvolle Fassade des Sanktuars gelangt man dann ins „Allerheiligste“, dessen wichtigster Zweck es ist, das Kultbild zu beherbergen, das hier am irdischen Thron des Gottes von einem Lichtstrahl angeleuchtet wurde. Vielleicht sollte ich hier darauf hinweisen, daß Hölscher am Kernmauerwerk der Chefren-Pyramide ebenfalls so einen fünfzackigen Stern an der Ostseite fand.[498] Hierbei handelt es sich zweifelsfrei um eine Vorzeichnung, denn 37 Zentimeter nördlich fand sich eine senkrechte schwarze Linie und 50 Zentimeter südlich des Sterns wieder. 15 Zentimeter darüber befand sich eine horizontale Linie und wiederum darüber die Reste einer Inschrift, die nicht entziffert werden konnte.

*„Der Tempel des Horus von Edfu zeigt die klassische Dreigliederung des ägyptischen Tempels“*

*Quelle: Adolf Erman: Die Religion der Ägypter, Berlin, 1934, S. 160, Abb. 67*

Der Pronaos, der Schrein im Allerheiligsten des Tempels, sieht genauso aus wie die Entlastungskonstruktion der Großen Pyramide mit ihrem giebelförmigen Abschluß und besteht ebenso aus Rosengranit. Die meisten mir bekannten Tempel haben so ein Heiligtum. Sollte es irgendeine Verbindung zur Großen Pyramide geben? Ich meine ja.
Diese Dreiteilung läßt sich jedenfalls bis zur Großen Pyramide zurückverfolgen – auch über die Pyramiden von Dahschur. In Edfu wird häufig erwähnt, daß der Tempel in allen Details nach streng vorgeschriebenen

Plänen erbaut wurde.[499] Genau das könnte auch auf die Große Pyramide zutreffen, ja vielleicht haben wir in Gizeh sogar den Ursprung dieser Methode gefunden.
Wenn wir feststellen, daß die ganze Pyramide so aussieht, wie sie ursprünglich auch aussehen sollte – mit drei Kammern und den anderen Hinweisen auf eine Gesamtplanung -, dann gibt es keinen vernünftigen Grund, weiter von Bauphasen zu sprechen. Da wir hier über keinerlei Inschriften verfügen, bleibt der Pyramide selbst nichts anderes übrig, als sich symbolisch auszudrücken. Genau so soll es sich nach dem Hitat verhalten. Die ganzen mathematischen und geometrischen Besonderheiten haben uns doch längst klargemacht, daß die Pyramide etwas zu sagen hat. Wir haben die Botschaft nur noch nicht gefunden. Eben dieses „Finden" ist ja fest verbunden mit der Gestalt des Hermes oder Thot. Ja, den meisten Wörtern, die mit dem findenden Ibis geschrieben werden, kann man eine passende Bedeutung geben.[500] Da heißt es zum Beispiel *gm.w r drf n Djhwtj*, „verifiziert nach der Schrift des Thot" oder *gmyt*, das heißt „Nachforschung". *Gmh* bedeutet „sehend sein" oder „weitsichtig". *Gmgm* heißt „untersuchen" oder „sondieren". All das wird mit dem findenden Tier des Thot geschrieben. Es wird Zeit darauf zu reagieren.
Während ich mir wieder einmal diese Gedanken machte, fiel mir ein hermetischer Text auf, Kore Kosmu (Isis an Horus) heißt das Kapitel:[501]
„...Hermes, er, der Kenntnis über alles gewann. Hermes sah alle Dinge und verstand was er sah, und er hatte die Macht anderen zu erklären, was er verstanden hatte...denn was er entdeckte ist auf Tafeln niedergeschrieben, und was er beschriftete verbarg er sicher, und er hinterließ den größten Teil unbeschreiblich, auf daß alle späteren Zeitalter es untersuchen mögen.
Und Hermes hieß den Göttern Beachtung zu schenken, zu denen er verwandt war, und er bereitete sich vor, zu den Sternen aufzusteigen. Aber ihm folgte Tat nach, der sein Sohn war, und damit der Erbe des Wissens, das Hermes erwarb; und nicht lange danach Asclepios, auch Imuthes genannt, der Sohn des Ptah, der auch Hephaistos genannt wird, und all die anderen Menschen, die durch die Kenntnis dieser alles beherrschenden Vorsehung bestimmt waren, mit äußerster Genauigkeit die Wahrheit

der himmlischen Lehre ausfindig zu machen. Aber Hermes übertrug die Lehre seinem Sohn nicht in vollem Umfang, weil Tat sich noch in seiner frühesten Jugend befand. Und so sprach Hermes: „Ich selbst erblickte mit dem allessehenden Auge der Gedanken die unsichtbaren Dinge...und als ich sie untersuchte, kam über mich in kleinen Schritten, aber mit voller Wucht, die genaue Kenntnis der Wahrheit. (...Und nun muß ich) diese heiligen Symbole der kosmischen Elemente unmittelbar durch die geheimen Dinge des Osiris verbergen, und nachdem ich ein Gebet darüber sprach muß ich mich zum Himmel entfernen.

Es ist nicht richtig, mein Sohn, wenn ich dir diesen Bericht unvollendet hinterließe. Ich muß dir alles erzählen was Hermes sagte, als er seine Bücher hinterlegte. So sprach er: ‚Die heiligen Bücher, die ich mit meinen vergänglichen Händen niederschrieb, aber eingesalbt mit der Arznei der Unvergänglichkeit durch ihn, der Meister über alles ist, bleiben frei von Zerfall durch alle Zeiten. Und sie bleiben ungesehen und unentdeckt durch alle Menschen, die auf den Ebenen dieses Landes auf- und abgehen, bis zu der Zeit wenn der alte Himmel Dinge erzeugen wird, die dir würdig sind.' Nachdem er dieses Gebet über dem Werk seiner Hände sprach, wurde Hermes in der heiligen Stätte der Ewigkeit empfangen."

Wir brauchen über die Bedeutung dieses Textes nicht weiter zu spekulieren. Dasselbe sprach Henoch zu Methusalem. Das war eine handgeschriebene Einladung, das Geheimnis der Großen Pyramide zu lüften, und ich glaubte jetzt die notwendigen Werkzeuge zu besitzen.

Immer wieder sah ich mir die Meinungen anderer Forscher an, um selbst zu einer Schlußfolgerung zu gelangen. Charles Berlitz, bekannt für seine Bücher über das legendäre Atlantis, steuerte mir folgenden hilfreichen Kommentar bei:[502]

„Der größte Schatz indes war in all den Jahren seitdem geschichtliche Ereignisse niedergeschrieben werden zur Hand, doch wurde er nicht als solcher erkannt, bis unser Wissen das der Vorfahren ‚aufholte' und die verschlüsselte Botschaft lesen konnte. Vielleicht ist nämlich der ‚geheime Schatz' die Pyramide selbst, die Stelle, an der sie erbaut wurde, ihr Umfang, das System ihrer äußeren und inneren Maße und der Verlauf der Innengänge...

Einige der unschwer nachzurechnenden Vergleiche und Zahlenangaben vermitteln das Gefühl, die Pyramide von Gizeh sei in der Tat eine Bibliothek gewesen, in der riesige und äußerst mühevoll zusammengefügte Steine den Platz der leicht zerstörbaren Papyrus- und Pergamentrollen einnahmen. Die Pyramide erscheint als Hort wissenschaftlicher Kenntnisse, als ein gigantischer Tresor in der Wüste, der künftige Völker mit entsprechender wissenschaftlicher Vorbereitung erwartet hat."

Das mußte es sein. Des Hermes heilige Bücher wurden – wahrscheinlich durch seinen Sohn – in eine neue und unvergängliche Form gebracht. Es entstand die Große Pyramide von Gizeh, ein zeitloser Hort des Wissens, wie längst bewiesen wurde. Doch welches Wissen verbarg sich dort genau? Bisher gab es keine Erkenntnisse im „Status absolutus". Daß es sich um kosmische Dinge handelt, ist jedenfalls leicht zu entnehmen.

Lassen wir all das Revue passieren, landen wir unweigerlich wieder bei jenem König Saurid, oder wie wir ihn auch nennen wollen. Lesen wir nochmals nach, was uns die Pyramide aufzeigen soll:[503]

„In der östlichen Pyramide", heißt es da, und gemeint ist die Große Pyramide, „ließ er die verschiedenen Himmelsgewölbe und die Planeten darstellen..." und an anderer Stelle:[504] „...deutbar für den, der ihre Schrift und Sprache kennt."

Schrift und Sprache dieser Pyramide sind Mathematik und Geometrie, was bisher nicht widerlegt werden konnte. Nein, es war vielmehr offensichtlich. An keiner anderen Pyramide der Welt funktionieren die hinreichend bekannten Zahlenspiele. Wo sind die Planeten und Himmelsgewölbe?

Wir konnten in den vorangegangenen Kapiteln eine Auswahl an Planeten treffen, die von besonderer Bedeutung für die alten Völker waren. Nicht zuletzt drängt das Gesicht auf dem Mars selbst schon den Namen des Planeten auf, der hier auch gemeint sein müßte. Erde und Mars sind also sichere Kandidaten. „Himmelsgewölbe" ist mir nur eines bekannt: der Asteroidengürtel! Teotihuacan sowie die Vorstellungen der mesoamerikanischen Urbevölkerung über das Totenreich, sind Grund genug ihn als dritten Kandidaten ins Rennen zu schicken.

Laut Peter Tompkins vermutete schon der argentinische Gelehrte JosÈ Alvarez Lopez in „Fisica y Creacionismo" (Physik und schöpferisches Ver-

mögen) die Vermutung, daß die Pyramidenelle als „absolutes Meter" als „naturgegebene Einheit im Sonnensystem auftritt"[505] Er sah daher in der Großen Pyramide die symbolische Darstellung unseres Sonnensystems. Allerdings scheint er der Sache nicht weiter nachgegangen zu sein, denn sonst gäbe es dieses Buch hier nicht.
Die Ägyptologen stehen für derartige Untersuchungen nicht zur Verfügung. Nach Georgio de Santillana wären sie dazu auch gar nicht in der Lage. Er wirft ihnen nämlich vor „eine geradezu vorsintflutliche Ahnungslosigkeit auf dem Gebiet der Astronomie an den Tag gelegt zu haben, eine Ahnungslosigkeit, die soweit ging, daß einige von ihnen nicht einmal wußten, daß es das Phänomen der Präzession überhaupt gibt."[506] Ich darf hier gleich hinzufügen, daß an das, was wir jetzt gleich finden werden, die Ägyptologen beim besten Willen nicht denken konnten. Nur das Marsgesicht ist der Auslöser für die neue Betrachtungweise an der Großen Pyramide. Überhaupt konzentriert sich die Kritik an der Lehrmeinung über alle Maßen hinaus auf das Plateau von Gizeh. Die bedeutendsten Gelehrten selbst sind es, die uns, gemischt mit den neuen Erkenntnissen, zum Ziel führen werden, ohne dem ägyptischen Wesen auch nur ein Haar zu krümmen, ohne den Göttern charakterfremde Interpretationen aufzwängen zu müssen. Hier ist meine Lösung:

## *Das Planetarium*

Betrachten wir also die Erde, den Mars und den Asteroidengürtel als das Ziel unserer Suche in der Geometrie der Großen Pyramide. Es bedarf keiner besonderen Fähigkeiten, um den Asteroidengürtel in der Felsenkammer symbolisch wiederzuerkennen. Diese merkwürdigen Formationen haben bisher keine Erklärung erfahren, ja sie wurden noch nicht einmal diskutiert, weil das System der Regelmäßigkeit der Felsformationen nicht erkannt wurde. Wir werden später (Band 2, Kap. III.) noch Gelegenheit bekommen, eine Hieroglyphe kennenzulernen, die sowohl in ihrer Bedeutung als auch in ihrem Aussehen die Felsenkammer zeigt. Man muß einfach nur genau hinsehen.
Brauchte man tatsächlich nur die Sätze des Hitat wörtlich zu nehmen? Ich

biß mich in dieser Lösung fest. Das wäre das Genialste, was ich mir überhaupt vorstellen konnte. Die Große Pyramide von Gizeh zeigt die inneren Planeten..., und genau das wurde ja in den alten Quellen von ihr verlangt.

Eine mehr als naheliegende Fortsetzung war die Identifizierung der Königinnenkammer mit dem Mars, der seine Umlaufbahn als nächster Planet zwischen Erde und Asteroidengürtel zieht. Wenn an dem vermuteten Symbolgehalt der Pyramide irgend etwas dran war, dann stand der rauhe und „unfertige“ Boden für die heute lebensfeindlichen Bedingungen auf dem Mars. Elitär gelöst wie die Felsenkammer! Diese Pyramide ist ein Tresor des Wissens, wie man es sich nur in seinen kühnsten Träumen vorzustellen wagt.

Der nächste gedankliche Schritt vollzog sich in der Königskammer, die damit nur für die Erde stehen konnte. Dort stand schließlich der Sarkophag, von dem aus die Seelen der Verstorbenen zum „Himmel“, oder in diesem Fall vielleicht besser zur Unterwelt, steigen sollte. Hier beginnt die lange Reise. Tod und Kosmos finden sich hier in den kahlen Gewölben des faszinierendsten Bauwerks unseres Planeten, rein geometrisch ausgedrückt. Sie erzählen eine Geschichte, die so unfaßbar ist wie jenes rätselhafte Gesicht auf dem Mars selbst. Sie wird erzählt durch die Lage der drei Kammern und die Gänge, die sie verbinden. Zum ersten Mal wurde mir klar, auf was ich da eigentlich gestoßen bin. Die Möglichkeiten sind nicht einmal annähernd abzuschätzen. Ja, sie mußte so aussehen, mit drei Kammern versehen, wie Stadelmann es schreibt. Welch erhabenes Bauwerk, welch Meisterleistung einer Zeit, von der wir augenscheinlich nichts wissen!

Das war wohl eine sehr interessante Theorie, doch mußte die ganze Idee zunächst auf ein brauchbares Fundament gestellt werden. Zunächst benötigte ich zuverlässige Maße und eine Zeichnung so groß wie möglich. Das Leidwesen dabei waren die völlig unterschiedlichen Angaben. Das am besten vermessene Bauwerk der Welt hat die Forscher ganz schön an der Nase herumgeführt. Kaum zwei Angaben waren identisch. Natürlich sind die Abweichungen minimal, doch für unsere Zwecke zählen schon bald Millimeter! Letztlich verwendete ich die häufigsten Maße, vorwie-

gend aus den Werken von Petrie, Stadelmann, Edwards und Schüssler. Der Rest ergab sich praktisch von selbst.
Ich begann die Gänge und Kammern einzuzeichnen. Dem sogenannten Brunnenschacht, der von der Großen Galerie aus nach unten führt und dann im Absteigenden Gang mündet, maß ich dabei keine Bedeutung zu. Er paßt nicht zur Eleganz der restlichen Pyramide, und seine Entstehung ist nicht geklärt. Ich halte ihn für ein Machwerk der 4. Dynastie, ohne daß dies allerdings beweisbar wäre..
Das nächste Problem ergab sich bereits aus der Pyramidenachse. Außer der Königinnenkammer für den Mars befand sich nur das Ende der Großen Galerie auf der Ost-West-Achse. Daß es dafür handfeste Gründe gibt, wurde mir erst später klar. Die merkwürdige Verlagerung von der Nord-Süd-Achse bleibt ebenso im Dunkel. Schon beim Eingang begegnen wir dieser merkwürdigen Abweichung. Der Absteigende Gang beginnt nämlich 7,32 Meter östlich dieser Linie. Dazu Stadelmann:[507] „...dagegen ist die Nord-Süd-Achse durch eine Ritzung im Unterpflaster angezeigt, ein eindeutiger Hinweis darauf, daß die bei allen Pyramiden bezeugte Versetzung des Eingangs aus der Nord-Süd-Achse nach Osten hin eine – wenn auch uns unbekannte – gewollte Bedeutung hat."
Ich ging nun davon aus – da sich keine andere Möglichkeit bot -, daß sich alle relevanten mittleren Bahndaten der Planeten und des Asteroidengürtels auf der Pyramidenachse wiederfänden, das heißt ich projizierte die Felsenkammer auf dieselbe. Für die Erde genügte dabei die gleich hohe Vorkammer. Dabei ergab sich bei den Bahndaten ein hohes Maß an Ungenauigkeit, da die Felsenkammer – wie oben beschrieben – keinen ebenen Boden aufweist, der einen sicheren Anhaltspunkt bieten könnte. Eine andere Vorgehensweise mußte her, der die Bestimmung eines zuverlässigen Maßstabs ermöglichte.
Da jedes Sonnensystem eine Sonne im Zentrum hat, lag es also nahe den Standort der Sonne in der Pyramide zu ermitteln, der womöglich architektonisch gekennzeichnet sein könnte. Die ersten Berechnungen ergaben dabei einen nicht nennenswerten Punkt im oberen Teil der Pyramide. Doch stellte ich dabei fest, daß die Pyramidenspitze vom vermuteten Standort der Sonne aus ziemlich genau so weit entfernt war, wie der

Boden der Königinnenkammer. Mit anderen Worten: Die Pyramidenspitze bezeichnete wiederum die mittleren Bahndaten des Mars, nur diesmal in Opposition – auf der anderen Seite der Sonne! Anhand dieser Erkenntnis genügte es nun die Strecke zwischen der Pyramidenspitze und dem Boden der Königinnenkammer in der Mitte zu teilen. Genau dort befindet sich damit symbolisch der Standort der Sonne, und damit war ebenfalls der Maßstab für das Miniatursonnensystem in der Pyramide vorgegeben.

*„Die Große Pyramide von Gizeh als Planetarium“*

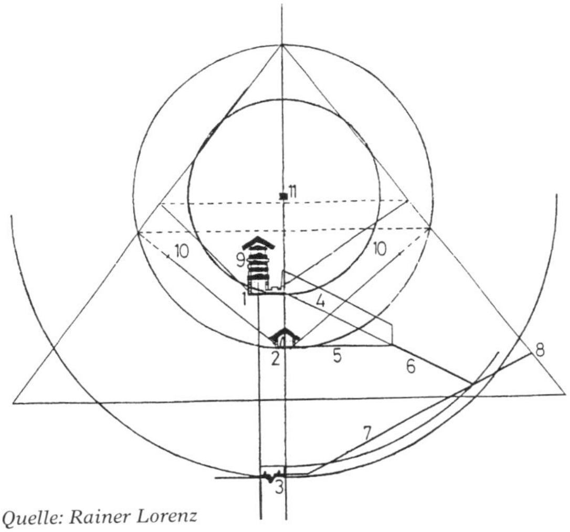


*1. Königskammer – Erde*
*2. Königinnenkammer – Mars*
*3. Felsenkammer – Asteroiden*
*4. Große Galerie*
*5. Horizontaler Gang*
*6. Aufsteigender Gang*
*7. Absteigender Gang*
*8. Eingang*
*9. „Entlastungskammern“*
*10. Schächte*
*11. „Kammer des Wissens?“ – Sonne*

*Quelle: Rainer Lorenz*

Das naheliegendste war nun die Einzeichnung der mittleren Bahndaten von Erde, Mars und Asteroidengürtel. Ich begann mit dem Asteroidengürtel, dessen Zentrum nach der Fachliteratur bei etwa 2,8 bis 2,9 astronomischen Einheiten liegt. Eine astronomische Einheit (AE) ist der mittlere Abstand zwischen Sonne und Erde, der 149.597.870 Kilometer beträgt. Genau wie sich ein eigentliches Zentrum des Asteroidengürtels nicht festlegen läßt – dazu mehr im nächsten Kapitel – bietet uns auch der Boden der Felsenkammer keinen festen Anhaltspunkt für eine genaue Ermittlung. Da ich die Bahndaten auf die Pyramidenachse projizierte, die Felsenkammer aber südlich dieser Achse liegt, war die Folge, daß meine Zirkelmiene praktisch quer durch die Felsenkammer verlief. Als symbolische

Aussage seitens der Pyramide reichte das aus, denn die Felsenkammer ist als Symbol für die himmlische Ansammlung von Kleinplaneten deutlich genug. Ja, sie könnte nicht besser sein!
Der nächste Schritt zur Vervollständigung des Sonnensystems in der Großen Pyramide war die Konstruktion der mittleren Marsumlaufbahn. Ich setzte also den Zirkel mit dem berechneten Abstand an, und die Miene überquerte haarscharf den Boden der Königinnenkammer. Die Überraschung wuchs jedoch über die Größe der Pyramide selbst hinaus, als ich den Kreis weiterzog. Wir erinnern uns, daß die Schächte der Königinnenkammer nicht bis an die Außenseite der Pyramide geführt wurden. In meiner Zeichnung jedoch setzte ich diese Schächte mit einer unterbrochenen Linie trotzdem bis zur Außenwand fort. Das Ergebnis war, daß die Umlaufbahn des Mars genau dort die Außenseite der Pyramide schnitt, wo ich diese Linien anbrachte! Daraus wurde also ein Kreis mit vier Punkten!
Daß die Spitze der Pyramide von der Marsumlaufbahn gekreuzt wurde lag ja, bedingt durch die Ermittlung des Standortes der Sonne selbst, auf der Hand. Nun aber war der Mars auf seiner Umlaufbahn durch ganze vier Punkte in baulichen Maßnahmen und der Geometrie der Pyramide vertreten!

1. Boden der Königinnenkammer
2. Spitze der Pyramide
3. und 4. Projizierter Austritt der unteren Schächte

Dieser Kreis gab der ganzen Pyramide einen faszinierenden geometrischen Zusammenhang. Nachdem schon jetzt klar wurde, daß der Mars in dieser Miniatur die Hauptrolle spielte, begann ich die Bahn für die Erde einzuzeichnen, die natürlich messerscharf den Boden der Königskammer schnitt. Leider spielten die Schächte der Königskammer dabei keine Rolle, so daß ich für ihr Vorhandensein keine sichere Erklärung finden konnte – bis heute. Doch da beide Schächte extra mit zwei unterschiedlichen Winkeln angelegt wurden, um in gleicher Höhe aus der Pyramide auszutreten, kann auch hierfür eine Bedeutung angenommen werden.

Die wesentlichen Punkte eines Miniatursonnensystems der inneren Planeten in der Großen Pyramide von Gizeh sind damit erkannt, und die alten Legenden, auf die niemand etwas geben wollte, haben sich dadurch bestätigt. Das ist der erste Schritt zu einem völlig neuen Verständnis der alten Überlieferungen. Angesichts der Entdeckungen auf dem Mars bleibt beinahe nichts übrig, als einen Zufall auszuschließen, zumal ja in Teotihuacan – das schließlich auf der anderen Seite unseres Planeten liegt – dasselbe Phänomen entdeckt wurde, und das berühmte Stonehenge zeigt wiederum nichts anderes als die inneren Planeten unseres Sonnensystems! Die Pyramiden der Welt haben damit nicht nur ihren gemeinsamen Ursprung preisgegeben. Vielmehr zeigt sich jetzt, daß ein Vermächtnis von den alten Hochkulturen der Erde existiert, von dem wir nicht das Geringste wissen. Erst jetzt bietet sich zum wirklichen Verständnis ein ganz neuer Weg an.
Die drei Orte, an denen unser Sonnensystem symbolisiert wurde – Gizeh, Teotihuacan und Stonehenge -, wird man doch wohl kaum gemeinsam als Zufall abtun können. Diese drei Stätten galten schon vorher als die bedeutendsten Bauwerke, die von unseren Ahnen als Vermächtnis hinterlassen wurden. Sie sind die herausragenden Zentren des Altertums. Es ist gar nichts anderes möglich, als daß in dieser Darstellung der inneren Planeten etwas symbolisiert werden sollte, etwas von herausragender Bedeutung. Es ist die Pflicht eines jeden Forschers, dieser Symbolik nachzuspüren. Trotzdem werden wir erleben, daß dem keine Achtung geschenkt wird. Für mich selbst bedeutete dies alles aber neue Motivation, neuen Mut. Was ich hier entdeckte war so fundamental, daß ich beschloß alle Kraft aufzuwenden, um die ägyptische Götterwelt nach Spuren dieses Vermächtnisses zu untersuchen, und die mußte es einfach geben. Dabei sollte es auch an Gründlichkeit nicht fehlen. Ich fand ein Juwel und wollte es nicht achtlos beiseite legen, oder mir gar zerstören lassen. Sämtliche Standardwerke mußten her, alle Meister der Ägyptologie mußten antreten, und das Team der Bücherei mußte mich zweifellos für völlig wahnsinnig halten...
Bevor wir an die Aufarbeitung dieser neuen Umstände gehen, gilt es noch einiges zu klären. Das sind zum Beispiel die sogenannten Entlastungs-

kammern, denen scheinbar jeder Sinn abgeht. Die Oberseite der Blöcke oder der Böden der einzelnen Kammern, wenn man so will, ist recht uneben und für eine Messung in kosmischen Maßstäben kaum geeignet. Trotzdem liegt die zweite Entlastungskammer mit ihrem Boden so, daß wenn man ihn auf die Achse der Pyramide projiziert, er recht genau für die Umlaufbahn der Venus steht.

Als sonnennächster Planet zieht der Merkur seine Bahn auch in der Pyramide, wenn man nämlich die Giebelspitze über den Entlastungskammern wiederum auf die Achse projiziert. Fertig ist das Planetarium. Selbst Nebensächlichkeiten weisen auf die Konstruktion um die Sonne herum hin. So berührt ein Kreis, der mit der Sonne als Mittelpunkt gezogen wird, gleichzeitig die Decke der Felsenkammer als auch den Beginn des Aufsteigenden Ganges. Das alles war eine wirklich tolle Sache. Nicht nur weil ich dadurch das Marsrätsel lösen konnte, sondern vor allem hat sich die Pyramide als das erwiesen, was die Legenden, die sie mit der Sintflut zusammenführten, verlangten. Die Konsequenz ist: die Große Pyramide von Gizeh ist dem Alter der Sphinx entsprechend mehrere tausend Jahre zurückzudatieren. Diese Legenden, die nie ernstgenommen wurden, erweisen sich hiermit als wahr und eröffnen völlig neue Dimensionen.

Seit langer Zeit schon vermuten Forscher eine geheime „Kammer des Wissens“ in der Großen Pyramide. Dieses Motiv führte letztlich schon al-Mamun nach Gizeh. Sollte es diese Kammer wirklich geben – man kann dies jetzt kaum mehr ausschließen -, dann ist zumindest ihre Lage kein Geheimnis mehr. Für die wesentlichen Punkte des Sonnensystems stehen bauliche Maßnahmen: Für den Asteroidengürtel ist es die Felsenkammer, für den Mars die Königinnenkammer und für die Erde konnte natürlich nur die Königskammer in Frage kommen. Das entscheidende Merkmal eines Sonnensystems, nämlich die Sonne selbst, ist hier ein völlig unbekanntes Gebiet im oberen Teil der Pyramide, in einer Höhe von etwa 85 Metern. Ich möchte nicht darüber spekulieren, was dort gefunden werden könnte. Meine Phantasie reicht dafür nicht aus. Die Quellen, die wir vorher über den Erbauer der Pyramide zitiert haben, versprechen jedenfalls einiges. Sämtliche Wissenschaften sind dort vertreten und nicht zuletzt eine Chronik über die Menschheit, die natürlich mehr über den Mars aus-

sagen könnte, als jede Forschung die wir hier betreiben. Jedenfalls behaupten das die hermetischen Texte, die bisher achtlos liegenblieben, die aber das Geheimnis der Pyramide kannten. Thot, Tat, Methusalem oder sonst wer, verbarg dort die heiligen Bücher des Wissens.
Andererseits könnte es genausogut möglich sein, daß die Pyramide so wie sie ist, genug Aussagekraft besitzt und eine „Kammer des Wissens" gar nicht mehr nötig macht. Zudem erscheint es mir etwas befremdlich, daß es keinen direkten Zugang geben soll. Irgend etwas fehlt hier. Vielleicht ein Zugang außerhalb der Pyramide? Ich denke da, und das verdanke ich freilich wieder ausschließlich meiner Phantasie, an die „Tore" oder die „Pforte", die im Hitat extra so erwähnt werden. Obwohl ich nicht der Meinung bin, daß dies eine brauchbare Beschreibung ist, zitiere ich die Textstelle. Immerhin zeigt sie uns den Glauben der damaligen Zeit an einen weiteren Eingang:[508]
„40 Ellen unter der Erde ließ er Tore für die Pyramiden anbringen. Das Tor der östlichen Pyramide lag auf der Ostseite, 100 Ellen von der Mitte der Pyramidenwand entfernt, das der westlichen auf der Westseite, gleichfalls 100 Ellen von der Mitte der Pyramidenwand entfernt, das Tor der farbigen Pyramide auf der Südseite, ebenfalls 100 Ellen von der Mitte der Pyramidenwand entfernt. Wenn man hinter dieser Strecke gräbt, so gelangt man zu der Pforte des gewölbten Ganges, der als Eingang zum Pyramidentor gebaut ist."
Hätten die Schreiber dieser Zeilen die exakte Stelle gekannt, dann würden sie dort ein Loch gegraben und damit die Kammer entdeckt haben. Das geschah aber sicher nicht. Vielmehr zeigt der Text nur den sicheren Glauben an so einen externen Eingang. Da im Hitat schon die eigentliche Bedeutung der Pyramide bekannt war, und das haben wir ja eben erst gesehen, wird es auch in bezug auf einen weiteren heute unbekannten Eingang, der freilich nur in die „Kammer des Wissens" führen kann, nicht ganz falsch liegen können. Aber das sind eben nur Überlegungen.
Das Grundsätzliche werden wir auch mit Hilfe der ägyptischen Götterwelt erfahren, ohne auf die „Kammer des Wissens" zurückgreifen zu müssen. Allerdings fallen die Gedanken natürlich auf Edgar Cayce, dem berühmten „schlafenden Propheten", der die Entdeckung dieser

Kammer noch vor der Jahrtausendwende voraussagte. Wird Cayce recht behalten? Steht uns eine derart tiefgreifende Entdeckung wirklich bevor?

Bis dahin gibt es noch viel zu tun. Eine ganze Reihe Fragen bleiben offen. In der Symbolik der Pyramide versteckt sich ein geheimnisvoller Zusammenhang zwischen der Erde und dem Asteroidengürtel. Gewissermaßen läßt sich hier eine zweite Achse erkennen, denn die Mittelachse der Königskammer bildet auch gleichzeitig das Ende der Felsenkammer. Was bedeutet weiterhin der unvollendete Gang, der hinter der Felsenkammer zwar fortgesetzt wird, aber dann ganz plötzlich endet? Wenn die Große Pyramide der von mir vermutete Urtempel ist, dann befände sich hier das „Erscheinungsfenster" des höchsten Gottes als Parallele zu den Tempelpylonen. Wer jetzt gut aufgepaßt hat und sich die Formen der Felsenkammer merkt, weiß dies längst. Doch dazu später (siehe dazu Band 2, Kap. III.).

Etwas klarer wird nun auch die Funktion der Großen Galerie. Dieser Gang, der ja symbolisch zur Erde „hinaufführt" ist durch sieben Rücksprünge gekennzeichnet – führt damit also zum Planeten Nummer sieben – der Erde! Ebenso finden wir in der Königinnenkammer die bereits erwähnte Nische, die – wie auch die Große Galerie – im Grunde nichts anderes zeigt als eine Stufenpyramide. Hier zählen wir fünf Rücksprünge, und wir werden die Verbindung zwischen Mars und Asteroidengürtel, die sich hieraus ja ergibt, zufriedenstellend beantworten können. Die Sechs nähert sich der Fünf, heißt die Formel etwa im ägyptischen Denken.

Jetzt gilt es, die Beweisführung, daß wir es hier wirklich mit einem Planetarium zu tun haben, fortzusetzen. Wie Ahmed so treffend bemerkte: „Du wirst es schwer haben, diese Theorie zu beweisen." Wenn ich ihn dann danach fragte, welche „Beweise" die Gelehrten für Cheops hätten – meine lassen sich immerhin nachrechnen – meinte er lächelnd:

„Gelehrte brauchen keine Beweise – sie haben ein Diplom!"

## *Die geheimen Kammern des Thot*

Der Bau der ägyptischen Tempel beruhte nicht auf kurzfristigen Entwürfen, sondern vielmehr auf längst vorgegebenen Plänen, die peinlich genau befolgt werden mußten. Solche Pläne konnten zwar bisher nicht gefunden werden, doch zeigt ein Papyrus den Entwurf einer Türdekoration und ein Ostrakon den Entwurf einer Ritualszene.[509] Trotzdem gilt die Existenz dieser Vorgaben als gesichert. Hinweise darauf begegnen uns auf Schritt und Tritt. Im Bücherraum von Edfu kannte man zum Beispiel ein Buch „Vorschrift für das Beschriften einer Wand".[510] Oder es heißt:[511] „Seine Wände sind seiner Art gemäß dekoriert worden, entsprechend dem, was in den alten Schriften steht" oder das Buch „Angabe-der-Stätte-der-ersten-Urzeit".[512]

Es versteht sich, wenn all diese Vorschriften auf Thot zurückgeführt wurden. Hans Bonnet notierte dazu:[513] „Wie der Kult durch Rituale bestimmt ist, so sind auch für den Tempelbau Vorschriften gegeben, die ohne Frage in Büchern verfaßt waren und auf Thot selbst zurückgeführt wurden. Daß die Anlage der Räume den Plänen des Gottes entspreche, wird in den Inschriften des Tempels von Dendera ausdrücklich hervorgehoben. Auch sonst betonen sie den Anschluß an alte Überlieferungen." Nicht anders kommentiert Dieter Kurth, und er bringt dazu das wesentliche Merkmal – unsere Entdeckung! – zur Sprache:[514] „Eine bestimmte Idee des Tempels hat besonders viele Sinnbezüge gestiftet, die Idee nämlich, daß der Tempel ein Abbild der Welt sein sollte." Genau das haben wir ja gerade auch für die Große Pyramide herausgefunden.

Genausowenig wie man an den alten Tempeln etwas dem Zufall überließ, wurde auch die Große Pyramide, die ja nach meinen Anschauungen den Prototyp darstellt, in allen Einzelheiten nach einem Plan erbaut. Der Plan dafür wurde durch Re festgelegt als er die Weltordnung schuf, genau wie es der babylonische Marduk tat. Die Große Pyramide ist in der Tat genau das, was sie in den Vorstellungen der Ägypter auch sein sollte – das „Abbild der Welt", wie sie durch die Schöpfung entstand! Der Bau eines Tempels wurde dabei sogar selbst zu einer Wiederholung der Schöpfung.[515] Wenn also alle Details exakt geplant waren, dann mußten sich noch weitere Hinweise ergeben, die Bestätigung für ein Planetarium bringen. Mit dieser Schöpfung entstand die gegenwärtige Weltordnung – also auch der Asteroidengürtel!

Es war kein Geringerer als Petrie, dem besondere Maße an den Kammern aufgefallen sind. In der Königskammer stellte er fest, daß sich die Länge der Kammer zum Umkreis ihrer Seitenwand wie 1:Pi verhält. Damit entsprachen die Proportionen der Kammer dem Pythagoreischen Dreieck 3:4:5.[516]
Zu keiner Zeit waren die Ägypter für ihre Fähigkeiten in der Mathematik bekannt. Lediglich im Mathematischen Papyrus Rhind (48. Aufgabe) findet sich die Flächenberechnung eines Kreises, und der Wert ist dort mit 3,16 mehr als ungenau. Ihre Stärke aber war die darstellende Geometrie – wie wir ja nun wissen. Für den Granitsarkophag in der Königskammer ließen sie sich Folgendes einfallen: Durch einen Hinweis von Tompkins konnte Livio Stecchini das Rätsel der Wanne lösen, indem er nachwies, „daß diese genau vierzig Artaben faßt oder vierzig Würfel, deren Seiten einen geographischen Fuß lang sind, und daß ihr Gesamtvolumen, von Außenkante zu Außenkante gemessen, zweimal so groß ist, nämlich achzig solcher Würfel."[517]
Auch aufgrund dieser Erkenntnisse war ich der Überzeugung, daß es eine weitere Bestätigung für die Planetenzuordnung geben müsse. Leider konnte ich das Kammervolumen weder mit Masse noch mit Dichte der dazugehörigen Planeten in Verbindung bringen. Es ergab sich jedoch eine weitere Möglichkeit, die nicht weniger interessant war. Die Überlegung dazu war, daß nur der Querschnitt der Großen Pyramide das Sonnensystem zeigte. Dabei ergaben sich die mittleren Bahndaten der Planeten nur durch die Kammerböden. Also konnte es nur noch der Flächeninhalt dieser Böden sein, der mit den Planeten in Verbindung stand. So war es denn auch. Es sollte noch hinzugefügt werden, daß die Angaben über die Kammermaße derart widersprüchlich sind, daß sich auch jederzeit das Gegenteil von dem beweisen ließ, was jetzt kommt. Ich habe mich für folgende Maße und Berechnungen entschieden:

„Erdkammer": 10,48 m x 5,24 m = 54,9152 $m^2$
„Marskammer": 5,64 m x 5,23 m = 29,4972 $m^2$

Die Frage war: In welcher Beziehung stehen die Flächen mit den dazugehörigen Planeten? Wer auch hinter dem Komma Genauigkeit liebt, sei hier darauf hingewiesen, daß der Mars in der Vergangenheit starken Krusten- und Mantelverschiebungen ausgesetzt war.[518] Trotzdem stieß ich auf den Äquatordurchmesser als bindendes Glied zwischen Planeten und Kammerflächen, was durch folgende Rechnung deutlich werden soll:

12.756,28 km (Durchmesser der Erde): 54,9152 $m^2$ = 232,29
29,4972 $m^2$ x 232,29 = 6.851 km

Diese Zahl kommt dem Durchmesser des Mars doch recht nahe, der mit 6.794,4 Kilometer im „Lexikon der Astronomie“ angegeben wird.[519] Die Abweichung beträgt lächerliche 57 Kilometer, also weniger als 0,84%, und ist mehr als unbedeutend, wenn man bedenkt, was ein falscher Zentimeter bei den Maßen der Kammern auslöst, oder welche Folgen eine Krusten- oder Polverlagerung auf dem Mars haben kann. Schließlich weichen die Angaben über die genauen Abmessungen der Kammern und der Planeten immer wieder ab. Die Schlußfolgerung daraus lautet: die Kammerböden korrespondieren mit den dazugehörigen Planetendurchmessern – und zwar erschreckend genau! Doch damit nicht genug.
Die Zahl 232,29 hat in der Pyramide selbst eine Bedeutung. Einer der ungeliebten Pyramidologen, Charles Piazzi Smyth, berechnete aus den Maßen schottischer Ingenieure die Seitenlänge der Großen Pyramide mit dem Mittelwert 232,15 Meter,[520] was dem obigen Wert auf 14 Zentimeter nahekommt. Bedenkt man die unterschiedlichen Maßangaben über die Kammern, fällt dieser Wert über Erwarten genau aus. Wenn Petrie später zu einer Seitenlänge von 230,35 Meter kam, dann lag das daran, daß Smyths Berechnungen vom Fundament der Ecksteine ausging, Petries Messungen aber vom 60 Zentimeter höheren Niveau der Pflasterung.[521] Beide Maße sind also richtig.
Unzählige Forscher haben die Vermutung geäußert, es handle sich beim Asteroidengürtel um die Reste eines ehemaligen Planeten, der durch eine kosmische Katastrophe zerstört wurde. Gehen wir spekulativ davon aus, daß das stimmen könnte. Durch die weitgehend fertige Decke haben wir Maße zur Verfügung, die dieselbe Rechnung mit der Felsenkammer ermöglicht.

Felsenkammer: 14,02 m x 8,25 m = 115,665 $m^2$
115,665 $m^2$ x 232,29 m = 26.867 km

Jener hypothetische Planet hätte also einen Durchmesser von etwa 26.867 Kilometern gehabt, was rund dem doppelten Erddurchmesser entspräche. Lassen wir die Frage nach seiner Existenz noch beiseite. Prüfen wir stattdessen, ob derartige Berechnungen überhaupt zulässig sind. Wie kommen die Konstrukteure der Pyramide auf die Idee, den Flächeninhalt mit dem Durchmesser in Zusammenhang zu bringen? Daß wir hier in Quadratmetern und Kilometern gerechnet haben, würde die Existenz eines ähnlichen Maßes zugrunde legen. Als aber Newton die nicht ganz genauen Maße der „Erdkammer" untersuchte, gelangte er zu einer Elle von 0,524 Metern.[522] Nach diesem Maß wurde die Pyramide errichtet – nicht nach Metern.

Trotzdem ist der Meter ein natürliches Maß, denn er entspricht dem vierzigmillionsten Teil des Erdmeridians. Schon der französische Archäologe und Mathematiker Charles Funk-Hellet glaubte aber fest daran, daß die alten Ägypter den Meter kannten.[523] Gleiches gilt für Schwaller de Lubizc, der darauf hinwies, daß eine Umfassungsmauer aus der 3. Dynastie in ihrer Länge durch drei Linien markiert war, die genau ein Meter trennte. Tompkins weist auch auf Heinrich Schliemann hin, der in Troja die Maßeinheit von genau einem halben Meter fand. Demnach könnte es sich wirklich um ein uraltes Maß handeln. Setzen wir vorerst die Kenntnis des Meters voraus. Später werden wir noch einmal eine Bestätigung erfahren.

Die eigentliche Sensation liegt woanders. Wie steht es um die ägyptische Elle? Wir wissen inzwischen, daß die Architekten die Zahl Pi genauer kannten, als es die plumpe Rechenaufgabe aus dem Mathematischen Papyrus Rhind erscheinen läßt. Um aber vom Durchmesser auf das Volumen schließen zu können, benötigt man außerdem eine Zahl, die sich aus Pi dividiert durch 6 ergibt. Ausschließlich mit Hilfe dieser Zahl kann man mit den Maßen der Pyramide das Volumen der Planeten berechnen, ohne daß weitere Messungen erforderlich wären. Diese Zahl lautet
0,5235987...

und entspricht fast peinlich genau der verwendeten Elle! Das kann ja wohl kein Zufall sein.
Die Elle ist seit Beginn der geschichtlichen Zeit nachweisbar. Im Alten Reich schwankte sie von 52,3 bis 52,5 Zentimeter die in sieben Handbreiten zu 7,5 Zentimeter durch je vier Finger mit 1,875 Zentimeter gebildet wurde.[524]
Unsere Berechnungen sind damit nur vorläufig am Ende. Ein letztes Mal werden wir im übernächsten Kapitel die Möglichkeit haben, den Kosmos der alten Ägypter mit überlieferten Zahlen berechnen zu können. Alles zusammen bildet eine grundlegende Basis für die neue Betrachtung des ägyptischen Weltbildes. Die neuen Möglichkeiten, die sich jetzt eröffnen, sind noch nicht einmal ansatzweise zu überblicken. Vieles aus den Vorstellungen der Ägypter wird nun leichter verständlich, und weitere Hinweise werden die neuen Erkenntnisse untermauern. Wir werden Bestätigungen finden, die niemand erwartet hätte, und die so klar sind, wie die Nacht in der arabischen Wüste.

## *Kapitel VII*
## *Die große Leere*

*Wenn ich deinen Himmel schaue,*
*das Werk deiner Hände,*
*den Mond und die Sterne,*
*die du befestigt hast:*
*Was ist dann der Mensch...?*
*Psalm 8,4-5*

*Und nach dem großen Welteneinsturz*
*Ordnete ich wieder*
*Des Himmels kreisförmige Bahnen.*
*Gregoire Kolpaktchy,»*
*»Das ägyptische Totenbuch«, Kap.17*

### *Das Loch im Himmel*

Bevor wir uns die Vorstellungen über den Weltenbau der alten Ägypter näher betrachten, werfen wir einen Blick zum Himmel. Irgend etwas scheint dort oben nicht zu stimmen. Mit Nachdruck weist alles auf den Asteroidengürtel hin. Dafür muß ein besonderer Grund vorliegen. Was ist der Asteroidengürtel?
Um die Sonne herum liegen die Bahnen der Planeten. Ganz nah zieht der heiße Merkur die seine. Es folgt die Venus, unsere Erde, der Mars, Jupiter, Saturn, Uranus, Neptun und Pluto. Zwischen Mars und Jupiter gibt es aber ein großes „Loch", und statt eines Planeten fand man dort eine große Anzahl kleinerer Planeten. Ist das „normal"?
Die Gelehrten haben den Ursprung des Asteroidengürtels längst zur Zufriedenheit geregelt, was keine weiteren Untersuchungen mehr rechtfertigt. Schon gar nicht, wenn die Alternative schwere Schäden am Weltbild anrichten könnte. Eine dieser vorschnell geschlossenen Akten trägt

die Aufschrift „Asteroidengürtel“. Genau genommen ist schon die Bezeichnung falsch. Egal, ob es sich um die Reste eines älteren Planeten handelt oder nicht, es heißt richtig Planetoidengürtel, denn Aster kommt von „astor“ (griech.), und das heißt Stern. So werden wir nun die richtige Bezeichnung verwenden.
Es dürfte sich als äußerst schwierig herausstellen, wollten wir die ständigen Hinweise auf die kosmische Trümmeransammlung ignorieren. Die Teotihuacanos haben sie genauso berücksichtigt wie die unbekannten Erbauer der Steinkreise von Stonehenge. Die „Straße der Toten“, Stonehenge und vor allem die Große Pyramide von Gizeh gehören zu den herausragendsten Hinterlassenschaften unserer Vorfahren.
Schon allein das Wissen, das sie uns mit den Darstellungen des inneren Sonnensystems hinterlassen haben, zeigt doch klare Spuren eines Vermächtnisses auf. Die Art der Darstellungen – ob nun als Gott dessen Unterkiefer fehlt, als Bach, der ganz selbstverständlich auf das himmlische Wasser hinweist, als geborstener Schildkrötenpanzer oder als Kammer, in der die Felsen selbst für die Trümmer des Asteroidengürtels stehen – beweist, daß unsere Vorfahren genau wußten was sie da taten. Die verschiedenen Ursprünge der Überlieferungen haben zudem gezeigt, daß wir es hier mit einem weltweiten Vermächtnis zu tun haben. Das ist keine rein ägyptische Angelegenheit. Wir fanden die Rahmenbedingungen für diesen Mythos auf weiten Teilen des amerikanischen Kontinents genauso wie im Henochbuch. Die Verbreitung dieser Idee entspricht der Verbreitung des Pyramidenbaus auf unserem Planeten. Ein Zusammenhang darf also dringend angenommen werden.
So gibt es eine ganze Reihe von Gründen, die eine weitere Untersuchung des Phänomens Planetoidengürtel fordern. Es ist nicht zuletzt die relative Nähe des Mars, die uns dabei zur ursprünglichen Fragestellung zurückbringt. Einen Zusammenhang zwischen einer hypothetischen Zerstörung eines ebenso hypothetischen fünften Planeten und den Resten einer Zivilisation auf dem Mars zu sehen, erfordert weder tiefgreifende Überlegungen noch unbegründete Spekulationen, sondern nur etwas Vernunft.
Vor etwa 400 Jahren wunderte sich schon Johannes Keppler über eine seltsame Leere zwischen Mars und Jupiter. Allein rein gefühlsmäßig hätte

dort ein Planet hingehört. Damals wie heute haben wir zwar keinen Vergleich mit anderen Sonnensystemen, doch kann ein so auffälliger Umstand kaum als „normal“ bezeichnet werden. Auch die Existenz der Planetoiden selbst muß in anderen Sonnensystemen nicht unbedingt der Norm entsprechen.

Noch bevor irgendein moderner Mensch eine blasse Ahnung von den Planetoiden hatte, stieß im Jahr 1772 der Direktor der Berliner Akademie-Sternwarte Johann Elert Bode auf eine Regel, die ein Mathematiker, der Wittenberger Professor Johann Daniel Titius, im Jahr 1766 für die mittleren Abstände der Planeten von der Sonne aufgestellt hat. Bode entwickelte daraus die sogenannte „Titius-Bodesche-Regel“, die sich für meine Untersuchungen als ausgesprochen wichtig erweisen sollte. Diese Regel besagt:[525] Wenn man zu den Zahlen 0; 0,3; 0,6; 1,2; usw. (ab 0,3 gilt immer das Doppelte) die Zahl 0,4 addiert, erhält man in dieser Reihenfolge die mittleren Abstände der Planeten in astronomischen Einheiten. Für unser Sonnensystem ergibt sich daraus folgendes Bild:

| | Planet Abweichung | AE nach T-B-Regel | Tatsächliche AE |
|---|---|---|---|
| Merkur | 0,4 | 0,39 | +0,01 |
| Venus | 0,7 | 0,72 - | 0,02 |
| Erde | 1,0 | 1,0 | ±0,0 |
| Mars | 1,6 | 1,52 | +0,08 |
| Asteroiden | 2,8 | 2,8 | ? |
| Jupiter | 5,2 | 5,2 | ±0,0 |
| Saturn | 10,0 | 9,54 | +0,46 |
| Uranus | 19,6 | 19,18 | +0,42 |
| Neptun | 38,8 | 30,06 | +8,74 |
| Pluto | 77,2 | 39,40 | +37,80 |
| Planet X | 154,0 | ? | ? |

Nun kann man anhand dieser Werte erkennen, daß die Regel in weiten Teilen zutrifft. Das ist wenigstens ein Indiz für die mögliche Existenz des Planeten. Die 2,8 AE des Planetoidengürtels stellen dabei natürlich nur

ungefähr das Zentrum dar. Der sogenannte „Hauptgürtel" umfaßt dabei den Bereich zwischen 2,15 und 3,3 AE.[526] Auch den hypothetischen Planeten X habe ich in diese Aufzählung eingefügt. Die Behauptung der Teotihuacanos, es exsistiere so ein Planet, können wir – nachdem sie uns ihre erstaunlichen Kenntnisse offenbart haben – nicht einfach leichtfertig abweisen, denn Arroganz können wir uns jetzt nicht leisten. Das wäre nämlich mindestens überheblich gegenüber den unbekannten Erbauern, die Jahrtausende Vorsprung vor dem eigentlichen Zeitalter solcher Entdeckungen hatten.
Sollten eines Tages andere Sonnensysteme erforscht werden, könnte diese Regel durchaus zum Gesetz erhoben werden. Bis dahin erlaubt die hohe Wahrscheinlichkeit oder mindestens die Möglichkeit, daß die Natur selbst anstatt der Planetoiden einen fünften Planeten vorgesehen hatte.

## *Die eherne Himmelskette*

Nach Kepplers „Entdeckung" der kosmischen Disharmonie blieb es erst einmal ruhig um den fehlenden Planeten. Vielleicht war der Planet aber einfach nur zu klein für eine Entdeckung.[527] Erst Ende September des Jahres 1800 befand eine kleine Astronomengesellschaft, daß eine systematische Suche das Rätsel um das Loch stopfen müßte. Die Astronomen, die sich im Haus des Johann Schröter (1745 bis 1816) in Lilienthal bei Bremen trafen, begannen umgehend mit den Vorbereitungen. Dazu gehörte auch der berühmte Amateurastronom Wilhelm Olbers, sowie der Hofastronom des Herzogs Ernst von Sachsen-Gotha, Franz Xaver von Zach.
Szenenwechsel.
Um Unstimmigkeiten in älteren Sternkarten aufzuklären, untersuchte der Theatinermönch und Observatoriumsdirektor Giuseppe Piazzi (1746-1826) den Grenzbereich zwischen den Sternbildern Stier und Zwilling. Dieser Neujahrsabend im Jahre 1801 brachte den entscheidenden Wandel in der Suche nach dem fünften Planeten. Von der Sternwarte in Palermo aus, die damals gerade zehn Jahre alt und wenig bekannt war, beobachtete er am Himmel einen kleinen Stern, der sich in der darauffolgenden Nacht ganz offensichtlich ein kleines Stück bewegt hatte. Nachdem er ihn

mehrere Nächte lang observierte, wurde klar, daß dieser Himmelskörper die merkwürdige Leere zwischen Mars und Jupiter ausfüllt. Piazzi nannte ihn Ceres, nach der gleichnamigen sizilianischen Schutzgöttin. Sein Durchmesser wurde nach modernsten Methoden auf 1023 Kilometer bestimmt. War das Loch damit gefüllt?

Ende März 1802 wurde dann Olbers fündig. Er fand einen zweiten kleinen Planeten, der den Namen Pallas erhielt, und der sich ebenfalls in dieser Lücke befand. Sein Durchmesser beträgt rund 540 Kilometer. Karl Ludwig Harding, der ebenfalls zur Bremer Astronomengruppe gehörte, entdeckte dann zweieinhalb Jahre später den dritten Planetoiden, der nach der römischen Göttin Juno genannt wurde. Sein Durchmesser beläuft sich auf etwa 250 Kilometer. 1807 fand wiederum Wilhelm Olbers die römische Göttin des häuslichen Herdes – Vesta. Mit 544 Kilometern Durchmesser gehört er ebenfalls zu den größten Himmelskörpern der „steinernen Himmelskette".

Im Lauf der Jahre kamen dazu unzählige weitere größere und kleinere Himmelskörper, die statt eines Planeten die Bahn um die Sonne zwischen 1,8 und 4,0 AE einnehmen. Bereits 1923 zählte man 1000 Objekte zwischen Mars und Jupiter. Heute schätzt man ihre Gesamtzahl auf insgesamt eine Millionen Planetoiden, die größer als 1 Kilometer sind.[528] Davon besitzen rund 90% einen Durchmesser unter 60 Kilometer. Die Anzahl der kleinsten Objekte geht in die Milliarden![529]

Es wurde also tatsächlich etwas gefunden, genau dort wo eigentlich ein Planet hingehört. Es dreht sich nun alles um die Frage, ob wir hier die Reste eines ehemaligen Planeten vor uns haben. Die Gelehrten beantworten diese Frage überwiegend mit nein. Eine Katastrophe kosmischen Ausmaßes wäre zwingend erforderlich, um seine Zerstörung zu erklären. Katastrophen werden aber nicht gern gesehen. Sie waren schon immer hinderlich bei den Theorien über die Menschwerdung. Stattdessen ersann man die Erklärung, daß an dieser Stelle kein Planet entstehen konnte, da die gewaltigen Gravitationskräfte des Jupiter dies verhindert hätten.[530] So steht es in allen Schriften, die mir zur Verfügung standen. Beschäftigt man sich aber etwas genauer mit den Begründungen und anderen Merkwürdigkeiten in unserem Sonnensystem, dann stellt sich heraus, daß diese Hypothese – mehr ist es nicht – mit getrübtem Blick aufgestellt wurde. Führt man alle planetarischen Phänomene gemeinsam auf, zeigt sich ein Bild, das nur von einer Katastrophe geprägt worden sein kann.

Schon immer konnten sich Forscher aus dieser Theorie befreien, und sie proklamierten die verschiedensten Theorien. Ihre Schlußfolgerungen liefen auf die einstmalige Existenz eines fünften Planeten hinaus. Einer dieser Verfechter war Wilhelm Olbers selbst. Zu dieser Schlußfolgerung gelangte er über die Planetoiden Ceres und Pallas, die über den gleichen mittleren Abstand von der Sonne verfügen, und die sich an zwei Bahnpunkten beträchtlich nahekommen. All das, so glaubte er, deutet daraufhin, daß die beiden Objekte Bruchstücke eines größeren Mutter-Planeten sind.[531]

Nicht wenige Forscher, die im Laufe der Zeit eine ähnliche Meinung vertraten, gelangten zu der Überzeugung, daß es dort eine Hochkultur gegeben haben könnte. Das ist natürlich eine wilde Hypothese, die sich mit dem was heute allgemein „wissenschaftlich" genannt wird, weder belegen noch widerlegen läßt. Die einzigen Hinweise, die wir darauf finden könnten beschränken sich auf die Mythologie, die damit zu einem Werkzeug wird, das nicht gerne gesehen wird. Statt jedoch unsere Vorfahren mit Naturglauben oder tiefenpsychologischen Darstellungen zu überhäufen, sollten wir die Möglichkeit einer geschichtlichen Überlieferung, nicht zuletzt durch die Entdeckung eines ungeheuren Wissens in ältester Zeit, in Betracht ziehen. Diese Möglichkeit läuft immer auf eine Interpretation der Mythen hinaus, und wir können die Eckpunkte dieser Interpretation anhand der neuen Erkenntnisse völlig neu festlegen.

Man hat festgestellt, daß die Planetoiden in wesentlichen Teilen aus Eisen und Wasserstoff bestehen.[532] Zumindest vom Wasser scheinen schon die Teotihuacanos gewußt zu haben. Diesem Wasser und in ganz besonderer Weise dem Eisen werden wir wiederbegegnen, wenn im nächsten Kapitel die ägyptische Vorstellung vom Weltenbau in Angriff genommen wird. All dies wird durch ein außerordentliches Wissen unserer Vorfahren bestätigt.

Die meisten Forscher, die dem Phänomen bisher nachgingen, haben die deutlichen Spuren im Mythos nicht gesehen. Trotzdem ist die Annahme eines fünften Planeten seit Olbers schon häufig vorgebracht worden. Der kanadische Astronom Michael William Ovenden zum Beispiel nannte den Planeten „Aztex“.[533] Russische Forscher, die ihm beipflichteten gaben ihm den Namen „Phaeton“, nach der gleichnamigen griechischen Sage. Sitchin, der die Inschriftenfälschung in der Großen Pyramide erkannte, benannte ihn nach dem babylonischen Epos der Schöpfung, dem „Enuma elish“, „Tiamat“.[534] Viele weitere sahen hier einst einen Planeten, und nicht selten war er mit Leben erfüllt. Die nicht zufriedenstellenden Antworten zur Menschwerdung haben sie dabei unterstützt. Denken wir nun zurück – zum Beispiel an die Olmeken – so reicht schon dieser kurze Ausflug in deren Götterwelt aus, um diese Verbindung wenigstens im Ansatz herzustellen. War das eine Spur zu einer Urgeschichte, die weit über das Marsrätsel hinausgeht?

### *Gab es einst eine kosmische Katastrophe?*

Die gemeinsame Nutzung des Wortes „unvollendet“, auf der einen Seite für die Felsenkammer in der Großen Pyramide auf der anderen für die Ansammlung der Planetoiden um den Punkt an den eigentlich ein Planet hingehört hätte zeigt doch deutlich, daß wir es mit demselben Phänomen zu tun haben. Haben sich die Gelehrten in der Vergangenheit zu oft für den falschen Weg entschieden? Die Folgen dieser Abweichung von der tatsächlichen Bedeutung spiegelt sich in der vollkommenen Hilflosigkeit gegenüber den Entdeckungen auf dem Mars. Gehen wir nun zurück und stellen alle Weichen auf die neue Richtung ein, dann wird uns der Weg schnurgerade die Antwort auf das Marsrätsel liefern.

Bei aller Euphorie soll nicht übersehen werden, daß viele der gelehrten Entscheidungen trotzdem nach bestem Wissen gefällt wurden. Dazu gehört ein wesentlicher Punkt für die Ablehnung eines fünften Planeten. Es ist die zu geringe Masse der Planetoiden, die mit einer tausendstel Erdmasse (oder 5% der Mondmasse oder 0,6 Erdmassen werden genannt,)[535] zweifellos nicht ausreicht.

Wenn aber eine kosmische Katastrophe den Planeten zerstört hätte – eine andere Lösung wird es für die Zerstörung kaum geben können – dann müßte die Masse des Asteroidengürtels durch andere Himmelskörper

erheblich erweitert werden.
Dazu gehören nicht zuletzt auch die Marsmonde Phobos (Angst) und Deimos (Schrecken). Sie verhalten sich genauso merkwürdig wie sie aussehen. Phobos hat die Form einer Kartoffel (27 x 19 km) und umkreist den Mars mit der unglaublichen Geschwindigkeit von 7 Stunden und 39 Minuten.[536] Diese Geschwindigkeit führt dazu, daß Phobos durch die Gezeitenkräfte allmählich abgebremst wird. Dadurch gelangt er von der jetzt 9400 Kilometer durchmessenden Umlaufbahn immer näher an den Mars heran, so daß er in etwa 30 Millionen Jahren auf die Oberfläche stürzen wird. Nicht weniger problematisch ist Deimos (16 x 10 km), der im Verhältnis eine viel zu geringe Eigenmasse aufweist was dazu führte, daß ihn einige Forscher für hohl halten.[537] Jedenfalls gehören sie sicher nicht ursprünglich zum Mars, sondern sind eingefangene Planetoiden.
Die Katastrophentheorie würde auch auffällige Monde mit in die Masse des fünften Planeten einrechnen. Allen voran träfe dies auf den Neptunmond Triton zu, der durch seine rückläufige Umlaufbahn auffällt. Im „Lexikon der Astronomie“ lesen wir dazu:[538] „Letzteres zeigt, daß es sich bei ihm um einen eingefangenen Körper handelt.“ Ebenfalls zur Gesamtmasse eines zerstörten Planeten müßten wir die Planetoiden rechnen, die andere Bahnen um die Sonne einnehmen. Allein in Erdnähe wird mit 100.000 Objekten gerechnet, die mehr als 100 Meter Durchmesser aufweisen,[539] oder etwa 1000 mit mehr als einem Kilometer.[540]
Ovenden hat einen anderen wichtigen Punkt für eine Katastrophe angeführt. Es sind die merkwürdigen Abweichungen einiger Planeten vom Sollwert der Titius-Bodeschen-Regel. Ovenden geht davon aus, daß diese Planeten zur Zeit keine „Bestwerte“ erzielen und gerade dabei sind, sich in einer stabilen Umlaufbahn einzupendeln.[541] Es existiert sonst keine andere Möglichkeit, die eine Abweichung vom Sollwert erlaubt, außer bestimmte kosmische Ereignisse zu einer uns unbekannten Zeit hätten diese Abweichungen verursacht. Wir werden später sehen, daß den alten Ägyptern sowohl die Titius-Bodesche-Regel als auch die Ursache für diese Abweichungen bekannt waren.
Ein weiteres außerordentlich bedeutsames Phänomen unseres Sonnensystems sind die Kometen. Ihr Name beruht auf dem griechischen Wort

„kometes", „Haarstern". Charakteristisch ist denn auch ihr Schweif. Ihr Erscheinen galt als Unheil, worauf das Wort „Desaster", also „Unstern" beruht.[542]

Worin liegt der Unterschied zwischen Planetoiden und Kometen? Ließe sich die Masse der Kometen – man kennt sie nicht einmal annähernd – zur Masse des fünften Planeten zählen lassen?

Während Planetoiden allgemein eine weniger elliptische Bahn einnehmen und lediglich zwischen 3,2 und 7 Jahren benötigen um einen Umlauf zu vollenden,[543] bewegen sich die Kometen auf langgestreckten Ellipsen die, wie im Falle des Kometen Kohoutek, zu einer Umlaufzeit von 75.000 Jahren führen können.[544] Während die Planetoiden ihre Bestandteile im gefrorenen Zustand umhertragen, vollführen die Kometen erstaunliche Himmelsschauspiele, wenn sie in der Nähe der Sonne einen gigantischen Schweif bilden. Die Kometen bestehen ebenfalls aus einem festen Kern. Um diesen Kern herum befindet sich die Gashülle (Koma), und ein wesentlicher Inhalt dieser Hülle, wie auch des Schweifes wenn er sich in Sonnennähe ausbildet, ist Wasser!

Könnten also die Kometen „Ausgestoßene" des Planetoidengürtels sein? Dazu soll ein weiteres Phänomen erwähnt werden. Der Planetoidengürtel weist nämlich erstaunliche Lücken auf. Diese Lücken werden „Kommensurabilitätslücken" oder – nach dem Entdecker Daniel Kirkwood – „Kirkwood-Lücken" genannt.[545] Man vermutet einen Zusammenhang zur Gravitationswirkung des Jupiter, den man mit einigen Zahlenverhältnissen erklären möchte. Warum dort nur wenige oder auch gar keine Planetoiden vorkommen ist aber damit nicht abschließend geklärt. Schließlich ist die Beeinflussung der Planetoiden durch Jupiter weder ein Beweis noch ein Hinweis darauf, wie die Planetoiden entstanden sind. Es sieht jedenfalls so aus, als wären die Planetoiden gleich gruppenweise von dort ausgeschert.

Die Verbindung der Kometen zu den Planetoiden ist aus mehreren Gründen zulässig. Ganz vorn steht die ungeklärte Herkunft der Kometen – wie eben auch der Planetoiden. Während einerseits der interstellare Raum als Ursprung der Kometen gesehen wird, wird diese Hypothese durch die Altersbestimmung wieder zunichte gemacht, nach der sie ebenso alt sind

wie unser Sonnensystem selbst.[546]
Im Jahr 1950 entwickelte der Niederländer Jan Hendrik Oort die Idee der nach ihm benannten „Oortschen Wolke“, die nach seiner Vorstellung weit draußen im interstellaren Raum zu suchen wäre und unser Sonnensystem kugelförmig umgeben würde. Er sprach sich aber auch dafür aus, daß die Kometen vom inneren Sonnensystem dort hinauskatapultiert wurden und nicht dort draußen entstanden.[547] Dazu gesellt sich auch noch das Phänomen der Umlaufrichtung. Mehr als die Hälfte der Kometen läuft den Planeten und Planetoiden zuwider (Rückläufigkeit),[548] die sich allesamt im Uhrzeigersinn bewegen. Seit einiger Zeit wird auch eine innere Oortsche Wolke angenommen, die sich „knapp“ hinter dem Ende des Sonnensystems befindet. Inzwischen ist seine Existenz gesichert.[549] Dieser „Kuiper-Ring“ hätte dann aber nicht die Kugelform nach Oortscher Vorstellung, sondern soll ein in der Ekliptik liegender Ring um die Sonne sein. Wie nahe diese Vorstellung dem kommt, was wir später (Band 2, Kap. III.) von den Ägyptern erfahren, ist wiederum wahrlich erstaunlich.
Woraus resultiert die merkwürdige Bahn der Kometen?
Tatsächlich gibt es einige Forscher, die in den Kometen Überreste einer kosmischen Katastrophe sehen, durch die sie am Anfang der Entstehung unseres Sonnensystems auf diese außergewöhnliche Bahn gebracht wurden. Den sogenannten „langperiodischen“ Kometen wird eine Umlaufbahn von Millionen von Jahren zugeschrieben.[550] Die kürzeste Periode kennt man vom Enkeschen Kometen, der nur 3,31 Jahre benötigt. Eine Untersuchung des Havard-Smithsonian-Observatoriums hat ergeben, daß 90% der Kometen von Anfang an eine Bahn um die Sonne einnahmen.[551] Zudem gab ihre niedrige Geschwindigkeit mit 0,8 Kilometer in der Sekunde den Hinweis auf eine lokale Entstehung.[552] Oort selbst glaubte, der Ursprung der Kometen sei mit dem Ursprung der Planetoiden untrennbar verbunden. Am Beginn der Zeit wären sie demnach „hinausgestoßen“ worden, wo sie nun eine Wolke bildeten, und von Zeit zu Zeit kämen Abgesandte auf ihrer Umlaufbahn zurück, um die Sonne zu umkreisen.
Oort meinte:[553] „Das Vorhandensein der Kometenwolke findet seine natürliche Erklärung, wenn man in den Kometen (und Meteoriten) kleinere

Planeten sieht, die sich im Frühstadium des planetarischen Systems aus dem Asteroidengürtel befreit haben."
Diese Antwort erlaubt uns die zu geringe Masse des Planetoidengürtels zu ignorieren, denn die wurde durch ein bestimmtes Ereignis an den äußeren Rand unseres Sonnensystems verschlagen. Weiterhin läßt sich eine kosmische Katastrophe, die einst den fünften Planeten unseres Sonnensystems vernichtete in Betracht ziehen. Viele Fragen müssen also völlig neu gestellt werden.
Diese zusammenhängende Betrachtung läßt den Jupiter als Ursache für den Planetoidengürtel in den Hintergrund rücken, und es eröffnet völlig neue Möglichkeiten. Um die Hintergründe zu erfahren, bietet die moderne Astronomie nur Möglichkeiten. Die Mythologie aber, die uns durch ihr erstaunliches Wissen überrascht hat, zeigt klare Antworten auf. Wir brauchen also nur noch den Mythos mit dem in Einklang bringen, was die neuste Forschung für möglich hält – sei es auch noch so unwahrscheinlich.
Die Große Pyramide von Gizeh erhebt sich durch unsere neuen Erkenntnisse aus dem Nebel der Legende und steht uns als wichtigstes Werkzeug zur Verfügung, das einfach nur richtig eingesetzt werden muß.

## *Kapitel VIII*
## *Im Dunkel der Mysterien*

*Kennst du die Gesetze des Himmels*
*und überträgst seine Schrift auf die Erde?*
*Hiob 38, 33*

*Der Aberglaub', in dem wir aufwachsen,*
*verliert, auch wenn wir ihn erkennen,*
*dann doch seine Macht nicht über uns.*
*Gotthold Ephraim Lessing*

### *Der Strudel der Zeit*

Die Auseinandersetzung mit der ägyptischen Götterwelt endet nicht selten mit einem verzweifelten Aufschrei, gefolgt vom lauten Knall eines Buchdeckels und dem raschen Verschwinden desselben. Zu einem großen Teil liegt dies an der Zeit von fast 2000 Jahren, die unser Denken vom Denken der alten Ägypter trennt. Niemand weiß so recht, um was es überhaupt geht. Eine endlose Vielzahl von Göttern tritt uns entgegen, und wir haben beträchtliche Schwierigkeiten diese Götter zu verstehen – in ihrem Wesen und ihren Handlungen.

So weit sich eine frühere Zivilisation auf dem Mars unserem Verständnis entzieht, so weit scheinen auch diese Götter von uns entfernt. Das geht nicht nur dem außenstehenden Betrachter so – den Gelehrten selbst bleibt ein echtes Verständnis bisher verschlossen. Die scheinbar unendliche Vielzahl der Götter verbessert die Lage nicht unbedingt.

Da wir eine ägyptische Pyramide des Geheimnisses beraubt haben, führt kein Weg daran vorbei: Wir müssen uns mit diesen Göttern befassen. Hat man dies einmal getan, hat man das Land der Götter womöglich noch selbst besucht, wird einem manches vertraut. Ich gewöhnte mich an sie, und muß gestehen: Ohne sie würde mir heute etwas fehlen und jede freie Minute wird mit einem guten Buch über sie genutzt. Der Zugang zu dieser Art des Denkens war eine nicht geringe Hürde. Es dauert etwas,

bis man „glaubt“ etwas verstanden zu haben. In einfachen Umschreibungen funktioniert dies schon gar nicht. Das Entsetzen ist zunächst vollständig, wenn wir bei E.A. Wallis Budge schon im Vorwort lesen, daß in den Pyramidentexten 200, im Totenbuch über 500 und in den verschiedenen Unterweltsbüchern gar über 1200 Götter erwähnt werden![554]
Daß die Begegnung mit dem alten Ägypten auch für Gelehrte ein schwieriges Unterfangen war, zeigt am deutlichsten der bedeutende deutsche Ägyptologe Adolf Erman. „Welch ein Durcheinander!“[555] Das war sein Kommentar, und er bezeichnete die altägyptische Religion und ihre aufgelaufenen „Details“ als „Greuel“.[556] In seinem ausgezeichneten Standardwerk notierte er aber treffend nach der Aufzählung der Hauptgottheiten:[557] „Die lange Aufzählung von allerlei Gottheiten, an deren Ende wir hier stehen, wird bei dem Leser den Eindruck maßloser Verwirrung hinterlassen haben.“ Er bezeichnete die ägyptische Götterlehre als den „trübsten Teil der ägyptischen Religion“.[558] Erman machte dabei aus seiner Einstellung kein Geheimnis:[559] „Für dieses Barbarentum sich zu erwärmen, kann man von niemandem verlangen.“ Für ihn waren es einfach nur „törichte Einfälle und Spekulationen“[560] einer „übel angebrachten Gelehrsamkeit.“[561] Trotzdem steht sein Werk ganz oben, unter den besten Arbeiten meiner Sammlung, denn es zeigt anschaulich die Entwicklung der ägyptischen Religion.
Ermans englische Kollegen sprachen gar von einem „Volk der Wahnsinnigen“ und die Mediziner fügten hinzu: „Die Ägypter zeigen die Symptome einer kollektiven Hysterie und einer ausgesprochenen Schizophrenie“.[562] Goethe wiederum meinte:[563]

„Nun soll am Nil ich mir gefallen,
Hundsköpfige Götter heißen groß:
O wär ich doch aus meinen Hallen
Auch Isis und Osiris los!“

Dieser Barriere stand man schon frühzeitig gegenüber. Im 2. Jahrhundert stellte Lukian Ablehnung gegen Mysterien in einen Dialog:[564]

„Momos: Du aber, Hundsgesichtiger und in Leinen gekleideter Ägypter, wer bist du eigentlich, mein Bester? Wie kommst du Wauwau dazu, ein Gott sein zu wollen? Und was denkt sich erst dieser gescheckte Stier aus Memphis, der sich göttlich verehren läßt, Orakel erteilt und Propheten hat? Ich schäme mich ja, von Ibissen, Affen, Ziegenböcken und anderem noch viel Lächerlicheren zu sprechen, das – ich weiß nicht wie – aus Ägypten in den Himmel hineingeschleust wurde. Wie könnt ihr Götter es geduldig mit ansehen, daß diese im gleichem Maß oder gar noch höher als ihr verehrt werden? Oder du, Zeus, wie erträgst du es, wenn sie dir Widderhörner wachsen lassen?

Zeus: Fürwahr, was du da über Ägypten bemerkst, klingt häßlich;
aber dennoch, Momos, enthält das meiste davon
eine geheimnisvolle Symbolik, und ein Uneingeweihter
sollte sich keinesfalls darüber lustig machen.
Momos: Wir brauchen wahrhaft Mysterien,
um Götter als Götter und Hundsköpfe als Hundsköpfe zu erkennen!“

Zwischen der Zeit der absoluten Verständnislosigkeit des letzten Jahrhunderts, die mit Erman zu Ende ging, und den heute meist üblichen tiefenpsychologisch orientierten Darstellungen der altägyptischen Denkstruktur lag für mich die Zeit der bedeutsamsten Arbeiten. An erster Stelle scheinen mir besonders Kurt Sethe[565] und sein ständiger Widersacher Hermann Kees[566] zu stehen. Die Werke dieser Zeit brachten mich den entscheidenden Schritt weiter, und ich sollte dabei auch Hermann Junker[567] nicht vergessen.

Trotzdem sind wir auch heute noch in nicht geklärter Position gegenüber den Göttern. Hornung schreibt in seiner Übersetzung des Totenbuchs, die wohl als die beste von allen zählen kann:[568] „Von einem Verständnis aller Totenbuchtexte sind wir immer noch weit entfernt. Wenn der Leser an manchen Stellen das Gefühl haben sollte, nichts zu verstehen, so teilt er dieses Gefühl sehr oft mit dem Übersetzer.“ Solchen klaren Aussagen begegnet man heute eher selten, wo die Tiefenpsychologie den alten Ägypter stattdessen auf die berühmte Couch verfrachtet hat.

So viel die moderne Forschung auch herausgefunden hat, die Bedeutung,

die hinter einem Gott steht, bleibt vielfach ungeklärt. Doch, was ist eigentlich ein Gott?
Speziell im Land am Nil konnte trotz aller Bemühungen keine allumfassende Antwort auf diese Frage gefunden werden. Welche Bedeutung ging den Ortsgöttern voraus? Welche Himmelskörper verstecken sich hinter den zum Teil eindeutig kosmischen Göttern? Warum wurden manche trotz klarer kosmischer Bedeutung immer menschengestaltig dargestellt und andere nicht? In manchen ägyptischen Göttern lassen sich leicht Seelen von sonst leblosen Gegenständen wiederfinden. Woanders wiederum fehlt jede Deutungsmöglichkeit.
Zu der endlosen Anzahl von Göttern gesellen sich dann noch seltsame Verwandtschaftsbeziehungen. Die Beziehungen zwischen Göttern auf der Ebene Vater, Mutter, Sohn, Bruder, usw., verhindern ein Verständnis zusätzlich. Immer wieder begegnen wir auch dem Wort „Augen", in denen die Gelehrten mit Recht Gestirne erkennen. Doch um welche handelt es sich? Ihre Zuordnung wechselt von Mythos zu Mythos. Auch in der Hermetica sind die Augen klar als Himmelskörper ausgewiesen. In *Libellvs V* heißt es dazu:[569] „Wer ist es, der die Kreisbahnen der Augen zeichnete…?"
Zusätzliche Schwierigkeiten entstehen nicht zuletzt durch die unterschiedlichen Tierattribute, in denen sich kein erkennbares System befindet. Von Thot als Ibis haben wir schon gehört. Warum dieses Tier ausgewählt wurde wissen wir nicht. Lediglich der Zusammenhang zum Wort *gmj* für „finden", das mit dem Ibis geschrieben wird, ermöglichte uns eine Erklärung. Sehr wahrscheinlich träfe ein sinnvoller Hintergrund auch für die anderen Tiergattungen zu, nur kennen wir sie nicht.
Der Ägyptologe Eberhard Otto notiert dazu:[570] „Aber unsere Vorstellungskraft versagt doch auch in vielen Fällen vollends: Warum galt der weibliche Hase als unheimlich und gefährlich? Warum war der Ibis eine Erscheinungsform des Mond- und Weisheitsgottes Thot?" Die Erklärung, die uns Otto für die tiefe Kluft zwischen uns und den alten Ägyptern bietet, ist richtungsweisend: Wir haben heute keinen Zugang mehr zu ihrer Götterwelt, weil sie niemals „zum allgemeinen abendländischen Bildungsgut gehört hat".
Weiterhin bereitet uns der „Synkretismus", die „Angleichung", beträcht-

liche Schwierigkeiten. Das Ineinanderübergehen, die Gleichsetzung verschiedenster Götter, bis zur Umkehrung ihres Charakters macht Abgrenzungen nicht selten unmöglich. In seiner besten Arbeit bemerkt Hermann Kees dazu:[571] „Wer mit ägyptischer Dogmatik vertraut ist weiß, daß dem ägyptischen Denken so viele Möglichkeiten zur Verfügung standen, daß ihm fast jede Gleichsetzung ‚beweisbar' war." So gesehen läßt sich für vieles, was ich nun in der ägyptischen Götterwelt interpretieren möchte, das krasse Gegenteil beweisen.

Nicht anders erging es Kurt Sethe, der in den Kommentaren seiner Übersetzung der Pyramidentexte mehr als einmal anmerkt, daß die Pointe verlorengegangen sei, oder die späteren Schreiber einfach nicht mehr wußten, um was es eigentlich ging. Er notiert dann einmal passend:[572] „Was sie sich dabei gedacht haben, mögen wissen die Götter." Sollte ich mich in diesem Wirrwarr zurechtfinden?

Daß hier Wissen verlorenging, auch schon in frühester Zeit, ist kaum zweifelhaft. Nicht sehr viel anders erging es ja den Völkern Mesoamerikas. Woran das in Ägypten lag, wissen wir nicht. Vieles deutet darauf hin, daß der Kreis der wirklich Eingeweihten klein war, und die Urtexte selbst wohl keinen Anhaltspunkt mehr liefern konnten. Andererseits treffen wir sowohl im Neuen Reich als auch in ptolemäischer Zeit, immer wieder auf älteste Traditionen – so, als hätten die Priester dieser Zeit den Faden wieder aufgenommen oder sie wären an alte Schriften gelangt, die damals sicher noch irgendwo herumlagen.

Letztlich scheint sich Ägypten in jedem Fall zu lohnen, denn das, was wir dort suchen, ist sehr ähnlich dem, was der Polyhistor Albert Champdor in der Religion zu finden glaubt. Er vermutet ein gigantisches Ereignis am Beginn der Zeit, an das sich der Verstorbene in der Totenliteratur erinnern soll:[573] „Bei seinem Eindringen in die andere Welt wird der Verstorbene überall die Spuren des ‚Zusammensturzes der Urzeit' bemerken. Es geht im Totenbuch häufig um die ‚Kriege im Himmel', die dem ‚Welteneinsturz' vorangegangen sind. Scheint die Hartnäckigkeit dieser Tradition nicht zu bestätigen, daß es ‚an den äußersten Grenzen der Zeit' unvorstellbare Erschütterungen gegeben hat? Die Offenbarungen des *Totenbuchs* entsprechen der Erzählung der babylonischen Sintflut, dem

Gilgamesch-Epos, dem biblischen Bericht über Sodom und Gomorrha. Wer mögen sie wohl gewesen sein, diese titanischen Weltenzerstörer? Wesen von einem anderen Stern oder Menschen wie wir, die bereits die Atombombe kannten und einsetzten?"
Auch für den französischen Ägyptologen Gregoire Kolpaktchy, der eine etwas seltsame Übersetzung des Totenbuches vorgelegt hat, gelten ganz klar die „kosmischen Katastrophen...in uralter Zeit"[574] als das zentrale Thema der altägyptischen Literatur. In den Ereignissen sieht er „das erste Stadium des ‚Falles',[575] und zieht damit biblischen Parallelen.
Wir sehen also anhand dieses kurzen Überblickes, daß bis heute kein Zugang in die Götterwelt gefunden wurde. Die Spekulationen können in alle Richtungen gehen, und wir werden keine Möglichkeit zur Kritik haben. Die Entdeckung des Planetariums in der Großen Pyramide gibt mir aber erstmals ein Werkzeug in die Hand, das bei geschicktem Einsatz tatsächlich handgreifliche Resultate ermöglicht.
Zunächst werden wir uns von der längst überholten Vorstellung lösen müssen, der Ägypter hätte zeit seines Lebens nichts anderes zu tun gehabt, als sich mit dem Tod auseinanderzusetzen. So wie die Pyramide mehr als nur ein Grab war, so bildet auch in der Totenliteratur ein viel umfassenderes Ereignis die Hauptrolle, denn dieser gigantische Welteneinsturz ist ja haargenau das, was wir suchen. Entgegen der weitverbreiteten Meinung hegte der Ägypter übrigens den Wunsch 110 oder gar 120 Jahre alt zu werden.[576]
Aus vielerlei Gründen ist die Totenliteratur daher eine gute Ausgangsbasis. Der bedeutende Ägyptologe Professor Jean-Philippe Lauer drückt die Bedeutung so aus:[577] „Der größte Teil dessen, was wir an Informationen über das alte Ägypten und ihr Leben besitzen, stammt im wesentlichen aus den Gräbern". Dazu gehören vor allem die Pyramidentexte, die zur Zeit der 5. und 6. Dynastie die Wände in den Pyramiden zierten. Sie gelten als die ältesten religiösen Texte der Menschheit überhaupt. Wo sonst sollte man nach der Bedeutung der Pyramiden fahnden, wenn nicht in diesen Texten? Bei aller Euphorie darf aber nicht übersehen werden, daß die Pyramidentexte die Aufgabe hatten, das religiöse Dogma von Heliopolis darzustellen, das – und da bin ich zwischenzeitlich sicher – selbst nicht

mehr die ursprüngliche Religion aufzeigt. Hinweis genug bietet dafür die Umkehrung der Ländernennung, also Unterägypten vor Oberägypten zu dieser Zeit, die uns zur Vorsicht mahnt.[578]
Die Pyramidentexte, die 1881 von Gaston Maspero entdeckt wurden, und ihre Quellen, die „oft beträchtlich älter waren als das Alte Reich",[579] sind den Urtexten am nächsten und beinahe unverfälscht, wenn nicht gerade das religiöse Dogma gepflegt wurde. Zur sprachlichen Entwicklungsstufe schreibt Lauer weiter, daß sie „durchweg viel älter als die Inschriften in den Mastaben der IV. und V. Dynastie" sind.[580]
Im Mittleren Reich wurden die Pyramidentexte durch die Sargtexte ersetzt, deren sogenanntes „Zweiwegebuch" eine ausführliche Beschreibung des ägyptischen Kosmos enthält.[581] Aus dem Neuen Reich stammt dann das berühmteste Zeugnis altägyptischen Denkens – die Totenbücher. Während die Totentexte früher geheim und nur dem König vorbehalten waren, wurde daraus jetzt ein richtiges Gewerbe. Statt auf die Wände oder die Särge, schrieb man diese Texte auf Papyri, die bis zu 30 Meter lang werden konnten.[582] Aus dem Neuen Reich stammen ebenfalls sehr wichtige und wiederum geheime Schriften – die Unterweltsbücher, die ausgezeichnete Führer (deshalb auch Jenseitsführer genannt) – für die Region der „Unterwelt" sind.[583] Dazu gehört vor allem das Amduat, „das was in der Unterwelt ist", oder richtiger altägyptisch die „Schrift des verborgenen Raumes" genannt.[584] In anderen Fassungen aber im Kern mit der selben Aussage begegnen uns nacheinander das „Pfortenbuch", das „Höhlenbuch", das „Apophisbuch" und das „Buch von der Erde". Ebenfalls aus dieser Zeit kennen wir die sogenannten „Himmelsbücher", wie das „Nutbuch" oder „Das Buch von der Himmelskuh"[585] und das „Buch vom Tage und von der Nacht", die hier als Beispiel stehen sollen. Obwohl das Amduat erstmals unter Thutmosis I. auftaucht, kann man doch sicher davon ausgehen, daß die Ursprünge bereits im Mittleren Reich zu suchen sind.[586] Der Kern der Aussage selbst ist dabei ganz zeitlos.
Von den eigentlichen Göttermythen sind uns nur wenige bekannt, und diese erheben wahrlich keinen Anspruch auf Vollständigkeit. Erst ab der Spätzeit sah man die Notwendigkeit der Aufzeichnung großer Tempelmythen, die während der Ptolemäerzeit ihren Höhepunkt fand. Von diesen

großen Mythen sind uns fast ausschließlich die oberägyptischen erhalten, so daß jeder von ihnen ein besonderes Juwel für unsere Forschung darstellt. So sollen sie behandelt werden.

Die große Schwierigkeit, die allen Texten gemein ist – besonders aber im Amduat – ist die Verständlichkeit dieser Texte. Die Form überwuchert den Inhalt zum Teil so stark, daß sich nichts mehr herauslesen läßt. Nur das vergleichende Studium mit anderen und manchmal leichter verständlichen Texten führt zu spärlichen Lichtblicken.

Ein weiteres sehr unangenehmes Problem ist die Übersetzung selbst. West führt zum Beispiel eine ganze Reihe bekannter Übersetzungen an, die alle denselben Text betreffen. Die zum Teil stark abweichenden Auffassungen zeigen klar, daß die Übersetzung durch „Uneingeweihte“ stets im Auge des Betrachters liegt.[587] So wird es bleiben, bis ein Zugang zum Denken der alten Ägypter gefunden wurde.

Trotz all der schwierigen Umstände erweisen sich diese Texte gerade für meine Suche als unschätzbar wertvoll. Zu großen Teilen handelt es sich um astronomische Texte, was durch pausenlose astronomische Termini untermauert wird. Die Hinweise selbst sind bis jetzt nicht gedeutet und wurden selten als solche gesehen. Wohin geht die Seele des verstorbenen Königs wirklich?

Leider wird heute überwiegend davon ausgegangen, daß sich die ägyptischen Götter nur in hypothetischen Kulissen bewegen. Die natürlichen Erscheinungen des Nils, der Sonne, des Nordwindes, usw. sollen den Ursprung der ausgefeilten Vorstellungen bilden. Wuchsen all die Götter nur in der Psyche der Ägypter heran? Nein, ich glaubte fest an ein begründetes System.

Wer dies aber ernsthaft behauptet, muß sich die verschiedenen grundlegenden Umstände über das Königtum in Ägypten in Erinnerung rufen. Die Religion war dort nicht vom Staat getrennt, wie wir es heute kennen. Vielmehr bestimmte der Glauben nicht nur das religiöse Leben, sondern er setzte die Rahmenbedingungen für den Staat selbst fest. Der König selbst war ein Gott, und er hatte nichts mit dem gemeinsam, was wir heute unter einem König verstehen. Seine Macht, seine Herkunft und nicht zuletzt sein Tod beruhten auf diesen Grundsätzen. Er war der lebende

Horus, oder wie Lauer schreibt:[588]
„Kein einziges dieser Bildwerke in den Tempeln zeigt den König beim Gebet, bei der Verehrung eines Gottes oder bei einem Opfer. Im Gegenteil – sie alle unterstreichen nur seinen Anspruch, selbst Gott zu sein."
Der ägyptische Götterglaube ist „theistisch"[589] und geht damit von der Existenz von Göttern aus, die tatsächlich auf die Welt des Menschen einwirken oder einst eingewirkt haben. Diesen Glauben hegten sie in einer völlig anderen Weise als vergleichbare Kulturen, und könnten wir heute mit einem ägyptischen Priester diskutieren, dann sollten wir besser nicht den Begriff „Glauben" oder „Religion" wählen. Für die einstigen Nilbewohner bestand nicht der geringste Zweifel an der realen Existenz der Götter und an eine Zeit, als diese die Macht über Ägypten, ja über das ganze Universum ausübten.
Henri Frankfort schrieb treffend:[590] „Der ägyptische Staat war keine menschengemachte Alternative zu anderen Formen der politischen Organisation. Er war von Gott gegeben, etabliert, als die Welt erschaffen wurde..." So können wir nur ungefähr erahnen, welche Bedeutung diese Verbindung zwischen Staat und Religion für den Ägypter hatte. Es gibt heute keine Parallelen dazu. Es gibt aber nun die Möglichkeit diese „etablierte" Welt zu erkennen – anhand der Großen Pyramide. Damit sind wir schon beim ersten wesentlichen Punkt angelangt: Wie sah es aus, das „Universum" des Ägypters? Welche Bereiche stehen hinter dem Begriff „Unterwelt"?
Wenn die Götter zwischen den großen Phasen der ägyptischen Geschichte neue Namen, neue Funktionen und neue Partner bekommen, so kann man doch sagen, daß diese Umgestaltungen nicht nur das Werk neuer Dogmen waren. Vielmehr zeigten sich im Laufe der Zeit immer wieder neue Aspekte. Aufbauend auf die Pyramidentexte entwickelte sich die Götterwelt immer weiter. Ältere Texte, die es sicher gab, sind uns leider nicht bekannt. In der Stadt des vereinigten Reiches Memphis gesellte sich der Schöpfergott Ptah hinzu, der besonders durch seine Verbindung mit Nun die Zeit vor der Schöpfung in anderer Weise darstellte, denn Nun, das „Urgewässer" war ein Teil der Welt vor der Schöpfung. Ähnliches geschah durch die „Achtheit" von Hermopolis. Die Erweiterung dieses Urzustandes zeigt die starke Bedeutung der Zeit vor der Schöpfung

für den alten Ägypter. Doch wissen wir bis heute nicht, was sich dahinter eigentlich verbirgt.
Als schließlich Theben im Neuen Reich zur Hauptstadt wurde, gelangte wiederum ein Urgott, nämlich Amun, an die Spitze des Pantheons. Mit Re verschmolz er zu Amun-Re. Während all dieser Veränderungen galt immer das System von Heliopolis oder jenes, das ihm vorausging, als das Dominierende.
Obwohl jede dieser religiösen Schulen einen eigenen Beitrag leistete, blieben die Grundfesten der Vorstellungen immer die gleichen.[591] Der Grund dafür kann nur sein, daß es sich hier nicht um Vorstellungen handelt, die gewissermaßen auf dem Papier entworfen wurden, sondern es waren reale historische Vorgänge, reale Kulissen, die von den Theologen aufgrund ihrer immensen Bedeutung für den Ägypter immer wieder erweitert wurden.
So lebte auch der Ägypter mit seiner Tradition zum Königtum und den Vorstellungen über die Schöpfung der Welt, die wir leider nicht ein einziges Mal in zusammenhängender Darstellung überliefert haben, immer in den Erinnerungen an eine sehr weit zurückliegende Vorzeit und das, was in den Mythen gesagt wurde. Wie Sethe so treffend in seiner „Urgeschichte" bemerkte, trugen die Ägypter ihre „Eierschalen" immer mit sich herum.[592] In diesem Sinne gibt es auf der ganzen Welt keine Religion, die so gehegt und gepflegt wurde, und keine die besser geeignet wäre, etwas über die Hintergründe des Mythos und letzten Endes des Marsgesichtes zu erfahren. Die Beschäftigung mit der ägyptischen Kultur ist ein ständiger Blick in die Vergangenheit – nicht in die Zeit in der sie selbst lebten, sondern in die göttliche Zeit, als „Himmel" und Erde erschaffen wurden. Oder noch weiter, bevor dies geschah… (siehe dazu Band 2. Kap. III).
Unsere Suche nach den Antworten auf das Marsrätsel sowie die neu gestellte Frage nach der Bedeutung des Planetoidengürtels beginnt erst jetzt. Wir schlagen nun praktisch ein neues Kapitel auf. Der erste Schritt zum Verständnis des ägyptischen Glaubens ist die Untersuchung ihres Weltenbaues, mit Hilfe unseres neuen Werkzeugs. Es ist doch völlig sinnlos, kosmische Götter zu deuten von denen man nicht weiß, was sie eigentlich darstellen. Das Ziel lautet also, daß wir die ägyptischen Bezeichnungen

für Mars und Planetoidengürtel herausfinden müssen. Schließlich werden sie die Große Pyramide nicht aus Versehen so errichtet haben, daß sie dem inneren Sonnensystem entspricht.
Es ist geradezu erstaunlich, wie leicht die ersten Schritte fallen, wenn man dank der Großen Pyramide die Eckpunkte kennt...

## *Altägyptischer Weltenbau*

Die Kenntnis über den Weltenbau der Ägypter ist unverzichtbar, will man sich eingehender mit ihren Göttern beschäftigen. Jede Deutung eines Gottes kann nur dann funktionieren, wenn wir ihn topographisch einordnen können. Es steht dabei außer Zweifel, daß wir uns von den orthodoxen Anschauungen lösen müssen, die irgendwo im Erdmantel oder -kern oder sonstwo nach der berühmten Unterwelt suchen.
Daß wir in den alten Texten eine Spur des Mars finden müßten war fast sicher. Da er aber in der Astronomie selbst eine nur geringe Rolle spielte, mußte sein Wesen irgendwie in der Mythologie verborgen sein, ohne daß dies bisher erkannt wurde. Er könnte also in einem sehr wohl bekannten ägyptischen Gott auftreten, der zunächst gar keinen Hinweis auf den Mars bietet. Stück für Stück mußte das kosmische Puzzle neu zusammengesetzt werden. Das war eine Aufgabe nach meinem Geschmack und das Herumstöbern in den alten Büchern war das größte Vergnügen – zumal sich einiges herauskristallisierte.
Beginnen wir zunächst mit der Unterwelt, die nach den Vorstellungen der Ägyptologen unter der Erde liegen sollte, weil – so sagen sie – die Sonne am Abend in dieser versinkt, ja sogar mitten durch die Erde wandelt. Man stellt aber fest, daß die Unterwelt absolut identisch mit der Gegend ist, die in den Pyramidentexten als Himmel bezeichnet wird. Die Sargtexte verdeutlichen dies durch ihre Unentschlossenheit sich für einen dieser beiden Begriff zu entscheiden. Auch in den Pyramidentexten treffen wir auf Sprüche, die Himmel und Unterwelt identisch erscheinen lassen:[593]

„...der den Himmel durchfährt mit Orion,
der die Dat durchfährt mit Osiris."

An dieser Stelle jedenfalls ist Osiris mit dem Orion genauso identisch wie der Himmel und die Dat. Die Dat (Duat ist eine ältere Form) ist dabei die Unterwelt.

Dieses paradoxe Verhältnis hat schon so augezeichnete Gelehrte wie Hermann Kees beschäftigt, und das Ergebnis ist nicht zufriedenstellend, obwohl er der Durchleuchtung dieser Umstände ein ganzes Kapitel gewidmet hat.[594] Er versuchte eine Scheidung zwischen „oberer" und „unterer" Dat auf Tages- und Nachtfahrt der Sonne zu interpretieren, gibt aber selbst zu, daß diese Lösung nicht perfekt ist.[595] Grundsätzlich gilt die Anschauung, daß die Pyramidentexte die Unterwelt am Himmel suchten. Doch Kees notierte sicher richtig:[596]

„Wenn wir aber genau prüfen, finden wir auch in ihnen noch Stellen, wo man mit der Bedeutung der Dat gleich dem Himmel nicht auskommt, so wenn vom ‚Tor der Dat' als Horizonttor in unmittelbarer Parallele zum Tore des Erdgottes Geb gesprochen wird (Pyr. 483 §1014), oder das selige Geschick der Zirkumpolarsterne, der ‚Unvergänglichen', gepriesen wird, weil sie nicht in die Dat hinabsteigen müssen wie alle anderen Gestirne (Pyr. 463 §877/78)."

Er schrieb über die weitere Entwicklung:[597]

„Vom Mittleren Reich an kennen wir es [die Dat, A.d.A.] in der Mehrzahl der Fälle deutlich unserer ‚Unterwelt' entsprechend. Das alte Ideogramm des Wortes aber bildet ein Kreis mit einem Stern darin [der stets fünfzackig ist, A.d.A.]. Schon das verrät die nahe Beziehung zur Sternenwelt. Die Dat erscheint im Zusammenhang mit den bekanntesten Sternbildern, mit Orion und Sothis, und wenn man von den ‚Bewohnern der Dat' als gleichbedeutend mit den verklärten Toten im Himmel spricht und sie eine Reinigung im See der Dat vornehmen läßt, so meint man damit, das drückt die Schrift deutlich aus, die Sterne... Überall ist klärlich der Himmel der Gestirne über uns."

Himmel und Dat sind also offensichtlich (fast) völlig identisch. Die späten Unterweltsbücher, die sicher die „Nachtfahrt" erklären – das glauben wenigstens die Gelehrten – verwenden dieselben astronomischen Beschreibungen wie die Pyramidentexte mit der Dat beim sogenannten „Tageslauf". Wie geht das?

Die Gleichsetzung von Himmel und Unterwelt ist nicht neu. Tompkins berichtet zum Beispiel von Giorgio de Santillana, der seine abweichende Meinung in „Hamlet's Mill" zum Ausdruck brachte:[598] „Die heutigen Übersetzer glauben nach Santillana so fest an ihre eigenen Ideen, nach denen zum Beispiel die Unterwelt im Innern der Erde statt im Himmel zu suchen ist, daß ihnen selbst die Existenz von 370 besonderen astronomischen Termini keinen Anlaß zu kritischer Besinnung gibt." Selbst ein Gelehrter wird nämlich beträchtliche Schwierigkeiten haben, wollte er den Unterschied zwischen Himmel und Unterwelt topographisch erklären.

Als weiteres Beispiel soll hier nun eine Szene aus dem Nutbuch dienen, das aus der 19. Dynastie stammt:[599] „Die fernen Gegenden dieses Himmels sind in der Urfinsternis", heißt es da. Gewöhnlich ist es sonst die tiefste Unterwelt, die mit dieser Finsternis beschrieben wird. Ebenso finden wir eine Stelle im Amduat, wo es heißt:[600]

„Das Zerschneiden des Apophis
geschieht in der *Dat*
bei dieser Höhle,
sein Ort aber ist im Himmel."

Auch Sethe kommentiert den Pyramidenspruch 252 §272a:[601] „Erhebt euer Gesicht, ihr Götter, die in der Duat sind...", mit:[602] „Die Duat hier deutlich am Himmel und zwar am Morgenhimmel."

Die Deutung der Unterwelt am Himmel wird grundsätzlich auch von Erik Hornung gesehen, obschon er die Konsequenzen daraus nicht ziehen möchte. In seiner Einführung zu „Die Unterweltsbücher der Ägypter" notiert er zum scheinbar nicht vorhandenen Unterschied zwischen den Unterweltsbüchern und den Himmelsbüchern:[603] „Zwischen beiden Gruppen gibt es viele Beziehungen und Überschneidungen, sind doch beide Sphären schon für den Ägypter nur verschiedene Aspekte des gleichen Jenseitsraumes, durch den die nächtliche Sonnenfahrt geht." Dementsprechend kommentiert Hornung eine Szene des „Pfortenbuches", die da lautet:[604]

„Sie sind es, die Re ziehen
und (auf) den Wegen in der Nut geleiten.
Die Göttinnen sind es,
die diesen großen Gott in der *Dat* leiten."

Hornung erläutert:[605] „Hier stehen wieder die beiden Vorstellungen von der Fahrt durch die Unterwelt und der nächtlichen Fahrt durch den Leib der Himmelsgöttin Nut direkt nebeneinander." Wenn doch aber Himmel und Unterwelt identisch sind, dann kann doch auf die „Nachtstunden" niemals die tägliche Fahrt des „Sonnengottes" folgen. Eben! Genau das nimmt man aber ständig an. Dabei stehen die Chancen nicht schlecht, daß die ursprüngliche Stundenzahl der Anzahl der Monate entsprach, und das waren ihrer zwölf. Für die Babylonier ist das sogar gesichert.[606] Und wenn wir dann die ägyptischen Unterweltsbücher besprechen stellen wir fest, daß nach den zwölf Stunden, die ihre Einteilung bestimmen, die Topographie wieder blitzsauber dem Ausgangspunkt entspricht.
Mit diesen Gedanken hat sich auch der Gelehrte László Kákosy beschäftigt. Er schreibt:[607] „Die Annahme einer kugelförmigen, in der Mitte des Weltalls schwebenden Erde stellte auch einem Ägypter schwere Fragen. Obwohl wir vom Gedankengang, in dem dieses Problem behandelt wurde, keine direkten Zeugnisse besitzen, läßt er sich mit allem Vorbehalt etwa folgendermaßen rekonstruieren: Wenn der ganze Globus bewohnt ist (Antipoden!), so kann sich die Unterwelt nicht in seiner unteren Hälfte befinden. Man kann sie sich aber auch nicht innerirdisch als eine riesige Höhle vorstellen, da die Sonne, um die Erde kreisend, nicht in ihr Inneres hineingehen und die Toten aufsuchen kann. So bleibt nur übrig das Totenreich außerhalb der Welt, in den himmlischen Sphären zu suchen."
Diese Erkenntnisse helfen uns nun schon ein gutes Stück weiter. Wir wissen: Die Unterwelt entspricht einem bestimmten Ort am Himmel. Das Amduat macht uns zudem die Freude, den Weg in die Unterwelt mit Maßangaben zu versehen. Wir suchen damit also einen Weg in den Himmel. Zunächst müssen hier 120 Meilen zurückgelegt werden.[608] Eine ägyptische Meile entspricht 10,5 Kilometer, womit klar wird, daß wir es hier mit „göttlichen" Meilen zu tun haben, denn Ägypten selbst ist dafür nicht

groß genug. Zweifellos haben wir es hier mit einem kosmischen Text zu tun. Aus Gründen, die wir gleich erläutern werden, kam ich auf den Gedanken, die Große Pyramide als kosmischen Maßstab zu nehmen. Ich probierte einige Zusammenhänge aus, und fand dabei eine Verbindung zur Seitenlänge. Dividiert man nämlich die 120 durch die Seitenlänge der Pyramide – 232,35 Meter – erhält man die inzwischen bekannte Zahl

„0,52"

Diese Zahl, die uns schon ein ganzes Stück begleitet, ist nichts anderes als der Abstand zwischen Erde und Mars in Astronomischen Einheiten! Wir erinnern uns, daß der Mayakalender auf der 52 beruht, und daß seine Zyklen mit dem Mars kompatibel waren. Dazu kommt – welch Zufall – unser eigener Kalender, der auf 52 Wochen mit jeweils sieben (!) Tagen fußt. Folgt man dem apokryphen „Buch der Jubiläen", dann geschah dies auf ebenso göttliche Weise:[609]

„Und alle Tage der Gebote
sind 52 Wochen an Tagen,
und sie alle ergeben ein volles Jahr.
So ist (es) eingegraben und angeordnet
auf den himmlischen Tafeln..."

Das ist natürlich kein Zufall. Laut Amduat sind wir noch nicht in der Unterwelt. Wir befinden uns auf dem Mars, der als solcher nicht weiter beschrieben wird. Um die Unterwelt, oder vielleicht besser den Himmel zu erreichen, müssen weitere 300 Meilen zurückgelegt werden.[610] Teilen wir also wieder die 300 durch 232,35, dann erhalten wir die Zahl

„1,30"

Legen wir vom Mars aus noch 1,3 AE drauf, dann befinden wir uns bei 2,82 AE oder mit anderen Worten: Wir gelangen so mitten in das Sammelsurium der Planetoiden, dort wohin vielleicht ein Planet gehören würde.

Daß die alten Ägypter den Meter gekannt haben, wurde bereits erläutert. Astronomische Einheiten zu kennen bedarf weit weniger Scharfsinn. Dieser Maßstab kommt in der Natur als mittlerer Abstand zwischen Sonne und Erde vor. Erst für größere Entfernungen verwenden wir das Lichtjahr, um die Zahlen überschaubar zu halten.
Natürlich sticht sofort ins Auge, daß hier ein Text aus dem Neuen Reich direkten Anschluß an die Große Pyramide findet, die – ob nun so oder so – Jahrtausende älter ist. Wir erinnern uns an das für den Planetoidengürtel charakteristische Wasser? Im Amduat wird die Unterwelt, die wir nun erreicht haben, als „Wasserfläche des Re" bezeichnet.[611]
Kommen wir nun zu der Textstelle, die den grundsätzlichen Ausschlag für diese Überlegungen bot – sie selbst ist ein weiterer Beweis für die Richtigkeit meiner Interpretation. So lesen wir im Amduat:[612]

„So ist er beschaffen bei seiner Sandbank,
die in der Dat [Unterwelt, A.d.A.] ist.
‚Wasserbringende' ist der Name dieser Sandbank,
440 Ellen (ist sie) in ihrer Länge, 440 Ellen in ihrer Breite."

Diese „Sandbank" gehört Apophis (ägypt. Apep), der Schlange, die mit ihren Windungen die Unterwelt durchzieht. Diese Windungen sind an dieser Stelle (später werden wir sehen, es sind die Kometen) die Planetoiden. Warum?
440 x 440 Ellen sind 230 x 230 Meter, und damit nichts anderes als die Grundfläche der Großen Pyramide (Sandbank!). Betrachten wir die Pyramide in dem Querschnitt, der uns das Planetarium zeigt. Dann befindet sich die Grundlinie der Pyramide zur Sonne in einem Abstand von etwa 2 AE. Das kommt der inneren Grenze des Hauptgürtels gleich, den die Fachliteratur ja mit 1,8 AE angibt. Die Idee dazu stammt gar nicht von mir. Vielmehr zeigt der Schweizer Ägyptologe Erik Hornung in diesen Gedanken auf:[613] „Das Amduat gibt für diese Sandbank genaue Maße an: 440 Ellen lang und breit, jeweils rund 230 m, was genau dem Grundriß der Cheopspyramide entspricht – offenbar war es eine bedeutsame Zahl."
Das ist sie…

Ich habe mich gefragt, welche Gedanken den bedeutenden Gelehrten bewegt haben müssen, um diesen Zusammenhang herzustellen. Ganz sicher waren sie außerhalb der engen Grenzen der Lehrbücher. Die Verbindung zwischen dem Text und der Pyramide zeigt klar das Vorhandensein eines richtungsweisenden Urtextes auf. Danke an einen bedeutenden Ägyptologen der Gegenwart – Erik Hornung.

Diese neuen Erkenntnisse bringen uns wieder ein Stück weiter zum Verständnis des altägyptischen Weltenbaus. Über diesen Aufbau hatten die Ägypter ganz klare Vorstellungen, von denen uns zahllose Darstellungen erhalten sind. Unten befand sich der Gott Geb, der für die Erde steht. Darüber erhebt der Luftgott Schu, die Himmelsgöttin Nut. Daß Geb für die Erde steht ist gesichert, und wir brauchen darüber nicht zu diskutieren. Was aber symbolisiert die Himmelsgöttin Nut?

*(a)*

*(b)*

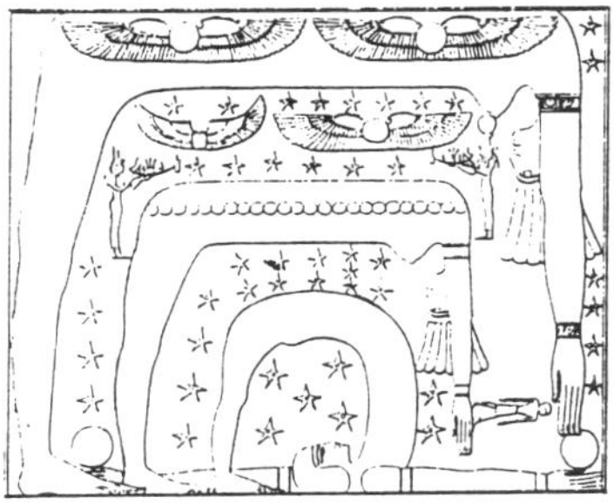

*(c)*

*„Der Weltenbau der Ägypter in verschiedenen Darstellungen"*

*Quelle: Heinrich Schäfer:*
*Weltgebäude der alten Ägypter,*
*Berlin, 1927,*
*S. 123, Abb. 44 (a),*
*S. 133, Abb. 23 (b),*
*S. 144, Abb. 30 (c)*

### *Der Himmel*

„Himmel“ ist ein Wort, das in seiner Komplexität ohnegleichen ist. Es mag in der Mentalität des nüchternen deutschen Sprachraumes liegen, daß wir den sichtbaren Himmel und den abstrakten Himmel mit nur einem Wort bezeichnen – eben „Himmel“. Etwas weiter geht der englische Sprachraum. Der sichtbare Himmel heißt „sky“, während das abstrakte Gegenstück „heaven“ genannt wird. So läßt sich jederzeit zwischen zwei „Himmeln“ unterscheiden – ein Unterschied von Bedeutung. Der eine erglänzt blau in der Sonne, der andere ist die Sehnsucht des rechtschaffenen Menschen. So einfach und klar liegt die Sache im alten Ägypten nicht, und das Wort „Himmel“, mit dem wir glauben alles übersetzen zu können, beschreibt dort ganz unterschiedliche Dinge. Die richtige Interpretation der verschiedenen Formen ist der Schlüssel des ganzen Rätsels. Dieser Schlüssel wurde durch die Wissenschaft bisher nicht gefunden und so half es nichts, in gelehrten Büchern eine vorgefertigte Antwort auf seine wahre Bedeutung zu finden. Selbst so ausgezeichnete Begleiter wie Hermann Kees oder Hans Bonnet, die mir sonst stets gute Dienste erwiesen, ließen mich hier im Stich.
Die Himmelsgöttin pur ist Nut. Ihr Leib bildet das „Himmelsgewölbe“, das auch „Erzgewölbe“ oder „eisernes Gewölbe“, beziehungsweise „Mauern aus Erz“ usw. genannt wird. Diese Begriffe finden sich ständig in diesem Zusammenhang. Im Pyramidentext 509 §1121a klingt das so:[614]

„Ich steige auf zum Himmel
und fahre über über das Erz.“

Ähnlich auch Spruch 257 §305a:[615]

„…und er sitzt an der Stelle des Herrn des Alls
NN. nimmt den Himmel in Besitz
er spaltet sein (des Himmels) Erz.“

Außer, daß hier der Verstorbene zum Himmel aufsteigt – Mesoamerika läßt grüßen – können wir vor allem den Charakter dieses Himmels mit unserem neuen Schlüssel erkennen – es ist der Planetoidengürtel. Die Ägypter sahen in ihrem „"Himmel" zweifelsfrei einen festen Körper, und Budge erwähnt,[616] daß die Yoruba in Afrika denselben Gedanken hegten. Sethe hat seine Übersetzung mit dem Kommentar versehen:[617] „Dachten sich die Ägypter der alten Zeit den Himmel aus Eisen (oder gar Stahl) bestehend, das sie ja blau darzustellen pflegten?" Diese Frage kann nur mit ja beantwortet werden. Jedenfalls kommt das *bis-n-p.t*, das „Erz des Himmels" immer wieder in den Texten vor und der „Eherne" ist ja tatsächlich der ältere Name für „Himmel".[618]

Nach allem was wir bisher erfahren haben, bleibt gar nichts anderes übrig. Klar, daß die Ägyptologen einen „blauen" Himmel für „unseren Himmel" halten. Doch das erweist sich jetzt als falsch. Das „blaue" Eisen war damit gemeint.

Einen sehr schönen Spruch fand ich in den Sargtexten, wo zum Erz der Nut – Nut ist wohl selbst nur ein alter Name des Himmels[619] – auch noch das Wasser dazukommt. Die Beschreibung dieser Konstruktion als kreisförmig, räumt schon jetzt den letzten Zweifel aus:[620]

„Eine Leiter zum Himmel wird für die zusammengesetzt
und Nut wird ihre Hände für dich ausstrecken,
du wirst auf dem Gewundenen Wasserlauf navigieren
und im Achterboot segeln.
Die beiden Mannschaften der Unvergänglichen Sterne
und der Nicht-ermüdenden-Sterne werden dich navigieren,
sie werden dich leiten und ziehen
über den Kreis des Wassers mit Tauen aus Erz."

Besonders deutlich erwähnen die Pyramidentexte die Kreisförmigkeit des Himmels wenn dort von den „Biegungen des Gewundenen Wasserlaufs"[621] geredet wird.

Champdor schreibt dazu:[622] „Der irdische Nil, der aus der Amenti [manchmal als westlicher Teil der Dat verstanden, A.d.A.] entspringt; ist nur das getreue Abbild der ‚Großen Flut der Nut'".

Die Vorstellung, das Himmelsgewölbe könnte kreisförmig sein, geht ebenfalls bis zu den Pyramidentexten zurück:[623]

„Gewaschen ist das Gesicht des Himmels,
klar ist der Bogen (des Himmelsgewölbes).“

Die Summe all dieser Beschreibungen des Himmels ist nicht kompatibel mit den modernen Vorstellungen, die das Wort mit sich bringt. Diese Beschreibung paßt aber ausgezeichnet auf den Planetoidengürtel und seine Eigenschaften.

Ich habe bereits daraufhingewiesen, daß Apophis' Sandbank ebenfalls an diesem Ort zu suchen ist. Im Horustempel von Edfu finden wir dafür den Beleg in einer Inschrift:[624]

„Der vollendete Palast der Nut ist dieser Hof, in seinem Namen ‚Stätte,-an-der-Seftech (Apophis)-niedergeworfen-wird,-der-Feind-des-Harachte'. Seine Wände sind seiner Art gemäß dekoriert worden, entsprechend dem, was in den alten Schriften steht.“

Schon in den Pyramidentexten wird zwischen zwei verschiedenen „Himmeln“ unterschieden. Neben der Nut, die synonym für *pt* (Himmel) und *Nwn* (Nun, das Urgewässer oder auch *w3dj-wr*, der „große Grüne“ oder *sh-wr*, der „große See“) stehen kann,[625] gibt es dort draußen noch *nnt*, Naunet, den „Gegenhimmel“. Die Sterne der Naunet sind die *jhmw-skj*, die Zirkumpolarsterne, während die Sterne der Nut *mskt shdw*, die „Straße des Sternenhimmels“ bilden, wodurch sie sich deutlich unterscheiden.

Diese Differenzierung ist schon deshalb sehr wichtig, weil Naunet nicht in die Schöpfung involviert wurde, das heißt, die Zirkumpolarsterne sind nicht Teil der Schöpfung oder durch diese entstanden.[626] Über Nun werden wir uns im 2. Band (Kap. III) genauer unterhalten. Für Naunet gilt, daß deren Sterne keinerlei aktive Rolle spielen, wie die Sternenverehrung allgemein.

Kees beschreibt die Naunet „als wäre es kurzweg der Himmel der Gestirne, wie ihn der Mensch schaut.“[627] Daher haben die Gelehrten zu allen Zeiten angenommen, daß es sich bei Naunet um den „Nachthimmel“ handelt, und das wird im wesentlichen richtig sein. Die *mskt shdw*, die auch ganz einfach nur „Inseln“ genannt werden können,[628] sind aber keine Sterne im herkömmlichen Sinn – schon gar nicht am Tageshimmel –, sondern es sind die Planetoiden, und diese sind das Ergebnis der Schöpfung. Das gilt es nun zu beweisen.

Moderne Astronomen, die sich mit den alten Texten beschäftigen, halten *mskt shdw* immer wieder für die Milchstraße, da sowohl Sethe als auch Faulkner dieses Wort in ihren Übersetzungen der Pyramidentexte so gebraucht haben. Zumindest Sethe hatte aber mit dieser Vorstellung einige Probleme, wie sein Kommentar, der sich einmal mehr als unschätzbar wertvoll erweist, zeigt. So heißt es da:[629]

„Richte das Schiffstau, fahre über die *msk.t*,
schlag den Ball auf der Wiese des Hapj.“

Sethe sieht hier in *msk.t* „einen Teil des Himmels“,[630] also den Himmel selbst. Genauso war Hapi als Gott des Nils mitsamt der dazugehörigen Überschwemmung auch sicher ein Teil des Nils, und damit des Himmels. So konnte er blau oder grün dargestellt werden[631] wie der Himmel wenn er aus Eisen oder Wasser gesehen wurde (Urgewässer meist grün und Eisen eben blau). Diese Verbindung wird schon durch die enge Beziehung zwischen Hapi, Nun und Nut erklärt.

In den Pyramidentexten begegnen wir der „Straße des Sternenhimmels“ erneut:[632]

„...nicht konnte ich abwehren den Palast der Großen
von der Straße der *shd.w*-Sterne [der Milchstraße?]
siehe darum hat NN. die Höhen des Himmels erreicht.“

Für Sethe, der seine Interpretation der Milchstraße mit einem Fragezeichen versehen hat (Faulkner meist ebenso), liegt der „Palast der Großen“ wieder „augenscheinlich am Himmel“, und er fragt sich im Kommentar „was *msk.t shd.w* nun sein mag.“[633] Auch hier sind die *shd.w*-Sterne wieder klar ein Teil des Himmels. Wie ist denn das möglich – am Tag?!

Gebraucht man „Himmel“ in seiner modernen Form, so ist die Milchstraße sicher ein Teil dessen – jedoch nur bei Nacht. So undifferenziert gingen die alten Ägypter nicht vor. Wir müssen den Begriff „Himmel" etwas enger fassen. Für sie war der Himmel einer der wichtigsten Orte überhaupt, und der bestand aus Wasser und Eisen! Im Himmel wurde der Verstorbene selbst zu einem *shd*, zu einem „Stern". Diese Sterne konnten in den Sargtexten genausogut als „Inseln des Himmels" bezeichnet werden,[634] was wiederum ausgezeichnet zu den Planetoiden paßt.

Faulkner weist darauf hin, daß „mskt offensichtlich ohne diese Bedeutung" (für Milchstraße) ebenfalls vorkommt.[635] Leider sind die angeführten Stellen auch nicht für eine Gegendarstellung zu gebrauchen. Fest steht jedenfalls, daß aus unserer Sicht die Milchstraße kein „Gewundener Wasserlauf", sondern einfach nur ein „Balken" ist, der paradoxerweise nie gleichzeitig mit der Sonne gesehen werden kann. Der Fehler der bisherigen Erklärungen ist also offensichtlich.

Nun begegnen wir in allen alten Texten der merkwürdigen Vorstellung, daß Re, in dem die Gelehrten ausnahmslos die Sonne sehen, seine Bahn mitten durch den Himmel zieht. Die Beschreibungen sehen ihn deutlich durch die Schenkel der Himmelsgöttin Nut selbst wandeln.[636] Seine Bahn wird dort durch Apophis' Sandbank gestört. Entweder sind also meine bisherigen Deutungen falsch, oder Re ist nicht die Sonne, denn während ihrer sogenannten „Tagesfahrt" begegnen ihr keine Sterne! Die Lösung des Problems werden wir auf später verschieben (siehe dazu Band 2, Kap. III). Es muß nur erwähnt werden, weil wir jetzt auf diesen Umstand treffen. Wenn Re aber tatsächlich die Sonne ist, dann kann die *mskt shdw* auch auf keinen Fall die Milchstraße sein. Zu keiner Zeit ist beides am Himmel sichtbar. Eine dieser geläufigen Interpretationen muß falsch sein! Die Pyramidentexte zeigen dann noch klar, daß diese Sterne den Leib der Nut selbst bilden:[637]

„Horus der über den *shd.w* des Himmels ist,
der den Re am Leben erhält alle Tage."

Dieselbe Vorstellung sehen wir dort nochmals, wo Sethe in Klammern den Ort lokalisiert:[638]

„...hoch gemacht soll werden das *shd*-Gestirn des NN.
mit Re [am Himmel]...
damit NN. wandle in den Gefilden der Speisung.
NN. ist jenes Auge des Re, das in der Nacht [wieder]
empfangen und geboren wird für alle Tage."

Sethes Kommentar zu diesem Spruch ist erneut sehr hilfreich.[639] Er weist auf die Determinierung von *shd.w* hin, die mit dem üblichen Himmelsbalken auch als Wort für „Himmel" oder als dessen Teil verstanden werden kann. Damit wird das Wort *shd.w* selbst nur zu einer anderen Bezeichnung für „Straße des Sternenhimmels" oder „Gewundener Wasserlauf". Die Lokalisierung des Apophis in dieser Stätte zeigt, daß die Milchstraße nicht gemeint sein kann, denn deren Sterne, die sich ja schon durch ihre andere Bezeichnung als Sterne der Naunet charakterisiert sind, könnten der Bahn der Sonne nicht im Weg stehen. Dieses Motiv begegnet uns aber ständig.
Die alten Ägypter hatten eine weitere sehr seltsame Vorstellung von den *shd.w*-Sternen. Sie stellten sie, wie alle anderen Sterne auch, immer nur mit fünf Zacken dar. Für sie war die Fünf eine heilige Zahl, die für die erste weibliche und universale Existenz stand.[640] West, der sich mit der ägyptischen Zahlenmystik befaßt hat, sieht hier vorzugsweise die „Zahl des Lebens". Leider wurde von ihr selten Gebrauch gemacht.[641] Der verstorbene König wünschte sich so ein fünfzackiger Stern zu werden, um sich im Himmel mit Re zu vereinigen. Diese Zahl fünf ist natürlich die astronomische Position des Planetoidengürtels! Es ist wieder Kurt Sethe, der hier schon vor mir einen Zusammenhang gesehen hat. Sein Kommentar zeigt das eigentliche Problem – Re ist es –, das ihn vor seiner eigenen richtigen Lösung letztlich abhält:[642] „*Shd* ist hier das Gestirn, in dem oder als das der tote König am Himmel steht. Wenn 698d wirklich zu diesem Teil des Textes gehörte, was nicht anzunehmen ist, müßte *shd* hier eine Bedeutung wie ‚astronomische Position' haben, da dann der Tote ja nicht als Stern, sondern als Sonne gedacht wäre."
Daß der Leib der Himmelsgöttin Nut selbst die astronomische Position innehat, und die *shd.w*-Sterne selbst ein Teil des Himmels sind, zeigt die

Darstellungsart der Nut, die an ihrem Bauch selbst diese fünfzackigen Sterne trägt, ja sie bilden den Leib erst. Damit ist sie astronomisch in fünfter Position, sie ist der Planetoidengürtel!
Die Beweisführung, daß Nut und die synonymen Götter für „Himmel" den Planetoidengürtel darstellt, ist noch längst nicht beendet. Zur weiteren Untermauerung dieser Annahme genügt die automatische Bestätigung, die sich durch die Lokalisierung des Gottes Schu in der ägyptischen Götterwelt ergibt – und die ist erschreckend sicher.

## *Der Luftraum*

Ausgangspunkt für unsere Rekonstruktion des altägyptischen Weltenbaus war die Darstellung der Gottheiten Geb, Schu und Nut, die zu allen Zeiten die grundlegende Basis bildete und niemals im Verlauf der ägyptischen Geschichte verändert wurde. Da Geb als Erdgott altbekannt ist, und wir nun Nut mit dem Planetoidengürtel gleichgesetzt haben, bleibt – und das ist die einzig mögliche und logische Schlußfolgerung – für Schu nur noch die Rolle als Mars. Sollte sich jetzt herausstellen, daß Schu der Mars ist, dann kann Nut niemals der blaue Himmel sein, sondern zwangsläufig „nur" der Planetoidengürtel!

*„Der Luftgott Schu"*

*Quelle: E. A. Wallis Budge: From Fetish to God, 1934, S. 7*

In der ägyptischen Astronomie, die in alter Zeit ein kümmerliches Dasein führte, war Schu niemals der Mars. Seine Rolle galt nämlich als absolut geheim, wie uns die Sargtexte zeigen:[643]

„Ich bin die Seele Schus,
der Gott in unsichtbarer (d.h. geheimnisvoller) Gestalt..."

Überprüfen wir zuerst seine grundlegenden Bedeutungen. Schu *(shw)* bedeutet „leer sein",[644] und Sethe bemerkt dazu:[645] „Schu, der später gern mit zwei leeren Königsnamenringen geschrieben wird und wirklich ‚die Leere' bedeutete."
Schu wird aber auch mit „erheben" wiedergegeben.[646] Genau diese Funktion erfüllt Schu in beinahe allen Texten. Als Beispiel habe ich einen Pyramidentext ausgesucht:[647]

„Horus ernennt sich den N. (an) seine Seite,
er überweist ihm den Schu, der die Arme erhebt,
die die Nut tragen."

Schu ist der Gott, der als Schützer vor der bedeutendsten Urangst der Menschen in allen Teilen der Welt auftritt. Er trägt oder erhebt den Himmel, damit er nicht wieder auf die Erde fällt. Dieser Formel begegnen wir fast in allen Kulturen. Die Vorstellung, daß der Himmel auf die Erde stürzen könnte, verbanden sie mit einer großen Katastrophe und es gibt nicht viel, vor das sich der Ägypter und all die anderen Völker mehr fürchteten.[648] Ob es sich dabei um die Sintflut handeln könnte, die schließlich zum Bau der Großen Pyramide führte und warum wir hier eigentlich diskutieren, wird später besprochen (siehe dazu Band 2, Kap. II).
Im „Buch von der Himmelskuh" wird Schus Aufgabe so beschrieben:[649] „Schu steht unter ihrem Bauch [der Nut, A.d.A.] in gelber Farbe ausgeführt; seine Arme greifen unter diese Sterne [die Sterne der Nut, A.d.A.])."
Schu ist der Himmelsträger par excellence!
Champdor stützt sich im folgenden Zitat auf Emmanuel de RougÈ (Kon-

servator im Louvre), der schon 1860 den grundlegenden Zusammenhang erkannte:[650] „Grenzenlos wird sein Jubel sein vor den vier Pforten des Himmels, vor den geheimnisvollen Erleuchtungen des Re, vor der siebenstufigen Treppe, der Schmun-Treppe, die ‚der Ausdruck der Gesetze der Himmelsmechanik ist, auf die sich die Macht von Schu stützt'".

De RougÈ hat den Nagel auf den Kopf getroffen. Der Mars ist tatsächlich der wichtigste Planet der Himmelsmechanik. Es gibt keinen Zweifel, die Ägypter wußten von der Titius-Bodeschen-Regel, denn wenn der Mars nicht seine Position zwischen Erde und Planetoidengürtel einnehmen würde, dann fiele der Himmel, und zwar im wahrsten Sinne des Wortes, auf die Erde!

Es ist äußerst interessant in diesem Zusammenhang einen weiteren Blick auf die ägyptischen Tempel zu werfen. Wie besprochen stehen die Pylonen für den Planetoidengürtel, das Allerheiligste für die Erde, und der dazwischenliegende Säulensaal (oder auch „Vorhalle" genannt), der symbolisch den Himmel trägt, freilich für den Mars, für Schu. Lesen wir dazu bei Professor Hellmut Brunner nach, der in der Konstruktion des Tempels immerhin passend einen „Mikrokosmos" sieht:[651]

„Hier ist ein Wort über die so typisch ägyptischen Pflanzensäulen einzuschieben. Man hat mit Recht gesagt, daß sie ihre Form nicht, wie die griechischen, aus dem Verhältnis Stütze und Last beziehen, sondern als freistehende Glieder, also ohne die Funktion, ein Dach zu tragen, gedacht ist. Tatsächlich ist die Verbindung des Kapitells mit den das Dach tragenden Architraven oft genug von unten nicht zu sehen, sie ist verdeckt von überragenden, weit ausladenden Kapitellen, und die Decke von Tempelräumen ist meist durch blaue Farbe mit gelben Sternen als Himmel gedeutet, also gewiß freischwebend zu verstehen. Die tragende Funktion der Säulen ist zwar eine technische Notwendigkeit, wird aber kaschiert und bleibt ohne Einfluß auf ihre Gestalt.

Wenn dem so ist, wird auch die Wahl der Pflanze, die der Säule ihre Gestalt verliehen hat (meist Papyrus, Lotos oder Palme), vielleicht auch die Wahl eines nichtvegetabilen abstrakten Vier- oder Vielkantpfeilers nicht nach ästhetischen Gesichtspunkten, sondern nach symbolischen erfolgt sein."

Die Bedeutung – vor allem des Vierkantpfeilers – der berührungslosen Stütze kann doch nach meiner Ansicht nur die „tragende“ Funktion der Titius-Bodeschen-Regel sein! Der Mars als vierter Planet sorgt dafür, daß nicht die Planetoiden diese Position einnehmen.
Die Ägypter hegten wie viele andere Kulturen die grundsätzlich Vorstellung, daß der Himmel auf vier Stützen ruht.[652] Wir brauchen nur die Planeten von der Sonne aus nachzuzählen und wissen, daß der Mars selbst die vierte Stütze des Himmels ist! In den Sargtexten finden wir ihn dann auch so:[653] „Mein vierter ist Schu.“
Umgekehrt wissen wir, daß die Planeten von außen nach innen gezählt wurden, wenn der Blick vom hypothetischen 10. Planeten aus zur Sonne gewandt war. Wir einigten uns so auf den Mars als 6. und die Erde als 7. Planeten. Überhaupt erkennen wir in der Sieben die „heiligste“ Zahl der Ägypter. In den Sargtexten finden wir dann die Bestätigung,[654] denn dort sind es „sieben Geister die Re hochheben“. Natürlich, denn er ist von „uns“ aus der siebte Planet!
So wird die Bedeutung eines weiteren Sargtextes[655] klar, wenn wir später (siehe dazu Band 2, Kap. III.) den ägyptischen Weltenbau voll erkannt haben:

„Sieben Leiber sind in On mit Re,
sieben Portionen sind (auf der Erde) mit Geb,
sieben Portionen sind mit Osiris.“

Ich verdanke Achmed einen sehr wichtigen Hinweis.[656] In einem unserer Gespräche sagte er mir, daß die Hieroglyphe für Erde“ nicht nur aus einem Ziegel mit drei Punkten (Sandkörnern) bestehen muß, also die Erde somit als dritten Planeten bezeichnet,[657] sondern, und das ist ein echter Knüller, auch sieben Punkte denselben Zweck erfüllen können. Diese seltene Schreibweise – ich kannte sie nicht – „paßte“ wieder einmal wunderbar zu meiner Sicht der Dinge, und mir will beim besten Willen nicht einfallen, welcher Sinn sich sonst dahinter verbergen könnte.
Wir benötigen als weiteren Beweis also eine Textstelle, die Schu als die Nummer sechs bewertet. Nichts ist dafür geeigneter als die Sargtexte, wo

Schu eine überaus starke Rolle spielt. Dort finden wir dann auch eine Stelle, in der Schu höchstpersönlich spricht:[658]

„Ich bin der,
dessen Gestalt ausgeatmet wurde vor seinen Gefilden,
der sein Urteil fällt in den geheimen Angelegenheiten,
die sich im Haus der Sechs befinden.“

Wie Faulkner in seiner Anmerkung hervorhebt, nennen hier einige Texte auch das „Haus der Sechs des Re“, womit Re ganz offensichtlich zum 10. Planeten wird und die Zählung von dort aus vorgenommen wurde. Für Re bedeutet das bisher augenscheinlich, daß er sowohl als 10. Planet als auch als 5. Planet gesehen werden kann, wenn er seine Bahn mitten durch den Planetoidengürtel führt. Doch dazu später.
Von Kurt Sethe erfahren wir, daß die Vier neben der Sieben die bedeutsamste Zahl im alten Ägypten war,[659] und wir wissen nun ebenfalls, daß sie sich mit großer Wahrscheinlichkeit auf die vier Stützen des Himmels bezieht. Jedenfalls läßt sich dieser Zusammenhang herstellen. Wir erfahren nämlich von Sethe noch weitere wichtige Hinweise. So ist das Zahlwort für 1 Million *hh* und wird mit dem Bild dieses Gottes geschrieben wie er die Hände erhebt, als wollte er den Himmel tragen.[660] *Hh* ist auch eine andere Form des Schu, speziell in seiner Funktion des Himmelsträgers, und Sethe schrieb weiter, daß ein Zusammenhang zu *hh*, das „Gesuchte“ (ohne Finden!), bestehen wird.[661] „Suchen“ hat also sowohl etwas mit dem Ibis des Thot zu tun als auch mit unserem Mars! Das ist eine Kombination, die wir uns merken sollten.
Nachdem wir den Himmel bereits lokalisiert haben, die Erde ohnehin klar ist, verstehen wir diesen Hymnus aus Kom Ombo besser, der nachweislich von Schu spricht:[662]

„Er landet in seiner wahren Gestalt,
als Wind zwischen Himmel und Erde.
Der die beiden im Kreise Wandernden im
Wind umherfährt immerdar.“

„Zwischen Himmel und Erde" – das kann nur der Mars sein. Für uns ist jetzt wichtig, daß wir die Unterwelt lokalisieren können. Schu ist „unterhalb des Himmels",[663] er ist das „Tor zur Unterwelt".[664] Mit anderen Worten: Die Unterwelt beginnt mit dem Planetoidengürtel und erstreckt sich außerhalb dieses Kreises. Auf die relative Nähe des Schu zum Gewundenen Wasserlauf weist vor allem diese Szene:[665]

„Er [Schu, A.d.A.] macht Re zufrieden mit Recht,
und Schu, der Vater der Götter, erscheint in Pracht
mit dem Fluß hinter ihm in der Flamme der Strahlen."

Wir nähern uns nun gleich den Entdeckungen auf dem Mars, wenn wir eine weitere wichtige Rolle Schus hervorheben. Vorher möchte ich aber den entscheidenden Beweis für die Rolle Schus, und damit für alles was wir bisher über den ägyptischen Weltenbau erfahren haben, erwähnen.
Lange Zeit suchte ich nach einer einleuchtenden Erklärung für seine Bedeutungslosigkeit in der ägyptischen Astronomie. Immer wieder studierte ich alle möglichen Quellen, um einen eindeutigen Hinweis auf die Identität zwischen Schu und Mars zu finden. Es stellte sich heraus, daß es zwischen der mythologischen Rolle der ägyptischen Götter und der in Ägypten unbedeutenden Astronomie keinerlei Berührungspunkte gibt. Diese Astronomie hat sich völlig autark entwickelt, so als hätten die alten Ägypter selbst keine Möglichkeit gesehen, ihre Götter am sichtbaren Himmel wiederzufinden. Genau das trifft auch auf Schu zu.
Sobald ich mit Robert über meine Version diskutierte und die Behauptung aufstellte, daß nach allem was ich bisher herausgefunden zu haben glaubte, der Mars von den Ägyptern Schu genannt worden ist, konterte er mir: „Das sagst du!" Genau das war mein Problem, denn niemand sonst kam bisher auf diese abwegige Idee. Bis ich dafür keinen weiteren „Beweis" hatte, konnte man mir leicht eine falsche Interpretation unterstellen. Das gefiel mir gar nicht, denn daß ich einen Fehler bei meiner Rekonstruktion des Weltenbaus gemacht haben soll, wollte mir nicht einleuchten. Die Beschreibung der Nut, die so herrlich auf den Planetoidengürtel paßte, konnte doch wohl so wenig auf Zufall beruhen, wie alle

anderen passenden Erklärungen.
Ich fand den ersten erlösenden Hinweis darauf bei Hermann Junker, der in seiner großartigen Arbeit „Die Onurislegende“ folgendes zu Papier brachte:[666] „Wichtig ist für uns die griechische Überlieferung, die als Nachfolger des Helios-Re den Sos [Schu, A.d.A.], aber dreimal mit dem Zusatz Ares und einmal Agathodaimon nennt. Das ist eben der Krieger Schu, nicht der Luftgott Schu.“
Das war fast eine unheimliche Begegnung, denn daß der griechische Ares der Mars ist, das kann als sicher hingenommen werden. Bedenkt man nun die unterschiedlichen Wege, die dazu führten, daß ich Schu mit dem Mars gleichgesetzt habe – nämlich über die Rekonstruktion des Weltenbaus auf der Grundlage der Großen Pyramide, während die Griechen diese Gleichsetzung auf der Basis errichteten, daß sie in die Mysterien des alten Ägypten eingeweiht waren, dann bleibt doch nichts mehr, als diesen Umstand als gegeben hinzunehmen: Schu ist der ägyptische Mars! Wer dem widersprechen möchte, muß die fundamentalen Grundsätze der Altertumsforschung und die Funktion der Großen Pyramide antasten. Das Wunderbare daran ist aber die daraus resultierende sichere Identität der Nut als Planetoidengürtel. Der ägyptische Weltenbau läßt gar nichts anderes zu, wenn nicht schnell eine Notlösung gefunden wird!
Diese Gleichsetzung war keineswegs überall bekannt. Um Näheres zu erfahren, schrieb ich wieder einmal an Dr. Rolf Krauss vom Ägyptischen Museum in Berlin, der mir stets eine freundliche Antwort zukommen ließ. Ich wußte, daß Günter Roeder einst einen grundlegenden Artikel über Schu verfaßt hatte, und bat um eine detailierte Quellenangabe. Das war aus technischen Gründen im Moment nicht möglich, doch wurde ich mit einem Artikel von Hermann Kees aus „Paulys Realencyclopädie“ vorerst vertröstet, denn dort befand sich ein weiterer Hinweis. Obwohl diese Gleichsetzung von fundamentaler Bedeutung ist, gibt es im berühmten „Lexikon der Ägyptologie“ keinen Hinweis darauf. Kees notierte aber damals zu „Sos“ (=Schu):[667] „Die Gleichsetzung des Ares gründet sich auf die des Schu mit dem Krieger Onuris von This. Daneben erscheint er als Herakles...“ Das war natürlich ein Volltreffer! Herakles, und soviel wußte ich ohne Quellen, war ja selbst der Sohn des Zeus, wie Schu der Sohn des

Re war, und Zeus war niemand anderer als Re in seiner Form des Amun! Weiter war Herakles, genau wie sein ägyptisches Gegenstück Schu, der Träger des Himmelsgewölbes – eine Aufgabe, die er vorübergehend von Atlas übernahm. Die Verbindung zu Atlas, die wir nun erhalten, ist noch weit interessanter, denn dieser trug den Himmel auf seiner Schulter „im äußersten Westen"![668] Nach ägyptischer Vorstellung beginnt der „Westen" – wie wir eben sahen – wiederum mit dem Planetoidengürtel, und damit paßt die Beschreibung wiederum nur auf den Mars. Die Verbindung zwischen Atlas und dem immer gleich gedeuteten Atlantis, das damit ganz woanders zu suchen wäre, muß ich nicht extra erwähnen.
Es ist leicht nachzuvollziehen, warum die Ägyptologen auf diese Gleichsetzung nichts geben. Schu galt dort immer als theologische „Spekulation".[669] Als „leerer Raum" zwischen „Himmel" und Erde bot er nie etwas Greifbares. Dies ändert sich aber schlagartig, wenn wir im Luftgott mehr sehen, als nur „Luft", wenn wir in ihm den Mars wiedererkennen. Klar, daß die Luft dort eine ganz andere Bedeutung hatte.
Ich bin mir heute absolut sicher, daß das der eigentliche Weltenbau der Ägypter war. Die vielen anderen Überlegungen des Weltenbaus, die ich im Laufe der Zeit kennenlernte, standen niemals auf einer so gesicherten Basis. Es war erst dieses Fundament, das den Weg zur Lösung des Marsrätsels ermöglichte. Die Antworten auf viele ungeklärte Fragen schienen plötzlich wie aus dem Himmel zu fallen. Es gab daher von dieser Lösung kein Zurück mehr. Wer die ägyptische Religion ein wenig kennt, sieht gerade einige Lichter angehen...
Diese neuen (und doch alten) Erkenntnisse tragen wesentlich zum Verständnis einer weiteren Rolle Schus bei. Schu begründete das erste himmlische Königtum, denn er ist der erste Sohn des Re, des Begründers dieses Königtums selbst.[670] Das bezieht sich nicht auf einen „leiblichen" Sohn, sondern zeigt vielmehr das Erbe des Königtums auf – das ist die einzig mögliche Ausdrucksweise des alten Ägypters. Die momentan noch hypothetischen Marsbewohner waren bereits die „Gefolgschaft des Horus", und zwar des Horus-Re.
In einem Schrein von El-Arisch finden wir einen Text über Schu und ich leugne nicht, ihn für einen der wichtigsten überhaupt zu halten.[671] Was

wir dort erfahren ist fundamental für das Wissen über den Gott Schu. Die Ähnlichkeiten zum heutigen Zustand des Mars sind erschreckend, und die Pyramiden auf dem Mars rücken ganz plötzlich in ein neues Blickfeld.
Die Erzählung berichtet, daß Schu einst ein König war. Mit ihm geschah dann aber Merkwürdiges. Er wurde alt und krank, seine Augen trübten sich und es drohte die Erblindung. Es kam zu einem großen Aufruhr, während Stürme das Land ereilten. Dieser Kampf fand direkt im „Haus des Schu" statt. „Niemand von Göttern und Menschen konnte seinen Nächsten sehen." In einem Sargtext beklagt sich Schu sogar, daß er vom vielen Himmelstützen müde geworden ist.[672] Was hier mit Schu passiert ist erinnert uns nicht nur an den heutigen Zustand des Mars, sondern erklärt auch warum sein Name mit zwei leeren Königskartuschen geschrieben werden kann. Die Bedeutung „leer" bezieht sich damit auf den neuen Umstand, daß nämlich das Königtum des Schu erloschen ist, und zwar im Gegensatz zu Geb, der durch die ganze geschichtliche Zeit das Königtum ausfüllte. So fährt auch der Mythos damit fort, daß Geb, die Erde, den Thron von Schu übernimmt. Schu hatte nämlich die Aufgabe sich von nun ab um das Stützen des Himmels zu kümmern, und er machte sich auf in den Himmel. Mit anderen Worten: Seine Umlaufbahn bewegte sich in Richtung des Planetoidengürtels immer weiter von der Sonne weg, denn genau vor diesem Problem steht die moderne Astronomie. Das ist keine übereilte Interpretation von mir, sondern wir werden später noch deutlichere Hinweise darauf finden. Überhaupt begann die ganze Sache plötzlich einen Sinn zu bekommen.
In der Tradition des Schu, so fährt der Text fort, werden nun die Tempel und Heiligtümer von Geb errichtet – sie stehen auf der Erde. Die Verbindung zwischen Schu und Horus, dem Prototyp des ägyptischen Königs ist uralt.[673] Der ägyptische König bezieht seine Abstammung aus dieser Linie, die damit letztlich wieder zum Mars zurückführt. In der Übersetzung des Totenbuchs durch Gregoire Kolpaktchy fand ich folgenden Satz:[674]

„Gestiegen ins himmlische Boot vermag ich ruhig zu segeln
Auf dem See des Friedens, zu Schus Wohnsitz hin,
Um Horus zu krönen."

Die Aussage ist klar: Horus, und zwar der ursprüngliche Gott, von dem auch der Königtummythos spricht, wurde auf dem Mars gekrönt. Zurückversetzt in diese Zeit, sah der Ägypter den Mars in voller Blüte. In den Pyramidentexten wird sogar das erwähnt, was es einst mit Sicherheit auf dem Mars gab – die „Seen Schus".[675] Sethe kommentiert:[676] „Auch die Natur des Schu spricht für eine Lage am Himmel." Kolpaktchy verblüfft uns währenddessen weiterhin mit seiner Totenbuchübersetzung, denn dort lesen wir erstaunt:[677]

„Zu Schus Stadt dann schreit ich voran.
Die heiligen Zahlen
Die sie regieren hab ich gemeistert..."

Der Terminus „Schus Stadt" ist schon deswegen interessant, weil wir keine Stadt Ägyptens kennen, die diesen Namen tragen könnte. Aber auf dem Mars selbst existiert eine solche, die zudem ganz genau durch die „heiligen Zahlen" auffällt – es sind Hoaglands Zahlen! Leider gilt Kolpaktchys Totenbuchübersetzung in der Fachwelt nichts, und ich kann keine weiteren Belege für diesen Knüller anführen.
Wer war nun dieser Horus, der sich auf dem Mars krönen ließ? Der Name selbst verrät es uns, denn Horus ist die latinisierte Form von *hr* oder *heru* und hat die Bedeutung „Gesicht"![678] Wer sich im Ägyptischen ein wenig auskennt weiß, daß das Wort im Plural, „Gesichter" also, als Ersatz für das Wort „Menschen" hergenommen werden kann![679] So zum Beispiel im 10. Lied im „Buch der tausend Lieder an Amon von Theben".[680] Das impliziert doch klar den Gedanken, daß jenes Gesicht auf dem Mars eben genau diese Bedeutung haben soll: „Menschen waren hier!" Daß die Ägypter diese Menschen als ihre Vorfahren sahen – genau wie die Römer und Azteken –, zeigt wieder das Totenbuch in der Übersetzung von Kolpaktchy:[681]

„Heil, ihr, Nachkommen Schus, Götterkinder!
Seht, beim Sonnenaufbruch, täglich,

Bemächtigt sich jener Gott seiner Krone.
Dies schafft er für künftge Geschlechter."

Es gibt auch eine ganz einfache und direkte Beziehung zwischen Horus und dem Mars. Von den alten Ägyptern wissen wir nämlich, daß sie den Mars in der Astronomie „der rote Horus" nannten.[682]

## *Parallelen*

Ich möchte nun, da die Bedeutung des Schu als grundlegend für jede Interpretation angesehen werden kann, nach internationalen Parallelen Ausschau halten. Außer seiner Funktion als Luftgott – wir werden seine Bedeutung später erläutern – fällt er auch als Lichtgott auf.[683] Es kann angenommen werden, daß dies eine Parallele zum Frühlingsgott der Römer ist. Diese Gleichsetzung hat nicht dazu geführt, daß man in Schu, dem Lichtgott, gleich wieder Re selbst sah. Schon am Beispiel des Wortes selbst sehen wir das Dilemma der heutigen Ägyptologie. Emma Brunner-Traut schreibt über den Ursprung der ägyptischen Mythen:[684] „Die ägyptischen Mythen scheinen sich nach gegenwärtigem Forschungsstand im Laufe des Alten Reiches, das heißt in der ersten Hälfte des dritten (vorchristlichen) Jahrtausends, gebildet zu haben." Wenn dem aber wirklich so wäre, dann dürfte es die Parallelen, die wir jetzt gleich kennenlernen, nicht geben. Die gibt es aber zuhauf.

Die Sumerer nannten den Mars „Utukagaba", was Sitchin mit „Licht an den Toren der Wasser" übersetzt hat.[685] Hier paßt nicht nur das Licht, sondern vor allem auch das Wasser. Im Ägyptischen bekommt das Wort schu die Bedeutung „glänzend", „leuchtend".[686] Im Sumerischen verwendete man dafür „schuba". In Sanskrit heiß „ishu" „Lichtstrahl". Sogar in Maya finden wir diese Parallele. Der Weltenbaum der Maya, der „sechs Himmel" genannt wird, ist mit dem Gott C markiert.[687] Seine Hieroglyphe wird laut Diego de Landa „x" gelesen, was im Spanischen unserem „sch" entspricht.[688] Aus seinem Mund strömt eine Punktreihe, die ich kurzerhand zum Planetoidengürtel erkläre, womit dieser Gott C wieder zum „Himmelsträger" wird. Die Bezeichnung „sechs Himmel" trägt dazu nicht weniger bei. Alle diese Gemeinsamkeiten, die so verbreitet sind wie der

Pyramidenbau selbst, zeigen doch überdeutlich, daß der Ursprung der Mythen eben das Vermächtnis ist, von dem West spricht. Der Ursprung muß also viel weiter zurückliegen. Daß die Gelehrten der älteren Generation diese Anschauung noch vertraten, soll hier an zwei Beispielen gezeigt werden. Zunächst fand ich bei Roeder den Hinweis:[689]

„Eine unverkennbare Verwandtschaft verbindet die ägyptische Religion mit der babylonisch-assysrischen. Wer die Übersetzungen keilschriftlicher Texte durchblättert, wird in ihnen überall auf ähnliche Vorstellungen und Verhältnisse stoßen, wie sie in Ägypten herrschten. Schon die literarische Form der Hymnen und Gebete zeigt eine gewisse Ähnlichkeit in der Abfassung wie in der Überlieferung. Auf beiden Seiten treten uralte Bestandteile hervor, zwar Ideen einer primitiven Zeit enthaltend, aber überarbeitet und durch die Hände der Theologen entstellt."

Roeder bestätigt dann meine Überlegungen zur unterschiedlichen Darstellungsweise, die in Ägypten ausdrücklich keinen Gebrauch von der Astronomie macht, wogegen die Mesopotamier ihre Bilder schon immer deutlich am Himmel sahen. Mit anderen Worten: Wir finden dieselben Überlieferungen am sumerischen Himmel wie in der ägyptischen Götterwelt – nur müssen wir am Nil den Sternenhimmel ausklammern:[690]

„Der stark kosmisch und astral gerichtete Charakter der babylonischen Religion beeinflußt den Inhalt der Mythen. Wo uns in Ägypten im wesentlichen Ereignisse der Göttergeschichte vorgeführt werden, berichten keilschriftliche Texte mehr von der Entstehung der Welt, der Gestirne und der Menschen ausführlich, erzählt die Sintflutsage von jenem grausigen Geschehnis."

Sir Ernest Alfred Thompson Wallis Budge gelangte zur selben Schlußfolgerung:[691]

„Es ist deshalb überraschend so viele Ähnlichkeiten zwischen den Urgöttern Sumers und Ägyptens zu finden, besonders da die Ähnlichkeit nicht das Resultat einer Entlehnung sein kann. Es steht außer Frage, daß die Redakteure Assurbanipals das System von den Ägyptern ausliehen, oder daß die Literaten aus der Zeit Seti I. ihre Ideen aus der Literatur von Babylonien und Assyrien entnommen haben. Wir sind daher zu der Folgerung gezwungen, daß beide, die Sumerer und die frühen Ägypter, ihre

Urgötter aus einer gemeinsamen aber äußerst alten Quelle ableiteten. Die Übereinstimmungen zwischen beiden Götterwelten erscheinen zu gründlich um nur Zufall sein zu können...“.
Budge und Roeder haben ihre Hausaufgaben gemacht, und wir werden davon profitieren, wenn wir später die Verbreitung des Mythos – ähnlich dem des Pyramidenbaus – über die ganze Welt verteilt finden. Eine Anmerkung darf hier jedoch nicht unterbleiben. Bei allen Gemeinsamkeiten zwischen den Göttern Ägyptens und denen Sumers und Babylons fällt auf, daß die Ägypter selbst, als sie von dort fremde Götter importierten, die Sinngleichheit zu ihren eigenen Göttern erkannten. So führten sie zum Beispiel den babylonischen Bel Marduk ein, den sie – wie wir bald sehen werden – völlig falsch mit Seth gleichsetzten.[692] Auch hier sehen wir eine Entwicklung wie in der Astronomie. Die ägyptischen Götter blieben isoliert, entweder weil ihre Bedeutung verlorenging, was nicht unbedingt anzunehmen ist, oder weil die mesopotamischen Götter einfach zu fremd waren. In dieser Zeit, als sich die Astronomie auf einen primitiven Stand erhob, war es den ägyptischen Gelehrten nicht mehr möglich das Wesen ihrer eigenen Götter zu erkennen.
Wir wissen jetzt aber welches Geheimnis der ägyptische Weltenbau verbirgt. Niemals zuvor hat man die griechische Gleichsetzung Schu-Ares beachtet, obwohl sie das Rätsel der verwirrenden Beschreibungen des altägyptischen Weltenbaus gelöst hätte, der wie unsere geheimnisvolle Pyramide nun so aussieht:

Erde – Mars – Planetoidengürtel

Auch die anderen Völker, die wir ja nur kurz im II. Kapitel dieses Bandes behandelt haben, werden diesen Weltenbau favorisieren. Das läßt sich auch ohne genauere Analyse aus den wenigen Spuren stark vermuten.
Für unsere weiteren Untersuchungen in Ägypten ist die Basis gefestigt – um diese Dreiteilung dreht sich alles – und die zahllosen Mythen können damit entschlüsselt werden. Blenden wir uns einmal kurz bei Dieter Kurth ein, der gerade über den „Sinnbezug zwischen Bauglied und Dekorationsinhalt“ lehrt:[693]

„Zwischen Himmel und Erde befindet sich der Luftraum, der von den Ägyptern als Träger des Himmels angesehen wurde. Im Tempel hat man deshalb die Ritualszenen ‚Stützen des Himmels' bevorzugt im zweiten Register untergebracht, also in einer Mittellage zwischen Himmel und Erde der Tempelwelt."

Klar, daß darin die Antwort auf die lästige Frage nach Pyramiden auf dem Mars zu „finden" war – dank einer etwas arg außergewöhnlichen Pyramide und eines „suchenden" Ibis'...

Die Geschichte beginnt jetzt!

*Ende des 1. Bandes*

## *Anmerkungen*

**1.** Grundsätzliche Fragen zur Verwertbarkeit von „Fakten“ in der Ägyptologie stellt sich *Prof. Siegfried Morenz: Traditionen um Cheops,* S.111ff. Wie unterschiedlich „Fakten“ beurteilt werden können, zeigt sich hier noch oft.
**2.** Die Bedeutung dieser Entdeckung steht in krassem Gegensatz zu ihrer Popularität. Unzählige Astronomen und sonstige Forscher suchen nach außerirdischem Leben, Psychologen untersuchen „Entführte“, usw. Mit den Forschern, die sich ernsthaft des Marsrätsels annehmen, ließe sich mit Mühe ein Pokerspiel organisieren. Die natürliche Art des Menschen, der Drang vorhandene Rätsel zu lösen, funktioniert nicht beim Mars – jedenfalls bisher.
**3.** *Rainer Stadelmann: Die ägyptischen Pyramiden,* S.264ff. Stadelmann kritisiert die „Amateurarchäologen“ und ihre „wirren Denkmodelle“ oft zu Recht. Es ist doch sinnlos, eine Theorie über die Große Pyramide aufzustellen, ohne sich auch nur im Ansatz mit der ägyptischen Religion zu beschäftigen. Obwohl ich selbst eine haarsträubende These dazu vorbringen werde, möchte ich nur mit wenigen dieser Forscher verglichen werden. Eine sehr umfangreiche Darstellung zu den vielen Theorien bietet auch *Jean-Philippe Lauer: Das Geheimnis der Pyramiden,* S.165-236.
**4.** Die ägyptischen Götter lassen weit weniger Interpretationsspielraum zu, als es gerade aktuelle Veröffentlichungen scheinen lassen. Daß die Pyramiden und die Götter untrennbar zusammengehören, stört dabei selten. Obschon jede ägyptische Bauform eine bauliche Verkörperung des Götterglaubens darstellt. Dazu allgemein *Dieter Arnold: Die Tempel Ägyptens. Etwas älter, aber sehr gut, E.A.E. Reymond: The Mythical Origin of the Egyptian Temple.* Ebenfalls sehr gut bei *Hellmut Brunner: Altägyptische Religion,* S.77-102. *Kurt Mendelsohn: Das Rätsel der Pyramiden,* mußte scheitern, weil er die Funktion der Pyramiden aus dem Götterglauben herauslöste, um politische Erklärungen anzubringen.
**5.** So erging es *Robert Temple: Das Sirius-Rätsel,* wo er sich beinahe für die unüberschaubare Materialmenge entschuldigt hätte (S.6 und 353f.). Temple hebt hervor, wie wichtig bei solchen Themen das Basismaterial ist. Das gilt hier nicht weniger. Allerdings haben die meisten Rezensenten sein Buch (zu Recht) hoch gelobt, um bei der nachfolgenden Besprechung zu zeigen, daß

sie gar nicht genau wußten, um was es eigentlich geht. Es sieht wohl so aus: Die Zustimmung oder Ablehnung einer so umfangreichen und schwierigen Thematik kann doch nur auf eigener Überprüfung des gesamten Materials, oder besser noch mehr, erfolgen. Der Rezensent müßte demnach dieselben Jahre mit Quellenstudium verbringen wie der Autor selbst, was natürlich nicht möglich ist.

**6.** Es ist mir kein aktuelles Werk bekannt, das speziell die dort angesprochenen Probleme diskutiert oder gar nur erwähnt.

**7.** Grundlegend für das Marsrätsel ist *Richard Hoagland: Die Mars Connenction.* Das dortige Ergebnis stammt nicht von Hoagland allein, sondern daran arbeiteten eine ganze Reihe Wissenschaftler aus verschiedenen Gebieten.

**8.** Hoagland beruft sich in seinen Lösungsvorschlägen hauptsächlich auf Robert Temple und Zecharia Sitchin, die beide ihre ersten Bücher herausbrachten, bevor das Marsgesicht bekannt war.

**9.** *Johannes von Buttlar: Leben auf dem Mars,* S.43f.; *Zecharia Sitchin: Am Anfang war der Fortschritt,* S.274.

**10.** Diese Begründung gilt noch heute.

**11.** *Johannes von Buttlar: Leben auf dem Mars,* S.137f.; *Zecharia Sitchin: Am Anfang war der Fortschritt,* S.270.

**12.** *Johannes von Buttlar: Leben auf dem Mars,* S.137f.; *Zecharia Sitchin: Am Anfang war der Fortschritt,* S.308.

**13.** *Zecharia Sitchin: Sind wir allein?* S.25.

**14.** *Johannes von Buttlar: Sie kommen von fremden Sternen,* S.164. Bis in die siebziger Jahre wurde der Mars völlig anders, nämlich als tot eingeschätzt.

**15.** *Zecharia Sitchin: Am Anfang war der Fortschritt,* S.279.

**16.** ebenda, S.282.

**17.** *Matthew Ryan: Die Antwort liegt auf dem Mars,* S.18.

**18.** ebenda, S.18 und *Johannes von Buttlar: Leben auf dem Mars,* S.134.

**19.** ebenda, S.132.ff.

**20.** Die „Stadt" ausführlich bei Richard Hoagland: *Die Mars Connenction,* S.67-70, auch zum Folgenden.

**21.** ebenda, S.109ff, 203ff, 353ff und 369ff; *Matthew Ryan: Die Antwort liegt auf dem Mars.* S.16-29.

**22.** Weitere Strukturen sind beschrieben: ebenda, S.391-397 und *Zecharia Sit-*

*chin: Am Anfang war der Fortschritt,* S.270-294.

23. *Zecharia Sitchin: Der zwölfte Planet,* S.192. Auch für die alten Ägypter, die etwa zeitgleich damit begannen, gilt das Sexagesimalsystem an erster Stelle. Siehe dazu grundlegend *Kurt Sethe: Die Zeitrechnung der alten Ägypter* und ders.: *Von Zahlen und Zahlworten im alten Ägypten.*

24. *Richard Hoagland: Die Mars Connection,* S.259 und 261.

25. *Matthew Ryan: Die Antwort liegt auf dem Mars,* S.21.

26. *Neues vom Mars,* S.39-42, auch zu den folgenden Ereignissen um den Marsobserver.

27. *Neues vom Mars,* S.41f.

28. *Richard Hoagland: Die Mars Connection,* S.362.

29. *Neues vom Mars,* S.39f, auch zum folgenden.

30. Dazu besonders *Matthew Ryan: Die Antwort liegt auf dem Mars.* So wurde zum Beispiel die Fernsehproduktion von „Hoaglands Mars" vom NASA-Hauptquartier aus gestoppt, Hoaglands Kollegen teilte die NASA mit: „Es ist nicht gut für Ihre Karriere, wenn Sie in dieses Projekt verwickelt sind." Der Vorsitzende des Kongreßausschusses für Wissenschaft, Raumfahrt und Technologie, Robert Roe, trat kurz nach seinem Interesse für das Marsrätsel zurück, usw.

31. Das ist auch Hoaglands Vorwurf an die NASA in *Matthew Ryan: Die Antwort liegt auf dem Mars.* S.26: „Dort ist man verwirrt. Offiziell befassen sie sich nicht wissenschaftlich damit. Sehen Sie, wenn alle unsere Vorhersagen, all die spezifischen Zahlen falsch wären, wäre es einfach für NASA, uns zu widerlegen. Die Jungs besitzen all die Computer, Datenbänder und die modernsten Bildauswertungssysteme. Es wäre ein Leichtes für sie, zu beweisen, daß unsere Messungen – Winkel A, Winkel B, Winkelverhältnis – falsch sind. Aber sie haben das nie gemacht, was mich zu der Annahme führt, sie würden, wenn sie könnten, aber sie können nicht."

32. *Richard Hoagland: Die Mars Connection,* S.119.

33. *Erich Körbler: Das Ende der Diktatur der Naturwissenschaft,* S.82.

34. *Robert Anton Wilson: Die neue Inquisition,* berichtet nicht nur von tragischen Beispielen, sondern zeigt die methodischen Fehler der heutigen Wissenschaften äußerst anschaulich auf.

35. Ausgenommen vielleicht die moderne Geologie, die ihren großen

Umbruch schon hinter sich hat.

**36.** *Gefunden bei George Hart: Ägyptische Mythen*, S.8.

**37.** *Robert Anton Wilson: Die neue Inquisition*, S.30ff.

**38.** ebenda, S.19f.

**39.** ebenda, S.20.

**40.** *Richard Hoagland: Die Mars Connection*, S.194.

**41.** *Der Mars*, S.16.

**42.** *Herbert Gottschalk: Lexikon der Mythologie*, S.294.

**43.** ebenda, S.294f.

**44.** Eine interessante Diskussion darüber bei *Alexander und Edith Tollmann: Und die Sintflut gab es doch*, S.422-443.

**45.** ebenda, S.427.

**46.** *Edith Tollmann: Morphologie der Marsoberfläche*, S.58-61.

**47.** *Richard Hoagland: Die Mars Connection*, S.86f und 344f.

**48.** Robert Haberle: Das Marsklima, S.78f.

**49.** ebenda, S.78.

**50.** ebenda, S.78.

**51.** *Hoffnung durch alten Marsstein*, S.26.

**52.** ebenda, S.26.

**53.** *Hans W. Gaebert: Der große Augenblick in der Astronomie*, S.297ff.

**54.** ebenda, S.299.

**55.** *Richard Hoagland: Die Mars Connection*, S.189.

**56.** ebenda, S.190

**57.** ebenda, S.57 und 153.

**58.** *Louis Charpentier: Die Kathedrale von Chartres*, S.37.

**59.** *Walter Scott: Hermetica*, S.475.

**60.** Von einer etwas esoterischen Rundreise zu den Pyramiden der Welt berichten *Max Toth* und *Greg Nielsen: Pyramid Power.*

**61.** Von der Entdeckung und den ersten Untersuchungen zu den kanarischen Pyramiden berichtet meines Wissens nach einzig *Harald Braem: Die Geheimnisse der Pyramiden*, besonders S.16-103.

**62.** Vorwort bei Claudio Barocas: *Monumente alter Kulturen – Ägypten.*

**63.** *Zecharia Sitchin: Der zwölfte Planet*, S.311.

**64.** Zitiert bei *Peter Tompkins: Cheops*, S.185.

65. *Helmut Uhlig: Die Sumerer,* S.119f.

66. siehe dazu *Christliebe Fichtner-Jeremias: Der Schicksalsglaube bei den Babyloniern.*

67. ebenda, S.10

68. *Miloslav Stingl: Die Inkas,* S.30.

69. *Michael D. Coe: Amerika vor Kolumbus,* S.178-181 und *Miloslav Stingl: Die Inkas,* S.42-64.

70. *Hermann Trimborn* und *Wolfgang Haberland: Die Kulturen Alt-Amerikas,* S.99.

71. Dazu *Milsolav Stingl: Die Inkas,* S.199ff; *Michael D. Coe: Amerika vor Kolumbus,* S.187-189 und *C.A. Burland: Völker der Sonne,* S.172-180.

72. *Miloslav Stingl: Die Inkas,* S.200.

73. Zu Tiahuanaco *Michael D. Coe: Amerika vor Kolumbus,* und besonders *Miloslav Stingl: Die Inkas,* S.236-280, der eine so interessante Darstellung liefert, daß ich mich beinahe für Südamerika, statt für Ägypten entschieden hätte. Ebenfalls sehr gut *J.F. Blumrich: Kásskara und die sieben Welten,* wo sich fast alle grundlegenden Besprechungen befinden.

74. *Graham Hancock: Die Spur der Götter,* S.85.

75. *Zecharia Sitchin: Versunkene Reiche,* s.277-298, auch allgemein.

76. Zitiert bei *Graham Hancock: Die Spur der Götter,* S.85.

77. *Miloslav Stingl: Die Inkas,* S.270.

78. *J.F. Blumrich: Kásskara und die sieben Welten,* S.298.

79. ebenda, S.113; *Zecharia Sitchin: Versunkene Reiche,* S.291-294; *Graham Hancock: Die Spur der Götter,* S.87f.

80. *Michael D. Coe: Amerika vor Kolumbus,* S.85.

81. *Serge Gruzinski: Die Azteken,* S.130.

82. ebenda, S.132; *Wilfried Westphal: Die Azteken,* S.510ff; *Michael D. Coe: Amerika vor Kolumbus,* S.150; *Zecharia Sitchin: Versunkene Reiche,* S.31ff.

83. ebenda, S.33; *Serge Gruzinskis: Die Azteken,* S.167f.

84. *Fray Bernardino de Sahagún: Aus der Welt der Azteken,* S.125.

85. ebenda.

86. ebenda.

87. ebenda, S.127.

88. *Miloslav Stingl: Die Inkas,* S.64-68; *Wilfried Westphal: Die Azteken,* S.84f.

89. *Linda Schele und David Freidel: Die unbekannte Welt der Maya,* S.487.
90. *Nigel Davis: Die Azteken,* S.39.
91. *Linda Schele und David Freidel: Die unbekannte Welt der Maya,* S.487.
92. *Nigel Davis: Die Azteken,* S.218.
93. *Serge Gruzinski: Die Azteken,* S.166; *Wilfried Westphal: Die Azteken,* S.130 und 175.
94. ebenda, S.510f.
95. ebenda, S.175,
96. *Hans Helfritz: Amerika,* S.44.
97. *Zecharia Sitchin: Versunkene Reiche,* S.34.
98. *Graham Hancock: Die Spur der Götter,* S.127.
99. *Wilfried Westphal: Die Azteken,* S.93.
100. *Peter Tompkins: Die Wiege der Sonne,* S.288.
101. *Michael D. Coe: Amerika vor Kolumbus,* S.104.
102. *Zecharia Sitchin: Versunkene Reiche,* S.63; vergl. auch *Graham Hancock: Die Spur der Götter,* S.192f.
103. *Hans Helfritz: Amerika,* S.44.
104. *Hermann Trimborn und Wolfgang Haberland: Die Kulturen Alt-Amerikas,* S.69; *C.A. Burland: Völker der Sonne,* S.50.
105. *Serge Gruzinski: Die Azteken,* S.170; *Wilfried Westphal: Die Azteken,* S.100 und 375; *Hans Helfritz: Amerika,* S.46.
106. Darüber berichtet *Peter Tompkins: Die Wiege der Sonne,* S.241-248.
107. ebenda, S.244.
108. ebenda, S.242.
109. Das zeigt Abb.6: Ein Plan von Teotihuacan bei *Hans Helfritz: Amerika,* S.40. Tlalocs Tempel und „Unterirdische Gemächer“ liegen gleich nördlich neben dem San-Juan-Bach.
110. *Jennifer Westwood: Ein Atlas der heiligen Orte,* S.158.
111. *Serge Gruzinski: Die Azteken,* S.56; *Nigel Davis: Die Azteken,* S.58.
112. ebenda, S.20ff; *Wilfried Westphal: Die Azteken,* S.22 und 25.
113. Dazu grundlegend *Professor Jacques Soustelle: Die Olmeken.*
114. *Zecharia Sitchin: Versunkene Reiche,* S.63.
115. *Linda Schele und David Freidel: Die unbekannte Welt der Maya,* S.487; *Wilfried Westphal: Die Azteken,* S.84.

**116.** *Miloslav Stingl: Die Inkas,* S.65.
**117.** *Jacques Soustelle: Die Olmeken,* S.197.
**118.** ebenda, S.17.
**119.** Auch *Wilfried Westphal: Die Maya,* S.47-51, führt gute Gründe gegen diese Hypothese an.
**120.** *Zecharia Sitchin: Versunkene Reiche,* S.132; *Wilfried Westphal: Die Maya,* S.370f.
**121.** *Jacques Soustelle: Die Olmeken,* S.26.
**122.** Eine ausführliche Beschreibung des Kalendersystems findet sich bei *Linda Schele und David Freidel: Die unbekannte Welt der Maya,* S.76-76.
**123.** *Wilfried Westphal: Die Maya,* S.64.
**124.** *Michael Zick: Kalter Krieg auf Yukatan,* S.87.
**125.** ebenda.
**126.** Dazu besonders *Linda Schele und David Freidel: Die unbekannte Welt der Maya.*
**127.** ebenda, S.489f.
**128.** Die Erklärung dafür ist schwierig und folgt erst in Anhang II., Band 2. Bis dahin möchte ich den Leser bitten, das Gesagte vorerst hinzunehmen.
**129.** *Christian Rätsch: Chactun,* S.270.
**130.** *Wilfried Westphal: Die Maya,* S.135.
**131.** *Christian Rätsch: Chactun,* S.57.
**132.** ebenda, S.56f.
**133.** ebenda, S.248.
**134.** ebenda, S.59.
**135.** ebenda, S.58f.
**136.** *Zecharia Sitchin: Das erste Zeitalter,* S.354.
**137.** ebenda, S.355; *Peter Tompkins: Die Wiege der Sonne,* S.277.
**138.** *E. Hadingham: Early Man an the Cosmos* ist zitiert bei *Zecharia Sitchin: Versunkene Reiche,* S.108f.
**139.** *Die Welt der Maya,* S.106.
**140.** *Christian Rätsch: Chactun,* S.49f.
**141.** *Die Welt der Maya,* S.61.
**142.** *Wilfried Westphal: Die Azteken,* S.225.
**143.** ebenda, S.223; vergl. auch *Nigel Davis: Die Azteken,* S.297.

**144.** ebenda, S.297; *Wilfried Westphal: Die Azteken,* S.223.
**145.** ebenda, S.224.
**146.** *Nigel Davis: Die Azteken,* S.299.
**147.** *Christian Rätsch: Chactun,* S.301.
**148.** ebenda, S.281.
**149.** ebenda, S.301.
**150.** *Zecharia Sitchin: Versunkene Reiche,* S.122ff.
**151.** ebenda, S.43.
**152.** ebenda, S.42f. Zu dieser Zeit wußte ich nicht, daß Sitchin das Problem schon gelöst hatte, obschon ich seine Bücher längst kannte. Erst die ägyptischen Parallelen zeigten mir den Weg auf. Irgendwann, das nahm ich mir vor, würde ich den mesoamerikanischen Göttern ebenfalls einen Besuch abstatten, um sie einer genaueren Überprüfung zu unterziehen. Der Leser wird aber in Anhang II (Band 2) noch einmal kurz auf die Maya-Götter stoßen.
**153.** ebenda, S.111.
**154.** *Richard Hoagland: Die Mars Connection,* S.322.
**155.** Über die Wiederentdeckung der ägyptischen Welt berichtet *Jean Vercoutter: Ägypten – Entdeckung einer alten Welt.*
**156.** ebenda, S.41; *Rainer Stadelmann: Die ägyptischen Pyramiden,* S.107, gibt dieselbe Mauer mit 0,5 Meter an.
**157.** Ich übernehme die Zahlen von *Robert Bauval: Das Geheimnis des Orion,* S.62, die sehr realistisch sind. Dort ist die Große Pyramide mit 6,18, die Chefren-Pyramide mit 5,28 und die Mykerinos-Pyramide mit 0,57 Millionen Tonnen angegeben. Das macht zusammen 12,08 Millionen Tonnen, wobei weder die gewaltigen Tempel noch die Nebenpyramiden berücksichtigt wurden.
**158.** Dazu wieder *Jean Vercoutter: Ägypten – Entdeckung einer alten Welt,* S.39ff.
**159.** *Hermann Junker: Die Onurislegende,* S.5; *Kurt Sethe: Urgeschichte und älteste Religion der Ägypter,* S.70; *Hermann Kees: Der Götterglaube im alten Ägypten,* S.415f.
**160.** *Alan Gardiner: Geschichte des Alten Ägypten,* S.27.
**161.** Das wird besonders anschaulich von *Henri Frankfort: Kingship and the Gods,* behandelt.
**162.** Zuletzt von *Robert Bauval: Das Geheimnis des Orion,* aufgegriffen.

**163.** *Louis Charpentier: Die Geheimnisse der Kathedrale von Chartres,* S.10. Charpentiers Buch hat mich, das muß erwähnt werden, tief beeindruckt und verwirrt zugleich. Mehr als einmal hatte ich den Eindruck, daß mein Buch schon geschrieben war. Mit meisterlicher Kunst erklärt er die Geometrie der französischen Kathedrale, die ganz offensichtlich dieselbe „Aussage“ macht, wie die Große Pyramide von Gizeh. Immer wieder entstand der Eindruck, daß Charpentier genau meine Geschichte erzählt.

**164.** *Karlheinz Schüssler: Kleine Geschichte der ägyptischen Kunst,* S.37f.

**165.** ebenda, S.39.

**166.** Vergl. Kapitel II

**167.** Diese Datierung erlebte im Verlauf der ägyptologischen Forschungen ständige Wandlungen. Beinahe jede Quelle nennt andere Daten – bis heute. Eine kurze, aber gute Diskussion darüber findet sich bei *Robert Bauval: Das Geheimnis des Orion,* S.48.

**168.** Für diese Epoche grundlegend: *Walter B. Emery: Archaic Egypt.* Der Professor der University of London verbrachte selbst viele Jahre als Ausgräber in Sakkara.

**169.** Die beste Beschreibung dieser Bauform und aus erster Hand bietet *Walter B. Emery: Archaic Egypt.* Eine gute Beschreibung der Mastaben als Vorstufe zum Pyramidenbau, findet sich bei *Rainer Stadelmann: Die ägyptischen Pyramiden,* S.10-34.

**170.** ebenda, S.10f. Die Frage, ob nun Abydos oder Sakkara das eigentliche Grab oder nur den Kenotaph, das „Scheingrab“, beherbergte, ist bis heute nicht abschließend geklärt.

**171.** Dazu *Eberhard Otto: Die Lehre von den beiden Ländern Ägyptens.*

**172.** *Hans Bonnet: Reallexikon der ägyptischen Religionsgeschichte,* S.449 und 723.

**173.** Es ist richtig, daß schon in den ersten beiden Dynastien zum Teil mit Stein gearbeitet wurde: *Walter B. Emery: Archaic Egypt,* S.180ff und *Hermann Junker: Von der ägyptischen Baukunst des Alten Reiches,* S.1. Zur Vergöttlichung des Baumeisters grundlegend *Kurt Sethe: Imhotep, der Asklepios der Ägypter.*

**174.** *I.E.S. Edwards: Die ägyptischen Pyramiden,* S.202.

**175.** *Jean-Philippe Lauer: Die Königsgräber von Memphis,* S.95.

**176.** *Robert Bauval: Das Geheimnis des Orion,* S.33

**177.** ebenda.

**178.** Daß es sich bei Pyramiden um das „Abbild der Welt" handelt, ist im Gegensatz zum ägyptischen Tempel niemals richtig durchgedrungen.
**179.** *Kurt Mendelsohn: Das Rätsel der Pyramiden,* S.45. Zusammen mit der Umfassungsmauer und den darin befindlichen Bauten nennt Mendelsohn über eine Millionen Tonnen; ebenda, S.41.
**180.** *Dieter Arnold: Lexikon der ägyptischen Baukunst,* S.174; *Rainer Stadelmann: Die ägyptischen Pyramiden,* S.13ff.
**181.** *Robert Brier: Zauber und Magie im alten Ägypten,* S.114; *Rainer Stadelmann: Die ägyptischen Pyramiden,* S.67ff; *I.E.S. Edwards: Die ägyptischen Pyramiden,* S.37.
**182.** Siehe die detaillierten Baubeschreibungen bei *Rainer Stadelmann: Die ägyptischen Pyramiden,* S.35ff; *Karlheinz Schüssler: Die ägyptischen Pyramiden,* S.66ff und *I.E.S. Edwards: Die ägyptischen Pyramiden,* S.26ff.
**183.** *Karlheinz Schüssler: Die ägyptischen Pyramiden,* S.93.
**184.** ebenda, S.89; *Rainer Stadelmann: Die ägyptischen Pyramiden,* S.54.
**185.** Die Daten zu dieser Pyramide bei *Rainer Stadelmann: Die ägyptischen Pyramiden,* S.72ff; *I.E.S. Edwards: Die ägyptischen Pyramiden,* S.45ff und *Karlheinz Schüssler: Die ägyptischen Pyramiden,* S.100ff.
**186.** *I.E.S. Edwards: Die ägyptischen Pyramiden,* S.45; *Rainer Stadelmann: Die ägyptischen Pyramiden,* S.72 und *Karlheinz Schüssler: Die ägyptischen Pyramiden,* S.104, nennen dagegen 120 Meter.
**187.** *Rainer Stadelmann: Die ägyptischen Pyramiden,* S.75; *Karlheinz Schüssler: Die ägyptischen Pyramiden,* S.104.
**188.** ebenda, S.101 und *I.E.S. Edwards: Die ägyptischen Pyramiden,* S.45.
**189.** *Karlheinz Schüssler: Die ägyptischen Pyramiden,* S.105ff.
**190.** ebenda, S.107.
**191.** ebenda.
**192.** ebenda, S.119 und *I.E.S. Edwards: Die ägyptischen Pyramiden,* S.119.
**193.** ebenda, S.49.
**194.** ebenda, S.52 und *Karlheinz Schüssler: Die ägyptischen Pyramiden,* S.119.
**195.** Gegen Huni sprechen sich *Rainer Stadelmann: Die ägyptischen Pyramiden,* S.79,82 und *I.E.S Edwards: Die ägyptischen Pyramiden,* S.68f aus. Für Huni *Karlheinz Schüssler: Die ägyptischen Pyramiden,* S.120.
**196.** ebenda, S.125 und *I.E.S. Edwards: Die ägyptischen Pyramiden,* S.54.

**197.** ebenda, S.54.

**198.** *Rainer Stadelmann: Die ägyptischen Pyramiden,* S.86.

**199.** *I.E.S. Edwards: Die ägyptischen Pyramiden,* S.70.

**200.** ebenda, S.71 und *Rainer Stadelmann: Die ägyptischen Pyramiden,* S.80 und 105.

**201.** ebenda, S.80 und *I.E.S. Edwards: Die ägyptischen Pyramiden,* S.68.

**202.** *Rainer Stadelmann: Die ägyptischen Pyramiden,* S.82f.

**203.** ebenda, S.110ff und 270. Stadelmann vertritt überzeugend das „Dreiraumsystem".

**204.** *I.E.S. Edwards: Die ägyptischen Pyramiden,* S.71.

**205.** *Karlheinz Schüssler: Die ägyptischen Pyramiden,* S.64f.

**206.** *Rainer Stadelmann: Die ägyptischen Pyramiden,* S.84 für Medum, S.96 für die Knickpyramide und S.104 für die Rote Pyramide. *I.E.S. Edwards: Die ägyptischen Pyramiden,* S.55 für Medum, S.62 für die Knickpyramide. *Karlheinz Schüssler: Die ägyptischen Pyramiden,* S.134 für die Knickpyramide und S.152 für die Rote Pyramide.

**207.** *Robert Bauval: Das Geheimnis des Orion,* S.45f und vor allem auch *Rainer Stadelmann: Die ägyptischen Pyramiden,* S.105.

**208.** *Hermann Junker: Von der ägyptischen Baukunst des Alten Reiches,* S.1.

**209.** *Rainer Stadelmann: Die ägyptischen Pyramiden,* S.108.

**210.** ebenda. Die Angaben bei Edwards und Schüssler weichen etwas ab.

**211.** *Erich Graefe: Das Pyramidenkapitel in Al-Makrizi's „Hitat",* S.86f.

**212.** ebenda, S.89.

**213.** *Rainer Stadelmann: Die ägyptischen Pyramiden,* S.108.

**214.** *Robert Bauval: Das Geheimnis des Orion,* S.52.

**215.** ebenda.

**216.** *Karlheinz Schüssler: Die ägyptischen Pyramiden,* S.196.

**217.** ebenda.

**218.** *W.M. Flinders Petrie: The Pyramids and Temples of Gizeh,* S.13.

**219.** Erst Al-Mamun öffnete 820 n. Chr. die Pyramide wieder gewaltsam und noch heute ist dies der Eingang.

**220.** *Rainer Stadelmann: Die ägyptischen Pyramiden,* S.113.

**221.** *W.M. Flinders Petrie: The Pyramids and Temples of Gizeh,* S.19.

**222.** *Rainer Stadelmann: Die ägyptischen Pyramiden,* S.113.

**223.** *Karlheinz Schüssler: Die ägyptischen Pyramiden,* S.198.
**224.** ebenda.
**225.** *I.E.S. Edwards: Die ägyptischen Pyramiden,* S.76.
**226.** *Rainer Stadelmann: Die ägyptischen Pyramiden,* S.114.
**227.** ebenda.
**228.** ebenda, S.114f.
**229.** *Dieter Arnold: Lexikon der ägyptischen Baukunst,* S.51.
**230.** *Rainer Stadelmann: Die ägyptischen Pyramiden,* S.113.
**231.** ebenda, S.115.
**232.** ebenda, S.118.
**233.** *I.E.S. Edwards: Die ägyptischen Pyramiden,* S.78.
**234.** *Robert Bauval: Das Geheimnis des Orion,* S.55. Die 5,23 Meter werden stets gleich angegeben. Statt den 5,47 Metern bekommen wir aber von *Rainer Stadelmann: Die ägyptischen Pyramiden,* S.118, 5,76 Meter und von *I.E.S. Edwards: Die ägyptischen Pyramiden,* S.78 und *Karlheinz Schüssler: Die ägyptischen Pyramiden,* S.200, 5,64 Meter. *W.M. Flinders Petrie: The Pyramids and Temples of Gizeh,* S.23, zu dessen Messungen man höchstes Zutrauen haben darf, gibt 5,754 Meter an.
**235.** *Dieter Arnold: Lexikon der ägyptischen Baukunst,* S.51.
**236.** *Rainer Stadelmann: Die ägyptischen Pyramiden,* S.118.
**237.** *Robert Bauval: Das Geheimnis des Orion,* S.14.
**238.** *Karlheinz Schüssler: Die ägyptischen Pyramiden,* S.201.
**239.** *Rainer Stadelmann: Die ägyptischen Pyramiden,* S.115.
**240.** *Karlheinz Schüssler: Die ägyptischen Pyramiden,* S.201.
**241.** *Rainer Stadelmann: Die ägyptischen Pyramiden,* S.119.
**242.** ebenda.
**243.** *I.E.S. Edwards: Die ägyptischen Pyramiden,* S.80. Auch hier gleichen die Angaben wieder eher den Lottozahlen. *Karlheinz Schüssler: Die ägyptischen Pyramiden,* S.203 nennt 10,47 x 5,22 Meter. *Rainer Stadelmann: Die ägyptischen Pyramiden,* S.119 gibt 10,49 x 5,24 Meter an. *Robert Bauval: Das Geheimnis des Orion,* S. 59 nennt 10,46 x 5,23 Meter. *W.M. Flinders Petrie: The Pyramids and Temples of Gizeh,* S.27 gibt jede Seite einzeln an. Den Durchschnitt habe ich mit 5,2389 x 10,4754 Meter errechnet.
**244.** *Karlheinz Schüssler: Die ägyptischen Pyramiden,* S.203.

**245.** *Dieter Arnold: Lexikon der ägyptischen Baukunst,* S.95.
**246.** *Graham Hancock: Die Spur der Götter,* S.362.
**247.** *Dieter Arnold: Lexikon der ägyptischen Baukunst,* S.52.
**248.** *Rainer Stadelmann: Die ägyptischen Pyramiden,* S.120.
**249.** ebenda und *Karlheinz Schüssler: Die ägyptischen Pyramiden,* S.203.
**250.** ebenda; *I.E.S. Edwards: Die ägyptischen Pyramiden,* S.81; *Rainer Stadelmann: Die ägyptischen Pyramiden,* S.119f.
**251.** ebenda, S.119.
**252.** ebenda, S.125f.
**253.** ebenda, S.105. 3,6 Millionen Kubikmeter gegen 2,6 Millionen der Großen Pyramide.
**254.** ebenda, S.126.
**255.** ebenda, S.127.
**256.** ebenda, S.130.
**257.** ebenda, S.133f. Auch hier schwanken die Maßangaben wieder massiv, was uns aber nicht weiter stören soll, denn das Hauptaugenmerk dieser Untersuchung gehört der Großen Pyramide.
**258.** *Uvo Hölscher: Das Grabdenkmal des Königs Chefren,* S.4.
**259.** *Rainer Stadelmann: Die ägyptischen Pyramiden,* S.108.
**260.** ebenda, S.133.
**261.** *Karlheinz Schüssler: Die ägyptischen Pyramiden,* S.213.
**262.** ebenda, S.220.
**263.** ebenda, S.221.
**264.** *Uvo Hölscher: Das Grabdenkmal des Königs Chefren,* S.52.
**265.** ebenda, Anm. 1.
**266.** ebenda, S.52.
**267.** ebenda, S.40. Hölscher gibt einen Stein mit 5,45 Meter Länge mit einem Gewicht von 420 Tonnen an!
**268.** *Dieter Arnold: Die Tempel Ägyptens,* S.199.
**269.** *Jean-Philippe Lauer: Die Königsgräber von Memphis,* S.12.
**270.** Uvo Hölscher: Das Grabdenkmal des Königs Chefren, S.20, Anm.1.
**271.** *Jean-Philippe Lauer: Die Königsgräber von Memphis,* S.35.
**272.** *Uvo Hölscher: Das Grabdenkmal des Königs Chefren,* S.42f.
**273.** ebenda, S.6.

**274.** *Dieter Arnold: Die Tempel Ägyptens,* S.199.
**275.** *Uvo Hölscher: Das Grabdenkmal des Königs Chefren,* S.16f.
**276.** *Karlheinz Schüssler: Die ägyptischen Pyramiden,* S.250.
**277.** *I.E.S. Edwards: Die ägyptischen Pyramiden,* S.102.
**278.** *Karlheinz Schüssler: Die ägyptischen Pyramiden,* S.240.
**279.** *I.E.S. Edwards: Die ägyptischen Pyramiden,* S.110.
**280.** ebenda, S.105f und *Karlheinz Schüssler: Die ägyptischen Pyramiden,* S.248ff.
**281.** ebenda, S.250.
**282.** *I.E.S. Edwards: Die ägyptischen Pyramiden,* S.110.
**283.** ebenda, S.103.
**284.** *Graham Hancock: Die Spur der Götter,* S.396.
**285.** siehe Tabelle bei *Karlheinz Schüssler: Die ägyptischen Pyramiden,* S.64f.
**286.** vergl. u.a. *Rainer Stadelmann: Die ägyptischen Pyramiden,* S.159.
**287.** *Dieter Arnold: Die Tempel Ägyptens,* S.144.
**288.** *Henri Stierlin: Baukunst der Pharaonen,* S.168.
**289.** *Graham Hancock: Die Spur der Götter.* Diese Kritik soll nicht darüber hinwegtäuschen, daß Hancock trotzdem ein wichtiges Buch verfaßt hat.
**290.** *Robert Charroux: Verratene Geheimnisse,* S.29.
**291.** *Robert Bauval: Das Geheimnis des Orion,* S.47.
**292.** ebenda.
**293.** *J.H. Breasted: Geschichte Ägyptens,* S.324f.
**294.** *Robert Bauval: Das Geheimnis des Orion,* S.48.
**295.** Siehe dazu detailliert *Wolfgang Helck: Untersuchungen zu Manetho und den ägyptischen Königslisten.*
**296.** *Robert Brier: Zauber und Magie im alten Ägypten,* S.7.
**297.** *Peter H. Schulze: Auf den Schwingen des Horusfalken,* S.135.
**298.** *John A. West: Serpent in the Sky,* S.1.
**299.** *Walter B. Emery: Archaic Egypt,* S.38.
**300.** *Peter H. Schulze: Auf den Schwingen des Horusfalken,* S.212.
**301.** *Erik Hornung: Der Eine und die Vielen,* S.91ff.
**302.** Diese Gleichsetzung ist nicht gesichert. Vergl. dazu die Besprechung bei *Walter B. Emery: Archaic Egypt,* S.32ff.
**303.** *Alan H. Gardiner: Geschichte des alten Ägypten,* S.474.

**304.** ebenda, S.472.
**305.** *Kurt Sethe: Urgeschichte und älteste Religion der Ägypter,* S.2f.
**306.** ebenda, S.77.
**307.** ebenda.
**308.** ebenda, S.81.
**309.** ebenda, S.80.
**310.** Z.B. Spruch 366 §630c bei *Kurt Sethe: Übersetzung und Kommentar zu den altägyptischen Pyramidentexten,* Bd.III, S.159.
**311.** *Hans Bonnet: Reallexikon der ägyptischen Religionsgeschichte,* S.228ff, auch zum Folgenden.
**312.** ebenda, S.228.
**313.** *Kurt Sethe: Beiträge zur ältesten Geschichte Ägyptens,* S.9f., auch zum Folgenden.
**314.** *Alan H. Gardiner: Geschichte des alten Ägypten,* S.468.
**315.** Herodot: Historien, S.199.
**316.** Erich von Däniken: Die Augen der Sphinx, S.281, auch zum Folgenden.
**317.** Murry Hope: Atlantis, S.240.
**318.** Dieter Arnold: Die Tempel Ägyptens, S.170.
**319.** Hermann Kees: Der Götterglaube im alten Ägypten, S.187.
**320.** Die ganze Geschichte findet man bei John A. West: Serpent in the Sky, S.225-232.
**321.** ebenda, S.186f.
**322.** ebenda, S.229.
**323.** So auch beschrieben bei *Karlheinz Schüssler: Kleine Geschichte der ägyptischen Kunst,* S.11.
**324.** *John A. West: Serpent in the Sky,* S.195.
**325.** ebenda, S.229.
**326.** ebenda, S.186.
**327.** ebenda, S.229.
**328.** ebenda.
**329.** *Alan H. Gardiner: Geschichte des alten Ägypten,* S.86.
**330.** *Zecharia Sitchin: Das erste Zeitalter,* S.304.
**331.** *Hermann Kees: Der Götterglaube im alten Ägypten,* S.122ff; ders.: *Probleme ägyptischer Vorgeschichte,* S.486ff. Beträchtlich aktueller auch bei *Peter H.*

*Schulze: Auf den Schwingen des Horusfalken,* S.87 und 109.
**332.** *John A. West: Serpent in the Sky,* S.229.
**333.** *Alan H. Gardiner: Geschichte des alten Ägypten,* S.58f.
**334.** Dazu *John A. West: Serpent in the Sky,* S.232.
**335.** *Uvo Hölscher: Das Grabdenkmal des Königs Chefren,* S.112.
**336.** ebenda. Es soll hier noch auf einen merkwürdigen Umstand hingewiesen werden -jedenfalls halte ich ihn für sonderbar. In einem Totengebet für einen in Gizeh bestatteten Priester werden traditionelle Totenstädte, nämlich Busiris und Abydos, die diesen Status nicht aufgrund geschichtlicher Bauten haben, zusammen mit „der Pyramidenstadt des Chefren“ erwähnt, als sei dies ebenfalls ein Ort, der auch ohne Chefren oder Cheops in diese Gruppe gehört (vergl. *Eberhard Otto: Osiris und Amun,* S.30). Genau dieser Eindruck entsteht ja auch durch die spätere Verehrung der Sphinx, die dabei keinerlei Berührungspunkte mit diesen zwei Königen zeigt (siehe das Folgende). Daß die Ptolemäer, die sonst auch für ihren Hang zu den ältesten Traditionen bekannt sind, ebenfalls nichts von Cheops und Mykerinos verlauten ließen ist zumindest sonderbar.
**337.** *Uvo Hölscher: Das Grabdenkmal des Königs Chefren,* S.105. Ich möchte eine weitere Unstimmigkeit anbringen. So überspringt z.B. die Karnakliste von Thutmosis III. nicht nur Cheops, Chefren und Mykerinos, sondern gleich die ganze 4.Dynastie (*Siegfried Morenz: Traditionen um Cheops,* S.114)! Auch in privaten Königslisten fehlt Cheops (ebenda, S.117, Anm. 36). Nach Diodor (ebenda, S.116) konnten es sich Cheops und Chefren aufgrund des Volkszornes nicht einmal leisten, in „ihren“ Pyramiden bestattet zu werden. Vielmehr sollten „sie an einem unauffälligen Orte heimlich zu begraben“ sein. Das paßt natürlich gut zusammen, wenn man in den beiden (oder den dreien?) nicht die Erbauer sieht, sondern irgendwelche Könige, die sich Bauten, die schon für den damaligen Ägypter ganz besondere Denkmäler waren, unter den Nagel reißen wollten. Überhaupt hat dieser Artikel des bedeutenden Professors Siegfried Morenz, der erst nach dem Tod des Verfassers erschien, nicht die notwenige Würdigung erhalten. Die grundsätzlichen Überlegungen brachten ihn schon fast so nahe an unsere, daß der nächste Schritt vielleicht schon ein Überdenken der Verbindung Gizeh/4.Dynastie hätte bringen können. Schade, daß es dazu nicht mehr kam.

338. *Uvo Hölscher: Das Grabdenkmal des Königs Chefren,* S.91.
339. ebenda, S.106.
340. *John A. West: Serpent in the Sky,* S.206 und 226.
341. *Uvo Hölscher: Das Grabdenkmal des Königs Chefren,* S.61.
342. ebenda.
343. *I.E.S. Edwards: Die ägyptischen Pyramiden,* S.89f.
344. *Uvo Hölscher: Das Grabdenkmal des Königs Chefren,* S.4.
345. ebenda, S.69.
346. ebenda, S.84.
347. *Paul Brunton: Geheimnisvolles Ägypten,* S.65ff.
348. Eine gute Übersicht, auch über die irrwitzigen Theorien, bietet *Max Toth: Das Geheimnis der Pyramid Power.*
349. *Peter Tompkins: Cheops,* S.40ff.
350. *Louis Charpentier: Das Geheimnis der Kathedrale von Chartres,* S.89ff.
351. *W.M. Flinders Petrie: The Pyramids and Temples of Gizeh,* S.13.
352. *Peter Tompkins: Cheops,* S.8.
353. *Herodot: Historien,* S.188.
354. ebenda.
355. ebenda, S.189.
356. ebenda.
357. ebenda, S.190.
358. *Peter Tompkins: Cheops,* S.13.
359. *Herodot: Historien,* S.190.
360. *Pierre Montet: Das alte Ägypten,* S.497.
361. ebenda.
362. *E.A. Wallis Budge: Osiris,* Bd.I, S.IX.
363. *Kurt Sethe: Imhotep,* S.19.
364. *Jean-Pierre Corteggiani: Kunst des alten Ägypten im Museum Kairo,* S.54.
365. *Peter H. Schulze: Auf den Schwingen des Horusfalken,* S.153.
366. *Alan H. Gardiner: Geschichte des alten Ägyptens,* S.87.
367. *Herodot: Historien,* S.191.
368. ebenda.
369. *I.E.S. Edwards: Die ägyptischen Pyramiden,* S.102.
370. *Herodot: Historien,* S.192.

**371.** *Georg Möller: Zu Herodots ägyptischen Geschichten,* S.76ff.
**372.** *Erich von Däniken: Die Augen der Sphinx,* S.168.
**373.** ebenda, S.168.
**374.** *Alan H. Gardiner: Geschichte des alten Ägypten,* S.5.
**375.** *Herodot: Historien,* S.122.
**376.** *Erich von Däniken: Die Augen der Sphinx,* S.290.
**377.** *Albert Champdor: Das ägyptische Totenbuch,* S.56f.
**378.** *Zecharia Sitchin: Stufen zum Kosmos,* S.284-318.
**379.** *Graham Hancock: Die Spur der Götter,* S.336.
**380.** *Zecharia Sitchin: Stufen zum Kosmos,* S.310f.
**381.** ebenda, S.299.
**382.** ebenda, S.312ff.
**383.** ebenda, S.299.
**384.** *Peter Tompkins: Cheops,* S.215f.
**385.** *Sándor Fodor: The Origins of the Arabic Surid Legend,* S.103-109.
**386.** Die Begründung folgt weiter unten.
**387.** *Peter Tompkins: Cheops,* S.217.
**388.** ebenda, S.215ff.
**389.** *Erich Graefe: Das Pyramidenkapitel in Al-Makrizi's „Hitat".*
**390.** ebenda, S.49.
**391.** ebenda, S.50.
**392.** ebenda, S.51.
**393.** ebenda, S.52.
**394.** ebenda, S.53.
**395.** ebenda, S.53f.
**396.** ebenda, S.55.
**397.** ebenda.
**398.** ebenda, S.80 und S.77.
**399.** ebenda, S.71.
**400.** ebenda, S.52.
**401.** ebenda, S.77.
**402.** *Kurt Sethe: Urgeschichte und älteste Religion der Ägypter,* S.10 und S.119.
**403.** ebenda, S.119.
**404.** *Konrat Ziegler: Der kleine Pauly,* Bd. 5, S.776f.

**405.** *Erik Hornung: Der Eine und die Vielen,* S.147.
**406.** *Dieter Kurth: Treffpunkt der Götter,* S.324 und *E.A. Wallis Budge: The Gods of the Egyptians,* Bd. 1, S.402.
**407.** *Georges Posener: Knaurs Lexikon der ägyptischen Kultur,* S.331 und *Hellmut Brunner: Altägyptische Religion,* S.17.
**408.** ebenda und *Hans Bonnet: Reallexikon der ägyptischen Religionsgeschichte,* S.808.
**409.** *Veronica Ions: Die Götter und Mythen Ägyptens,* S.85.
**410.** *Erik Hornung: Das Totenbuch der Ägypter,* S.186.
**411.** *Adolf Erman: Die Religion der Ägypter,* S.366.
**412.** *Hans Bonnet: Reallexikon der ägyptischen Religionsgeschichte,* S.417f.
**413.** *E.A. Wallis Budge: The Gods of the Egyptians,* Bd.1, S.400 und S.409.
**414.** *Albert Champdor: Das ägyptische Totenbuch,* S.76.
**415.** *E.A. Wallis Budge: The Gods of the Egyptians,* Bd.1, S.414f; *Robert Brier: Zauber und Magie im alten Ägypten,* S.59; *Hans Bonnet: Reallexikon der ägyptischen Religionsgeschichte,* S.291.
**416.** *Jan Assmann: Ägyptische Hymnen und Gebete,* S.465. Vergl. auch *Hans Bonnet: Reallexikon der ägyptischen Religionsgeschichte,* S.779 und *Zecharia Sitchin: Das erste Zeitalter,* S.167.
**417.** *Hellmut Brunner: Altägyptische Religion,* S.17.
**418.** ebenda, S.81.
**419.** ebenda, S.78 und *Henri Stierlin: Baukunst der Pharaonen,* S.34.
**420.** *Raymond O. Faulkner: The Ancient Egyptian Pyramid Texts,* S.247.
**421.** *Erik Hornung: Geist der Pharaonenzeit,* S.123.
**422.** *Graham Hancock: Die Spur der Götter,* S.429.
**423.** *Georges Posener: Knaurs Lexikon der ägyptischen Kultur,* S.332.
**424.** *Hans Bonnet: Reallexikon der ägyptischen Religionsgeschichte,* S.808f.
**425.** ebenda, S.808.
**426.** ebenda, S.715.
**427.** *Georges Posener: Knaurs Lexikon der ägyptischen Kultur,* S.332.
**428.** *Emma Brunner-Traut: Altägyptische Märchen,* S.43-55.
**429.** *Alan H. Gardiner: The Secret Chambers of the Sanctuary of Thot,* S.3.
**430.** *Rainer Stadelmann: Die ägyptischen Pyramiden,* S.106f.
**431.** *Alan H. Gardiner: The Secret Chambers of the Sanctuary of Thot,* S.2-5.

**432.** ebenda, S.2f.
**433.** *Peter Tompkins: Cheops,* S.17ff.
**434.** ebenda, S.19.
**435.** ebenda, S.23.
**436.** *Emma Brunner-Traut: Altägyptische Märchen,* S.285.
**437.** *Murry Hope: Atlantis,* S.275.
**438.** ebenda, S.275f.
**439.** *Adolf Erman: Die Religion der Ägypter,* S.366.
**440.** *G. Nathanael Bonwetsch: Die Bücher der Geheimnisse Henochs.*
**441.** ebenda, S.3.
**442.** ebenda, S.4.
**443.** ebenda, S.5.
**444.** ebenda, S.6.
**445.** ebenda, S.7.
**446.** ebenda, S.10.
**447.** ebenda, S.19.
**448.** ebenda, S.57.
**449.** ebenda, S.22.
**450.** ebenda, S.23.
**451.** ebenda S.35.
**452.** ebenda.
**453.** ebenda, S.34.
**454.** ebenda, S.34ff.
**455.** ebenda, S.96.
**456.** ebenda, S.57.
**457.** ebenda.
**458.** ebenda, S.107ff.
**459.** ebenda, S.111.
**460.** ebenda, S.118.
**461.** ebenda, S.110.
**462.** ebenda, z.B. S.94.
**463.** *Hans Bonnet: Reallexikon der ägyptischen Religionsgeschichte,* S.811.
**464.** *G. Nathanael Bonwetsch: Die Bücher der Geheimnisse Henochs,* S.109.
**465.** ebenda, S.108.

**466.** *Alexander und Edith Tollmann: Und die Sintflut gab es doch,* S.176.
**467.** ebenda, S.192.
**468.** ebenda, S.194ff.
**469.** *Erich Graefe: Das Pyramidenkapitel in Al-Makriz's „Hitat“,* S.70.
**470.** ebenda, S.77.
**471.** ebenda, S.75.
**472.** *Herbert Gottschalk: Lexikon der Mythologie,* S.180.
**473.** *Kurt Sethe: Urgeschichte und älteste Religion der Ägypter,* S.13.
**474.** *Konrat Ziegler: Der kleine Pauly,* S.776.
**475.** *Walter Scott: Hermetica,* S.6.
**476.** ebenda, S.3.
**477.** ebenda, S.341.
**478.** *Robert Temple: Das Sirius-Rätsel,* S.72f.
**479.** *Herodot: Historien,* S.141.
**480.** ebenda, S.200.
**481.** Vergl. auch *Hermann Kees in: Hans Bonnet: Reallexikon der ägyptischen Religionsgeschichte,* S.40 bis 45.
**482.** ebenda, S.41.
**483.** *Graham Hancock: Die Spur der Götter,* S.393.
**484.** *Kurt Sethe: Übersetzung und Kommentar zu den altägyptischen Pyramidentexten,* Bd. 4, S.9.
**485.** *Hans Bonnet: Reallexikon der ägyptischen Religionsgeschichte,* S.289. Dort heißt es weiter, daß die Verbindung Horus – Anubis, auf die ich auch öfter stieß, nicht greift.
**486.** *Albert Champdor: Das ägyptische Totenbuch,* S.21.
**487.** *Robert Temple: Das Sirius-Rätsel,* S.326.
**488.** *Erich Graefe: Das Pyramidenkapitel in Al-Makrizi's „Hitat“,* S.87.
**489.** Diese Kritik bezieht sich hauptsächlich auf *Robert Bauval: Das Geheimnis des Orion.* Obwohl ich ihm für seinen Fleiß Tribut zolle, er ist genauso wie ich selbst ein neugieriger Seiteneinsteiger, ist doch seine These unhaltbar. Seine Lösung, die vier Schächte in der Großen Pyramide deuteten auf bestimmte Sterne zur Zeit des Cheops, hat doch mächtige Haken. Zwei dieser Sterne, Alpha Draconis und Beta Ursae minoris, waren für den alten Ägypter von grandioser Bedeutungslosigkeit. Sterne spielen im alten Ägypten stets eine

sekundäre Rolle, und das ist sicher keine neue Weisheit. Wenn der Verstorbene in den Pyramidentexten ein Stern werden will, geschieht das nicht, ohne daß Re gleichzeitig über diese erhoben wird. Sternen wurden weder Gebete gewidmet noch Gaben dargereicht. Wenn man dann Orion und Sirius anführt, muß man doch sehen, wie diese beiden Sterne zu ihrer Rolle kamen. Orion liegt ganz auf der Seite des Osiris, der in ihm aber nicht recht Platz findet. Sirius erhält seine Bedeutung in starkem Maße von der Nilflut. Den Rest bildet die Göttin Isis, die ihrerseits nur sekundär mit Sirius zusammenkommt. Erst in ptolemäischer Zeit gewinnen die Sterne – dieser Sammelbegriff ist in Ägypten ohnehin nicht deutbar – einen höheren Stellenwert, doch wurde dieser durch griechische und babylonische Aspekte gebildet – niemals durch ägyptische! Seiner Theorie zuliebe muß Bauval dann auf Notlösungen zurückgreifen, die mehr als abenteuerlich sind (siehe dazu das Interview in *Graham Hancock: Die Spur der Götter,* S.492ff). Es läuft nun etwa darauf hinaus, daß die Große Pyramide um 10.450 v. Chr. geplant und um 2.450 v. Chr. errichtet wurde. Schade.

**490.** so noch *I.E.S. Edwards: Die ägyptischen Pyramiden,* S.77f und *Karlheinz Schüssler: Die ägyptischen Pyramiden,* S.198ff.

**491.** Das ist vor allem die erfreuliche Auffassung von *Rainer Stadelmann: Die ägyptischen Pyramiden,* S.110f und aktueller: *Rainer Stadelmann: Das Dreikammersystem der Königsgräber der Frühzeit und des Alten Reiches,* S.373 bis 387.

**492.** *Peter Tompkins: Cheops,* S.240f.

**493.** *Rainer Stadelmann: Die ägyptischen Pyramiden,* S.118.

**494.** *Rainer Stadelmann: Das Dreikammersystem der Königsgräber der Frühzeit und des Alten Reiches.*

**495.** ebenda, S.386.

**496.** *Dieter Arnold: Die Tempel Ägyptens,* S.98 und *Dieter Kurth: Treffpunkt der Götter,* S.9.

**497.** ebenda, S.280.

**498.** *Uvo Hölscher: Das Grabdenkmal des Königs Chefren,* S.60.

**499.** *Dieter Kurth: Treffpunkt der Götter,* S.65.

**500.** *Rainer Hannig: Die Sprache der Pharaonen,* S.899f, auch zum Folgenden.

**501.** *Walter Scott: Hermetica,* S.459ff.

**502.** *Charles Berlitz: Geheimnisse versunkener Kulturen,* S.81 und 85.
**503.** *Erich Graefe: Das Pyramidenkapitel in Al-Makrizi's „Hitat",* S.54.
**504.** ebenda, S.52.
**505.** *Peter Tompkins: Cheops,* S.262f.
**506.** ebenda, S.174.
**507.** *Rainer Stadelmann: Die ägyptischen Pyramiden,* S.111.
**508.** *Erich Graefe: Das Pyramidenkapitel in Al-Makrizi's „Hitat",* S.53.
**509.** *Dieter Kurth: Treffpunkt der Götter,* S.65.
**510.** ebenda.
**511.** ebenda, S.78.
**512.** ebenda, S.182.
**513.** *Hans Bonnet: Reallexikon der ägyptischen Religionsgeschichte,* S.779.
**514.** *Dieter Kurth: Treffpunkt der Götter,* S.31.
**515.** ebenda, S.179ff.
**516.** *Peter Tompkins: Cheops,* S.107f.
**517.** ebenda, S.263.
**518.** *Peter H. Schultz: Polwanderung auf dem Mars,* S.68 bis 77.
**519.** *Lexikon der Astronomie,* Bd.2, S.250.
**520.** *Peter Tompkins: Cheops,* S.112.
**521.** ebenda.
**522.** ebenda, S.52.
**523.** ebenda, S.261f., auch zum Folgenden.
**524.** *Dieter Arnold: Lexikon der ägyptischen Baukunst,* S.74.
**525.** *Humboldt Astronomie Lexikon,* S.369. *Lexikon der Astronomie,* Bd.2, S.334f.
**526.** ebenda, Bd.2, S.115.
**527.** *Andreas von Rétyi: Gefahr aus dem All,* S.51ff, auch zum Folgenden.
**528.** *Lexikon der Astronomie,* Bd.2, S.115.
**529.** *Andreas von Rétyi: Gefahr aus dem All,* S.53.
**530.** *Lexikon der Astronomie,* Bd.2, S.115. *Humboldt Astronomie Lexikon,* S.55.
**531.** *Andreas von Rétyi: Gefahr aus dem All,* S.53.
**532.** *Zecharia Sitchin: Am Anfang war der Fortschritt,* S.95ff.
**533.** *Hermann-Michael Hahn: Erde, Sonne und Planeten* (Seite z.Zt. nicht rekonstruierbar).

**534.** *Zecharia Sitchin: Am Anfang war der Fortschritt,* erwähnt viele wichtige astronomische Details zu unserer Problematik.
**535.** *Lexikon der Astronomie,* Bd.2, S.115.
**536.** *Der Mars,* S.23, auch zum Folgenden.
**537.** *Johannes von Buttlar: Leben auf dem Mars,* S.148.
**538.** *Lexikon der Astronomie,* Bd.2, S.338.
**539.** *Andreas von Rétyi: Gefahr aus dem All,* S.56.
**540.** *Lexikon der Astronomie,* Bd.2, S.116.
**541.** *Hermann-Michael Hahn: Erde, Sonne und Planeten* (Seite z.Zt. nicht rekonsruierbar).
**542.** *Andreas von Rétyi: Gefahr aus dem All,* S.30f.
**543.** *Humboldt Astronomie Lexikon,* S.269.
**544.** ebenda, S.179.
**545.** *Lexikon der Astronomie,* Bd.1, S.340.
**546.** *Humboldt Astronomie Lexikon,* S.180.
**547.** *Zecharia Sitchin: Am Anfang war der Fortschritt,* S.90f.
**548.** ebenda, S.87 und *Lexikon der Astronomie,* Bd.1, S.347.
**549.** *Jane X. Luu und David C. Jewitt: Der Kuiper-Gürtel,* S.56-62.
**550.** *Lexikon der Astronomie,* Bd.1, S.346.
**551.** *Zecharia Sitchin: Am Anfang war der Fortschritt,* S.89.
**552.** ebenda, S.89f.
**553.** ebenda, S.91.
**554.** *E.A. Wallis Budge: The Gods of the Egyptians,* Bd.I, S.IXf.
**555.** *Adolf Erman: Die Religion der Ägypter,* S.221.
**556.** ebenda, S.12.
**557.** ebenda, S.46.
**558.** ebenda, S.88.
**559.** ebenda, S.1.
**560.** ebenda, S.99.
**561.** ebenda, S.100.
**562.** *Gregoire Kolpaktchy: Das ägyptische Totenbuch,* S.26.
**563.** *Erik Hornung: Der Eine und die Vielen,* S.2.
**564.** ebenda, S.1, eine englische Übersetzung bietet *E.A. Wallis Budge: Osiris,* Bd.II, S.305f.

**565.** speziell *Kurth Sethe: Urgeschichte und älteste Religion der Ägypter.*
**566.** speziell *Hermann Kees: Der Götterglaube im alten Ägypten.*
**567.** speziell *Hermann Junker: Die Onurislegende,* half mir sehr.
**568.** *Erik Hornung: Das Totenbuch der Ägypter,* S.17.
**569.** *Walter Scott: Hermetica,* S.161.
**570.** *Eberhard Otto in: Kurt Lange und Max Hirmer: Ägypten,* S.31.
**571.** *Hermann Kees: Der Götterglaube im alten Ägypten,* S.141.
**572.** *Kurt Sethe: Übersetzung und Kommentar zu den altägyptischen Pyramidentexten,* Bd.I, S.12.
**573.** *Albert Champdor: Das ägyptische Totenbuch,* S.76.
**574.** *Gregoire Kolpaktchy: Das ägyptische Totenbuch,* S.24.
**575.** ebenda, S.30.
**576.** *Erik Hornung: Geist der Pharaonenzeit,* S.66.
**577.** *Jean-Philippe Lauer: Die Königsgräber von Memphis,* S.11.
**578.** *Kurt Sethe: Urgeschichte und älteste Religion der Ägypter,* S.77, Anm.1.
**579.** *Jean-Philippe Lauer: Die Königsgräber von Memphis,* S.16.
**580.** ebenda, S.164.
**581.** *Raymond O. Faulkner: The Ancient Egyptian Coffin Texts,* das sogenannte „Zweiwegebuch" bilden die Sprüche 1029-1185.
**582.** *Robert Brier: Zauber und Magie im alten Ägypten,* S.147.
**583.** Übersetzungen bieten *E.A. Wallis Budge: The Egyptian Heaven and Hell,* mit Amduat und Pfortenbuch, und besser übersetzt, aber nicht so gut illustriert: *Erik Hornung: Die Unterweltsbücher der Ägypter* mit Amduat, Pfortenbuch, Höhlenbuch und Buch von der Erde sowie Proben aus den verwandten Himmelsbüchern.
**584.** ebenda, S.18.
**585.** *Erik Hornung: Der ägyptische Mythos von der Himmelskuh.*
**586.** *Erik Hornung: Die Unterweltsbücher der Ägypter,* S.17.
**587.** *John A. West: Serpent in the Sky,* S.135ff.
**588.** *Jean-Philippe Lauer: Die Königsgräber von Memphis,* S.15.
**589.** *Hellmut Brunner: Altägyptische Religion,* S.9.
**590.** *Henri Frankfort: Ancient Egyptian Religion,* S.30.
**591.** *Hermann Kees: Der Götterglaube im alten Ägypten,* S.310f, 324, 345f und 433.

**592.** *Kurt Sethe: Urgeschichte und älteste Religion der Ägypter,* S.1. Eigentlich war das aber eine „geistreiche" Bemerkung Adolf Ermans. Vergl. *Kurt Sethe: Die Zeitrechnung der alten Ägypter,* Teil I, S.320.
**593.** *Kurt Sethe: Übersetzung und Kommentar zu den altägyptischen Pyramidentexten,* Bd.IV, S.149, Spruch 466 ß882c.
**594.** *Hermann Kees: Totenglauben und Jenseitsvorstellungen der alten Ägypter,* S.89-100.
**595.** ebenda, S.97ff.
**596.** ebenda, S.93.
**597.** ebenda, S.91f.
**598.** *Peter Tompkins: Cheops,* S.258.
**599.** *Erik Hornung: Tal der Könige,* S.122.
**600.** *Erik Hornung: Die Unterweltsbücher der Ägypter*, S.128.
**601.** *Kurt Sethe: Übersetzung und Kommentar zu den altägyptischen Pyramidentexten,* Bd.I, S.283.
**602.** ebenda, S.284.
**603.** *Erik Hornung: Die Unterweltsbücher der Ägypter,* S.24.
**604.** ebenda, S.291, 11. Stunde, 80. Szene.
**605.** ebenda, S.505.
**606.** *Kurt Sethe: Die Zeitrechnung der alten Ägypter,* T.III, S.105.
**607.** *László Kákosy: Selige und Verdammte in der spätägyptischen Religion,* S.101.
**608.** *Erik Hornung: Die Unterweltsbücher der Ägypter,* S.60.
**609.** *Erich Weidinger: Die Apokryphen,* S.154.
**610.** *Erik Hornung: Die Unterweltsbücher der Ägypter,* S.64.
**611.** ebenda.
**612.** ebenda, S.135, 7. Stunde, Mittleres Register, 5. Szene.
**613.** *Erik Hornung: Die Nachtfahrt der Sonne,* S.113.
**614.** *Kurt Sethe: Übersetzung und Kommentar zu den altägyptischen Pyramidentexten,* Bd.V, S.19.
**615.** ebenda, Bd.I, S.360. Der Vermerk in Klammern ist von Sethe.
**616.** *E.A. Wallis Budge: Osiris,* Bd.I, S.372.
**617.** *Kurt Sethe: Übersetzung und Kommentar zu den altägyptischen Pyramidentexten,* Bd.I, S.366.

**618.** Vergl. *Hermann Kees: Totenglauben und Jenseitsvorstellungen der alten Ägypter*, S.165f.
**619.** *Hans Bonnet: Reallexikon der ägyptischen Religionsgeschichte*, S.536.
**620.** *Raymond O. Faulkner: The Ancient Egyptian Coffin Texts*, Bd.I, S.58, Spruch 62 I, 270-271.
**621.** *Raymond O. Faulkner: The Ancient Egyptian Pyramid Texts*, S.294, Spruch 684 §2061.
**622.** *Albert Champdor: Das ägyptische Totenbuch*, S.86.
**623.** *Kurt Sethe: Übersetzung und Kommentar zu den altägyptischen Pyramidentexten*, Bd.V, S.376, Spruch 570 §1443a.
**624.** *Dieter Kurth: Treffpunkt der Götter*, S.78.
**625.** *Winfried Barta: Die Bedeutung der Pyramidentexte*, S.82-86, auch zum Folgenden.
**626.** *Hermann Junker: Die Götterlehre von Memphis*, S.20 und *Kurt Sethe: Amun und die acht Urgötter*, S.61ff.
**627.** *Hermann Kees: Totenglauben und Jenseitsvorstellungen der alten Ägypter*, S.94, vergl. auch *Winfried Barta: Die Bedeutung der Pyramidentexte*, S.86.
**628.** ebenda, S.92.
**629.** *Kurt Sethe: Übersetzung und Kommentar zu den altägyptischen Pyramidentexten*, Bd.I, S.298, Spruch 245 §279d.
**630.** ebenda, S.315.
**631.** *Veronica Ions: Die Götter und Mythen Ägyptens*, S.106-108.
**632.** *Kurt Sethe: Übersetzung und Kommentar zu den altägyptischen Pyramidentexten*, Bd.II, S.8, Spruch 262 §334c-335a.
**633.** ebenda, S.19f.
**634.** *Raymond O. Faulkner: The Ancient Egyptian Coffin Texts*, Bd.III, S.5, Spruch 806 VII, 11.
**635.** ebenda, S.200 (Index: Milky Way).
**636.** Vergl. z.B. *Adolf Erman: Die Religion der Ägypter*, S.20, oder *Adolf Rusch: Die Entwicklung der Himmelsgöttin Nut*, S.44.
**637.** *Kurt Sethe: Übersetzung und Kommentar zu den altägyptischen Pyramidentexten*, Bd.II, S.233, Spruch 301 §449b.
**638.** ebenda, Bd.III, S.277, Spruch 402 §698b-d.
**639.** ebenda, S.278f.

**640.** *John A. West: Serpent in the Sky,* S.40ff.
**641.** *Kurt Sethe: Von Zahlen und Zahlworten,* S.38.
**642.** *Kurt Sethe: Übersetzung und Kommentar zu den altägyptischen Pyramidentexten,* Bd.III, S.278, Spruch und Kommentar zu 402 §698b.
**643.** *Raymond O. Faulkner: The Ancient Egyptian Coffin Texts,* Bd.I, S.72, Spruch 75 I, 316, vergl. auch *Jan Zandee: Sargtexte,* Spruch 75, S.155 und den treffenden Kommentar, ebenda, S.158.
**644.** *Kurt Sethe: Amun und die acht Urgötter,* S.105.
**645.** ebenda, S.113.
**646.** *Rainer Hannig: Die Sprache der Pharaonen,* S.809.
**647.** *Kurt Sethe: Übersetzung und Kommentar zu den altägyptischen Pyramidentexten,* Bd.V, S.414, Spruch 571 §1471a-b.
**648.** *George Hart: Ägyptische Mythen,* S.15.
**649.** *Erik Hornung: Der ägyptische Mythos von der Himmelskuh,* S.43.
**650.** *Albert Champdor: Das ägyptische Totenbuch,* S.98.
**651.** *Hellmut Brunner: Altägyptische Religion,* S.82.
**652.** Vergl. z.B. *E.A. Wallis Budge: From Fetish to God,* S.148.
**653.** *Raymond O. Faulkner: The Ancient Egyptian Coffin Texts,* Bd.I, S.112, Spruch 122 II, 146.
**654.** ebenda, S.167, Spruch 205 III, 147.
**655.** ebenda, S.170, Spruch 213 III, 172.
**656.** Leider fand ich dafür keine schriftliche Quelle.
**657.** *Rainer Hannig: Die Sprache der Pharaonen,* S.1064.
**658.** *Raymond O. Faulkner: The Ancient Egyptian Coffin Texts,* Bd.I, S.73, Spruch 75 I, 360. Die Übersetzung von *Jan Zandee: Sargtexte,* Spruch 75, S.149, und der Kommentar S.152 weicht entweder stark ab oder trifft die Sachlage an einem anderen Punkt. Die Übersetzung lautet: „Haus des ‚Sechsgewebes'" des Re. Zandee schreibt: „Es handelt sich mutmaßlich um ein Gerichtshaus."
**659.** *Kurt Sethe: Von Zahlen und Zahlworten,* S.31f und 33ff.
**660.** ebenda, S.11f.
**661.** ebenda, S.12.
**662.** *Hermann Junker: Ein Doppelhymnus aus Kom Ombo,* S.53.
**663.** *Raymond O. Faulkner: The Ancient Egyptian Coffin Texts,* Bd.II, S.165,

Spruch 554 VI, 154.
**664.** ebenda, S.221, Spruch 645 VI, 265.
**665.** ebenda, S.165, Spruch 554 VI, 154.
**666.** *Hermann Junker: Die Onurislegende,* S.61.
**667.** *Hermann Kees in: Paulys Realencyclopädie,* 2. Reihe, 5. Band, S.1140-1144.
**668.** *Herbert Gottschalk: Lexikon der Mythologie,* S.147.
**669.** *Kurt Sethe: Urgeschichte und älteste Religion der Ägypter,* S.62.
**670.** *H.O. Lange: Der magische Papyrus Harris,* S.14f, 18 und 23.
**671.** *Günter Roeder: Urkunden zur Religion des alten Ägypten,* S.150-156 und *E.A. Wallis Budge: From Fetish to God,* S.438-444. Einen kurzen Kommentar zu seiner Nacherzählung bietet *Walter Beltz: Die Mythen der Ägypter,* S.156f.
**672.** *Raymond O. Faulkner: The Ancient Egyptian Coffin Texts,* Bd.I, S.77, Spruch 76 II, 2b und *Jan Zandee: Sargtexte,* Spruch 76, S.60 und Kommentar S.63.
**673.** Vergl. besonders *Hermann Junker: Die Onurislegende.*
**674.** *Gregoire Kolpaktchy: Das ägyptische Totenbuch,* S.172, Kap.110.
**675.** *Kurt Sethe: Übersetzung und Kommentar zu den altägyptischen Pyramidentexten,* Bd.I, S.117, Spruch 222 ß208c.
**676.** ebenda, S.146.
**677.** *Gregoire Kolpaktchy: Das ägyptische Totenbuch,* S.172, Kap.110.
**678.** *Rainer Hannig: Die Sprache der Pharaonen,* S.544.
**679.** ebenda, S.545.
**680.** *Günther Roeder: Die ägyptische Religion in Texten und Bildern,* Bd.I, S.287.
**681.** *Gregoire Kolpaktchy: Das ägyptische Totenbuch,* S.106, Kap.46.
**682.** *Adolf Erman: Die Religion der Ägypter,* S.442; *E.A. Wallis Budge: The Gods of the Egyptians,* Bd.II, S.303; *E.A. Wallis Budge: From Fetish to God,* S.244.
**683.** *Kurt Sethe: Amun und die acht Urgötter,* S.112.
**684.** *Emma Brunner-Traut: Gelebte Mythen,* S.2.
**685.** *Zecharia Sitchin: Der zwölfte Planet,* S.267.
**686.** *Robert Temple: Das Sirius-Rätsel,* S.104f, auch zum Folgenden.
**687.** *Linda Schele und David Freidel: Die unbekannte Welt der Maya,* S.489.
**688.** *Christian Rätsch: Chactun,* S.80.
**689.** *Günther Roeder: Urkunden zur Religion des alten Ägypten,* S.LII.
**690.** ebenda.
**691.** *E.A. Wallis Budge: The Gods of the Egyptians,* Bd.I, S.290.

**692.** *E.A. Wallis Budge: From Fetish to God,* S.250.
**693.** *Dieter Kurth: Treffpunkt der Götter,* S.31.
**694.** *Erik Hornung: Der ägyptische Mythos von der Himmelskuh,* S.96.
**695.** *Hans Bonnet: Reallexikon der ägyptischen Religionsgeschichte,* S.277.
**696.** *Erik Hornung: Der ägyptische Mythos von der Himmelskuh,* S.IX und 93.
**697.** ebenda, S.37.
**698.** ebenda, S.88ff.
**699.** ebenda, S.37.
**700.** ebenda, S.38.
**701.** *Erik Hornung: Das Totenbuch der Ägypter,* S.110, Spruch 39.
**702.** ebenda, S.257, Spruch 133.
**703.** ebenda, S.340, Spruch 166.
**704.** ebenda, S.364, Spruch 174.
**705.** *Erik Hornung: Der ägyptische Mythos von der Himmelskuh,* S.38.
**706.** ebenda, S.39.
**707.** ebenda, S.46.
**708.** *Erich Graefe: Das Pyramidenkapitel in Al-Makrizi's „Hitat",* S.70.
**709.** *Adolf Erman: Die Religion der Ägypter,* S.23.
**710.** *Vergl. Raymond O. Faulkner: The Ancient Egyptian Pyramid Texts,* S.66, Spruch 255 §299.
**711.** *Zecharia Sitchin: Stufen zum Kosmos,* S.287 und *Zecharia Sitchin: Die Kriege der Menschen und Götter,* S.177.
**712.** Zitiert bei *Graham Hancock: Die Spur der Götter,* S.337f. Leider stand mir selbst das fünfbändige Standardwerk: *Ancient Records of Egypt* nicht zur Verfügung.
**713.** ebenda, S.338.
**714.** *Zecharia Sitchin: Stufen zum Kosmos,* S.289.
**715.** ebenda, S.290.
**716.** Daß Isis die Herrin der Pyramide sein soll, stellt keinen Widerspruch dar, wie sich dann noch zeigt. Vorläufig soll genügen, daß sie ebenfalls mit Kuhgehörn dargestellt wurde, in dem sich die sogenannte „Sonnenscheibe" befindet.
**717.** *Kurt Sethe: Übersetzung und Kommentar zu den altägyptischen Pyramidentexten,* Bd.IV, S.307, Spruch 485 §1025d-1026d.

**718.** ebenda, S.308.
**719.** ebenda, Bd.V, S.168, Spruch 534 §1277-1278c.
**720.** ebenda, S.191.
**721.** *Erik Hornung: Der ägyptische Mythos von der Himmelskuh,* S.81.
**722.** *Erik Hornung: Die Unterweltsbücher der Ägypter,* S.375.
**723.** *Jan Assmann: Ägyptische Hymnen und Gebete,* S.133.
**724.** *Uvo Hölscher: Das Grabdenkmal des Königs Chefren,* S.17.
**725.** *Emma Brunner-Traut: Ägypten – Kunst- und Reiseführer,* S.353. Unter keinen Umständen sollten Sie ohne dieses Buch nach Ägypten aufbrechen!
**726.** *Raymond O. Faulkner: The Ancient Egyptian Coffin Texts,* Bd.III, S.96, Spruch 985 VII, 194.
**727.** *G. Nathanael Bonwetsch: Die Bücher der Geheimnisse Henochs,* S.45.
**728.** *Robert Temple: Das Sirius-Rätsel,* S.44f.
**729.** *Rainer Hannig: Die Sprache der Pharaonen,* S.545.
**730.** *Veronica Ions: Die Götter und Mythen Ägyptens,* S.25.
**731.** *Kurt Sethe: Urgeschichte und älteste Religion,* S.101.
**732.** *Henri Frankfort: Kingship and the Gods,* S.182.
**733.** *Edmund Dondelinger: Das Totenbuch des Schreibers Ani,* S.42.
**734.** ebenda, S.41.
**735.** *Veronica Ions: Die Götter und Mythen Ägyptens,* S.34 und *Hans Bonnet: Reallexikon der ägyptischen Religionsgeschichte,* S.536.
**736.** *Winfried Barta: Die Bedeutung der Pyramidentexte,* S.85.
**737.** *Erik Hornung: Die Unterweltsbücher der Ägypter,* S.290, 11. Stunde, Unteres Register, 79. Szene.
**738.** ebenda, S.296, 12. Stunde, Oberes Register, 85. Szene.
**739.** *Jan Assmann: Ägyptische Hymnen und Gebete,* S.338.
**740.** *Adolf Erman: Die Religion der Ägypter,* S.107f.
**741.** *Hans Bonnet: Reallexikon der ägyptischen Religionsgeschichte,* S.616.
**742.** ebenda.
**743.** *Kurt Sethe: Amun und die acht Urgötter,* S.63ff.
**744.** *Hans Bonnet: Reallexikon der ägyptischen Religionsgeschichte,* S.524.
**745.** *Kurt Sethe: Amun und die acht Urgötter,* S.63ff.
**746.** *Heinrich Schäfer: Weltgebäude der alten Ägypter,* S.115.
**747.** *Kurt Sethe: Urgeschichte und älteste Religion,* S.56ff.

**748.** *Hermann Grapow: Die Welt vor der Schöpfung,* S.34.
**749.** ebenda, S.36.
**750.** ebenda.
**751.** ebenda, S.35, nach Pyramidentext §1040.
**752.** *Zecharia Sitchin: Der zwölfte Planet,* S.216f.
**753.** In einigen Detailfragen – der Mond gehört dazu – bin ich nicht Sitchins Meinung, was aber nichts an den Zusammenhängen ändert.
**754.** ebenda, S.224.
**755.** ebenda, S.221.
**756.** ebenda, S.223.
**757.** ebenda, S.222.
**758.** ebenda, S.226.
**759.** ebenda, S.228.
**760.** ebenda, S.228.
**761.** ebenda.
**762.** ebenda.
**763.** ebenda, S.229.
**764.** *Erik Hornung: Das Totenbuch der Ägypter,* S.162, Spruch 78.
**765.** *Zecharia Sitchin: Der zwölfte Planet,* S.231.
**766.** ebenda.
**767.** *Hans Bonnet: Reallexikon der ägyptischen Religionsgeschichte,* S.808.
**768.** *Gregoire Kolpaktchy: Das ägyptische Totenbuch,* S.72, Kap.17.
**769.** *Zecharia Sitchin: Der zwölfte Planet,* S.222.
**770.** *Erik Hornung: Die Unterweltsbücher der Ägypter,* S.323, 2. Abschnitt, 1. Register.
**771.** *Lexikon der Astronomie,* Bd.II, S.120.
**772.** *Zecharia Sitchin: Der zwölfte Planet,* S.222.
**773.** ebenda, S.220.
**774.** *Erik Hornung: Die Unterweltsbücher der Ägypter,* S.340, 2. Abschnitt, 5. Register.
**775.** *Zecharia Sitchin: Der zwölfte Planet,* S.222.
**776.** *Erik Hornung: Die Unterweltsbücher der Ägypter,* S.340f, 3. Abschnitt, 1. Register, 1. Szene.
**777.** ebenda, S.386, 6. Abschnitt, 2. Litanei.

**778.** *Lexikon der Astronomie,* Bd. II, S.48.
**779.** *Erik Hornung: Die Unterweltsbücher der Ägypter,* z.B. S.340, 3. Abschnitt, 1. Register, 1. Szene.
**780.** *Zecharia Sitchin: Am Anfang war der Fortschritt,* S.40.
**781.** *Erik Hornung: Die Unterweltsbücher der Ägypter,* S.341, 3. Abschnitt, 1. Register, 2. Szene.
**782.** *Zecharia Sitchin: Der zwölfte Planet,* S.220.
**783.** *Humboldt-Astronomie-Lexikon,* S.374.
**784.** *Lexikon der Astronomie,* Bd.II, S.349.
**785.** *Erik Hornung: Die Unterweltsbücher der Ägypter,* S.357, 4. Abschnitt.
**786.** *Hans Bonnet: Reallexikon der ägyptischen Religionsgeschichte,* S.40.
**787.** *Kurt Sethe: Übersetzung und Kommentar zu den altägyptischen Pyramidentexten,* Bd.V, S.192, Spruch 535 §1282b.
**788.** ebenda, S.211, Spruch §1295a.
**789.** ebenda.
**790.** *Hans Bonnet: Reallexikon der ägyptischen Religionsgeschichte,* S.42.
**791.** *Erik Hornung: Die Unterweltsbücher der Ägypter,* S.375f, 5. Abschnitt, 1. Register, 1. Szene.
**792.** ebenda, S.386, 6. Abschnitt, 2. Litanei.
**793.** *Zecharia Sitchin: Der zwölfte Planet,* S.226.
**794.** ebenda.
**795.** *Erik Hornung: Die Unterweltsbücher der Ägypter,* S.277, 10. Stunde, Mittleres Register, 65. Szene.
**796.** ebenda, 67. Szene.
**797.** ebenda.
**798.** ebenda.
**799.** ebenda, S.278.
**800.** ebenda, S.280, Unteres Register, 68. Szene.
**801.** *E.A. Wallis Budge: The Gods of the Egyptians,* Bd.I, S.277.
**802.** *Erik Hornung: Die Unterweltbücher der Ägypter*, S.387, 6. Abschnitt, 3. Litanei.
**803.** *Hermann A. Schlögl: Der Gott Tatenen,* S.71.
**804.** ebenda, S.155-187, „Die Schreibweisen des Gottesnamens Tatenen".
**805.** *Kurt Sethe: Übersetzung und Kommentar zu den altägyptischen Pyramiden-*

*texten,* Bd.V, S.95, Spruch 519 §1208c.
**806.** ebenda, Bd.IV, S.112, Spruch 456 §854c.
**807.** ebenda, S.117.
**808.** *Kurt Sethe: Urgeschichte und älteste Religion,* S.58, Anm.1.
**809.** *Hermann Kees: Der Götterglaube im alten Ägypten,* S.VI.
**810.** *Kurt Sethe: Übersetzung und Kommentar zu den altägyptischen Pyramidentexten,* Bd.IV, S.117.
**811.** ebenda, Bd.III, S.18, Spruch 333 §542c.
**812.** ebenda, S.18f.
**813.** *Jan Assmann: Ägyptische Hymnen und Gebete,* S.193.
**814.** ebenda, S.546, Anm.6.
**815.** *Erik Hornung: Die Unterweltsbücher der Ägypter,* S.441, Teil A, 3. Register, 9. Szene.
**816.** *Raymond O. Faulkner: The Ancient Egyptian Pyramid Texts,* S.179, Spruch 503 §1078c mit Anm.1.
**817.** *Kurt Sethe: Amun und die acht Urgötter,* S.40.
**818.** ebenda.
**819.** ebenda, S.80.
**820.** *Hermann Kees: Der Götterglaube im alten Ägypten,* S.215.
**821.** *Walter Scott: Hermetica,* S.463.
**822.** ebenda, Anm.2.
**823.** *Helmut Uhlig: Die Sumerer,* S.36f.
**824.** *Erik Hornung: Das Totenbuch der Ägypter,* S.107ff, Spruch 39.
**825.** ebenda, S.169, Spruch 82.
**826.** ebenda, S.197, Spruch 99b.
**827.** ebenda, S.251, Spruch 130.
**828.** ebenda, S.257, Spruch 133.
**829.** *Hans Bonnet: Reallexikon der ägyptischen Religionsgeschichte,* S.51.
**830.** *Erik Hornung: Die Unterweltsbücher der Ägypter,* S.301, 12. Stunde, Mittleres Register, 89. Szene.
**831.** *Zecharia Sitchin: Am Anfang war der Fortschritt,* S.88.
**832.** *Erik Hornung: Das Totenbuch der Ägypter,* S.179, Spruch 89.
**833.** ebenda, S.392, Spruch 182.
**834.** *Hermann Junker: Das Götterdekret über das Abaton,* S.2, 39, 88.

**835.** ebenda, S.38.

**836.** *Hermann Junker: Der sehende und blinde Gott,* S.39, Anm.1. Im Buch von der Erde. *Erik Hornung: Die Unterweltsbücher der Ägypter,* S.458, Teil D, 1. Register, sehen wir Osiris treffend als den, „der im Verborgenen Raum ist".

**837.** *Henri Frankfort: Kingship and the Gods,* S.185.

**838.** *Edmund Dondelinger: Das Totenbuch des Schreibers Ani,* S.50.

**839.** *Manfred Lurker: Götter und Symbole der alten Ägypter,* S.264.

**840.** *Edmund Dondelinger: Das Totenbuch des Schreibers Ani,* S.74.

**841.** *Hans Bonnet: Reallexikon der ägyptischen Religiongeschichte,* S.643.

**842.** *Barbara Sproul: Schöpfungsmythen der östlichen Welt,* S.81.

**843.** *Kurt Sethe: Übersetzung und Kommentar zu den altägyptischen Pyramidentexten,* Bd.V, S.326, Spruch 562 §1405a.

**844.** Zitiert bei *Zecharia Sitchin: Am Anfang war der Fortschritt,* S.69.

**845.** ebenda.

**846.** *Zecharia Sitchin: Der zwölfte Planet,* S.246ff.

**847.** ebenda, S.238 und 242.

**848.** *Kurt Sethe: Übersetzung und Kommentar zu den altägyptischen Pyramidentexten,* Bd.III, S.20, Spruch 334 §543a.

**849.** *Veronica Ions: Die Götter und Mythen Ägyptens,* S.35.

**850.** ebenda, S.45.

**851.** *Zecharia Sitchin: Der zwölfte Planet,* S.242.

**852.** ebenda, S.243.

**853.** Die meisten fand ich entweder selbst oder bei *Erik Hornung: Tal der Könige.*

**854.** *Heinrich Schäfer: Die Ausdeutung der Spiegelplatte als Sonnenscheibe,* S.1f.

**855.** *Raymond O. Faulkner: The Ancient Egyptian Coffin Texts,* Bd.I, S.138, Spruch 159 II, 372.

**856.** *Heinrich Schäfer: Die Ausdeutung der Spiegelplatte als Sonnenscheibe,* S.2.

**857.** *Hermann Junker: Das Götterdekret über das Abaton,* S.38.

**858.** *Zecharia Sitchin: Am Anfang war der Fortschritt,* S.360.

**859.** *Kurt Sethe: Urgeschichte und älteste Religion,* S.79.

**860.** *Hans Bonnet: Reallexikon der ägyptischen Religionsgeschichte,* S.326.

**861.** *Dieter Kurth: Treffpunkt der Götter,* S.378.

**862.** *Erik Hornung: Die Unterweltsbücher der Ägypter,* S.320f, 1. Abschnitt,

5. Register.
**863.** *Hermann Kees: Ein Klagelied über das Jenseits,* S.76.
**864.** *Winfried Barta: Der Königsring als Symbol zyklischer Wiederkehr,* S.5.
**865.** ebenda, S.7.
**866.** ebenda, S.12.
**867.** ebenda, S.13.
**868.** ebenda, S.14.
**869.** ebenda.
**870.** *Erik Hornung: Tal der Könige,* S.37.
**871.** *E.A. Wallis Budge: The Egyptian Heaven and Hell,* Bd.III, S.87 und 89.
**872.** *Erik Hornung: Die Unterweltsbücher der Ägypter,* S.397, 6. Abschnitt, 10. Litanei.
**873.** *E.A. Wallis Budge: From Fetish to God,* S.215.
**874.** ebenda.
**875.** *Dieter Kurth: Treffpunkt der Götter,* S.86.
**876.** ebenda, S.225.
**877.** ebenda, S.317.
**878.** *Erik Hornung: Die Unterweltbücher der Ägypter,* S.468, Teil D, 6. Szene.
**879.** ebenda, S.469.
**880.** ebenda, S.483.
**881.** ebenda, S.510.
**882.** ebenda, S.162.
**883.** ebenda, 10. Stunde, Oberes Register, 1. Szene.
**884.** *Kurt Sethe: Übersetzung und Kommentar zu den altägyptischen Pyramidentexten,* Bd.IV, S.102, Spruch 454 §847c.
**885.** ebenda, Bd.III, S.159, Spruch 366 §629a-c.
**886.** *Erik Hornung: Die Unterweltbücher der Ägypter,* S.59.
**887.** ebenda, S.193.
**888.** ebenda, S.19.
**889.** *Jan Assmann: Ägyptische Hymnen und Gebete,* S.344.
**890.** *Hans Bonnet: Reallexikon der ägyptischen Religiongeschichte,* S.709. Dort finden sich auch andere Erklärungen. Z.B. verschmilzt Seth in späterer Zeit sehr mit Apophis, und dessen Wirkungsbereich haben wir ja gut festlegen können.
**891.** *Zecharia Sitchin: Der zwölfte Planet,* S.246.

**892.** *Kurt Sethe: Die Zeitrechnung der alten Ägypter,* Teil I, S.302ff.
**893.** *Zecharia Sitchin: Der zwölfte Planet,* S.247.
**894.** *Wolfgang Cordan: Popol Vuh,* S.164.
**895.** *Kurt Sethe: Die Zeitrechnung der alten Ägypter,* Teil III, S.111, und *Rainer Hannig: Die Sprache der Pharaonen,* S.195; *wnwn* ist dort „durcheilen" (Region) übersetzt.
**896.** *Erik Hornung: Geist der Pharaonenzeit,* S.66.
**897.** ebenda, S.65.
**898.** ebenda, S.66.
**899.** ebenda, S.144.
**900.** *Kurt Sethe: Die Zeitrechnung der alten Ägypter,* Teil I, S.288.
**901.** ebenda, S.302ff.
**902.** *Erik Hornung: Geist der Pharonenzeit,* S.46.
**903.** *Murry Hope: Atlantis,* S.148.
**904.** *Kurt Sethe: Die Zeitrechnung der alten Ägypter,* Teil I, S.303.
**905.** ebenda, S.303ff und 309f.
**906.** ebenda, S.305.
**907.** ebenda, S.306f.
**908.** ebenda, Teil II, S.29.
**909.** ebenda.
**910.** ebenda, S.30.
**911.** ebenda, Teil III, S.132f.
**912.** ebenda, S.100.
**913.** ebenda, S.101.
**914.** ebenda.
**915.** ebenda.
**916.** ebenda.
**917.** *Richard Hoagland: Die Mars Connection,* S.330f.
**918.** *Zecharia Sitchin: Am Anfang war der Fortschritt,* S.86.
**919.** *Lexikon der Astronomie,* Bd.II, S.337.
**920.** ebenda, S.489.
**921.** ebenda, S.503.
**922.** ebenda, S.504.
**923.** *Erik Hornung: Die Unterweltsbücher der Ägypter,* S.177, 197 und 349.

**924.** *Lexikon der Astronomie,* Bd.II, S.504.
**925.** *Zecharia Sitchin: Der zwölfte Planet,* S.67.
**926.** *Edmund Dondelinger: Das Totenbuch des Schreibers Ani,* S.73.
**927.** Schade. Das Zeichen für 10 Millionen wäre wiederum der Königsring gewesen – jedenfalls nach *E.A. Wallis Budge: Osiris,* Bd.II, S.247, wogegen *Kurt Sethe: Von Zahlen und Zahlworten,* S.12, Anm.6, schrieb, daß der *shn*-Ring „als ein unbestimmtes Symbol unter den Zeichen für ‚Jahre', ‚Hunderttausend', u.ä. zu sitzen pflegt."
**928.** *Erik Hornung: Das Totenbuch der Ägypter,* S.108, Spruch 39.
**929.** ebenda, S.264, Spruch 136b.
**930.** ebenda, S.64, Spruch 17.
**931.** *Erik Hornung; Der ägyptische Mythos von der Himmelskuh,* S.37.
**932.** ebenda, S.40.
**933.** ebenda, S.41.
**934.** *Erik Hornung: Der Eine und die Vielen,* S.145.
**935.** *Günther Roeder: Urkunden zur Religion des alten Ägypten,* S.145.
**936.** *Erik Hornung: Der Eine und die Vielen,* S.154 und *Erik Hornung: Tal der Könige,* S.107.
**937.** *Kurt Sethe: Übersetzung und Kommentar zu den altägyptischen Pyramidentexten,* Bd.I, S.37, Spruch 247 §258c.
**938.** *Kurt Sethe: Amun und die acht Urgötter,* S.78.
**939.** ebenda, S.83.
**940.** ebenda, S.87.
**941.** ebenda, S.88.
**942.** ebenda.
**943.** ebenda, S.103.
**944.** ebenda.
**945.** *Heinrich Schäfer & Walter Andrae: Die Kunst des alten Orients,* S.83ff und besonders Tafel XI. und *Kurt Lange und Max Hirmer: Ägypten,* Abb. 183, 184, 185.
**946.** *Rainer Hannig: Die Sprache der Pharaonen,* S.1193.
**947.** *Walter Wolf: Vorläufer der Reformation Echnatons,* S.109.
**948.** *Hermann A. Schlögl: Amenophis IV. Echnaton,* S.76.
**949.** *Jan Assmann: Ägyptische Hymnen und Gebete,* S.55.

**950.** *Cyril Aldred: Echnaton*, S.204.
**951.** *Hermann A. Schlögl: Amenophis IV. Echnaton*, S.91.
**952.** *Cyril Aldred: Echnaton*, S.204.
**953.** *Hermann Kees: Der Götterglaube im alten Ägypten*, S.375.
**954.** *Christian Jacq: Echnaton und Nofretete*, S.137.
**955.** ebenda, S.47.
**956.** *Walter Wolf: Vorläufer der Reformation Echnatons*, S.109-119. Wolf geht auch besonders auf das Verhältnis zwischen Amun und Aton ein.
**957.** *Christian Jacq: Echnaton und Nofretete*, S.46 und *Hermann A. Schlögl: Amenophis IV. Echanton*, S.70.
**958.** ebenda, S.98.
**959.** ebenda, S.76.
**960.** *Christian Jacq: Echnaton und Nofretete*, S.132.
**961.** *Henri Frankfort: Kingship and the Gods*, S.38.
**962.** ebenda, S.355, Anm.7.
**963.** *Hans Bonnet: Reallexikon der ägyptischen Religionsgeschichte*, S.72.
**964.** *Henri Frankfort: Kingship and the Gods*, S.40.
**965.** ebenda, S.37.
**966.** *Hans Bonnet: Reallexikon der ägyptischen Religionsgeschichte*, S.309.
**967.** *Hermann Junker: Der sehende und blinde Gott*. Das ist die beste mir bekannte Arbeit dazu.
**968.** *Hans Bonnet: Reallexikon der ägyptischen Religionsgeschichte*, S.627.
**969.** *Hermann Junker: Der sehende und blinde Gott*, S.30 und 41.
**970.** *Hermann Junker: Die Götterlehre von Memphis*, S.27.
**971.** ebenda, S.31 und 33 zum Folgenden.
**972.** *Hans Bonnet: Reallexikon der ägyptischen Religionsgeschichte*, S.78.
**973.** ebenda, S.440.
**974.** *Rainer Hannig: Die Sprache der Pharaonen*, S.13.
**975.** ebenda, S.241.
**976.** ebenda, S.320.
**977.** *Dieter Kurth: Treffpunkt der Götter*, S.280.
**978.** *Rainer Hannig: Die Sprache der Pharaonen*, S.241.
**979.** ebenda.
**980.** *Erik Hornung: Das Totenbuch der Ägypter*, S.206ff.

**981.** *Hans Bonnet: Reallexikon der ägyptischen Religionsgeschichte,* S.78.
**982.** ebenda, S.306f.
**983.** *Lexikon der Astronomie,* Bd. I, S.428. Schon aus der Glattheit dieser Zahl erkennt man ihre mögliche Abweichung.
**984.** ebenda, Bd. II, S.113.
**985.** *Richard L. Thompson & Michael A. Cremo: Verbotene Archäologie,* S.29.
**986.** *Bruno Kremer: Leben auf dem Festland,* S.30f.
**987.** *Richard L. Thopmson & Michael A. Cremo: Verbotene Archäologie,* S.29ff, auch zum Folgenden.
**988.** ebenda, S.31.
**989.** *Erich von Däniken: Beweise,* S.298ff.
**990.** *Johannes von Buttlar: Leben auf dem Mars,* S.101f.
**991.** *Richard L. Thompson & Michael A. Cremo: Verbotene Archäologie,* S.346.
**992.** *Erik Hornung: Der ägyptische Mythos von der Himmelskuh,* S.37.
**993.** *Raymond O. Faulkner: The Ancient Egyptian Coffin Texts,* Bd.I, S.84, Spruch 80 II, 33d.
**994.** *Erik Hornung: Der ägyptische Mythos von der Himmelskuh,* S.38.
**995.** *Kurt Sethe: Übersetzung und Kommentar zu den altägyptischen Pyramidentexten,* Bd.IV, S.317, Spruch 486 §1040a-b.
**996.** *E.A.E. Reymond: The Mythical Origin of the Egyptian Temple,* S.274.
**997.** ebenda, S.323f.
**998.** Vergl. *Hermann A. Schlögl: Der Gott Tatenen,* S.70f und *Hans Bonnet: Reallexikon der ägyptischen Religiongeschichte,* S.616.
**999.** *Veronica Ions: Die Götter und Mythen Ägyptens,* S.103.
**1000.** ebenda, S.104.
**1001.** *Hans Bonnet: Reallexikon der ägyptischen Religionsgeschichte,* S.137.
**1002.** ebenda, S.536.
**1003.** *E.A. Wallis Budge: The Gods of the Egyptians,* Bd.II, S.55.
**1004.** *Veronica Ions: Die Götter und Mythen Ägyptens,* S.104ff.
**1005.** *Jan Assmann: Ägyptische Hymnen und Gebete,* S.284.
**1006.** ebenda, S.344.
**1007.** Zu Tatenen grundlegend *Hermann A. Schlögl: Der Gott Tatenen.*
**1008.** *Erik Hornung: Die Unterweltsbücher der Ägypter,* S.441, Teil A, 3. Register, 9. Szene.

**1009.** *Hermann A. Schlögl: Der Gott Tatenen,* S.70f.
**1010.** *Hans Bonnet: Reallexikon der ägyptischen Religionsgeschichte,* S.769.
**1011.** *Hermann A. Schlögl: Der Gott Tatenen,* S.39.
**1012.** ebenda, S.81.
**1013.** *Jan Assmann: Ägyptische Hymnen und Gebete,* S.157.
**1014.** *Erik Hornung: Die Unterweltsbücher der Ägypter,* S.387, 6.Abschnitt, 3.Litanei.
**1015.** *Hermann A. Schlögl: Der Gott Tatenen,* S.72.
**1016.** ebenda, S.31.
**1017.** *Kurt Sethe: Amun und die acht Urgötter,* S.117.
**1018.** ebenda.
**1019.** *Helmut Uhlig: Die Sumerer,* S.36.
**1020.** ebenda, S.37.
**1021.** *Barbara Sproul: Schöpfungsmythen der östlichen Welt,* S.97.
**1022.** *Walter Scott: Hermetica,* S.475.
**1023.** *Robert Temple: Das Sirius-Rätsel,* S.323f.
**1024.** *Karl F. Kohlenberg: Enträtselte Vorzeit,* S.182-189.
**1025.** *Ernst Müller: Der Sohar,* S.113.
**1026.** *Gregoire Kolpaktchy: Das ägyptische Totenbuch,* S.30.
**1027.** *Robert Brier: Zauber und Magie im alten Ägypten,* S.137.
**1028.** *Kurt Sethe: Übersetzung und Kommentar zu den altägyptischen Pyramidentexten,* Bd.III, S.129, Spruch 364 ß616d-f.
**1029.** *Edmund Dondelinger: Das Totenbuch des Schreibers Ani,* S.17.
**1030.** *Adolf Rusch: Die Entwicklung der Himmelsgöttin Nut,* S.21.
**1031.** *Hermann Kees: Der Götterglaube im alten Ägypten,* S.226.
**1032.** ebenda, Anm.3.
**1033.** *Erik Hornung: Die Unterweltsbücher der Ägypter,* S.445, Teil A, 4. Register. Nicht zuletzt ist das auch die „Insel des Niedertretens“, die ja in Edfu so oft erscheint. Vergl. dazu *E.A.E. Reymond: The Mythical Origin of the Egyptian Temple,* speziell S.88-105.
**1034.** *Erik Hornung: Die Unterweltsbücher der Ägypter,* S.171, 11. Stunde, Einleitung.
**1035.** ebenda, S.180, Unteres Register, 10. Szene.
**1036.** ebenda, S.169f, Unteres Register, 9.Szene.

**1037.** ebenda, S.269f, Mittleres Register, 58. Szene.
**1038.** ebenda, und *Erik Hornung: Die Nachfahrt der Sonne,* S.159ff.
**1039.** *E.A. Wallis Budge: Osiris,* Bd.II, S.143.
**1040.** *Jan Assmann: Ägyptische Hymnen und Gebete,* S.476f. Die hier erwähnte Göttin Sachmet ist der Hathor gleich, jedenfalls wird sie in der ägyptischen Version der Sintflut zum ausführenden menschenvernichtenden Organ der Hathor.
**1041.** ebenda, S.488.
**1042.** *Erik Hornung: Die Nachtfahrt der Sonne,* S.162 und speziell *Erik Hornung: Geist der Pharaonenzeit,* S.168-186.
**1043.** *Herodot: Historien,* S.165.
**1044.** *Erik Hornung: Die Nachtfahrt der Sonne,* S.161.
**1045.** *Herodot: Historien,* S.191.
**1046.** Der ganze Text findet sich bei *Jan Assmann: Ägyptische Hymnen und Gebete,* S.322-333 und bei *Walther Wolf: Der Berliner Ptahhymnus,* S.17-44 mit Hieroglyphentext und ausführlichem Kommentar.
**1047.** *Jan Assmann: Ägyptische Hymnen und Gebete,* S.328 und *Walther Wolf: Der Berliner Ptahhymnus,* S.32.
**1048.** *Zecharia Sitchin: Der zwölfte Planet,* S.232.
**1049.** ebenda.
**1050.** ebenda, S.224.
**1051.** *Barbara Sproul: Die Schöpfungsmythen der östlichen Welt,* S.102.
**1052.** *Erik Hornung: Das Totenbuch der Ägypter,* S.59, Spruch 17. Dieser Hügel bezieht sich nach meiner Ansicht auf die vorhergehende Zeile, in der Schu genannt wird, und er kann damit nur die ungeborene Erde bezeichnen.
**1053.** Seine Rolle ist aber rein passiver Natur, und als Schöpfergott tritt er niemals auf.
**1054.** *Immanuel Velikovsky: Welten im Zusammenstoß,* S.427, Anm.29. Dieses Buch ist trotz seiner überholten Handlung noch immer ein tolles Quellenwerk für alle Belange der Marsmythen.
**1055.** *Zecharia Sitchin: Der zwölfte Planet,* S.181.
**1056.** *Jesco von Puttkamer: Der erste Tag der neuen Welt,* S.181.
**1057.** ebenda.
**1058.** *Raymond O. Faulkner: The Ancient Egyptian Coffin Texts,* Bd.III, S.99,

Spruch 990 VII, 200.

**1059.** *Zecharia Sitchin: Der zwölfte Planet,* S.269.

**1060.** ebenda.

**1061.** ebenda, S.265.

**1062.** *Dieter Kurth: Treffpunkt der Götter,* S.281.

**1063.** *Hermann Junker: Das Götterdekret über das Abaton,* S.VI.

**1064.** *Raymond O. Faulkner: The Ancient Egyptian Coffin Texts,* Bd.III, S.115, Spruch 1015 VII, 234.

**1065.** ebenda, Bd.I, S.61, Spruch 66 I, 280.

**1066.** ebenda, Bd.I, S.82, Spruch 79 II, 25. *Jan Zandee: Sargtexte,* Spruch 79, S.145, übersetzt: „Bevor er Geb unter seinen Füßen gesehen hatte, indem Schu in seinem Bereich war."

**1067.** ebenda, S.146.

**1068.** Vergl. *Hermann Kees* in *Hans Bonnet: Reallexikon der ägyptischen Religionsgeschichte,* S.100f.

**1069.** *Hermann Kees: Der Götterglaube im alten Ägypten,* S.217, Anm.7.

**1070.** Vergl. dazu *Heinrich Schäfer: Die Seele auf der Pyramidenspitze,* S.70f. Schäfer erläutert den Denkstein Nr. 214 aus dem Vatikan-Museum: „Gebet an Osiris, daß er ihren (der Mutter) *bai* (Seele) herauskommen lasse aus der (Grabkammer), damit er sich niederlasse auf ihrer Pyramide und die Sonne [=Re]) beim Aufgang schaue."

**1071.** *Gregoire Kolpaktchy: Das ägyptische Totenbuch,* S.70, Kap.15.

**1072.** *Jan Zandee: Sargtexte,* Spruch 80, S.65.

**1073.** ebenda, S.63. Spruch 80 II, 29f-g.

**1074.** ebenda, S.67.

**1075.** *Erik Hornung: Das Totenbuch der Ägypter,* S.188 und Kommentar auf S.474f.

**1076.** ebenda, S.191, Spruch 99A.

**1077.** ebenda, S.194f, Spruch 99B.

**1078.** *Raymond O. Faulkner: The Ancient Egyptian Coffin Texts,* Bd.III, S.9, Spruch 818 VII, 17.

**1079.** ebenda, Bd.II, S.165, Spruch 554 VI, 154.

**1080.** ebenda.

**1081.** ebenda.

**1082.** *Hermann Junker: Ein Doppelhymnus aus Kom Ombo,* S.53f.
**1083.** *Günther Roeder: Urkunden zur Religion des alten Ägypten,* S.150-156 und *E.A. Wallis Budge: From Fetish to God,* S.438-444. Dort die „Legende von Schu und Geb als sie als Könige über Ägypten regierten" genannt.
**1084.** So nach *E.A. Wallis Budge: Legends of the Egyptian Gods,* S.231., Anm.2 („fair haven"). *Kurt Sethe: Beiträge zur ältesten Geschichte,* S.126 übersetzt ähnlich „Hafen der guten Dinge".
**1085.** *Hermann Junker: Die Onurislegende,* S.63.
**1086.** ebenda.
**1087.** *Günther Roeder: Urkunden zur Religion des alten Ägypten,* S.150.
**1088.** ebenda, S.151.
**1089.** ebenda.
**1090.** ebenda, S.152.
**1091.** ebenda.
**1092.** ebenda, S.153.
**1093.** ebenda.
**1094.** ebenda, S.154.
**1095.** ebenda.
**1096.** *Kurt Sethe: Übersetzung und Kommentar zu den altägyptischen Pyramidentexten,* Bd.V, S.47, Spruch 511 ß1151b-c.
**1097.** ebenda, S.50.
**1098.** *I.E.S. Edwards: Die ägyptischen Pyramiden,* S.196.
**1099.** Hieroglyphen drücken nur Konsonanten aus, und so schiebt man da, wo keine Vokalisation bekannt ist, einfach ein „e" ein, um eine Aussprache zu ermöglichen. *Mr* ist also *mer* zu sprechen.
**1100.** Davon berichten *Max Toth & Greg Nielsen: Pyramid Power,* S.24f.
**1101.** *Walter Scott: Hermetica,* S.341.
**1102.** So hat gerade *Hermann Kees: Kultlegende und Urgeschichte,* S.345-362, gezeigt, wie sehr auch geschichtliche Ereignisse den Mythos abgegrenzt haben.
**1103.** *Hermann Kees: Horus und Seth als Götterpaar,* sieht das wohl richtig anders.
**1104.** Davon handelt *Kurt Sethe: Urgeschichte und älteste Religion der Ägypter.* Zum Folgenden *Hermann Kees: Der Götterglaube im alten Ägypten,* S.VI.

**1105.** *Hermann Kees: Zum Ursprung der sogenannten Horusdiener,* S.207.
**1106.** *Jan Assmann: Ägyptische Hymnen und Gebete,* S.437.
**1107.** *Hermann Kees: Der Götterglaube im alten Ägypten,* S.187.
**1108.** ebenda, S.153, Anm.2.
**1109.** *Hermann Kees: Horus und Seth als Götterpaar,* ist seine herausragende Arbeit dazu. Hier einige widersprechende Punkte: Schon früh treten Horus und Seth gemeinsam als oberägyptische Götter auf (s.I, S.69 und II, S.15, 29ff). Bereits in der 11. Dynastie treffen wir auf eine völlige Verdrehung der Länderzuweisungen in Dendera, in der Seth zum unterägyptischen Gott wird (s.I, S.8). In der 2. Dynastie erhält Seth neben der oberägyptischen auch die unterägyptische Krone (s.I, S.65). Nachdem unter den Hyksos Tanis zur ägyptischen Hauptstadt wurde, gelangte dort Seth zu höchsten Ehren. Tanis liegt aber in Unterägypten. Erneut fand dies unter der 19. Dynastie statt, und Seth wurde dort wieder zu einem unterägyptischen Gott (s.I, S.14, II, S.38). Nun hat ja die ganze Erforschung nach der Heimat von Osiris und Horus viel Wissenswertes hervorgebracht, doch bleibt diese Frage noch immer unbeantwortet. (Vergl. *Erik Hornung: Der Eine und die Vielen,* S.220f). Die Konsequenz daraus ist, daß beide Götter gleichzeitig in Ober- und Unterägypten ihren Kult gründeten, und dieser nicht von einem Punkt aus in ganz Ägypten verbreitet wurde. Dabei ist besonders die zeitliche Differenz interessant: Horus tritt plötzlich vor der geschichtlichen Zeit auf, Osiris ebenso plötzlich in der 5. Dynastie, und da voll ausgebildet!
**1110.** *Eberhard Otto: Die Lehre von den beiden Ländern.*
**1111.** ebenda, S.11f.
**1112.** *Heinrich Schäfer: Die Mysterien des Osiris in Abydos,* S.21f. Upuaut, seinem Wesen nach ein Kriegsgott, wird dort wie Horus zum Sohn des Osiris.
**1113.** *Eberhard Otto: Die Lehre von den beiden Ländern,* S.27ff.
**1114.** *Hermann Kees: Horus und Seth als Götterpaar,* Teil II, S.4.
**1115.** *Eberhard Otto: Die Lehre von den beiden Ländern,* S.11.
**1116.** *Henri Frankfort: Kingship and the Gods,* S.19.
**1117.** ebenda, S.20.
**1118.** ebenda, S.33.
**1119.** *Walter B. Emery: Archaic Egypt,* S.32ff.
**1120.** *Kurt Sethe: Beiträge zur ältesten Geschichte Ägyptens,* S.79 und 133-138.

**1121.** *Heinrich Schäfer: Die „Vereinigung der beiden Länder“*, S.75ff.
**1122.** *Kurt Sethe: Urgeschichte und älteste Religion der Ägypter*, S.70.
**1123.** *E.A. Wallis Budge: The Gods of the Egyptians*, Bd.II, S.28. Vergl. auch *Rainer Hannig: Die Sprache der Pharaonen*, S.1054.
**1124.** *E.A. Wallis Budge: The Gods of the Egyptians*, Bd.II, S.89.
**1125.** *Raymond O. Faulkner: The Ancient Egyptian Coffin Texts*, Bd.II, S.165, Spruch 554 VI, 154 und Anm.2.
**1126.** ebenda, Bd.III, S.172, Spruch 1135 VII, 479.
**1127.** Vergl. auch die hervorragende Zusammenfassung von *Hans Bonnet: Reallexikon der ägyptischen Religionsgeschichte*, S.702-715.
**1128.** ebenda, S.709.
**1129.** ebenda, S.713.
**1130.** ebenda, S.545.
**1131.** *Adolf Erman: Die Religion der Ägypter*, S.49.
**1132.** *Hermann Junker: Die Onurislegende*, S.1.
**1133.** ebenda, S.3.
**1134.** ebenda, S.13.
**1135.** ebenda, S.14.
**1136.** *Günther Roeder: Die ägyptische Religion in Texten und Bildern*, Bd.I, S.230f.
**1137.** *Kurt Sethe: Beiträge zur ältesten Geschichte Ägyptens*, S.140.
**1138.** ebenda, S.14.
**1139.** ebenda, S.121. Manetho weißt nichts davon, daß Menes Memphis gegründet hätte.
**1140.** ebenda, S.121ff.
**1141.** ebenda, S.12f.
**1142.** *Hermann A. Schlögl: Der Gott Tatenen*, S.79.
**1143.** *Kurt Sethe: Urgeschichte und älteste Religion der Ägypter*, S.174.
**1144.** *Hermann Junker: Die Onurislegende*, S.40.
**1145.** ebenda, S.41.
**1146.** ebenda, S.42.
**1147.** ebenda, Anm.2.
**1148.** *Hans Bonnet: Reallexikon der ägyptischen Religionsgeschichte*, S.741-743.
**1149.** *Hermann Junker: Die Onurislegende*, S.47.

**1150.** *Erik Hornung: Der Geist der Pharaonenzeit,* S.138-153.
**1151.** *Wolfgang Helck: Untersuchungen zu Manetho und den ägyptischen Königslisten.* S.4-8.
**1152.** *Erik Hornung: Der Eine und die Vielen,* S.232. Vergl. auch *E.A. Wallis Budge: Osiris,* Bd.I, S.168. *Eberhard Otto: Osiris und Amun,* S.23, meint übrigens, daß Wennofer, „der dauernd vollkommen ist“, ein Personenname der 5. Dynastie, von Osiris aufgesaugt wurde. Vielleicht ist dies sein Teil, der die königlichen Attribute bildete.
**1153.** *Kurt Sethe: Urgeschichte und älteste Religion der Ägypter,* S.61 und *Kurt Sethe: Übersetzung und Kommentar zu den altägyptischen Pyramidentexten,* Bd.I, S.356, Kommentar zu Spruch 256 §301a: „Erbe des Geb heißen die Könige der geschichtlichen Zeit immerfort im Leben…“
**1154.** *Dieter Kurth: Treffpunkt der Götter,* S.102.
**1155.** ebenda, S.106.
**1156.** *E.A. Wallis Budge: Legends of the Egyptian Gods,* S.218. Eine deutsche Übersetzung, allerdings mit Auslassungen, bietet *Eberhard Otto: Osiris und Amun,* S.58ff.
**1157.** *Erik Hornung: Das Totenbuch der Ägypter,* S.396, Spruch 183.
**1158.** *Jan Assmann: Ägyptische Hymnen und Gebete,* S.435.
**1159.** *E.A. Wallis Budge: The Gods of the Egyptians,* Bd.II, S.89.
**1160.** *Hermann Junker: Die Onurislegende,* S.53f.
**1161.** ebenda, S.54.
**1162.** *Hans Bonnet: Reallexikon der ägyptischen Religionsgeschichte,* S.57f.
**1163.** *Hermann Junker: Die Onurislegende,* S.54 und 64f. Hier schleicht sich nun eine kleine Unsicherheit ein. Meist wird nämlich davon ausgegangen, daß Osiris die beiden Federn vom unterägyptischen Busiris erhalten hat. Dort trug sie schon vor Osiris Anezti, der von Osiris dann völlig überlagert wurde. Es ist aber doch sehr unwahrscheinlich, daß die beiden Federn gleichzeitig in Ober- und Unterägypten das Gauzeichen waren. So heißt es z.B. bei *E.A. Wallis Budge: From Fethish to God,* S.110, daß das ältere Gauzeichen von Busiris den Anezti ohne diese Federn zeigt. Vergl. auch in *Wilhelm Spiegelberg: Eine Darstellung des Gottes Anezti,* S.74f, besonders die Anmerkungen.
**1164.** *Jan Assmann: Ägyptische Hymnen und Gebete,* S.457f.
**1165.** *E.A. Wallis Budge: The Gods of the Egyptians,* Bd.I, S.32.

**1166.** ebenda, Bd.II, S.3. Osiris war übrigens, bedingt durch sein spätes Auftreten, nicht der erste Gott in Abydos. Dieses Privileg genießt Chontamenti, der dann wiederum völlig von Osiris aufgesaugt wurde. Freilich trug auch dieser die Weiße Krone, jedoch ohne dieses Federpaar, was meiner Meinung nach einen besonderen Grund haben muß.

**1167.** Der Ausdruck: „Abydos war das Zentrum seines Königreiches auf Schu" wird wohl, nachdem wir den 8. oberägyptischen Gau, zu dem Abydos nun mal gehört, so gut beschrieben haben, die treffendere Aussage sein.

**1168.** *Erik Hornung: Das Totenbuch der Ägypter,* S.69, Spruch 17.

**1169.** *E.A. Wallis Budge: Legends of the Egyptian Gods,* S.218.

**1170.** *Heinrich Schäfer: Die Mysterien des Osiris in Abydos,* S.22f und 30.

**1171.** Einen guten Überblick über die einzelnen Fragmente dieser Sage bietet *George Hart: Ägyptische Mythen,* S.49-74.

**1172.** *E.A. Wallis Budge: Osiris,* Bd.I, S.XXIV.

**1173.** ebenda, S.210.

**1174.** Halt! wird man sogleich einwenden, das Osireion von Abydos galt doch oft als Grab des Osiris, daher der Name. Doch ist ja (vergl. Anm.170) bis heute nicht geklärt, ob nun Sakkara in Unterägypten oder Abydos das „echte" Grab, oder der Kenotaph das „Scheingrab" ist. Daß jeder König damals zwei Gräber hatte, also eines in Ober–, eines in Unterägypten, ist doch nur ein weiterer Ausdruck des Dualitätsprinzips. Das Osireion könnte genausogut als Symbol der alten Königsstadt des Osiris angesehen werden; als sein Herkunftsort, an dem man ihm ein Denkmal setzen wollte – ein Scheingrab also. Allgemein gilt jedoch die Auffassung, daß das Grab des Königs Djer aus der 1. Dynastie bis in die Spätzeit hinein als Osirisgrab gesehen wurde (vergl. *Eberhard Otto: Osiris und Amun,* S.44 und 57). Andererseits, und das führt uns zu der Frage nach dem Alter des Osireions zurück, schrieb Sethos I., dem man diesen Bau zubilligt, dort nicht, daß er den Tempel erbaut habe, sondern: „Nützlich ist Men-Maat-Re (=Sethos) für Osiris." *Eberhard Otto: Osiris und Amun,* S.50, interpretiert diese Aussage aber genau andersrum.

**1175.** *Joachim Spiegel: Die Erzählung vom Streite des Horus und Seth,* S.140.

**1176.** ebenda, S.118f.

**1177.** ebenda, S.126. Kurz darauf spricht schon wieder Schu.

**1178.** ebenda, S.138.

**1179.** ebenda, S.62.
**1180.** ebenda, Anm.1.
**1181.** *Günther Roeder: Urkunden zur Religion des alten Ägypten,* S.94.
**1182.** *Raymond O. Faulkner: The Ancient Egyptian Coffin Texts,* Bd.III, S.49, Spruch 885 VII, 97.
**1183.** ebenda, S.106, Spruch 1000 VII, 217.
**1184.** *Dieter Kurth: Treffpunkt der Götter,* S.259.
**1185.** *Hermann Junker: Die politische Lehre von Memphis,* S.74.
**1186.** *Dieter Kurth: Treffpunkt der Götter,* S.246.
**1187.** *Manfred Lurker: Götter und Symbole der alten Ägypter,* S.285.
**1188.** *Heinrich Schäfer: Die „Vereinigung der beiden Länder",* S.75.
**1189.** *Rainer Hannig; Die Sprache der Pharaonen,* S.702.
**1190.** *Raymond O. Faulkner: The Ancient Egyptian Coffin Texts,* Bd.III, S.171, Spruch 1133 VII, 476. Die „Lungen des Schu", an sich wichtig genug, sind dabei gesichert. Nur die „Verkommenheit" bezweifelt Faulkner in Anm.2.
**1191.** *E.A.E. Reymond: The Mythical Origin of the Egyptian Temple,* S.57.
**1192.** *Dieter Kurth: Treffpunkt der Götter,* S.258.
**1193.** *Walter Scott: Hermetica,* S.341.
**1194.** *Henri Frankfort: Kingship and the Gods,* S.43.
**1195.** *Herodot: Historien,* S.134.
**1196.** *Günther Roeder: Urkunden zur Religion des alten Ägypten,* S.156.
**1197.** ebenda, S.179f.
**1198.** *Emma Brunner-Traut: Ägypten – Kunst- und Reiseführer,* S.692.
**1199.** *Hans Bonnet: Reallexikon der ägyptischen Religionsgeschichte,* S.138. Später fand ich dann noch heraus, daß *Hermann Junker: Der Auszug der Hathor-Tefnut,* S.72, den Ort im Titel des Königs als „Lebendes Abbild des Schu in Esneh" antraf.
**1200.** *Hermann Junker: Die politische Lehre von Memphis,* S.12.
**1201.** *Dieter Kurth: Treffpunkt der Götter,* S.247.
**1202.** ebenda, S.90.
**1203.** ebenda, S.281.
**1204.** *Jan Assmann: Ma'at,* S.15.
**1205.** ebenda, S.17.
**1206.** ebenda, S.171f.

**1207.** ebenda, S.225.
**1208.** ebenda, Anm.56.
**1209.** *E.A. Wallis Budge: From Fetish to God,* S.106-111.
**1210.** *Hans Bonnet: Reallexikon der ägyptischen Religionsgeschichte,* S.743.
**1211.** ebenda, S.380.
**1212.** ebenda, S.312.
**1213.** ebenda, S.300.
**1214.** ebenda, S.433.
**1215.** ebenda. Selbst die Göttin Ma'at wurde geteilt, und man sprach nun von den „beiden Ma'at".
**1216.** *Hermann Kees: Kultlegende und Urgeschichte,* S.362.
**1217.** ebenda. Vergl. auch S.348.
**1218.** Einen weiteren ersten Anhaltspunkt, den ich noch nicht genau erläutern kann, bietet *Kurt Sethe: Dodekaschoinos, das Zwölfmeilenland an der Grenze von Aegypten und Nubien.*
**1219.** *Hermann Junker: Der Auszug der Hathor-Tefnut aus Nubien,* griff die Sage 1911 zuerst auf. Ihm folgte 1912 *Kurt Sethe: Zur altägyptischen Sage vom Sonnenauge das in der Ferne war.* Damit begann eine Auseinandersetzung über die Frage, ob wir es hier mit einer Sage vom Sonnenauge oder vom Mondauge zu tun haben. 1917 folgte *Hermann Junker: Die Onurislegende,* eine sehr umfangreiche Arbeit, die besonders meiner Untersuchung sehr hilfreich war.
**1220.** ebenda, S.153.
**1221.** *Eberhard Otto: Die Lehre von den beiden Ländern,* S.24.
**1222.** ebenda, S.23.
**1223.** *Kurt Sethe: Zur altägyptischen Sage vom Sonnenauge,* S.5 (121).
**1224.** *Hermann Kees: Zu den ägyptischen Mondsagen,* S.8f, tat diese interessante Verbindung auf: „Im Tb.Kap.114, das von den Seelen von Hermopolis handelt, wird nun von der geheimnisvollen Feder berichtet, die in Verbindung gebracht wird mit dem Bluten der Roten Krone und dem Verschlingen des Auges (durch Seth)." Das ist sicher Seths Angriff auf den Mars, der hier durch die Schu-Feder repräsentiert wird. Weiter stößt er auch auf die Göttin Ma'at: „Hierbei ist auch noch das übliche Gleichnis zwischen der Göttin M3ᶜ.t und dem ‚Horusauge', schließlich sogar eine mögliche Spielerei mit der Schreibung m3ᶜ.t mit dem Bilde der Feder zu berücksichtigen, die nachweislich in den jüngeren Bearbeitungen des Tb.Kap.114/116 eine Rolle gespielt hat."

**1225.** *Günther Roeder: Urkunden zur Religion des alten Ägypten,* S.154.
**1226.** *Wolfgang Cordan: Popol Vuh,* S.187.
**1227.** ebenda.
**1228.** *Stephen M. Stanley: Krisen der Evolution,* S.31.
**1229.** *Tjeerd H. van Andel: Das neue Bild eines alten Planeten,* S.51.
**1230.** *Stephen M. Stanley: Krisen der Evolution,* S.20.
**1231.** *Susanne Hansen: Mythen vom Anfang der Welt,* S.329.
**1232.** *Dieter Kurth: Treffpunkt der Götter,* S.199.
**1233.** *Erik Hornung: Das Totenbuch der Ägypter,* S.212, Spruch 110.
**1234.** *Immanuel Velikovsky: Welten im Zusammenstoß,* S.248.
**1235.** ebenda.
**1236.** ebenda, S.249.
**1237.** ebenda.
**1238.** ebenda, S.250.
**1239.** ebenda.
**1240.** ebenda, S.271.
**1241.** *Kurt Sethe: Übersetzung und Kommentar zu den altägyptischen Pyramidentexten,* Bd.II, S.139, Spruch 273/274 §411a-b.
**1242.** *Immanuel Velikovsky: Welten im Zusammenstoß,* S.249.
**1243.** ebenda, S.260.
**1244.** ebenda.
**1245.** ebenda, S.258.
**1246.** ebenda, S.255.
**1247.** ebenda, S.255f.
**1248.** *Raymond O. Faulkner: The Ancient Egyptian Pyramid Texts,* S.42, Spruch 215 §143.
**1249.** ebenda.
**1250.** *Immanuel Velikovsky: Welten im Zusammenstoß,* S.258. Velikovsky, der gemäß seiner Theorie alles Material über den Mars gesammelt hat, speziell zum Kriegsgott, führt keine ägyptische Version an, weil Schu freilich, trotz der griechischen Gleichsetzung, nie als Mars erkannt wurde. Er hätte sich als solcher von der Wissenschaft auch nachträglich nicht mehr einfügen lassen, denn zu klar waren die altägyptischen Vorstellungen vom Weltenbau schon in eine andere Richtung interpretiert worden, was, wie sich hier jetzt zeigt, zu

unmöglichen Konsequenzen geführt hätte. Es wäre andererseits aber sehr sonderbar, wenn in den meisten altorientalischen Kulturen der Mars so hervortritt, und er nur ausgerechnet in Ägypten keine Parallele gehabt haben soll. Das paßt nach meinen bisherigen Studien über alte Kulturen, die in der Regel ja dieselben Geschichten erzählen, überhaupt nicht zusammen.

**1251.** *Lexikon des Judentums,* S.159.

**1252.** *E.A. Wallis Budge: From Fetish to God,* S.250f.

**1253.** Gefunden bei *Tjeerd H. van Andel: Das neue Bild eines alten Planeten,* S.15.

**1254.** *Jan Assmann: Ägyptische Hymnen und Gebete,* S.287.

**1255.** ebenda, S.273.

**1256.** *Erik Hornung: Das Totenbuch der Ägypter,* S.132, Spruch 62.

**1257.** *Herodot: Historien,* S.154f.

**1258.** *Hermann Kees: Der Götterglaube im alten Ägypten,* S.12, Anm.7 und S.402, Anm.2.

**1259.** *Henri Frankfort: Kingship and the Gods,* S.179 und S.388, Anm.91.

**1260.** *Heinrich Schäfer: Die Mysterien des Osiris in Abydos,* S.23 (67) und Anm.5, S.31 (75)f, sieht ohne große Erklärungen eine direkte Verwandtschaft zwischen den Ereignissen in Papremis und seinem Thema. Dort zieht Upuaut als Horus aus, und ebenso kommt es zum Kampf mit Seth. Natürlich ist das dieselbe Geschichte.

**1261.** Dieses Fest wird beschrieben bei *Zecharia Sitchin: Das erste Zeitalter; Henry William Frederik Saggs: Mesopotamien,* S.567-572; *Joan Oates: Babylon,* S.211f; und sehr ausführlich mit Querverbindungen zu anderen Kulturen bei *Henri Frankfort: Kingship and the Gods,* S.313-333.

**1262.** So nach *Sitchin: Das erste Zeitalter,* S.135. Dagegen *Henry William Frederik Saggs: Mesopotamien,* S.566: „Eine plausible etymologische Erklärung konnte bisher weder für die sumerische noch für die akkadische Form gefunden werden, möglicherweise war das Wort in beiden Sprachen ein Fremdwort."

**1263.** *Jan Assmann: Ma'at,* S.175f, spricht regelrecht von „Spaltungsmythen" und gibt in Anm. 50 eine lange Liste wissenschaftlicher Arbeiten über die „Trennung von Himmel und Erde", auch für außerägyptische Kulturen. Ich verfüge z.Zt. über keines der dort genannten Werke, kann mir aber lebhaft vorstellen, daß die Ursache wieder in der „gespaltenen" Persönlichkeit der

Alten gesucht wird statt in „realen“ Ereignissen, weil der Mythos eben nicht „real“ sein darf, der Ägypter aber durchaus schizophren.
**1264.** *Barbara Sproul: Schöpfungsmythen der westlichen Welt,* S.317.
**1265.** *Robert Temple: Das Sirius-Rätsel,* S.38.
**1266.** ebenda, S.39.
**1267.** ebenda, S.44.
**1268.** ebenda, S.45.
**1269.** *Rudolf Jockel: Die großen Mythen der Menschheit,* S.91.
**1270.** *Jan Knappert: Lexikon der indischen Mythologie,* S.203.
**1271.** *Ernst Müller: Der Sohar,* S.60.
**1272.** ebenda, S.81f.
**1273.** ebenda, S.106.
**1274.** ebenda, S.210f.
**1275.** *Ulf Diederichs: Germanische Götterlehre,* S.124-177.
**1276.** ebenda, S.130.
**1277.** ebenda, S.252.
**1278.** ebenda, S.130.
**1279.** ebenda, S.133.
**1280.** ebenda, S.207.
**1281.** ebenda.
**1282.** *Wolfgang Cordan: Popol Vuh,* S.29.
**1283.** ebenda, S.31.
**1284.** *Christian Rätsch: Chactun,* S.65.
**1285.** *Wolfgang Cordan: Popol Vuh,* S.197.
**1286.** *Christian Rätsch: Chactun,* S.73.
**1287.** *Wolfgang Cordan: Popol Vuh,* S.197. Cordan hat („Erde“) hinter cabán gesetzt, nicht der Autor.
**1288.** *Erik Hornung: Das Totenbuch der Ägypter,* S.338, Spruch 161.
**1289.** *Hermann Junker: Die Onurislegende,* S.2f.
**1290.** *Graham Hancock: Die Spur der Götter,* S.166.
**1291.** *Jaques Soustelle: Die Olmeken,* S.67f.
**1292.** *Barbara Sproul: Schöpfungsmythen der östlichen Welt,* S.245.
**1293.** *Rudolf Jockel: Die großen Mythen der Menschheit,* S.173.
**1294.** ebenda, S.174.

**1295.** *Susanne Hansen: Mythen vom Anfang der Welt,* S.418.
**1296.** *Hermann Grapow: Die Welt vor der Schöpfung,* speziell S.37f.
**1297.** *Tjeer H. van Andel: Das neue Bild eines alten Planeten,* S.233-235.
**1298.** *Zecharia Sitchin: Am Anfang war der Fortschritt,* S.116. Die Erklärungen dort zu den physischen Phänomenen sind außerordentlich interessant.
**1299.** *Rune Andersen: Doppelter Schlag gegen das Leben,* S.28-31 (Zitat S.31).
**1300.** V*inzenz Hamp: Die heilige Schrift des Alten und Neuen Testaments,* S.1f.
**1301.** *Richard L. Thompson & Michael A. Cremo: Verbotene Archäologie,* S.39.
**1302.** ebenda, S.41.
**1303.** ebenda.

## *Abkürzungen*

***AnO*** Analecta Orientalia, Commentationes Scientificae de Rebus Orientis Antiqui, Rom.

***AKM*** Abhandlungen für die Kunde des Morgenlandes, Leipzig.

***APAW*** Abhandlungen der Preußischen Akademie der Wissenschaften, Berlin.

***BdW*** Bild der Wissenschaft, Stuttgart.

***DA*** Die Antike. Zeitschrift für Kunst und Kultur des klassischen Altertums, Berlin, Leipzig.

***DAWW*** Denkschriften der Kaiserlichen Akademie der Wissenschaften, phil.-hist. Kl., Wien.

***DKDVS*** Det Kgl. Danske Videnskabernes Selskab, Historik Filologiske Meddelelser, Kopenhagen.

***GGA*** Göttingische Gelehrte Anzeigen, Göttingen, Berlin.

***IL*** Illustrierte Wissenschaft, Norderstedt.

***JEA*** Journal of Egyptian Archaeology, London.

***LÄS*** Leipziger Ägyptologische Studien, Glückstadt, Hamburg, New York.

***LSS*** Leipziger Semitistische Studien, Leipzig.

***Ma*** Magazin 2000, Neuss, Düsseldorf.

***MÄS*** Münchner Ägyptologische Studien, München, Berlin.

***MDAIK*** Mitteilungen des Deutschen Archäologischen Instituts, Abteilung Kairo, Mainz.

***MDIÄA*** Mitteilungen des Deutschen Instituts für Ägyptische Altertumskunde in Kairo, Berlin, Wiesbaden.

***MVAG*** Mitteilungen der Vorderasiatisch-Aegyptischen Gesellschaft, Leipzig.

***NGWG*** Nachrichten von der Gesellschaft der Wissenschaften zu Göttingen, Phil.-hist. Kl., Fachgruppe I, Göttingen.

***NKGWG*** Nachrichten von der Königlichen Gesellschaft der Wissenschaften zu Göttingen. Phil.-hist. Kl., Berlin.

***OBO*** Orbus biblicus et orientalis, Freiburg/Schweiz,Göttingen.

***RZ*** Raum & Zeit, Dietramszell.

***SBAW*** Sitzungsbericht der Bayrischen Akademie der Wissenschaften. Phil.-hist. Abt., München.

***SWGS*** Schriften der Wissenschaftlichen Gesellschaft Straßburg, Straßburg.

***SdW*** Spektrum der Wissenschaft, Heidelberg.

***SO*** Star Observer, Wien.

***TUGAL*** Texte und Untersuchungen zur Geschichte der altchristlichen Literatur, Leipzig.

***UGAÄ*** Untersuchungen zur Geschichte und Altertumskunde Ägyptens, Leipzig.

***VESE*** Veröffentlichungen der Ernst-von-Sieglin-Expedition, Leipzig.

***ZÄS*** Zeitschrift für ägyptische Sprache und Altertumskunde, Leipzig, Berlin.

***ZDMG*** Zeitschrift der Deutschen Morgenländischen Gesellschaft, Leipzig, Wiesbaden.

## *Literaturverzeichnis*

**Aldred, Cyril:** *Echnaton – Gott und Pharao Ägyptens.* Herrsching, o.J.

**Andel, Tjeerd H. van:** *Das neue Bild eines alten Planeten.* München, [1985], 1992.

**Andersen, Rune:** *Doppelter Schlag gegen das Leben.* in: IL, 9/95.

**Arnold, Dieter:** *Die Tempel Ägyptens.* Zürich-München, 1992.

**Arnold, Dieter:** *Lexikon der ägyptischen Baukunst.* Zürich-München, 1994.

**Assmann, Jan:** *Ägyptische Hymnen und Gebete.* Zürich-München, 1975.

**Assmann, Jan:** *Ma'at – Gerechtigkeit und Unsterblichkeit im Alten Ägypten.* München, [1990], 1995.

**Barocas, Claudio:** *Monumente Großer Kulturen – Ägypten.* Erlangen, 1986.

**Barta, Winfried:** *Der Königsring als Symbol zyklischer Wiederkehr.* in: ZÄS 98, 1972.

**Barta, Winfried:** *Die Bedeutung der Pyramidentexte für den verstorbenen König.* MÄS 39, 1981.

**Bauval, Robert & Gilbert, Adrian:** *Das Geheimnis des Orion.* München, 1994.

**Beltz, Walter:** *Die Mythen der Ägypter.* Düsseldorf, 1982.

**Berlitz, Charles:** *Geheimnisse versunkener Welten.* Bergisch Gladbach. [1972], 1990.

**Blumrich, J.F.:** *Kásskara und die sieben Welten.* München, [1979], 1985.

**Bonnet, Hans:** *Reallexikon der ägyptischen Religionsgeschichte.* Berlin, [1952], 1971.

**Bonwetsch, G. Nathanael:** *Die Bücher der Geheimnisse Henochs – Das sogenannte slawische Henochbuch.* In: TUGAL XLIV, [1922], 1924.

**Braem, Harald:** *Die Geheimnisse der Pyramiden.* München, [1992], 1994.

**Breasted, James Henry:** *Geschichte Ägyptens.* Wien, [1905], 1936.

**Brier, Robert:** *Zauber und Magie im alten Ägypten.* Frankfurt/M-Berlin, [1980], 1991.

**Brunner, Hellmut:** *Altägyptische Religion – Grundzüge.* Darmstadt, 1989.

**Brunner-Traut, Emma:** *Altägyptische Märchen.* München, [1963],1991.

**Brunner-Traut, Emma:** *Ägypten – Kunst- und Reiseführer.* Stuttgart, [1978], 1988.

**Brunner-Traut, Emma:** *Gelebte Mythen – Beiträge zum altägyptischen Mythos.*

Darmstadt, [1981], 1988.
**Brunton, Paul:** *Geheimnisvolles Ägypten.* Bergisch Gladbach, [1951], 1992.
**Budge, E. A. Wallis:** *The Gods of the Egyptians.* 2 Bde. New York, [1904], 1969.
**Budge, E. A. Wallis:** *The Egyptian Heaven and Hell.* 3 Bde. London, [1906], 1976.
**Budge, E. A. Wallis:** *Osiris and the Egyptian Resurrection.* 2 Bde. New York, [1911], 1973.
**Budge, E. A. Wallis:** *Legends of the Egyptian Gods.* New York, [1912], 1994.
**Budge, E. A. Wallis:** *From Fetish to God in Ancient Egypt.* New York, [1934], 1988.
**Burland, C. A.:** *Völker der Sonne.* Bergisch Gladbach, [1976], 1977.
**Buttlar, Johannes von:** *Sie kommen von fremden Sternen.* München, 1986.
**Buttlar, Johannes von:** *Leben auf dem Mars.* München, 1987.
**Champdor, Albert:** *Das ägyptische Totenbuch.* Freiburg/Br., [1977], 1993.
**Charpentier, Louis:** *Die Geheimnisse der Kathedrale von Chartres.* Köln, 1972.
**Charroux, Robert:** *Verratene Geheimnisse.* Frankfurt/M-Berlin, [1965], 1987.
**Coe, Michael D.:** *Weltatlas der alten Kulturen – Amerika vor Kolumbus.* München, 1986.
**Cordan, Wolfgang:** *Popol Vuh – Das Buch des Rates.* Gütersloh, [1962], 1981.
**Corteggiani, Jean-Pierre:** *Kunst des alten Ägypten im Museum Kairo.* Gütersloh, o.J.
**Davis, Nigel:** *Die Azteken.* Reinbek, [1973], 1989.
**Däniken, Erich von:** *Erinnerungen an die Zukunft.* Düsseldorf, 1968.
**Däniken, Erich von:** *Beweise.* Düsseldorf, 1974.
**Däniken, Erich von:** *Die Augen der Sphinx.* München, 1989.
**Der Mars.** in: SO 1/94.
**Die Welt der Maya.** Geo Special Nr. 5, Oktober, 1993.
**Diederichs, Ulf:** *Germanische Götterlehre.* München, [1984], 1991.
**Dondelinger, Edmund:** *Das Totenbuch des Schreibers Ani.* Graz, 1987.
**Edwards, I.E.S.:** *Die ägyptischen Pyramiden.* Wiesbaden, [1947,1961], 1967.
**Emery, Walter Bryan:** *Archaic Egypt.* London, [1961], 1991.
**Erman, Adolf:** *Die Religion der Ägypter.* Berlin, [1934], 1978.
**Faulkner, Raymond O.:** *The Ancient Egyptian Pyramid Texts.* Warminster, [1969], 1993.

**Faulkner, Raymond O.:** *The Ancient Egyptian Coffin Texts.* 3 Bde.[1973], 1994.
**Fichtner-Jeremias, Christliebe:** *Der Schicksalsglaube bei den Babyloniern.* in: MVAG 27, 1922.
**Fodor, Sándor:** *The Origins of the Arabic Surid Legend.* in: ZÄS 96, 1970.
**Frankfort, Henri:** *Ancient Egyptian Religion.* New York, [1948], 1961.
**Frankfort, Henri:** *Kingship and the Gods.* Chicago, [1948], 1978.
**Gaebert, Hans W.:** *Der große Augenblick in der Astronomie.* Bayreuth, 1972.
**Gardiner, Alan H.:** *The Secret Chambers of the Sanctuary of Thot.* in: JEA 11, 1925.
**Gardiner, Alan H.:** *Geschichte des Alten Ägypten.* Augsburg, [1962], 1994.
**Gottschalk, Herbert:** *Lexikon der Mythologie.* München, 1993.
**Graefe, Erich:** *Das Pyramidenkapitel in Al-Makriz's „Hitat".* in: LSS V, Heft 5, [1911], 1968.
**Grapow, Hermann:** *Die Welt vor der Schöpfung.* in: ZÄS 67, 1931.
**Gruzinski, Serge:** *Die Azteken.* Ravensburg, [1988], 1992.
**Haberle, Robert M.:** *Das Marsklima.* in: SdW 7, 1986.
**Hahn, Hermann-Michael:** *Erde, Sonne und Planeten.* Köln, 1978.
**Hamp, Vinzenz:** *Die heilige Schrift des Alten und Neuen Testaments.* Augsburg, 1991.
**Hannig, Rainer:** *Die Sprache der Pharaonen – Großes Handwörterbuch Ägyptisch-Deutsch (2800-950 v. Chr.).* Mainz, 1995.
**Hansen, Susanne:** *Mythen vom Anfang der Welt.* Augsburg, 1991.
**Hart, George:** *Ägyptische Mythen.* Stuttgart, [1990], 1993.
**Helfritz, Hans:** *Amerika – Land der Inka, Maya und Azteken.* Wien, 1965.
**Helck, Wolfgang:** *Untersuchungen zu Manetho und den ägyptischen Königslisten.* UGAÄ 18, 1956.
**Herodot:** *Historien.* Bd. I, Buch I-V. München, [1983], 1991.
**Hoagland, Richard C.:** *Die Mars Connection.* Essen, [1987,1992], 1994.
**Hoffnung durch alten Marsstein.** in: IW 5, 1996.
**Hölscher, Uvo:** *Das Grabdenkmal des Königs Chefren.* VESE 1, 1912.
**Hope, Murry:** *Atlantis – Mythos oder Wirklichkeit?* Frankfurt/M, [1991], 1994.
**Hornung, Erik:** *Der Eine und die Vielen – Ägyptische Gottesvorstellungen.* Darmstadt, [1971], 1993.
**Hornung, Erik:** *Die Unterweltsbücher der Ägypter.* Zürich-München,

[1972,1989], 1992.
**Hornung, Erik:** *Das Totenbuch der Ägypter.* Zürich-München, [1979], 1990.
**Hornung, Erik:** *Tal der Könige. Augsburg,* [1982], 1995.
**Hornung, Erik:** *Der ägyptische Mythos von der Himmelskuh.* OBO 46, [1982], 1991.
**Hornung, Erik:** *Geist der Pharaonenzeit.* München, [1989], 1992.
**Hornung, Erik:** *Die Nachtfahrt der Sonne – Eine altägyptische Beschreibung des Jenseits.* Zürich-München, 1991.
**Humboldt-Astronomie-Lexikon.** München, [1989], 1990.
**Ions, Veronica:** *Die Götter und Mythen Ägyptens.* Klagenfurt, [1965, 1968], 1988.
**Jacq, Christian:** *Echnaton und Nofretete.* München, [1976], 1978.
**Jockel, Rudolf:** *Die großen Mythen der Menschheit.* Augsburg, 1990.
**Junker, Hermann:** *Der Auszug der Hathor-Tefnut aus Nubien.* in: APAW, 1911.
**Junker, Hermann:** *Das Götterdekret über das Abaton.* in: DAWW 56, 1913.
**Junker, Hermann:** *Die Onurislegende.* in: DAWW 59, 1917.
**Junker, Hermann:** *Von der ägyptischen Baukunst des Alten Reiches.* in: ZÄS 63, 1928.
**Junker, Hermann:** *Ein Doppelhymnus aus Kom Ombo.* in: ZÄS 67, 1931.
**Junker, Hermann:** *Die Götterlehre von Memphis.* in: APAW, 1939.
**Junker, Hermann:** *Die politische Lehre von Memphis.* in: APAW, 1941.
**Junker, Hermann:** *Der sehende und blinde Gott.* in: SBAW, 1942, Heft 7.
**Kákosy, László:** *Selige und Verdammte in der spätägyptischen Religion.* in: ZÄS 97, 1971.
**Kees, Hermann:** *Horus und Seth als Götterpaar I.* in: MVAG 28, 1923.
**Kees, Hermann:** *Horus und Seth als Götterpaar II.* in: MVAG 29, 1924.
**Kees, Hermann:** *Zu den ägyptischen Mondsagen.* in: ZÄS 60, 1925.
**Kees, Hermann:** *Totenglauben und Jenseitsvorstellungen der alten Ägypter.* Leipzig, 1926.
**Kees, Hermann:** *Stichwort „Sos“.* in: Paulys Realencyclopädie der classischen Altertumswissenschaft. 2. Reihe, 5. Band. München, 1927.
**Kees, Hermann:** *Zum Ursprung der sogenannten Horusdiener.* in: NGWG, 1927.
**Kees, Hermann:** *Ein Klagelied über das Jenseits.* in: ZÄS 62, 1927.
**Kees, Hermann:** *Kultlegende und Urgeschichte.* in: NGWG, 1930.

**Kees, Hermann:** *Probleme ägyptischer Vorgeschichte.* in: GGA, 1939.
**Kees, Hermann:** *Der Götterglaube im alten Ägypten.* MVAG 45, 1941.Verb. Nachdruck, Berlin, [1955], 1977.
**Knappert, Jan:** *Lexikon der indischen Mythologie.* München, [1991], 1994.
**Kohlenberg, Karl F.:** *Enträtselte Vorzeit.* München, 1970.
**Kolpaktchy, Gregoire:** *Das ägyptische Totenbuch.* Gütersloh, [1954], o.J.
**Körbler, Erich:** *Das Ende der Diktatur der Naturwissenschaft.* in: RZ 67, Jan/Feb 1994.
**Kremer, Bruno:** *Leben auf dem Festland schon vor mehr als 800 Millionen Jahren.* in: SdW 7, 1994.
**Kurth, Dieter:** *Treffpunkt der Götter* – Inschriften aus dem Tempel des Horus von Edfu. Zürich-München, 1994.
**Lange, H.O.:** *Der magische Papyrus Harris.* in: DKDVS 14, 1927.
*Lange, Kurt & Hirmer, Max: Ägypten – Architektur, Plastik, Malerei in drei Jahrtausenden.* München-Zürich, [1967], 1978.
**Lauer, Jean-Philippe**: *Das Geheimnis der Pyramiden* – Baukunst und Technik. München-Berlin, [1974], 1980.
**Lauer, Jean-Philippe**: *Die Königsgräber von Memphis* – Grabungen in Saqqara. Herrsching, [1976, 1988], 1991.
**Lexikon der Astronomie.** 2 Bde. Frankfurt/M., 1995.
**Lexikon des Judentums.** Gütersloh, 1971.
**Lurker, Manfred**: *Götter und Symbole der alten Ägypter.* Bergisch Gladbach, [1974], 1992.
**Luu, Jane X. & Jewitt, David C.:** *Der Kuiper-Gürtel.* in: SdW 7, 1996.
**MAGAZIN 2000, Neuss:** *verschiedene Ausgaben:* Universum, Kosmos, Mars, Pyramiden.
**Mendelssohn, Kurt:** *Das Rätsel der Pyramiden.* Augsburg, [1974], 1996.
**Montet, Pierre:** *Das alte Ägypten.* Zürich, 1964.
**Morenz, Siegfried:** *Traditionen um Cheops.* in: ZÄS 97, 1971.
**Möller, Georg:** *Zu Herodots ägyptischen Geschichten.* in: ZÄS 56, 1920.
**Müller, Ernst:** *Der Sohar.* München, [1932], 1982.
**Neues vom Mars.** in: Ma 101, 1994.
**Oates, Joan:** *Babylon – Stadt und Reich im Brennpunkt des Alten Orient.* Bergisch Gladbach, 1983.

**Otto, Eberhard:** *Die Lehre von den beiden Ländern Ägyptens in der ägyptischen Religionsgeschichte.* in: AnO 17, 1938.
**Otto, Eberhard:** *Osiris und Amun* – Kult und heilige Stätten, München, 1966.
**Petrie, William Matthew Flinders:** *The Pyramids and Temples of Gizeh.* London, [1883], 1990.
**Posener, Georges:** *Knaurs Lexikon der ägyptischen Kultur.* München, [1959], 1978.
**Puttkamer, Jesco von:** *Der erste Tag der neuen Welt.* Frankfurt/M, 1981.
**Rätsch, Christian:** *Chactun – Die Götter der Maya.* München, [1986], 1994.
**Reymond, E.A.E.:** *The Mythical Origin of the Egyptian Temple.* Manchester, 1969.
**Ryan, Matthew:** *Die Antwort liegt auf dem Mars.* Interview mit R. Hoagland. in: Ma 95, 1993.
**Roeder, Günther:** *Urkunden zur Religion des alten Ägypten.* Jena, [1915], 1923.
**Roeder, Günther:** *Die ägyptische Religion in Texten und Bildern.* 4 Bde. Zürich-Stuttgart, 1959-1961.
**Rusch, Adolf:** *Die Entwicklung der Himmelsgöttin Nut zu einer Totengottheit.* in: MVAG 27, 1922.
**Saggs, Henry William Frederik:** *Mesopotamien – Assyrer, Babylonier, Sumerer.* Zürich, 1966.
**Sahagun, Fray Bernadino de:** *Aus der Welt der Azteken.* Frankfurt/M, 1990.
**Schäfer, Heinrich:** *Die Mysterien des Osiris in Abydos.* in: UGAÄ 4, 1904.
**Schäfer, Heinrich & Andrae, Walter:** *Die Kunst des alten Orients.* Propyläen-Kunstgeschichte, Bd.II, Berlin, 1925.
**Schäfer, Heinrich:** *Weltgebäude der Ägypter.* in: DA III, Heft 2, 1927.
**Schäfer, Heinrich:** *Die Seele auf der Pyramidenspitze.* in: ZÄS 66, 1931.
**Schäfer, Heinrich:** *Die Ausdeutung der Spiegelplatte als Sonnenscheibe.* in: ZÄS 68, 1932.
**Schäfer, Heinrich:** *Die „Vereinigung der beiden Länder“.* in: MDIÄA 12, 1943.
**Schele, Linda & Freidel, David:** *Die unbekannte Welt der Maya.* Augsburg, [1990], 1994.
**Schlögl, Hermann Alexander:** *Der Gott Tatenen* – Nach Texten und Bildern des Neuen Reiches. OBO 29, 1980.
**Schlögl, Hermann Alexander:** *Amenophis IV. Echnaton.* Reinbeck, 1986.

**Schultz, Peter H.:** *Polwanderung auf dem Mars.* in: SdW 2, 1986.
**Schulze, Peter H.:** *Auf den Schwingen des Horusfalken* – Die Geburt der ägyptischen Hochkultur. Herrsching, [1980], 1986.
**Schüssler, Karlheinz:** *Die ägyptischen Pyramiden – Erforschung, Baugeschichte und Bedeutung.* Köln, [1983], 1992.
**Schüssler, Karlheinz:** *Kleine Geschichte der ägyptischen Kunst.* Köln, 1988.
**Scott, Walter:** *Hermetica.* Boston, [1924], 1993.
**Sethe, Kurt**: *Dodekaschoinos, das Zwölfmeilenland an der Grenze von Aegypten und Nubien.* in: UGAÄ 2, Heft III, 1901.
**Sethe, Kurt:** *Imhotep, der Asklepios der Aegypter, ein vergötterter Mensch aus der Zeit des Königs Doser.* in: UGAÄ 2, Heft IV, 1902.
**Sethe, Kurt:** *Beiträge zur ältesten Geschichte Ägyptens.* in: UGAÄ 3, 1905.
**Sethe, Kurt:** *Zur altägyptischen Sage vom Sonnenauge, das in der Fremde war.* in: UGAÄ 5, Heft 3, 1912.
**Sethe, Kurt:** *Von Zahlen und Zahlworten bei den alten Ägyptern.* in: SWGS, 25. Heft, 1916.
**Sethe, Kurt:** *Die Zeitrechnung der alten Ägypter im Verhältnis zu der der anderen Völker – I. Teil.* in: NKGWG, 1919.
**Sethe, Kurt**: *Die Zeitrechnung der alten Ägypter im Verhältnis zu der der anderen Völker – II. und III. Teil.* in: NKGWG, 1920.
**Sethe, Kurt:** *Amun und die acht Urgötter von Hermopolis.* in: APAW 4, 1929.
**Sethe, Kurt:** *Urgeschichte und älteste Religion der Ägypter.* Beiheft zu ZDMG, 1930. Nachdruck AKM XVIII, Nr.4, 1966.
**Sethe, Kurt:** *Übersetzung und Kommentar zu den altägyptischen Pyramidentexten.* 6 Bde. Hamburg, Glückstadt, New York 1961.
**Sitchin, Zecharia:** *Der zwölfte Planet.* München, [1976], 1989.
**Sitchin, Zecharia:** *Stufen zum Kosmos.* München, [1980], 1989.
**Sitchin, Zecharia:** *Die Kriege der Menschen und Götter.* München, [1985], 1991.
**Sitchin, Zecharia:** *Am Anfang war der Fortschritt.* München, [1990],1991.
**Sitchin, Zecharia:** *Versunkene Reiche.* München, [1990], 1992.
**Sitchin, Zecharia:** *Sind wir allein?* in: Ma 96, 1993.
**Sitchin, Zecharia:** *Das erste Zeitalter.* München, [1993], 1994.
**Soustelle, Jacques:** *Die Olmeken.* Zürich, 1979.
**Spiegel, Joachim:** *Die Erzählung vom Streite des Horus und Seth* in Pap. Beatty

I. LÄS, Heft 9, 1937.
**Spiegelberg, Wilhelm:** *Eine Darstellung des Gottes Anezti.* in: ZÄS 64, 1929.
**Sproul, Barbara**: *Schöpfungsmythen der östlichen Welt.* München, [1979,1991], 1993.
**Sproul, Barbara:** *Schöpfungsmythen der westlichen Welt.* München, [1979,1991], 1994.
**Stadelmann, Rainer:** *Die ägyptischen Pyramiden.* Darmstadt, [1985], 1991.
**Stadelmann, Rainer:** *Das Dreikammersystem der Königsgräber der Frühzeit und des Alten Reiches.* in: MDAIK 47, 1991.
**Stanley, Stephen M.:** *Krisen der Evolution.* Heidelberg, [1987], 1988.
**Stierlin, Henri:** *Baukunst der Pharaonen.* Paris, [1992], 1993.
**Stingl, Miloslav:** *Die Inkas – Ahnen der „Sonnensöhne".* Eltville, [1978], 1990.
**Temple, Robert K. G.:** *Das Sirius-Rätsel.* Frankfurt/M, [1976], 1977.
**Thompson, Richard L. & Cremo, Michael A.:** *Verbotene Archäologie.* Essen, [1993], 1994.
**Thot, Max & Nielsen, Greg:** *Pyramid Power.* München, [1974], 1982.
**Thot, Max:** *Das Geheimnis der Pyramid Power.* München, [1979], 1992.
**Tollmann, Alexander & Edith:** *Und die Sintflut gab es doch.* München, 1993.
**Tollmann, Edith:** *Morphologie der Marsoberfläche.* in: SO 3, 1994.
**Tompkins, Peter:** *Cheops.* München, [1973], o.J.
**Tompkins, Peter:** *Die Wiege der Sonne.* Bern-München, [1976], 1977.
**Trimborn, Hermann & Haberland, Wolfgang:** *Die Kulturen Alt-Amerikas.* Frankfurt/M, 1969.
**Uhlig, Helmut:** *Die Sumerer – Ein Volk am Anfang der Geschichte.* Bergisch Gladbach, [1989], 1992.
**Velikovsky, Immanuel:** *Welten im Zusammenstoß.* Frankfurt/M.-Berlin, [1950], 1994.
**Vercoutter, Jean:** *Ägypten – Entdeckung einer alten Welt.* Ravensburg, [1986], 1990.
**Weidinger, Erich**: *Die Apokryphen* – Verborgene Bücher der Bibel. Augsburg, 1992.
**West, John Anthony:** *Serpent in the Sky.* Eheatin, [1979], 1993.
**Westphal, Wilfried:** *Die Maya.* Bindlach, [1990], 1991.
**Westphal, Wilfried:** *Die Azteken.* Bergisch Gladbach, [1990], 1992.

**Westwood, Jennifer:** *Ein Atlas der heiligen Orte, geheimnisvollen Kultstätten und versunkenen Kulturen.* München, [1987], 1990.

**Wilson, Robert Anton:** *Die neue Inquisition.* Frankfurt/M., [1986], 1992.

**Wolf, Walther:** *Vorläufer der Reformation Echnatons.* in: ZÄS 59, 1924.

**Wolf, Walther:** *Der Berliner Ptah-Hymnus (P 3048, II-XII).* in: ZÄS 64, 1929.

**Zandee, Jan:** *Sargtexte – Spruch 75.* in: ZÄS 97, 1971.

**Zandee, Jan:** *Sargtexte – Spruch 75 (Fortsetzung).* in: ZÄS 98, 1972.

**Zandee, Jan:** *Sargtexte – Spruch 76.* in: ZÄS 100, 1973.

**Zandee, Jan:** *Sargtexte – Spruch 79.* in: ZÄS 100, 1974.

**Zandee, Jan:** *Sargtexte – Spruch 80.* in: ZÄS 101, 1974.

**Zick, Michael:** *Kalter Krieg auf Yukatan.* in: BdW 12, 1994.

**Ziegler, Konrat u.a. (Hg.):** *Der kleine Pauly – Lexikon der Antike.* Auf der Grundlage von Pauly's Realencyclopädie der classischen Altertumswissenschaft (80 Bde.). 5 Bde. München, 1901ff.], 1964-1975.

**Autobiographie über Kontakte mit außerirdischen Intelligenzen**

**von Karin und Reiner Feistle**

**178 Seiten, 9 Abbildungen**

**ISBN 3-932339-01-0, DM 29,00**

Die Autoren beschreiben in ihrem Buch sehr eindringlich, wie ihnen - wachgerüttelt durch eine Fernsehsendung - bewußt wird, daß auch sie zu den Menschen gehören, die seit ihrer Kindheit immer wieder von Außerirdischen kontaktiert werden. Der Leser erfährt, mit welch vielfältigen Problemen die Autoren durch ihre Umwelt konfrontiert wurden, nachdem sie mit ihren Erkenntnissen an die Öffentlichkeit gingen und beschreiben anschaulich die zwiespältigen Erfahrungen mit Fernsehen und Presse, die sie seither gemacht haben.
Den wichtigsten Teil des Buches nehmen jedoch die Hypnose-Rückführungen ein, in welchen den Autoren der Sinn und Zweck ihrer Entführungen durch Außerirdische klar wird und ihre damit verbundene Mission, allen Menschen hierüber zu berichten.

**Der Beginn einer Freundschaft mit einem Außerirdischen**

**von Sandra Heinzler**

**80 Seiten**

**ISBN 3-932339-00-2, DM 19,80**

Unterhaltsam und gut zu lesen beschreibt die Autorin, in diesem Buch Peters Erlebnisse, wie er in seinem Urlaub in der Schweiz zum ersten Mal mit Außerirdischen Kontakt hat.Glaubwürdig erzählt Sie über die Ängste und Zweifel, auch an sich selbst, die ihn in diesen Situationen überkommen und berichtet über das zwiespältige Verhalten seiner Eltern und Umwelt. Spannend sind die Berichte über Peters "Entführung" in ein Raumschiff und die Erkenntnis, die ihm hierbei für seine Zukunft und die der ganzen Welt vermittelt werden. Ein Buch, für Jugendliche und Erwachsene, das ganz gewiß zum Nachdenken anregt.

Erscheinungsweise:
2-monatlich
je Heft 12,80 DM
Erhältlich in allen
Bahnhofsbuchhandlungen,
Kiosken oder direkt
beim Verlag

2000 plus MAGAZIN

# Themen, die die Welt bewegen...

Argo

**Internationale Publikationen**

Ingrid Schlotterbeck
Lupinenstr. 103 · 41466 Neuss - Telefon 02131 / 466853 - Telefax 02131 / 460985